JN412066

시네마1

Cinema 1: The Movement Image

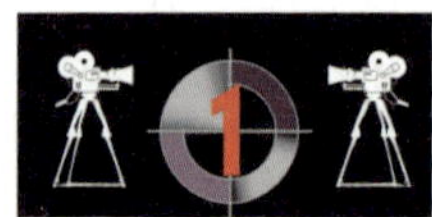

시네마 1 — Cinema 1: The Movement Image

초 판 1쇄 인쇄 1996년 6월 15일
개정판 5쇄 발행 2026년 5월 20일

지은이 질 들뢰즈
옮긴이 주은우와 정원
교 정 김 영 권
워 드 이 동 영
마케터 박 동 성
디자인 EG 디자인
CTP 세컴출력
인 쇄 세컴인쇄사
제 본 대명제책사
발행처 도서출판 **새길아카데미** | 판매처 도서출판 **중원문화**
발행인 황 세 연
주 소 서울시 마포구 서강로 11길 24(창전 2-33)
주문처 02-325-5534 FAX 02-324-6799

시네마1

Cinema 1 : The Movement Image

질 들뢰즈 지음/주은우와 정원 옮김

2026

Gilles Deleuze

Cinema 1 :

The Movement Image

Reprinted 2026 by Jungwon-munhwa Publishing Co.

■ 역자 서문

철학과 영화가 만날 때, 무슨 일이 일어날까? 영화가 발명된 이래 철학과 영화의 만남은 그리 낯선 사건만은 아니었다. 비록 본격적으로 영화를 사유한 적은 없지만, 비트겐슈타인은 자주 영화관의 객석에 몸을 묻곤 했다고 한다. 특히 프랑스 철학자들은 영화와 친숙했다. 사르트르는 영화에 관한 단상들을 남겼고, 메를로-뽕띠나 바르트 역시 영화와 대면하곤 했다. 이는 아마 사진이 발명되고 영화가 처음으로 대중 상영된 곳이 파리였다는 사실과도 무관치 않을 것이다. 그렇지만 들뢰즈만큼 영화를 자신의 본격적인 사유의 내싱이자 지평으로 삼고 거기에 험뻑 몸을 적신 철학자는 없다.

질 들뢰즈Gilles Deleuze(1925-1995), 평생 철학사의 주변인들을 유랑하면서 차이의 존재론을 모색하고 생성의 세계를 그려 온 이 20세기 말의 대大형이상학자가 이제 영화를 사유한다. 80년대에 들뢰즈는 이미지의 세계를 모험하였다. 이미 『감각의 논리』(1981)에서 영국의 화가 프란시스 베이컨의 회화 세계를 분석했던 그는 그 뒤 『영화 1 : 운동-이미지』(*Cinéma 1 : L'Image-Mouvement*, Les Editions de Minuit, 1983)와 『영화 2 : 시간-이미지』(*Cinéma 2 : L'Image-Temps*, Les Editions de Minuit, 1985)를 나란히 출간한다. 이 책은 그 제1권을 우리말로 옮긴 것이다(들뢰즈의 이 책들은 불어판이 출간된지 얼마 안 있어 곧 영어로도 번역 출간된 바 있다 : *Cinema 1 : The Movement-Image*, tr. by Hugh Tomlinson and Barbara Habberjam, University of Minnesota Press, 1986 ; *Cinema 2 : The Time-*

Image, tr. by Hugh Tomlinson and Robert Galeta, University of Minnesota Press, 1989).

잘 알려져 있다시피, 들뢰즈에게 있어서 철학이란 개념을 창안하는 작업이다. 그의 철학은 강도만을 갖는 다중성으로서의 생성, 즉 사건인 개념을 창조하고 그 개념들이 포괄되고 유희하는 내재성의 차원을 설정한다. 즉, 철학은 사유의 이미지를 그리는 것이다. 이러한 들뢰즈의 '철학의 극장'(푸꼬)에 상영되는 영화는 그 자체가 기존의 서구 철학이 토대하는 재현적인 동일성의 사유와는 다른 새로운 사유의 이미지를 그린다. 따라서 들뢰즈에게 있어서는 영화 역시 철학과는 다른 형태이긴 하지만 그에 못지 않은 사유인 것이다. 그가 위대한 영화 작가들을 사상가에 비유하는 것도 이러한 이유에서이다.

들뢰즈는 이 책이 영화를 다루기는 하지만 영화의 역사에 관한 것도 아니고 영화에 관한 이론을 생산하는 것도 아니라고 말한다. 그에 따르면 영화의 이론이란 영화가 발생시킨 개념들에 관한 이론이다. 따라서 그는 자신을 영화와 철학의 '사이에' 위치시킨다. 그것은 개념들의 실천으로서의 철학이 이미지와 기호들의 실천으로서의 영화에 개입하는 것이라고 할 수 있다. 어떻게 보면 철학자 들뢰즈가 영화에 개입하는 것은 필연적인 일이었는지도 모른다. 개념이란 결국 철학의 개념적 인물들이 현실화하는 사유의 이미지이니까 말이다.

니체, 베르그송, 스피노자 등 들뢰즈의 그물에 걸린 철학의 인물들, 사건들은 항상 새로운 생명을 부여받아 왔다. 영화를 다룬 이 책에서 들뢰즈가 새롭게 생명을 부여하는 사유는 베르그송과 퍼스의 그것이다. 그는 이미지를 사물이나 본질의 환영 또는 기껏해야 그 반영으로 보는 고전 철학의 이미지관과 근본적으로 다른 이미지의 철학을 개진하기 위하여 베르그송을 읽고 있고, 언어학적 사유를 넘어서는 이미지와 기호들의 광대한 분류를 퍼스에게서 찾고 있다. 베르그송을 읽는 이유는 들뢰즈가 항상 그래 왔듯이 동일성의 철학과 그것이 기초하고 있는 재현 철학에 반대해서 이미지를 사유해야 하기 때문이고, 또 그가 퍼스에게 기대는 이유는 소쉬르적인 언어학에 기초한 기호학 및 그것에 영감을 받아 발전한 기존의 영화 이론이 전구어적인 이미지 그 자체를 사유하는 데 방해가 되기 때문이다(여기서도 알 수 있듯이 이 책은 대단히 큰 철학적 영화 이론적 논쟁이 잠재하고 있는 책이기도 하며, 특히 2권에서 더 명시화되는 언어학적 기호학적 영화 이론에 대한 그의 논박은 『안티 외디푸스』에서 프로이트와 라깡의 정신 분석학이 오히려 욕망을 재영토화한다는 그의 공격을 연상시키기도 한다).

들뢰즈가 이미지의 사유에 매달리는 것은 이유가 있는 일이다. 그것은 차이에 대한 동일성의 우위성을 역전시키기 위해 재현 철학에서 억압되어 왔던 모사물과 환영을 복권시키려는 그의 차이의 철학의 기획 때문이기도 하고, 현실적으로는 현대성이 재현의 위기, 모사물들의 힘에 의해 정의되기 때문이기도 하다. 더구나 현대성은 모사물과 이미지의 지배뿐만 아니라 그것들의 끊임없는 재코드화로 특징지어지기도 하는데, 영화는 바로 이러한 현대성의 조건 속에서 코드로부터 빠져 나가는 사유의 이미지, 차이의 반복을 무엇보다 잘 보여주는 것이다.

영화의 영토화 또는 코드화는 파시즘과 할리우드로 대표된다. 그러나 영화는 항상 이로부터 탈주해 왔는데, 들뢰즈에 따르면 이것은 특히 2차 대전 이후의 현대 영화에서 명시적으로 드러난다. "이미지 뒤에 무엇인가 볼 만한 것이 있는가"라는 질문에서 "이미지 위에 무엇인가 볼 만한 것이 있는가"라는 질문으로의 변화가 표현하는 이 변화가 바로 제2권의 주제인 직접적인 시간-이미지로서의 영화적 이미지의 탄생이다. 그러나 들뢰즈의 표현을 빌리자면 영화적 이미지는 처음부터 항상 탈영토화되어 왔다. 따라서 현대 영화 이전의 고전 영화에서도 이미지는 결코 고정되지 않는다. 철학의 시간이 층위학적 시간이듯이 영화가 그리는 새로운 사유의 시간표 역시 고전 영화와 현대 영화가 겹겹이 접힌 굴곡을 그리는 것이다.

바로 이 때문에, 영화가 곧바로 지속과 기억에 접하는 신체의 영화, 두뇌의 영화가 되는 현대 영화를 다루는 2권과 달리 비교적 고전적인 의미에서의 분류학에 가까운 면모를 보여주는 이 1권에서도 들뢰즈가 제시하는 이미지와 기호의 분류는 항상 비고정성, 구별 불가능성과 내적인 변조 및 끊임없는 탈주의 선들을 추적하고 있다. 우리에게는 그 정형화된 해석들이 더 친숙한 고전 영화들 속에서 이러한 탈영토화를 추적하는 이 1권이 어떻게 보면 더 흥미롭기조차 한 것도 들뢰즈의 이러한 창조적인 작업에 기인하는 바 크다.

그러나 이 책은 읽기가 그리 쉽지만은 않다. 우선, 이 책은 철학과 영화 모두에 대한 적지 않은 소양을 요구하기 때문이다. 더구나 이 책들이 비교적 들뢰즈의 후기 저작에 속하는 만큼, 여기에는 그의 전 생애에 걸친 사유가 녹아들어 있기 때문에 그 어려움은 배가된다. 베르그송의 독해뿐만 아니라 칸트의 능력 이론과 숭고에 관한 해석, 니체의 힘과 권력(에의 의지) 이론의 독해, 『안티 외디푸스』의 정신 분열증 분석, 그리고 이후에 『굴곡 : 라이프니츠와 바로크』에서 개진되는 변형의 세계관까지 그의 모든 사유가 영화를 다루는 이 두 권의 책에서 고스란히 개진된다. 또한 들뢰즈는 영화의 전사에서부터 난해한 현대 영화와 실험 영화뿐 아니라 보다 대중적인 할리우드 영화에 이르기까지 방대한 작품들과 작가들을 섭렵하고 있는데, 이 역시 다양한 영화의 향유가 부족하고 영화에 대한 학술적 또는 인문 교양적 접근이 일천한 우리로서는 접근하기가 쉽지 않다.

그럼에도 불구하고 이 책은 또한 대단히 읽기 즐거운 책이기도 하다. 독자는 이 책에서 영화를 기댈 언덕 삼아 들뢰즈의 철학, 그의 사유의 큰 흐름을 일관성 있게 따라가 볼 수 있는 흔치않은 기회를 제공받을 것이고, 또한 그가 추적하는 영화의 계보학에서 영화사를 수놓은 위대한 영화 작가들과 작품들에 대한 전혀 새로운 해석을 얻을 뿐만 아니라 파시즘적 정치권력과 자본주의적 영화 산업이 계속해서 재영토화를 시도하는 이미지들을 비판적으로 바라보고 거기에서 탈영토화의 선들을 포착하는 이미지의 교육학을 제공받을 수 있기 때문이다.

사실 들뢰즈의 저작들 중에서 특히 책읽기의 즐거움을 주는 것은 그의 추상적인 철학책들이라기보다는(이 책들의 독서가 주는 고통에는 대부분 동의할 수 있을 것이다) 『감각의 논리』나 『카프카 : 소수 집단의 문학을 위하여』, 『마조히즘』과 같이 문학 예술 비평의 형식 속에서 자신의 철학적 사유를 전개하는 책들이라 할 수 있는데, 이 두 권으로 이루어진 『영화』 역시 이 범주에 속한다고 볼 수 있다. 때때로 이 책은 들뢰즈의 작가주의적 취향이 드러나기도 하지만, 그가 논의하는 영화 작가들, 즉 위대한 영화 감독들은 낭만주의적 의미에서의 작가라기보다는 철학에서 잠재적인 사유의 지평에서 생성되는 개념들을 현실화하는 개념적 인물들에 가깝다.

그러나 아무리 즐겁다 하더라도 앞에서 이야기한 이유 때문에 이 책의 독서는 그만큼 고통을 요구하는 것도 사실이다. 이 책이 갖는 이러한 복합적인 성격 때문에 본 역서는 역주를 거의 달지 않았다. 들뢰즈의 광대한 사유 세계를 따라가기에는 너무도 부족한 능력을 갖춘 이가 단 어슬픈 역주에 기대기보다는 독자들 나름으로 들뢰즈 사유의 바다 속으로 직접 뛰어드는 것이 훨씬 더 생산적일 거라는 판단과, 이 책에 녹아 있는 그의 새로운 개념과 사유들 및 방대한 영화적 지식에 대해 일일이 해설을 하려면 따로 주석서 하나가 필요할 정도라는 현실적 판단 때문이다. 요컨대 모든 문제는 역자의 능력 부족으로 귀착된다. 이 점 독자들에게 미안함을 금치 못할 일이며, 역자로서는 다만 들뢰즈 사후 자신이 요즘 들뢰즈의 『영화 2』에 붙들려 고심하고 있다고 털어 놓은 바 있는 리오타르의 고백으로 약간이라도 위안을 삼아 볼까 한다.

하지만 아무리 대가의 바다에 직접 뛰어드는 것이 생산적이라 하더라도 구명 조끼 하나라도 걸치거나 지푸라기 하나라도 잡고 있으면 그 또한 아무것도 없는 것보다는 나을 일이다. 다행히 국내에서 구할 수 있는 것으로, 들뢰즈 자신이 이 책에 관해 이야기한 인터뷰와 단문이 『대담 1972-1990』(김종호 역, 솔, 1993) 2장에 실려 있어 큰 도움이 될 수 있다. 그 외에도 들뢰즈의 이 책을 직접 대상으로 한 글들로 박성수, "이미지와 사유—영화 기호학에 대한 들뢰즈의 몇 가지 비판에 관하여"(『헤겔과 리오타

르까지』, 지성의 샘, 1994), 김진석, "포월의 예술"(『세계의 문학』, 민음사, 1994년 여름호), 주은우, "철학의 극장에 영화를 상영하기 — 들뢰즈와 영화"(『리뷰』, 문학동네, 1995년 겨울) 등이 약간의 해도海圖 조각이 되어 줄 수 있으리라 생각되며, 『월간 키노』(1995년 12월호, 1996년 5월호 등)가 영화에 대한 들뢰즈의 사유를 다룬 바 있어 참고할 수 있다.

이상하게도 이미지의 나라 프랑스 철학자들이 이미지를 거론할 때면 죽음을 함께 이야기한다. 바르트가 죽기 직전에 출간한 『카메라 루시다』에서 마치 자신의 비극적인 죽음을 예견하기라도 했던 듯한 담론들을 전개하듯이 말이다. 들뢰즈 역시 이 책의 2권에서 철학자와 죽음의 관계(철학자는 죽음을 통과한, 죽은 자들로부터 돌아온 사람이다)를 이야기하고 있다. 공교롭게도 영화의 가장 절친한 철학적 친구 들뢰즈는 그 영화의 탄생 1백년 되던 해인 지난해 11월 4일 마치 새로움을 찾아 정신의 모험을 떠나듯 스스로 사라져 갔다. 평소 호흡기 질병이 심했던 들뢰즈의 죽음은 바르트의 죽음에 비해서는 그 비극성이 떨어져 보이지만 20세기 형이상학의 대미를 장식하는 것 같은 상징성 때문에 그 무게는 더 크게 다가온다. 그 때문일까? 그 뒤 다시 읽은 그의 『영화』 두 권은 예사롭지만은 않았다. 그것은 이미지의 세계에 살고 있는, 아니 '이미지의 세계에 삶을 당하는' 우리에게 있어 이미지에 대한 그의 사유가 그의 죽음만큼이나, 그리고 이미지들이 가진 표면적인 가벼움과 경쾌함만큼이나 무겁게 다가오기 때문일 것이다.

마지막으로 번역 용어에 대하여 몇 마디 덧붙여야 하겠다. 철학 용어에 있어선 원체 들뢰즈 자신이 창안한 독특한 의미로 사용되는 것들이 많으므로 상당한 주의를 요한다. 가장 눈에 뜨이는 것은 역시 권력 개념이다. 영어로는 'power'로 표기되지만 들뢰즈가 'puissance'라고 쓰듯이, 이것은 정치 권력과 같은 현실화된 힘이 아니라 한 인간 속에 내재해 있거나 사물들의 상태 속에 현실화되지 않은 잠재적인 힘을 가리킨다. 그러한 의미에서 그것은 'force'로 표기되는 힘과는 다른, 힘들을 방향지우고 발생시키며 힘들에 질을 부여하는 것이다(힘과 권력에 대한 논의는 『니체와 철학』에서 개진되고 있다. 권력은 경우에 따라서 권능으로 옮겨진 부분도 있다).

또한, 존재하지만 현실화되지는 않은 '잠재성 virtualité'과 시공간의 좌표 속에, 사물들의 상태 속에 현실화된 것을 가리키는 '현실성 actualité'의 구별도 유의해야 할 것이다. '잠재성'을 '실질성'으로 옮길 수도 있으나 그 어감이 들뢰즈의 의미와 차이가 있기 때문에 '잠재성'으로 옮겼다. 그것은 오히려 전자나 양자와 같은 존재성, 또는 가상 현실 virtual reality 을 이야기할 때와 같은 의미에 가까운 뉘앙스를 가진다(잠재성과 현실성의 관계는 2권에서 더 자세히 개진되는데, 이들의 관계를 본격적으로 논구하고 있는 것은 1988년의 『굴곡 : 라이프니츠와 바로크』이다).

그리고 이 책에서 '전체'는 'tout'를, '세트'는 'ensemble'을 옮긴 단어이다. 전자는 열린 성격을 갖는 것이고 후자는 상대적으로 닫힌 체계를 가리킨다. 후자를 '총화'로 번역할 수도 있으나 닫힌 것이라는 성격을 제대로 표현하지 못하기 때문에 영역본의 번역을 참고하여 '세트'로 옮겼다. 간혹 무대장치를 뜻하는 '세트'가 등장하기도 하는데, 이럴 때는 무대장치, 배경 세트 등으로 옮기거나 혼동될 경우 'décor'란 단어를 병기하였다.

영화 용어는 국내 독자들에게 친숙한 영어 용어를 기준으로 하였다. 따라서 '쁠랑 plan'은 '쇼트 shot'로, '쁠랑 세캉스 plan-séquence'는 '시퀀스-쇼트 sequence-shot'로 옮겼고, 마찬가지로 'champ-contrechamp'는 '쇼트-역쇼트 shot-reverse shot'로 표기되었다. '부감 쇼트'는 'high-angle shot', '앙각 쇼트'는 'low-angle shot'를 옮긴 것이며, '편집'이나 '컷하기(또는 컷된 장면)'을 뜻하는 '데쿠파주 découpage'는 '커팅 cutting'으로 옮겼고, '신 scène'은 '장면'으로 표기하였다. 그외 대부분의 용어들은 영어 용어를 기준으로 하여 번역되어 있다. 그리고 본문에 등장하는 '사진소 photogramme'란 용어는 상영되는 영화의 단 하나의 프레임 또는 그 프레임에서 직접 가져온 스틸로서 '프레임'보다는 그것이 가지는 사진 이미지로서의 물질적 존재치까지도 함축하는 용어이다. 마지막으로 'cinéma'와 'film'이 있다. 전자는 영화 일반, 집합 명사로서의 영화를 가리키는 반면 후자는 각각의 개별 영화들, 영화 작품 또는 영화 텍스트를 가리키는 경우가 많다. 이 책에서는 일반적으로 구별하지 않고 모두 '영화'로 옮겼으며, 문맥상 반드시 구별해야 할 때에는 '영화 일반'과 '개별 영화' 또는 '영화 작품'으로 표기하거나 원어를 병기하였다.

이 책은 원래 계획으로는 뤼미에르 형제가 최초로 대중 앞에서 영화를 상영한지 1백년이 되던 지난 해에 출간될 예정이었다. 그러나 저간의 여러 가지 사정으로 인해 이제서야 독자 앞에 선보인다. 끈기있게 기다려 주신 '새길'의 고훈석 사장님과 안효상 씨를 비롯한 편집진 여러분께 감사드린다. 역자들은 이 책의 번역을 권하였고 항상 옆에서 격려해 주신 박영도 선배의 따뜻한 마음씀에 학문적으로나 개인적으로나 큰 빚을 지고 있다. 이 자리를 빌어 감사의 뜻을 전하고 싶다. 뿐만 아니라 언제나 그렇듯이 거친 원고 정리를 도와주느라 옆에서 애꿎은 고생을 하는 아내와 항상 같이 놀아주지 못하는 아들에게 고마움을 전하고 싶다.

이 모든 분들의 도움에도 불구하고 이 책이 혹시 영화의 친구 들뢰즈의 창조적인 사유를 전달하는 데 털끝만큼이라도 누가 되지나 않을지 두려움이 앞서는 마음으로 감히 이 번역본을 세상에 내보내는 바이다. 우리가 영화를 볼 때 우리의 가슴에 다가오는 언어로 표현되지 못하는 그 무엇 — 감동이라 해도 좋고 무엇으로 표현해도 좋다. 그것은 결코 적확하게 표현되지 못하니까 — 을 유려한 필치와 정확한 개념들로 풀어내는 들뢰즈의 사유를, 그리고 창조적인 해석 속에 새로운 모습으로 등장하는 거장들의 작품 세계를 모든 독자들과 영화의 친구들이 다 함께 즐길 수 있기를 바란다.

1996년 때 이르게 성큼 다가운 무더위 속에
역자들을 대표하여

주은우 씀

■서 문

이 연구는 영화 cinéma 의 역사학이 아니다. 이것은 하나의 분류학 taxonomie, 이미지와 기호들을 분류하려는 시도이다. 그러나 이 제1권은 분류의 요소들을, 그나마도 단지 한 부분의 요소들을 결정하는 데 만족해야 한다.

우리는 미국의 논리학자 퍼스 Charles Sanders Peirce(1839-1914) 를 자주 참조하게 될 것인데, 이것은 그가 이미지와 기호들에 대한 일반적인 분류법을 확립하였으며, 이 분류법이 의심할 바 없이 가장 완전하고 가장 다채로운 것이기 때문이다. 그것은 자연사에서의 린네 Linnacus 의 분류법이나, 화학에서의 멘델레프 Mendeleev 의 표와 비교될 수 있다.

또 다른 비교가 이에 못지 않게 필요하다. 베르그송 Henri Bergson 은 1896년에 『물질과 기억 Matter and Memory』을 쓰고 있었다. 그 책은 심리학에서의 위기에 대한 진단이었다. 외적인 세계의 물리적 실재인 운동과 의식 속의 심적인 실재인 이미지는 더 이상 대립될 수 없었다. 운동-이미지 l'image-mouvement 와, 더 심오한 것으로 시간-이미지 l'image-temps 의 베르그송적인 발견은, 과연 이 발견의 결과들이 모두 도출되었는지조차 확실하지 않을 정도로 오늘날에도 여전히 풍부함을 갖추고 있다. 베르그송이 얼마 있지 않아 가했던 영화에 대한 다소 성급한 비판에도 불구하고, 그 어떤 것도 그가 숙고했던 것과 같은 운동-이미지와 영화적 이미지 l'image cinematographique 의 만남을 방해할 수 없다.

이 첫 번째 책에서 우리는 운동-이미지와 그 변종들을 다룰 것이다. 시간-이미지는 두 번째 책의 주제가 될 것이다. 우리가 보기에, 위대한 영화 감독들은 화가나 건축가 및 음악가들뿐만 아니라 사상가들과도 비교될 수 있다. 그들은 개념 대신에 운동-이미지들과 시간-이미지들을 가지고 사유한다. 영화 생산에서 쓰레기들이 차지하는 광대한 비율을 지적한다고 해서 이 점에 반대할 수는 없다. —비록 그것들이 다른 것이 필적할 수 없는 경제적 산업적 결과들을 가진다 하더라도, 그 때문에 영화가 다른 어떤 곳보다 더 상황이 나쁜 것은 아니다. 위대한 영화 감독들은 따라서 단지 더 취약할 뿐인 것이다. —즉, 그들이 자신들의 작품을 하는 것을 방해하기란 훨씬 더 쉽다. 영화의 역사는 기나긴 순교사인 것이다. 그럼에도 불구하고 영화는 여전히, 이 감독들이 모든 것을 무릅쓰고 발명해 내고 영사할 수 있었던 대체 불가능하고 자율적인 형식들 속에서 예술의 일부와 사유의 일부를 형성한다.

우리는 이 책에 어떤 복제 사진도 도판으로 제공하지 않고 있다. 우리들 각자가 많든 적든 그것에 대한 기억과 감동 또는 지각을 보유하고 있는 그 위대한 영화들의 도판이 되기를 열망하는 것은 사실 이 책 자신이기 때문이다.

질 들뢰즈

■ 영어판 서문

이 책은 영화의 역사를 생산하는 작업에 착수하는 것이 아니라, 어떤 영화적 개념들 cinematographic concepts 을 분리해 내는 작업에 착수한다. 이 개념들은 기술적인 것(다양한 종류의 쇼트나 상이한 카메라 운동들과 같은 것)이거나 비평적인 것(예를 들어 서부극, 탐정 영화, 역사 영화 등 거대한 장르들)이 아니다. 그것들은, '영화란 보편적인 언어이다'라고 말해져 왔다는 의미에서나 '영화는 언어이다'라고 말해져 왔다는 의미에서의 언어적인 것도 아니다. 우리에게 영화란 이미지들과 기호들의 구성, 즉 전구어적인 pre-verbal 이해 가능한 내용(순수 기호론 pure semiotics)으로 보이는 반면에, 언어학적 영감을 받은 기호학 semiology 은 이미지를 철폐하고 기호를 필요 없게 하는 경향이 있다. 그러므로 우리가 영화적 개념들이라고 부르는 것은 이미지의 유형들과 그 유형들 각각에 상응하는 기호들이다. 영화의 이미지가 따라서 '자동 기계적'이고 일차적으로 운동-이미지로서 제시되기 때문에, 우리는 어떤 조건들 아래서 그것이 상이한 유형들 속으로 특정하게 정의되어 들어가는가를 고찰하였다. 이 유형들 중에서 중요한 것들로는 지각-이미지, 감정-이미지, 행동-이미지 등이 있다. 확실히 그것들의 배분이 시간의 재현을 결정하지는 않지만, 시간이 몽타주에 의존하고 운동-이미지들로부터 도출되어 나오는 한, 시간은 간접적인 재현의 대상으로 남아 있다는 점에 주목해야만 한다.

전쟁이 끝난 후, 직접적인 시간-이미지가 형성되고 영화에 부과될 수 있었다. 우리는 더 이상 어떤 운동도 존재하지 않을 것이라고 말하고 싶은 것이 아니라—철학에서 매우 오래 전에 일어났던 것과 꼭 마찬가지로—운동-시간 관계 속에 하나의 역전이 일어났다고 말하고 싶다. 즉, 더 이상 시간이 운동에 의해 관계지어지는 것이 아니라 운동의 편차들이 시간에 의존한다. 시간의 간접적인 재현이 운동으로부터 도출되는 대신에, 직접적인 시간-이미지가 운동으로부터 도출되고, 직접적인 시간-이미지가 **거짓 운동** false movement[1]을 지배한다. 어떤 이유로 전쟁이 이 역전을, 웰즈와 더불어, 네오 리얼리즘과 더불어, 누벨 바그와 더불어, 이러한 시간의 영화의 출현을 가능하게 했는가……? 여기서 다시, 어떤 유형의 이미지들이 새로운 시간-이미지에 상응하는지, 어떤 기호들이 이 유형들과 결합하는지 발견해 내는 것이 필요할 것이다. 모든 것은 아마도 감각-운동 도식 the sensory-motor schema 이 산산이 부서지는 가운데 갑작스럽게 나타날 것이다 : 지각, 감정, 행동을 연결시켰던 이 도식은 일반적인 이미지 체제가 변화되지 않고서는 심대한 위기 속으로 들어가지 않는다. 어쨌든 영화는 여기서 토키와 더불어 일어났던 것보다 훨씬 더 중요한 변화를 겪어 왔다.

이것은 시간-이미지의 현대 영화가 운동-이미지의 고전 영화보다 '더 가치 있다'고 말하는 문제가 아니다. 우리는 다만 어떤 가치의 위계도 적용되지 않는 걸작들에 대해서 말하고 있을 뿐이다. 영화가 발명해 내고 주어진 순간에 마음대로 이용하는 이미지들과 기호들을 고려할 때, 영화는 가능한 한 언제나 가장 완벽하다. 이것이 이 연구가 이미지와 기호들의 구체적인 분석들과 그것들을 창조하거나 갱신해 온 위대한 감독들의 '모노그래프'를 뒤섞어 짜야만 하는 이유이다.

제1권은 운동-이미지를 다룬다. 제2권은 시간-이미지를 다룰 것이다. 이 첫째 권의 마지막 부분에서 우리가 히치콕—가장 위대한 영국 영화

---

1) '거짓 운동 Faux Mouvement '은 보통 <잘못된 움직임 Wrong Move >으로 알려진 빔 벤더스 Wim Wenders 의 영화 <Falsche Bewegung>의 불어 제목이다.

작가 film-maker 의 한 사람 — 의 풍부한 중요성을 이해하려 노력한다면, 그것은 우리가 그가 특출한 유형의 이미지, 즉 정신적 관계들의 이미지를 발명했다고 생각하기 때문이다. 자신의 항들에 대해 외적인 것으로서의 관계들은 항상 영국적인 철학적 사유의 주제였다. 관계가 끝나거나 변화할 때, 그것의 항들에게는 무슨 일이 일어나는가? 따라서 히치콕은 비주류 코미디 <스미스 부부 Mr and Mrs Smith >에서, 자신들의 결혼이 합법적이지 않기 때문에 자신들이 결코 결혼한 적이 없다는 사실을 갑자기 알게 된 한 남자와 한 여자에게 무슨 일이 일어나는가 묻는다. 영국 철학이 관계의 철학을 만들어 내었던 것과 똑같이, 히치콕은 관계의 영화를 만들어 낸다. 이런 의미에서 그는 아마도 두 가지 영화들, 즉 그가 완성하는 고전 영화와 그가 준비하는 현대 영화의 접합부에 위치할 것이다. 이 모든 측면에서, 영화의 위대한 감독들을 화가, 건축가 또는 심지어 음악가와 비교하는 것으로는 충분하지 않다. 그들은 또한 사상가들 thinkers 과도 비교되어야만 한다. 영화의 위기라는 문제는 자주 제기된다. — 텔레비전의 압력 아래, 그후에는 전자적 이미지의 압력 아래. 그러나 이 양자의 창조적인 능력들은 위대한 영화 감독들이 그것들에게 기여하는 것과 분리될 수 없다. 음악에서의 바레즈 Varese 와 다소 유사하게, 그들은 미래가 가능하게 해주는 새로운 재료들과 수단들을 요구한다.

질 들뢰즈

차 례

역자 서문/ 3
서문/ 11
영어판 서문/ 13

제1장. 운동에 대한 테제들 : 베르그송에 대한 첫 번째 주석/ 21
1. 첫 번째 테제 : 운동과 순간
2. 두 번째 테제 : 특권화된 순간과 무규정적인 범용한 순간들
3. 세 번째 테제 : 운동과 변화/전체, 열린 것 또는 지속/세 수준들 : 세트와 그 부분들 : 운동/전체와 그 변화들

제2장. 프레임과 쇼트, 프레임화와 커팅/ 41
1. 첫 번째 수준 : 프레임, 세트 또는 닫힌 체계/프레임의 기능들/시야 바깥 : 그것의 두 측면들
2. 두 번째 수준 : 쇼트와 운동/쇼트의 두 면 : 세트들과 그것들의 부분들로 향한 것, 전체와 그것의 변화들로 향한 것/운동-이미지/움직이는 단편, 시간적인 시각
3. 가동성 : 몽타주와 카메라의 운동/쇼트의 통일성의 문제(시퀀스 쇼트)/거짓 연속성의 중요성

제3장. 몽타주/ 71
1. 세 번째 수준 : 전체, 운동 이미지의 구성, 그리고 시간의 간접적인 이미지/미국 유파 : 그리피스에서의 유기적인 구성과 몽타주/시간의 두 측면 : 간격과 전체, 가변적인 현재와 광대무한함
2. 소비에트 유파 : 변증법적 구성/에이젠슈테인에서의 유기적인 것과 정서

적인 것 : 나선형적이고 질적인 도약 : 푸도프킨과 도브첸코/베르토프의 유물론적 구성
3. 전쟁 전의 프랑스 유파 : 양적 구성/리듬과 역학/운동의 질의 두 측면 : 상대적인 것과 절대적인 것/강스와 수학적 숭고/독일 표현주의 유파 : 내포적 구성/빛과 그림자(무르나우, 랑)/표현주의와 동적인 숭고

第4장. 운동-이미지와 그 세 가지 변종들 : 베르그송에 대한 두 번째 주석/ 117
1. 이미지와 운동의 동일성/운동-이미지와 빛-이미지
2. 운동-이미지에서 그 변종들로/지각-이미지, 행동-이미지, 감정-이미지
3. 반증 : 세 가지 변종들을 어떻게 소멸시킬 수 있는가(베케트의 <영화>)/세 가지 변종들은 어떻게 형성되는가

第5장. 지각-이미지/ 147
1. 두 개의 극들, 객관적인 것과 주관적인 것/'반주관적인' 또는 자유간접적인 이미지(파졸리니, 로메르)
2. 지각의 또 다른 상태를 향하여 : 액체적 지각/전쟁 전 프랑스 유파에서의 물의 역할/그레미용, 비고
3. 기체적 지각을 향하여/베르토프에 따른 내용과 간격/기억흔적소/실험 영화의 한 경향(랜도우)

第6장. 감정-이미지. 얼굴과 클로즈업
1. 얼굴의 두 극들 : 권력과 질
2. 그리피스와 에이젠슈테인/표현주의/서정적 추상 : 빛, 백색과 굴절(스턴버그)
3. 실체로서의 정감/도상/퍼스에 따른 '일차성'/얼굴의 한계 또는 무 : 베르히만/어떻게 그것으로부터 달아날 것인가

제7장. 감정-이미지. 질들, 권력들, 무규정적 공간들/ 173
1. 복합적 실체 또는 표현된 것/잠재적 접속들과 실제적 연결들/클로즈업의 감정적인 구성 요소들(베르히만)/클로즈업으로부터 다른 쇼트들로 : 드레이어
2. 브레송에서의 정신적인 정감과 공간/'무규정적 공간'이란 무엇인가
3. 무규정적 공간들의 구축/표현주의에서의 그림자, 대립과 투쟁/서정적 추상에서의 백색, 교호와 양자 택일(스턴버그, 드레이어, 브레송)/색채와 흡수(미넬리)/무규정적 공간들의 두 가지 종류, 그리고 오늘날의 영화에서의 그것들의 빈번함(스노우)

제8장. 정감에서 행동으로. 충동 이미지/ 235
1. 자연주의/원래적인 세계와 파생 환경/충동들과 파편들, 징후들과 물신들/두 명의 위대한 자연주의자들 : 스트로하임과 부뉘엘/기생적 충동/엔트로피와 순환
2. 부뉘엘 작품의 한 특징 : 이미지 속에서의 반복의 권력
3. 자연주의자가 되는 것의 어려움 : 킹 비더/니콜라스 레이의 경우와 진화/세 번째의 위대한 자연주의자 : 로지/노예 근성에의 충동/자아에 대한 반전/자연주의의 좌표들

제9장. 행동-이미지. 큰 형식/ 265
1. 상황에서 행동으로 : '이차성'/포괄체와 결투/아메리칸 드림/거대한 장르들 : 심리-사회 영화(킹 비더), 서부극(포드), 역사 영화(그리피스, 세실 B. 드 밀)
2. 유기적 구성의 법칙들
3. 감각-운동 고리/카잔과 액터즈 스튜디오/인상

제10장. 행동-이미지. 작은 형식/ 297
1. 행동에서 상황으로/지표의 두 종류/풍속 희극(채플린, 루비치)
2. 혹스에서의 서부극 : 기능주의/네오 웨스턴과 그것의 공간 유형(만, 페킨파)
3. 작은 형식의 법칙과 익살 광대극/채플린의 진화 : 담론의 형상/키튼의 역설 : 거대 기계들의 소형화와 회귀적인 기능들

제11장. 형상들, 또는 형식들의 변형/ 327
1. 에이젠슈테인에 있어서의 하나에서 다른 것으로의 이행/견인의 몽타주/상이한 유형들
2. 헤어조크에 있어서 큰 것과 작은 것의 형상들
3. 두 가지 공간들 : 숨결-포괄체, 그리고 우주의 선들/구로자와에서의 숨결 : 상황에서 질문으로/미조구찌에서의 우주의 선들 : 윤곽에서 장애물로

제12장. 행동-이미지의 위기/ 357
1. 퍼스의 '삼차성'과 정신적인 관계들/맑스 형제/히치콕에 따른 정신적 이미지/표지와 상징/히치콕은 어떻게 행동-이미지를 그 한계에까지 가져감으로써 그것을 완성시키는가/아메리칸 시네마에서의 행동-이미지의 위기(루멧, 카사베테스, 알트만)/이 위기의 다섯가지 특징들/감각-운동 고리의 느슨화
2. 위기의 기원 : 이탈리아 네오 리얼리즘과 프랑스 누벨 바그/상투구의 비판적인 의식들/이미지의 새로운 개념화의 문제
3. 운동-이미지 너머를 향하여

용어 풀이/ 390

제1장

●●●●●●●●●●

운동에 대한 테제들
베르그송에 대한 첫 번째 주석

1. 운동에 대한 테제들
베르그송에 대한 첫 번째 주석

1. 첫 번째 테제 : 운동과 순간

베르그송은 운동에 관해서 하나의 테제가 아니라 세 개의 테제를 제시한다. 그 중에서 첫 번째 것이 가장 유명하며, 다른 두 테제를 무색하게 할 정도로 위협적이다. 첫 번째 테제에 따르면, 운동은 덮인 공간과 구별된다. 즉, 덮인 공간은 과거지만, 운동은 현재, 덮는 행위이다. 덮인 공간은 분할할 수 있고 정말로 무한히 분할 가능하지만, 운동은 분할할 수 없거나 분할되는 매 순간마다 질적으로 변화하지 않고서는 나누어질 수 없다. 이것은 이미 더 복합적인 관념을 전제한다. 덮인 공간들이 모두 단 하나의 동일하고 동질적인 공간에 속한 반면, 운동들은 이질적이고 서로 환원 불가능하다는 생각.

그러나 논의를 더 진행하기 전에 첫 번째 테제는 또 다른 명제를 포함하고 있음을 지적하자. 당신은 공간 속의 위치들이나 시간 속의 순간들,

즉 움직일 수 없는 단편들 coupes 을 가지고서는 운동을 재구성할 수 없다는 것 말이다. 당신은 위치들 또는 순간들에게 계승적인 연속이라는 추상적인 관념, 기계적이고 동질적이고 보편적이며 모든 운동들에 대해서 동일한 공간으로부터 복사되는 시간이라는 추상적인 관념을 덧붙임으로써만 이 재구성을 성취할 수 있다. 그러므로 당신은 두 가지 방식으로 운동을 놓치게 된다. 한편으로, 당신은 두 순간들 혹은 두 위치들을 무한대로 한데 모을 수 있다. 그러나 운동은 항상 그 둘 사이의 간격에서, 다른 말로 하자면 우리의 등뒤에서 발생한다. 다른 한편으로는, 당신이 아무리 많이 시간을 분할하고 재분할할 수 있을 지라도, 운동은 항상 구체적인 지속 durée 속에서 발생할 것이다. 따라서 각각의 운동은 그 자신의 질적인 지속을 가지게 될 것이다. 그러므로 우리는 두 개의 환원 불가능한 공식을 대립시킨다. '실제 운동 → 구체적 지속', 그리고 '움직일 수 없는 단편들+추상적 시간'.

베르그송은 1907년, 『창조적 진화 Creative Evolution』에서 부정확한 공식에 영화적 환상 la illusion cinématographique 이라는 이름을 붙였다. 사실, 영화는 두 개의 보충적인 소여물들과 더불어 작동한다. 이미지라고 불리는 즉각적인 단편들, 그리고 장치 '속에' 있고 이미지들이 그것과 '더불어서' 잇달아 지나가게 되는 비인격적이고 단일하며 추상적이고 보이지 않거나 지각할 수 없는 운동 혹은 시간이 그것이다.[1] 그러므로 영화는 우리에게 거짓 운동을 준다. — 그것은 거짓 운동의 전형적인 예이다. 그러나 베르그송이 가장 오래된 환상에게 그렇게도 현대적인 최신의 이름('영화적')을 부여해야 했다는 것은 이상한 일이다. 사실, 베르그송은 영화가 움직일 수 없는 단편들을 가지고 운동을 재구성할 때, 그것은 단지 가장 고대적인 사유(제논의 역설)에 의해서 이미 실행되고 있었던 것이거나, 혹은 자연적인 지각이 실행하고 있는 것을 행하고 있을 뿐이라고 말한다. 이런 측면에서 베르그송의 입장은 현상학의 그것과는 다르다. 현상학은 영화를 자연적

1) Henri Bergson, *Creative Evolution*, trans. Arthur Mitchell, 1954, p. 322 (이하 *CE*로 축약).

인 지각의 조건들과 단절하는 것으로 보기 때문이다. "우리는 말하자면 스쳐 지나가는 실재의 스냅 쇼트를 찍으며, 이것들이 실재의 특징들이기 때문에 우리는 그것들을 지식 장치의 배후에 위치한 추상적, 균일적, 비가시적인 생성에 맞춰 조율하기만 하면 된다. 지각, 지성, 언어는 일반적으로 그렇게 진행한다. 우리가 생성을 생각하든, 그것을 표현하든, 또는 심지어 그것을 지각하든, 우리는 다만 우리 내부에 있는 일종의 영사기를 작동시킬 수 있을 뿐, 다른 어떤 것도 할 수 없다."[2] 이것은 베르그송에게 영화란 오직 항상적이고 보편적인 환상의 투사이고 재생산일 뿐이라는 것을 의미하는 것인가? 마치 우리가 깨닫지 못하는 가운데 항상 영화를 가지고 있었다는 듯이 말이다. 그렇다고 한다면 일군의 문제들이 발생한다.

먼저, 어떤 의미에서는 환상의 재생산이란 것은 또한 그것의 정정이기도 한 것 아닌가? 우리는 수단이 인위적이라고 해서 그 결과도 인위적이라고 결론지을 수 있는가? 영화는 사진소 photogramme 들을 가지고서, 즉 움직이지 않는 단편들을 가지고서 — 일초에 스물 네 개의 이미지들(또는 초창기의 열 여덟 개)을 가지고서 — 진행한다. 그러나 그것이 우리에게 제공하는 것은 사진소만이 아니라는 사실은 종종 주목받아 왔다. 그것은 매개적 이미지로서, 운동은 그것에 수반되거나 부가되지 않는다. 반대로 운동은 즉각적인 소여로서 매개적 이미지에 속한 것이다. 자연적 지각의 위상도 이와 똑같다고 말할 수 있다. 그러나 거기에서는 환상이 주체 속에서 지각을 가능하게 하는 조건들에 의하여 지각 '위에서' 교정된다. 하지만 영화에서는 이미지가 관객에게 무조건적으로 나타나는 것과 동시에 환상이 교정된다(앞으로 보게 되겠지만, 이런 측면에서 현상학이 자연적 지각은 영화적 지각과 질적으로 다르다고 상정한 것은 옳다). 간단히 말해서, 영화는 우리에게 운동이 부가되는 이미지를 주는 것이 아니라, 직접적으로 운동-이미지 image-mouvement ; a movement-image 를 준다. 그것은 우리에게 단편을, 그러나 움직이지 않는 단편이 아니라 움직일 수 있는 단편을 준다. 이제 다시

---

2) 같은 책, pp. 322-3.

한 번 매우 기묘한 일은, 베르그송이 움직일 수 있는 단편들 또는 운동-이미지들을 완벽하게 알고 있었다는 사실이다. 이 사실은 『창조적 진화』 이전에, 영화의 공식적인 탄생 이전에 이미 발생했었다. 그것은 1896년 『물질과 기억 Matter and Memory』에서 상세히 설명되었다. 자연적 지각의 조건들을 넘어서 운동-이미지를 발견한 것은 『물질과 기억』의 첫 장이 이룩한 비범한 창안이었다. 베르그송은 십여 년 후에 그것을 망각해 버린 것일까?

아니면 그는 그 최초의 단계에서 모든 것에 영향을 미치는 또 다른 환상의 희생물이 되어 버렸던 것인가? 우리는 사물들과 사람들은 시작할 때 항상 스스로를 은폐하도록 강요받거나, 자신을 은폐해야만 한다는 것을 알고 있다. 그것들이 다른 어떤 일을 할 수 있겠는가? 그것들은 더 이상 자신들을 포함하지 않는 세트 내부에서 생겨나며, 거부당하지 않기 위해서는 자신들이 그 세트와 공유하는 특성들을 투사해야만 한다. 한 사물의 본질은 결코 출발점에서 나타나는 것이 아니라, 그 중간에서, 자신의 발전 경로 속에서, 그 힘이 확보될 때에야 나타난다. 영원성의 질문 대신에 '새로운 것'의 질문을 제기함으로써(새로운 어떤 것의 생산과 출현은 어떻게 가능한가?) 철학을 변형했던 베르그송은 어느 누구보다도 이것을 잘 알고 있었다. 예를 들어, 그는 생은 시작되었을 때 물질을 모방하도록 강제되기 때문에, 생의 새로움이란 생이 시작될 때 나타날 수 없다 …… 고 말했다. 이것은 영화와 똑같은 사정이 아닌가? 초창기의 영화는 자연적 지각을 모방하도록 강제되지 않았는가? 그리고 초창기의 영화의 위치였던 것이 지금은 더욱 그러한 것 아닌가? 한편으로는, 시점 prise de vue 은 고정되었고, 쇼트 plan 는 따라서 공간적이었으며 엄밀히 부동적이었다. 다른 한편으로는, 시점의 촬영 장치 appareil de prise de vue 는 영사 장치와 결합되고 균일한 추상적인 시간을 부여받았다. 영화의 진화, 그 자신의 본질 또는 새로움의 정복은 영사와 분리된 몽타주 montage, 움직이는 카메라, 그리고 시점의 해방을 통해 일어났다. 그때 쇼트는 공간적인 범주이기를 멈추고 시간적인 것이 될 것이며, 단편은 더 이상 움직일 수 없는 것이 아니라 움직일 수 있는 것이 될 것이다. 영화는 『물질과 기억』의 첫 번째 장에서 제시되었던 운동-이미지, 바로 그것을 재발견하게 될 것이다.

우리는 운동에 대한 베르그송의 첫 번째 테제가 처음 볼 때보다 훨씬 복잡한 것이라고 결론 내려야만 한다. 한편으로는 덮인 공간을 가지고서, 즉 순간적이고 움직일 수 없는 단편들과 추상적인 시간을 서로 덧붙임으로써 운동을 재구성하려는 모든 시도에 대한 비판이 존재한다. 다른 한편으로는 이러한 환상적인 시도의 하나이자 그러한 환상의 정점이라고 비난받는 영화에 대한 비판이 있다. 그러나 거기에는 또한 영화의 미래나 본질을 예시하는 『물질과 기억』의 테제들, 움직이는 단편들, 시간적인 평면들 역시 존재한다.

2. 두 번째 테제 : 특권화된 순간과 무규정적인 범용한 순간들

이제 『창조적 진화』는 두 번째 테제를 발전시키는데, 이 테제는 모든 것을 운동에 관한 똑같은 환상으로 환원하는 것이 아니라 적어도 두 개의 매우 상이한 환상들을 구별한다. 오류는 똑같은 것으로서 — 순간들 또는 위치들로부터 운동을 재구성하는 오류 — 남아 있지만, 그러나 이를 실행하는 데는 두 가지 방식이 있다. 하나는 고대적인 것이고, 다른 하나는 현대적인 것이다. 고대에는 운동이란 지성에 의해 알 수 있는 요소들, 즉 움직일 수 없는 형식들 또는 이데아들에 준거한다. 물론, 운동을 재구성하기 위해서는 이 형식들이 물질-흐름 속에서 그것들이 실현되는 것과 가능한 한 가깝게 포착되어야 할 것이다. 이 형식들은 물질 속에서 체현됨으로써만 실현될 수 있는 잠재력 potentialité 들이다. 그러나 반대로 운동은 단지 형식들의 '변증법'을, 자신에게 질서와 척도를 제공하는 이상적인 종합을 표현할 뿐이다. 이런 식으로 이해되는 운동은 따라서 하나의 형식에서 다른 형식으로의 규제된 이행, 즉 춤에서와 같이 포즈들 또는 특권화된 순간들의 순서

가 될 것이다. 이 형식들이나 이념들은

> 그것들이 그 정수를 표현하는 한 시대를 특징짓는다고 …… 가정되며, 이 시대의 나머지는 모두 그 자체만으로는 흥미가 없는, 하나의 형식으로부터 또 다른 형식으로의 이행에 의해 채워진다고 가정된다.…… 그 다음에 그들은 최종적인 항 또는 정점 telos, acmé 에 주목하고, 그것을 본질적인 계기로 정립한다. 사실의 전체를 표현하기 위해서 언어가 간직해 온 이 계기는 또한 과학이 사실 전체를 특징짓는 데에도 충분한 것이었다.[3)]

근대 과학 혁명의 핵심은 운동을 특권화된 순간들이 아니라, 범용한 어떤 순간에든 any-instant-whatever 관계시키는 데에 있었다. 비록 운동이 여전히 재구성된다 하더라도, 그것은 더 이상 형식적인 선험적 요소들(포즈들)로부터 재구성되는 것이 아니라 내재적인 물질적 요소들(단편들)로부터 재구성되었다. 운동의 지성적인 종합이 산출되는 대신에 감각적인 종합이 이로부터 파생되었다. 이런 방식으로, 근대 천문학은 궤도와 그것을 통과하는 데 소요되는 시간의 관계를 규정함으로써(케플러) 형성되었고, 근대 물리학은 덮인 공간을 물체가 낙하하는 데 걸리는 시간과 연결함으로써(갈릴레오), 근대 기하학은 평곡선, 즉 자기 경로의 어떤 계기에서도 움직이는 직선 위에 있는 한 점의 위치에 대한 방정식을 해결함으로써(데카르트), 그리고 마지막으로 미적분학은 무한히 더 근접하게 합쳐질 수 있는 단편들을 검사한다는 생각을 가지게 되었을 때(뉴턴과 라이프니츠) 형성되었다. 모든 곳에서 순간들의 기계적인 연속이 포즈들의 변증법적인 질서를 대체하였다. "근대 과학은 시간을 독립 변수로 삼으려는 열망에 의하여 현저하게 정의되는 것임에 틀림없다."[4)]

3) 같은 책, p. 349.
4) 같은 책, p. 355.

영화는 베르그송이 추적하는 이러한 계보의 마지막 후손인 듯하다. 우리는 이전 translation 수단(기차, 자동차, 비행기 ……)의 계열들과, 이에 병행하는 표현 수단(다이어그램, 사진, 영화 ……)의 계열을 인식할 수 있을 것이다. 그때 카메라는 하나의 교환자로서, 또는 그보다는 이전 운동들에 대한 일반화된 등가물로서 등장하였다. 그리고 이것이 바로 벤더스 Wim Wenders 의 영화들에서 그것이 등장하는 방식이다. 영화의 전사 **前史** 를 생각할 때마다 우리는 항상 혼란으로 끝맺는데, 왜냐하면 우리는 영화의 기술적 계보가 어디서 시작하는지, 또는 이 계보를 어떻게 정의해야 할지 모르기 때문이다. 우리는 항상 그림자 인형극이나 아주 초기의 영사 시스템을 참조할 수 있다. 그러나, 사실 영화의 결정적인 조건은 다음과 같다. 단지 사진만이 아니라 스냅 쇼트(장시간 노출의 포즈 사진 photo de pose 은 다른 계보에 속한다), 스냅 쇼트들의 등거리화, 이 등거리가 '필름'을 구성하는 얼개로 이행한 것(카메라 속에 있는 필름에 구멍을 뚫은 사람은 에디슨 Thomas Edison 과 딕슨 W. K. L. Dickson 이었다), 그리고 이미지들 위에서의 운동을 위한 메커니즘(뤼미에르 Lumiere 의 발톱 claws). 영화가 무규정적인 범용한 순간 any-instant-whatever 의 함수로서, 즉 연속성의 인상을 창조하기 위해 선택되는 등거리 순간들의 함수로서 운동을 재생산하는 시스템이라는 것은 이러한 의미에서이다. 상호 변화하거나 '변형'되는 그러한 방법으로 투영되는 포즈들의 질서를 통해서 운동을 재생산하는 다른 어떤 체계도 영화에게는 낯선 것이다. 이 점은 만화 영화를 정의하려고 시도할 때 분명하다. 만약 만화 영화가 완전히 영화에 속하는 것이라면, 이는 그림 그리기가 더 이상 포즈나 완성된 형상을 구성하는 것이 아니라 항상 자신들의 경로 상의 어떤 순간에서도 취해질 수 있는 선과 점들의 운동을 통해 형성되거나 흐려져 없어지는 과정 속에 존재하는 형상의 구성을 묘사하기 때문이다. 만화 영화는 유클리드 기하학이 아니라 데카르트의 기하학과 관련된다. 그것은 우리에게 유일한 계기 속에서 묘사되는 형상이 아니라, 그 형상을 묘사하는 운동의 연속성을 주는 것이다.

그럼에도 불구하고 영화는 특권화된 순간들 위에서 번창하는 것 같다. 종종, 에이젠슈테인 Sergei Mikhailovich Eisenstein 은 운동이나 발전으로부터 어떠한 위기의 계기를 추출해 내었고, 이것을 그는 훌륭하게 영화의 주제로 만들었다고들 말한다. 이것은 그가 '정서적'이라고 불렀던 것, 정확히 바로 그것이다. 그는 정점들과 함성들을 집어내고, 장면들을 절정으로 밀어붙이며, 그것들을 충돌하게 한다. 그러나 이것이 반박이 되지 못한다는 것은 명확하다. 영화의 전사로, 그리고 말의 질주라는 유명한 예로 돌아가 보자. 이것은 마레이 Etienne Jules Marey 의 그래픽 기록들과 머이브릿지 Edweard Muybridge 의 등거리 스냅 사진들에 의해서만 정확하게 세분될 수 있었는데, 이것들은 구보의 조직화된 전체를 범용한 순간들에 관계시킨다. 만약 등거리의 지점들이 잘 선정된다면, 불가피하게 주목할 만한 사건들과 마주치게 된다. 즉, 말의 발굽 하나가 먼저 땅을 딛고, 그리고 나서 땅을 딛는 발굽이 세 개, 두 개, 하나가 되는 계기들 말이다. 이러한 것들은 특권화된 순간들이라고 불릴 수도 있겠지만, 그러나 옛 형식들에서 말의 질주를 표시했던 포즈들이나 일반화된 자세들이라는 의미에서가 아니다. 이 순간들은 장시간 노출들(포즈들)과는 아무런 공통점도 가지지 않으며, 장시간 노출 사진으로써는 형식적으로도 불가능할 것이다. 만약 이것들이 특권화된 순간들이라면, 그것은 운동에 속하는 비범하거나 특이한 점으로서 그러한 것이며, 선험적인 형식의 현실화 actualisation 의 계기들로서 그러한 것이 아니다. 개념의 의미는 완전히 변했다. 에이젠슈테인이나 또는 어떤 다른 감독의 특권화된 순간들은 여전히 범용한 순간들이다. 단순하게 말하자면, 범용한 순간은 규칙적인 것도 될 수 있고 특이한 것도 될 수 있으며, 평범한 것도 될 수 있고 비범한 것도 될 수 있다. 만약 에이젠슈테인이 비범한 순간들을 집어낸다 하더라도, 이것은 그가 그것들로부터 선험적인 종합이 아니라 운동의 내재적인 분석을 이끌어 내는 것을 저지하지 못한다. 비범하거나 특이한 순간들은 다른 것들 한가운데 범용한 순간으로 남는다. 이것이 정말로 에이젠슈테인이 호소하는 현대적인 변증법과 낡은 변증법의 차이다. 후자가 하나의 운동 속에서 현실화되는 선험적인 형식들의 질서라면, 전자는 운동에 내재하는 특이점 point singulière 들을 생산하고 대면하는 것이다. 이제 이 특이성 singularité 들의 생산(질적 도약)은 진부함들의 축적(양적 과정)에 의하여 성취되며, 그럼으로써 특이한 것은 범용한 것으로부터 획득되고, 그 자신이 간단히 말해 평범하지 않고 규칙적이지 않은 범용한 것이 된다. 에이젠슈테인 자신이 '정서적'인 것은 커트들 coupures 이 통과해야만 하는 범용한 순간들의 조직화된 세트로서의 '유기적'인 것을 전제한다는 점을 분명히 하였다.[5]

무규정적인 범용한 순간은 다른 것으로부터 등거리에 있는 순간이다. 그러므로 우리는 영화란 운동을 범용한 순간과 관계지음으로써 운동을 재생산하는 체계로 정의할 수 있다. 그러나 어려움이 생기는 것은 바로 여기이다. 그러한 체계의 관심은 무엇인가? 과학의 관점에서 볼 때, 그것은 매우 하찮은 것이다. 왜냐하면 과학 혁명은 분석의 혁명이었기 때문이다. 그리고 만약 운동을 분석하기 위해서 운동이 범용한 순간과 관계되어야 했다면, 확증이라는 모호한 관심을 제외한다면 동일한 원리에 기초한 종합이나 재구성에 대한 어떤 관심을 발견한다는 것은 어려운 일이었다. 이것이 마레이나 뤼미에르가 영화의 발명에 대하여 많은 희망을 견지하지 않았던 이유이다. 그것은 적어도 예술적인 관심은 가졌던 것인가? 이것 역시 마찬가지로 그렇지 않았던 것 같다. 왜냐하면, 예술은 운동의 더 고차적인 종합의 요구들을 지지하고, 과학이 거부하였던 포즈들 및 형식들과 연결된 채 남아 있는 듯했기 때문이다. 우리는 '산업 예술'이라는 영화의 모호한 위치의 바로 그 심장부에 도달한 것이다. 그것은 예술도 과학도 아니었다.

그렇지만 동시대인들은 예술 속에서 작동하고 있던 발전, 심지어 회화에서도 작동하고 있던, 운동의 지위를 변화시키고 있던 하나의 발전에 민감하였던 것 같다. 회화보다 훨씬 더 큰 정도로 춤, 발레와 무언극은 정립되

---

5) 유기적인 것과 정서적인 것에 대해서는 S. Eisenstein, *La non-indifférente Nature*, I, 10-18 참조.

지 않았고 측정되지 않았으며 운동을 범용한 순간에 관계시켰던 가치들을 자유롭게 풀어놓기 위해 형상들과 포즈들을 버리고 있었다. 이러한 방식으로 예술, 발레, 그리고 마임은 환경의 우발성들에, 즉 공간의 점들의 배분이나 사건의 계기들의 배분에 반응할 수 있는 행동 action 이 되었다. 이 모든 것들은 영화와 동일한 목적에 봉사하였다. 토키 시대에서부터, 영화는 뮤지컬 코미디를 자신의 주요 장르의 하나로 만들 수 있었다. 어떤 장소에서도, 즉 (길거리에서) 자동차에 둘러싸여서, 포장 도로를 따라 벌어지는 프레드 아스테어 Fred Astaire 의 '액션 댄스'와 더불어서 말이다.[6] 그러나 심지어는 무성 영화에서도, 채플린 Charles Chaplin 은 마임을 포즈의 예술로부터 분리하여 그것을 액션-마임으로 만들었다. 미트리는 찰리가 영화에 봉사하기보다는 그것을 이용한다는 불평들에 대답하면서, 그는 마임에 새로운 전범, 공간과 시간의 기능, 매 순간 구성되는 연속성을 부여한바, 이것은 이제 자신이 예전에 하려 했던 선험적인 형식들에 관계되는 대신 스스로에게 오직 현저한 내재적인 요소들로 분해되는 것만을 허용한다고 주장하였다.[7]

베르그송은 영화는 전적으로 운동의 이 현대적인 개념에 속한다는 것을 힘주어 진술한다. 그러나 이 지점에서부터, 그는 두 개의 길 사이에서 머뭇거리는 듯하다. 하나는 그의 첫 번째 테제로 되돌아가도록 그를 인도하지만, 다른 하나는 그와 달리 새로운 질문들을 열어 놓는다. 첫 번째 경로를 따른다면, 비록 그 두 개념들이 과학적 관점에서 보면 다를지 모르지만, 그럼에도 불구하고 다소간 동일한 결과를 가지게 된다. 사실, 영원한 포즈들이나 움직이지 않는 단편들로써 운동을 재구성하는 것은 동일한 것에 이르게 된다. 운동은 주어진 것도 주어질 수 있는 것도 아니라는 조건에서만 일어날 수 있을 뿐인 반면에, 이 두 경우는 모두 전체를 구축하고, '모든 것은 주어진 것'이라고 가정하기 때문에 운동을 놓치게 된다. 하나의 전체가 형식이나 포즈의 영원한 질서 속에서 주어지거나, 또는 범용한 순간들의 세

6) Arthur Knight, *Revue du cinéma*, no. 10.
7) Jean Mitry, *Histoire du cinéma muet*, III, pp. 49-51.

트 속에서 주어지자마자, 시간은 영원성의 이미지에 불과한 것이 되거나 세트의 결과가 된다. 즉, 진짜 운동을 위한 여지는 더 이상 남아 있지 않는 것이다.[8] 그러나 베르그송에게는 또 다른 길이 열려 있는 듯하다. 만약 고대의 개념이 영원한 것에 대한 사유를 목표로 삼는 고대 철학에 밀접하게 상응한다면, 현대적 개념, 현대 과학은 또 다른 철학을 요청하기 때문이다. 운동을 범용한 계기들과 관련시킬 때에는, 이러한 계기들 중의 어떤 것에서도 새로운 것, 즉 비범한 것과 특이한 것의 생산을 사유할 수 있어야만 한다. 이것은 철학의 완전한 전환이다. 그것은 베르그송이 궁극적으로 목표하는 것이다. 즉, 현대 과학에게 그것에 상응하는 형이상학, 현대 과학의 나머지 반쪽인 형이상학을 선사하는 것.[9] 그러나 우리가 한 번 이 길을 따라 출발한다면 멈출 수가 있을까? 예술들 또한 이러한 전환을 통과해야만 한다는 것을, 또는 영화가 이것에서 본질적인 요인이며, 이 새로운 사유 또는 이 새로운 생각하는 방식의 탄생과 형성에서 해야 할 역할을 가지고 있다는 것을 우리가 부인할 수 있을까? 이것이 베르그송이 운동에 관한 그의 첫 번째 테제를 확증하는 것만으로는 더 이상 만족할 수 없었던 이유이다. 비록 불완전하게 중단되었을지라도, 베르그송의 두 번째 테제는 — 비록 그것이 중간에서 멈추더라도 — 영화를 보는 또 다른 방법을, 더 이상 가장 오래된 환상의 완성된 장치에 불과한 것이 아니라 반대로 새로운 실재를 완성하는 기관이 되는 하나의 방법을 가능하게 만든다.

3. 세 번째 테제 : 운동과 변화

그리고 이것이 베르그송의 세 번째 테제, 『창조적 진화』에도 역시 포

8) Bergson, 앞의 책, p. 374.
9) 같은 책, p. 364.

함되어 있는 세 번째 테제이다. 만약 우리가 그것을 벌거벗은 공식으로 축소하려 한다면, 그것은 다음과 같은 것이 될 것이다. 순간이란 운동의 움직일 수 없는 단편일 뿐만 아니라, 운동 또한 지속의, 즉 전체 the Whole 또는 하나의 전체 a whole 의 움직일 수 있는 단편이다. 이것은 운동이 더 심원한 어떤 것을, 지속 또는 전체 속의 변화를 표현한다는 것을 함축한다. 지속이 변화라고 말하는 것은 그것에 대한 정의의 일부분이다. 그것은 변화하며, 변화하기를 멈추지 않는다. 예를 들자면, 물질은 운동하지만 변화하지는 않는다. 이제 운동은 지속 속의 또는 전체 속의 변화를 표현한다. 지금 문제가 되는 것은 한편으로는 이 표현이고, 다른 한편으로는 이 전체-지속의 동일화이다.

운동은 공간 속에서의 이전이다. 이제 매 시간마다 공간 속에서의 부분들의 이전이 존재하고, 하나의 전체 속에서의 질적인 변화가 또한 존재한다. 베르그송은 『물질과 기억』에서 이에 관한 수많은 예를 제공했다. 동물은 운동한다. 그러나 이것은 먹기 위한, 이동하기 위한 등등의 목적을 위한 것이다. 운동은 잠재태의 차이를 전제하고, 그것을 메우는 것을 목표한다고 말할 수도 있다. 내가 부분들과 장소들을 추상적으로 — A와 B — 고려한다면, 하나에서 다른 것으로 진행하는 운동을 이해할 수가 없다. 그러나 내가 A에서 굶주리고 있고, B에는 먹을 것이 있다고 상상해 보자. 내가 B에 도달해서 먹을 것을 갖게 될 때에는, 변화한 것은 나의 상태뿐만이 아니라, B와 A, 그리고 그들 사이에 존재했던 모든 것을 포함하는 전체의 상태이다. 아킬레스가 거북이를 따라 잡을 때 변화하는 것은 거북, 아킬레스, 그리고 그 둘 사이의 거리를 포함하는 전체의 상태인 것이다. 운동은 항상 변화와 관계가 있고, 이주는 계절적인 변동과 관계가 있다. 그리고 이것은 물체들에게도 똑같이 진실이다. 한 물체의 낙하는 그 물체를 끌어당기는 또 다른 것을 전제하고, 그 양자 모두를 포함하는 전체 속에서 하나의 변화를 표현한다. 우리가 순수 원자들을 생각한다면, 실체의 모든 부분들의 상호 작용을 입증하는 원자 운동들은 필연적 전체 속에서의 에너지의 가감, 교환, 변동들을 표현한다. 베르그송이 이전 너머에서 발견하는 것은 진동, 방사이다. 우리의 오류는 그것이 운동하는 질 qualité 들에게 외적인 범용한 요소라고 믿는 데에 있다. 그러나 질들 자체는 가정되는 요소들이 운동하는 것과 동시에 변화하는 순수 진동들이다.[10]

『창조적 진화』에서 베르그송은 너무 유명해서 더 이상 우리를 놀라게 할 수 없는 한 예를 제공한다. 한 잔의 물 속에 설탕을 넣고 나서, 그는 "나는 좋든 싫든 설탕이 녹을 때까지 기다려야 한다"고 말한다.[11] 이것은 약간 이상하다. 베르그송은 숟가락으로 젓는 것이 설탕이 녹는 것을 도울 수 있다는 것을 잊어버린 듯 보이기 때문이다. 그러나 그가 말하고자 하는 요점은 무엇인가? 설탕 입자를 떼어 내고, 그것들을 물 속에서 떠돌게 하는 이전 운동은 그 자체가 전체 속의 변화, 곧 유리잔의 내용물 속의 변화를 표현한다. 그것은 설탕 덩어리를 포함하고 있는 물로부터 설탕물로의 질적인 이행이다. 내가 숟가락으로 젓는다면 나는 운동을 가속화하게 되지만, 그때 나는 전체를 또한 변화시키는 것이며, 이 전체는 숟가락까지 포괄하며, 가속화된 운동은 계속해서 전체의 변화를 표현한다. "물리학과 화학에서 연구되는 덩어리들과 분자들의 전적으로 표면적인 전치는 그 내적인 생의 운동(변형이지 이전이 아닌)에 대한 관계에 의해서, 운동하는 대상의 위치가 공간 속에서 그 대상의 운동에 대해 갖는 관계와 같은 것이 된다."[12] 그러므로 자신의 세 번째 테제에서 베르그송은 다음과 같은 유비를 제시한다.

$$\frac{\text{움직일 수 없는 단편들}}{\text{운동}} = \frac{\text{움직일 수 있는 단편으로서의 운동}}{\text{질적 변화}}$$

10) 이 모든 논점들에 대해서는 Henri Bergson, *Matter and Memory*, 1911, 4장을 참조.
11) *CE*, p. 10.
12) 같은 책, p. 34.

단지 유일한 차이는 왼쪽의 비는 환상을 표현하고 오른쪽의 비는 실재를 표현한다는 것뿐이다.

무엇보다도 베르그송이 설탕물의 유리잔을 이용하여 말하고 싶어하는 것은 어떠한 것이든 나의 기다림은 심적, 정신적 실재로서의 지속을 표현한다는 것이다. 그러나 왜 정신적 지속은 기다리는 나뿐만이 아니라 변화하는 하나의 전체까지도 입증하는 것일까? 베르그송에 따르자면, 전체는 주어진 것도 아니며 주어질 수도 없는 것이다(그리고 근대 과학의 오류는 고대 과학의 그것처럼 상이한 두 가지 방식으로 전체를 주어진 것으로 간주하는 데에 있다). 많은 철학자들이 이미 전체는 주어진 소여도 주어질 수 있는 것도 아니라고 말한 바 있다. 그러나 그들은 단지 이로부터 전체란 의미 없는 개념이라는 결론을 도출했을 뿐이다. 베르그송의 결론은 매우 다르다. 만약 전체가 주어질 수 없는 것이라면, 그것은 전체가 열린 것이기 때문이고, 전체의 본성이 항상 변화하는 것, 또는 새로운 어떤 것을 발생시키는 것, 간단히 말해서 지속하는 것이기 때문이다. "우주의 지속은 그러므로 그 안에서 장소를 발견할 수 있는 창조의 폭을 갖춘 것임에 틀림없다."[13] 그렇기 때문에 우리가 지속과 대면하거나 지속 속에 있는 우리 자신을 발견할 때마다, 우리는 변화하고 있으며 어딘가가 열려 있는 전체가 어디엔가 존재한다고 결론 내릴 수 있다. 베르그송이 처음에는 지속을 의식과 동일한 것으로서 발견했다는 것은 널리 알려져 있다. 그러나 의식에 관한 더 많은 연구는 그로 하여금 의식이란 전체의 열림과 일치함으로써 전체에 대하여 스스로를 개방하는 한에서만 존재할 뿐이라는 것을 논증하도록 이끈다. 생명체에 대해서도 사정은 비슷하다. 베르그송은 생명체를 하나의 전체 또는 우주의 전체에 비유함으로써 가장 오래된 직유법을 부활시키는 것처럼 보인다.[14] 그렇지만 그는 그것의 항들을 완전히 역전시킨다. 왜냐하면, 생명체가 하나의 전체이고 따라서 우주의 전체에 비유된다면, 이것은 그것이 전체가

13) 같은 책, p. 359.
14) 같은 책, p. 16.

그러하다고 가정되는 것처럼 닫힌 소우주이기 때문이 아니라, 그와는 반대로 그것이 세계에 대하여 열려져 있고, 세계, 우주 그 자체가 열린 것이기 때문이다. "어떤 존재가 살아 있는 곳이라면 어디든지, 그곳에는 어딘가가 열려 있고, 시간이 새겨지고 있는 등록부가 존재한다."[15]

전체를 정의해야 한다면, 그것은 관계에 의해서 정의될 것이다. 관계는 대상들의 속성이 아니며, 그것은 항상 자신의 항들에 대해 외적인 것이다. 그것은 또한 열려진 것으로부터 분리될 수 없으며, 정신적 또는 심적인 존재를 보여준다. 전체가 대상들의 닫힌 세트와 혼동되지 않는 다른 조건에서, 관계들은 대상들이 아니라 전체에 속한다.[16] 세트의 대상들은 공간 속의 운동에 의해서 그들 각자의 위치들을 변화시킨다. 그러나 전체는 관계를 통해서 변형되거나 질적으로 변화된다. 우리는 지속 자체와 시간을 관계들의 전체라고 말할 수 있다.

전체와 '전체들' 자체는 세트들과 혼동되어서는 안 된다. 세트들은 닫혀져 있고, 닫혀져 있는 모든 것은 인위적으로 닫혀진 것이다. 세트는 항상 부분들의 세트이다. 그러나 전체는 닫혀져 있지 않고 열려 있다. 그리고 그것은 분할의 매 단계마다 질적인 변화 없이는 분할될 수 없기에, 아주 특별한 의미를 제외하고는 부분들을 갖지 않는다. "우리는 진정한 전체란 지당하게도 분할할 수 없는 연속성일 거라고 생각한다."[17] 전체는 닫힌 세트가 아니라, 반대로 바로 그것으로 인해 세트가 결코 절대적으로 닫혀질 수 없

15) 같은 책, p. 16. 베르그송과 하이데거 사이의 유일한 유사성이-그리고 그것은 상당히 중요한 것이다-여기에 있다. 양자는 모두 시간의 특정성을 열린 것이라는 개념 위에 기초짓는다.

16) 비록 베르그송에 의하여 명시적으로 제기되지 않았다 하더라도, 우리는 이 지점에서 관계들의 문제를 제기한다. 우리는 두 사물들 사이의 관계가 이 사물 또는 저 사물의 속성으로도, 실로 세트 ensemble 의 속성으로도 환원될 수 없다는 것을 알고 있다. 다른 한편으로, 우리가 전체를 주어진 세트가 아니라 연속체로서 이해한다면, 관계들을 하나의 전체 tout 와 관계시키는 것은 아직도 전적으로 가능한 것이다.

17) *CE*, p. 32.

고 결코 완전히 엄폐되지 않게 되는 원인이며, 마치 그것을 우주의 나머지에 부착시키는 가장 가느다란 실에 의한 것인 양 세트를 어딘가가 열려 있도록 유지시키는 것이다. 물잔은 정말로 부분들을, 물, 설탕, 아마도 숟가락까지 포함하는 하나의 닫혀진 세트이다. 그러나 그것은 전체가 아니다. 전체는 스스로를 창조하며, 부분들 없는 또 다른 차원에서 스스로를 부단히 창조한다. ― 하나의 질적인 상태의 세트를 따라서 또 다른 것에 도달하는 그것처럼, 이러한 상태들을 통과하는 순수한 끊임 없는 생성처럼. 그것이 정신적 또는 심적이라는 것은 바로 이러한 의미에서이다. "물잔, 설탕, 그리고 설탕이 물에 녹는 과정은 추상들이고 …… 그 안에서 그것들이 나의 감각들에 의해 전달되어졌고 이해가 아마도 의식의 방식으로 진전되는 전체이다".[18] 어떤 경우에도, 세트 또는 닫힌 체계의 이 인위적인 분할은 순수한 환상이 아니다. 그것은 잘 정초된 것이며, 만약 각각의 사물과 전체의 연결 고리(그것을 열린 것과 묶어 놓는 이 역설적인 연결 고리)를 단절시키는 것이 불가능하다 하더라도, 그것은 적어도 끌어내어질 수 있고 무한대로 잡아 늘일 수 있으며 더욱더 가늘게 만들어질 수 있다. 물질의 조직화는 부분들의 닫힌 체계들 혹은 일정한 세트들을 가능하게 한다. 그리고 공간의 전개는 그것들을 필연적인 것으로 만든다. 그러나 요점은, 세트들은 공간 속에 존재하고 전체 또는 전체들은 지속 속에 존재하며, 변화하기를 멈추지 않는 한 지속 그 자체라는 것이다. 그래서 베르그송의 첫 번째 테제에 대응하는 두 가지 공식들은 이제 훨씬 더 엄밀한 지위를 획득한다. 먼저 '움직일 수 없는 단편들+추상적 시간'은 그 부분들이 사실상 움직일 수 없는 단편들이고, 그것의 연속적인 상태들이 추상적 시간 위에서 계산되는 닫힌 세트들을 지시한다. 반면에 '실제 운동→구체적 지속'은 지속하며 그것의 운동들이란 곧 닫힌 체계들을 가로지르는 그 많은 움직일 수 있는 단편들인 전체의 열림을 지시한다.

이 세 번째 테제의 결과, 우리는 세 가지 수준에 있는 우리 자신을 발

---

18) 같은 책, p. 10.

견한다. (1) 판별할 수 있는 대상들 또는 구별되는 부분들에 의해 정의되는 세트들 또는 닫힌 체계들, (2) 이러한 대상들 사이에서 확립되고 그것들 각각의 위치들을 변경하는 이전의 운동, (3) 지속 또는 전체, 즉 그 자신의 관계들에 따라서 부단히 변화하는 정신적 실재.

그러므로 어떤 의미에서 운동은 두 가지 국면을 갖게 된다. 한편으로는 대상들 또는 부분들 사이에서 일어나는 것, 다른 한편으로는 지속 또는 전체를 표현하는 것 말이다. 그 결과는 지속은 질적인 변화에 의해 대상들로 분할되며, 대상들은 깊이를 획득함으로써, 자신들의 윤곽을 상실함으로써 지속 속에서 통일된다는 것이다. 따라서 우리는 운동은 닫힌 체계의 대상들을 열린 지속에, 그리고 지속을 그것이 열리도록 강제하는 체계의 대상들에 관계시킨다고 말할 수 있다. 운동은 자신이 그 사이에서 확립되는 대상들을 자신이 표현하는 변화하는 전체에 관계시키며, 그 역 또한 마찬가지이다. 운동을 통해서 전체는 대상들로 분할되고, 대상들은 전체 속으로 재통합되며, 그리고 정말로 그 둘 사이에서 '전체'는 변화한다. 우리는 세트의 대상들 또는 부분들을 움직이지 않는 단편들로 간주할 수 있다. 그러나 운동은 이 단편들 사이에서 확립되며, 대상들 또는 부분들을 변화하는 전체의 지속에 관계시키고, 따라서 대상들과의 관계 속에서 전체의 변화를 표현하고, 그 자체가 지속의 움직이는 단편이 된다. 이제 우리는 『물질과 기억』의 첫 장에 등장하는 심오한 테제를 이해할 수 있는 준비를 갖추게 되었다. (1) 순간적인 이미지, 즉 운동의 움직이지 않는 단편들만이 존재하는 것은 아니다. (2) 지속의 움직이는 단편들인 운동-이미지들이 존재한다. (3) 마지막으로, 시간-이미지들, 즉 운동 그 자체를 넘어서 있는 지속-이미지들, 변화-이미지들, 관계-이미지들, 부피-이미지들이 존재한다 …… .

제2장

●●●●●●●●●●

프레임과 쇼트, 프레임화와 커팅

2. 프레임과 쇼트, 프레임화와 커팅

1. 첫 번째 수준 : 프레임, 세트 또는 닫힌 체계

우리는 뒤에 정정되어야만 할지라도 매우 단순한 정의들을 가지고 출발할 것이다. 우리는 이미지 안에 현존하는 모든 것 — 배경 세트들, 등장 인물과 소도구 — 을 포함하는 닫힌 체계를 결정하는 것을 프레임화 framing 라고 부를 것이다. 그러므로 프레임은 그 자체가 하위-세트들을 형성하는 무수히 많은 부분들, 즉 요소들을 가지는 하나의 세트를 형성한다. 그것은 붕괴될 수 있다. 명백하게 이러한 부분들은 그 자체가 이미지 안에 존재한다. 이것이 야콥슨 Roman Jakobson 이 그것들을 대상-기호들이라고 부르고, 파졸리니 Pier Paolo Pasolini 가 '영화소 cineme '라고 불렀던 이유이다. 그러나 이러한 용어법은 언어와의 비교(영화소는 음소 phoneme 와 매우 닮았고, 쇼트는 형태소 moneme 와 닮았다)를 제안하는데, 이 비교는 필요한 것으로 보이지 않는다.[1] 왜냐하면, 프레임이 하나의 유비들을 가져야 한다면, 그것은 언어 체계라기보다는 정보 체계에서 발견되어야 하기 때문이다. 요소들은 때로는 매우 많고 때로는 제한된 수의 데이터이다. 그러므로 프레임은 포화를 향한 경향과 희박화를 향한 경향이라는 두 경향으로부터 분리될 수가 없다. 특히 대형 화면과 시야 심도 depth of field 는 독립적인 데이터의 증식을 허용하였다. 이는 부차적인 장면이 전경에서 나타나는 한편 주요한 장면은 배경에서 나타나거나(와일러 William Wyler), 또는 주요한 것과 부차적인 것을 더 이상 구별할 수조차 없을 정도에 이를 만큼(알트만 Robert Altman) 그러하였다. 다른 한편, 희박해진 이미지들은 전체적인 강세가 단 하나의 대상에 두어질 때(히치콕 Alfred Hitchcock 의 경우, <의혹 Suspicion >에서 안으로부터 빛이 나는 우유 잔, <이창 Rear Window >에서 창문의 검은 직사각형 속에서 빨갛게 타 들어가는 담배 끝)나 세트의 특정한 하위-세트들이 텅 비워질 때(안토니오니 Michelangelo Antonioni 의 황폐해진 풍경들, 오즈 Yasujiro Ozu 의 비어 있는 내부들) 생산된다. 최고도의 희박화는 화면이 완전히 검게 되거나 하얗게 될 때 텅 빈 세트에 의해 성취되는 듯하다. 히치콕은 이것의 한 예를 <망각의 여로 Spellbound >에서 제공하는데, 그 영화에서는 또 다른 우유 잔이 스크린을 침범해서 오직 텅 빈 하얀 색의 이미지만을 남겨 놓는다. 그러나 희박화든 포화든 어느 편으로부터나 프레임은 우리에게 이미지란 단지 보여지기 위해 주어진 것만이 아님을 가르쳐 준다. 그것은 볼 수 있는 만큼이나 읽을 수 있는 것이다. 프레임은 소리 정보뿐만 아니라 시각 정보까지도 기록하는 함축적인 기능을 가진다. 만약 우리가 한 이미지 속에서 매우 적은 것들만을 본다면, 이것은 우리가 그것을 어떻게 적절하게 읽을 수 있는가를 모르기 때문이다. 우리는 이미지의 희박화를 그것의 포화만큼이나 서투르게 평가하는 것이다. 이미지의 교육학이 존재한다. 특히 고다르와 함께, 이 기능이 명시적으로 될 때, 프레임이 때로는 포화에 의해 흐려지고 때로는 텅 빈 세트, 백색 또는 검은 색의 스크린으로 환원되면서 정보의 불투명한 표면으로 봉사할 때 말이다.[2]

---

1) P. P. Pasolini, *L'Expérience hérétique*, pp. 263-5 참조.

두 번째로, 프레임은 선택된 좌표들과의 관계 속에서 닫힌 체계를 구성하느냐 선별된 변수들과의 관계 속에서 닫힌 체계를 구성하느냐에 따라, 항상 기하학적이거나 아니면 물리학적이었다. 그러므로 프레임은 때때로 평행선들과 대각선들의 공간적 구성으로, 하나의 용기의 구성으로 이해되며, 그것을 점령하게 되는 이미지들의 덩어리와 선들은 하나의 균형을 발견하게 될 것이고 그것들의 운동은 하나의 불변태를 찾게 될 것이라고 인식된다. 드레이어 Carl Theodor Dreyer 에게서는 종종 사정이 이와 같다. 안토니오니는 프레임 안에 삽입되게 될 것보다 이전에 존재하는 이러한 기하학적인 프레임 개념의 극한까지 나아가는 듯하다(<일식 Eclips >).[3] 때로는 프레임이 장면, 이미지, 그것을 채우는 등장 인물들 및 대상들과 밀접하게 연결되어 있는 행위 속에서의 역동적인 구축으로 생각되기도 한다. 그리피스 D. W. Griffith 의 아이리스 iris 방법은 먼저 한 얼굴을 고립시켰다가 열리면서 그 주위를 보여준다. 일본 회화에 영감을 받은 에이젠슈테인의 탐구들은 프레임을 그 테마에 적응시킨다. 강스 Abel Gance 의 가변적인 스크린은 '극적인 필요성들에 따라서', 그리고 '시각적인 아코디온' 같이 열리고 닫힌다. 이렇게 바로 초창기부터 프레임의 역동적인 변주들을 시험하는 시도들이 이루어졌다. 어떤 경우든 프레임화는 한정이다.[4] 그러나 개념 그 자체에 따라, 한계는 두 가지 방식으로 이해될 수 있다. 즉, 수학적으로 또는 역동적으로. 말하자면, 한계란 그것들이 그 본질을 고정시키는 물체들의 존재에 대한 사

---

2) Noël Burch, *Praxis du cinéma*, p. 86. 검은 색과 흰색의 스크린 위에서, 그것이 더 이상 단순히 '구두점'으로서 봉사하는 것이 아니라, '구조적 가치'를 획득할 때.

3) Claude Ollier, *Souvenirs écran*, Cahier du cinéma, p. 88. 파졸리니가 안토니오니에 있어서의 '강박 관념적인 프레임화'라고 분석한 것이 바로 이것이다 (*L'Expérience héritique*, p. 148).

4) 도미니크 빌랭 Dominique Villain 은 촬영 기사 cadreur 와의 인터뷰를 포함하고 있는 미출간 저작에서, 프레임화의 이러한 두 가지 개념을 분석하고 있다 : *Le Cadrage cinématographique*.

전 준비로서 이해되거나, 아니면 존재하는 물체들의 권력이 나아가는 만큼 멀리 나아가는 것이다. 고대 철학에서는, 이것이 플라톤주의자들과 스토아학파 사이의 대립이 가지는 주요한 특징 중의 하나였다.

프레임은 또 다른 방식으로 기하학적이거나 물리학적으로 된다. — 그것이 분리하기도 하고 결합하기도 하는 체계의 부분들에 대한 관계에 있어서. 첫 번째 경우, 프레임은 엄격한 기하학적 구별과 분리될 수 없다. 그리피스의 <편협 Intolerance>의 매우 훌륭한 한 이미지는 바빌론의 성벽에 상응하는 수직선을 따라 스크린을 자른다. 오른쪽에서는 높은 수평선상에서 왕이 앞으로 나아가는 것을, 성벽 위의 높은 걸음을 보게 되는 한편, 왼쪽에서는 전차들이 낮은 수평선상에서 도시의 문을 통해 들어오고 나간다. 에이젠슈테인은 영화적 이미지계에 대한 황금 분할의 효과를 연구하였다. 드레이어는 수평선과 수직선들, 대칭들, 고저, 흑백의 교차를 탐구했다. 표현주의자들은 물체들, 군중들, 장소들을 응집시키는 대각선과 역대각선들, 피라미드적이거나 삼각형을 이루는 형상들, 이 덩어리들의 충돌, '체스 판의 흑과 백의 사각형들과 같은 형태를 취하는' 프레임의 전체적인 포장을 발전시켰다(랑 Fritz Lang 의 <니벨룽겐 The Nibelungen>과 <메트로폴리스 Metropolis>).[5] 심지어 빛까지도 그것이 한 표현주의적인 경향에 의해 행해지듯이 그림자들과 함께 두개의 반쪽들 또는 교차하는 광선들로 조직되어 들어갈 때 기하학적 광학의 주제가 된다(비네 Robert Wiene, 랑). 대지와 하늘을 분리하고, 대지를 화면의 기저로 밀어 놓는 포드 John Ford 의 하늘들에서처럼, 자연의 거대한 요소들을 분리하는 선들은 명백하게 근본적인 역할을 한다. 대지와 하늘의 분리, 스크린의 근저로 밀어 내려진 대지처럼 말이다. 그러나 물이 자신의 그 깊은 곳에 도망자를 감추거나, 표면의 한계에서 희생자를 빠뜨릴 때, 그것은 물과 대지를, 또는 공기와 물을 분리하는 가느다란 선을 또한 포함한다(르로이 Mervyn Le Roy 의 <나는 체인 갱의 도망자다 I am a Fugitive from a Chain Gang>와 뉴먼 Paul Newman 의 <때

---

5) Lotte Eisner, *L'Écran démoniaque*, p. 124.

로는 위대한 생각 Sometimes a Great Notion >). 일반적인 규칙으로서, 자연의 권력들은 사람이나 사물들과 동일한 방식으로 프레임화되지 않으며, 개인들은 군중들과 동일한 방식으로 프레임화되지 않고, 하위-요소들은 항들과 동일한 방식으로 프레임화되지 않으며, 그 때문에 프레임 안에는 많은 상이한 프레임들이 존재한다. 문들, 창문들, 매표소 창문들, 채광창들, 자동차 창문들, 거울들, 이것들은 모두 프레임 안의 프레임들이다. 위대한 감독들은 특별한 제2, 제3 등등의 프레임들과 특별한 친화성을 갖는다. 그리고 세트 또는 닫힌 체계의 부분들이 분리되지만 또한 수렴되고 재통합되기도 하는 것은 이러한 프레임들의 열장잇기에 의해서이다.

다른 한편, 프레임의 물리적 또는 역동적인 개념화는 이제 오직 구역들이나 지대들로 분할될 뿐인 부정확한 세트들을 생산한다. 프레임은 더 이상 기하학적 분할의 대상이 아니라 물리적인 단계적 변화들의 대상이다. 세트의 부분들은 이제 내포적 부분들이며, 세트 자체는 모든 부분들을 통해서, 그림자와 빛의 모든 정도들을 통해서, 전체적인 명암 비율을 통해서 전달되는 혼합물이다(베게너 Paul Wegener, 무르나우 F. W. Murnau). 이것은 표현주의적 광학이 지녔던 다른 경향이다. 비록 표현주의의 안팎에서 몇 명의 감독들은 이 두 경향에 모두 참여하고 있지만 말이다. 그것은 습지 또는 폭풍우의 거대한 혼합 속에서 일출과 일몰, 공기와 물, 물과 대지 간의 구별이 더 이상 불가능한 시간이다.[6] 여기서, 가치들의 계속적인 변형 속에서 부분들이 구별되거나 혼동되게 되는 것은 혼합의 정도에 의해서이다. 세트는 부분들로 분할될 때마다 질적으로 변화한다. 그것은 분할할 수 있는 것도 아니고 분할할 수 없는 것도 아닌 '분할적인 dividuel' 것이다. 명백히 이것은 이미 프레임들의 긴밀한 연결이 질적 변화를 표시하는 기하학적인 개념화에 해당되는 경우였다. — 거기서 프레임들의 열장이음은 질적 변화를 표시했다. 영화적 이미지는 항상 분할적이다. 이는 최종 분석에서 스크린이 프레임들의 프레임으로서 공통의 기준을 가지지 않는 사물들 — 시골의 롱

6) Bouvier and Leutrat, *Nosferatu*, Cahiers du cinéma, pp. 75-6. 참조.

쇼트들과 얼굴의 클로즈업들, 천문학적인 체계와 단 한 방울의 물—에게 공통의 측정 기준을 주고, 거리, 기복 또는 빛의 똑같은 표준을 가지지 않는 부분들에게 공통의 측정 기준을 주기 때문이다. 이 모든 의미에서 프레임은 이미지의 탈영토화를 보증한다.

네 번째로, 프레임은 프레임화의 각도와 관계가 있다. 닫힌 체계는 그 자체가 부분들의 세트 상의 한 시점에 준거하는 시각 체계이기 때문이다. 물론 시점이란 기괴하거나 역설적인 것일 수 있다.—또는 그렇게 나타날 수 있다. 영화는 평범하지 않은 시점들을 보여주기 때문이다.—지표 수준의 시점, 또는 높은 시점에서 낮은 시점으로, 낮은 시점에서 높은 시점으로 등등. 그러나 그것들은 내러티브 영화에만 타당한 것으로 그치지 않는 실용적인 규칙에 종속된 듯이 보인다. 공허한 미학주의로 떨어지는 것을 피하기 위하여 그것들은 설명되어야 하고, 정상적이고 규칙적인 것으로 드러내져야만 한다.—처음 것을 포함하는 보다 포괄적인 세트의 시점에서거나, 아니면 처음에는 보여지지 않는, 주어지지 않았던 첫 번째 세트의, 요소의 시점에서. 장 미트리 Jean Mitry 에게서 우리는 여기에서 전형적인 예가 되는 하나의 시퀀스에 대한 서술을 발견한다(루비치 Ernst Lubitsch 의 <내가 죽인 남자 The Man I Killed>). 중간 높이에서 옆으로 수평 이동하는 쇼트에서 카메라는 뒤에서부터 보여지는 구경꾼들의 줄을 보여주고는 앞으로 미끄러져 나아가려 하며, 그러다가 그의 잃어버린 다리가 그 장면—지나가는 군대 행렬—에 대한 조망을 제공하는 한 외다리 남자에게서 멈춘다. 그것은 이렇게 건강한 다리, 목발을 프레임화하고, 그리고 의족 아래에서 행진을 프레임화한다. 여기서 우리는 빼어나게 기괴한 프레임화의 각도를 갖게 되는 것이다. 그러나 또 다른 쇼트가 첫 번째 불구자 뒤에 있는 또 다른 불구자, 이번에는 다리가 하나도 없는 불구자를 보여주는데, 바로 그가 정확히 이런 방식으로 행진을 바라보고 있으며, 그는 앞에 나온 시점을 현실화하고 완성하는 것이다.[7] 그러므로 그 프레임화의 각도는 정당화되었다고 말할 수

7) Jean Mitry, *Esthétique et psychologie du cinéma*, II, pp. 78-9.

있다. 그러나 이 실용적 규칙은 항상 타당한 것은 아니며, 또는 타당할 때조차도 그것이 전부는 아니다. 보니체르는 사선 원근법이나 역설적인 각도와 동일하지 않고 이미지의 또 다른 차원을 지시하는 이런 비정상적인 시점들을 지칭하기 위하여, '탈프레임화 décadrage'라는 흥미로운 개념을 구성하였다.[8] 우리는 이것의 예들을 드레이어의 커팅 프레임에서 발견한다. <잔 다르크의 수난 The Passion of Joan of Arc >에서 스크린의 가장자리에 의해 잘려진 얼굴들이 그것이다. 그러나, 우리는 쓸모 없는 지대 dead zone 를 구성하는 오즈의 그것들과 같은 텅 빈 공간에서, 또는 브레송 Robert Bresson 에서와 같이 그것의 부분들이 연결되지 않고 모든 내러티브의 범위를 넘어서거나 보다 일반적으로는 실용적인 정당화를 넘어서며, 아마도 시각적인 이미지는 그 볼 수 있는 기능을 넘어서 읽을 수 있는 기능을 가진다는 사실을 확증하는 경향이 있는 절연된 공간들에서 훨씬 더 많이 그것을 보게 된다.

시야 바깥 hors-champ ; the out-of-field 이 남아 있다. 이것은 부정이 아니다. 이것을 하나는 시각적인 것이고 다른 하나는 사운드인 두 프레임들 간의 비-조응으로 정의하는 것도 충분하지 않다(예를 들어 브레송에서, 사운드가 보여지지 않는 것을 증명하고 그것을 복제하는 대신에 시각적인 것을 '중개'할 때).[9] 시야 바깥은 보이지도 않으며 이해되지도 않지만 그럼에도 불구하고 완벽하게 현존하는 것을 지시한다. 이러한 현존이 정말로 문제이며, 그 자체가 프레임화에 대한 두 개의 새로운 개념을 지시한다. 우리가 바쟁 André Bazin 의 마스크와 프레임의 양자택일로 돌아간다면, 우리는 프레임이 때로는 그것에 맞추어서 모든 세트가 자신이 소통하는 더 큰 동질

8) Pascal Bonitzer, "Décadrage", *Cahier du cinéma*, no. 284, January 1978.

9) R. Bresson, *Notes on Cinematography*, trans. Jonathan Griffin, 1977, p. 28. "사운드는 결코 이미지를 돕는 것이 되어서는 안 되며, 이미지 또한 사운드를 돕는 것이 되어서는 안된다.……이미지와 사운드는 서로를 지지해서는 안 되며, 일종의 릴레이를 통하여 각각 번갈아 가며 작동해야만 한다".

적인 세트 속으로 확장되는 움직이는 마스크처럼 작동하고, 때로는 체계를 고립시키고 그것의 환경을 없애 버리는 회화적 프레임으로서 작용한다는 것을 알게 된다. 이러한 이원성은 르느와르 Jean Renoir 와 히치콕에게서 가장 분명하게 표현된다. 르느와르에게서 공간과 행동은 단지 하나의 영역으로부터 요소들을 취하기만 하는 프레임의 경계들을 항상 넘어서며, 히치콕에게서 프레임은 '모든 구성 요소들을 한정'하고, 그림이나 연극을 위한 프레임으로서보다는 오히려 태피스트리 tapestry 를 위한 프레임으로서 작용한다. 그러나 부분적 세트가 오직 프레임과 재프레임화의 실증적인 특징들을 통해서 자신의 시야 바깥과 형식적으로 소통할 뿐이라 하더라도, 하나의 닫힌 체계는 아주 폐쇄된 체계마저도 단지 외관상으로만 시야 바깥을 억제하며 나름의 방식으로 시야 바깥에 훨씬 더 결정적인 중요성을 부여한다는 것이 오히려 사실이다.[10] 모든 프레임화는 시야 바깥을 규정한다. 두 가지 유형의 프레임이 있고, 그중 하나만이 시야 바깥을 지시하는 것이 아니다. 그보다는 오히려 시야-바깥의 두 가지 매우 상이한 국면이 존재하고, 그것들 각각이 프레임화의 양식을 지시하는 것이다.

내용의 분할 가능성은 무한대로 부단하게 하위-세트들로 재분할되거나 그 자체가 더 큰 세트의 하위-세트인 다양한 세트들에 부분들이 속한다는 것을 의미한다. 이것이 바로 내용이 닫힌 체계를 구성하는 경향성에 의해서 정의되고 또 이 경향성이 결코 완성에 도달하지 않는다는 사실에 의

10) 시야-바깥에 대한 가장 체계적인 연구는 바로 르느와르의 <나나 Nana >에 관한 노엘 버치의 연구에 의해 이루어졌다(*Praxis du cinéma*, pp. 30-51). 그리고 장 나르보니 Jean Narboni 가 히치콕과 르느와르를 대조시키는 것은 바로 이런 관점에서이다(*Hichcock*, "Visage d'Hichcock", p. 37). 그러나 나르보니가 환기시키듯이, 영화적 프레임은 항상 바쟁적인 의미에서의 마스크이다. 이것은 히치콕의 닫힌 프레임화 역시 르느와르와는 완전히 다른 방식에서일지라도 자신의 시야-바깥을 갖기 때문이다('스크린의 그것과 연속적이고 동질적인 공간'이 아니라, 잠재성 vertualité 들을 정의하는 '스크린의 그것에 대해 불연속적이고 이질적인 바깥 공간 off-space ').

해서 정의되는 이유이다. 모든 닫힌 체계는 또한 소통한다. 설탕물 잔을 태양계에 연결시키고, 어떠한 세트든지 더 큰 세트에 연결시키는 하나의 실이 항상 존재한다. 이것이 우리가 시야-바깥이라고 부르는 것이 가진 첫 번째 의미이다. 하나의 세트가 프레임화되고 따라서 보여질 때에는, 항상 더 큰 세트가, 또는 그것을 가지고서 첫 번째 세트가 더 큰 세트를 형성하는 또 다른 세트, 그것이 새로운 시야-바깥을 생기게 한다는 등의 조건상에서 보여질 수 있는 또 다른 세트가 존재한다. 이 모든 세트들의 세트가 하나의 동질적인 연속성, 진정으로 제한되지 않은 내용의 우주 또는 평면을 형성한다. 비록 이 평면 또는 더욱더 커지는 큰 세트들이 필연적으로 전체와 간접적인 관계를 갖는다 하더라도, 그것은 확실히 '전체'가 아니다. 우리는 모든 세트들의 세트를 하나의 전체로 간주할 때 해결될 수 없는 모순에 떨어진다는 것을 알고 있다. 그것은 전체라는 관념이 의미를 결여하기 때문이 아니라, 전체는 세트가 아니고 부분들을 갖지 않기 때문이다. 전체는 오히려 세트가 아무리 큰 것일지라도, 각각의 세트가 그 자체 속으로 닫히는 것을 방해하는 것이고, 각각의 세트로 하여금 더 큰 세트로 확장되도록 강제하는 것이다. 그러므로 전체는 세트들을 횡단하고 각각의 세트에게 또 다른 세트들과 무한히 소통할 수 있는, 필연적으로 실현되는 가능성을 부여하는 실과 같은 것이다. 따라서 전체는 열려진 것이고, 내용이나 공간보다는 시간 또는 심지어 정신과 되돌아 관계를 맺는다. 그것들의 관계가 어떠한 것이든, 우리는 따라서 세트들이 서로에게로 확장되는 것과 각각의 세트 속으로 통과해 들어가는 전체의 열림을 혼동하지 말아야 한다. 닫힌 체계는 결코 절대적으로 닫히지 않는다. 한편으로 그것은 더하든 덜하든 '가느다란' 실에 의해 다른 체계들과 공간 속에서 연결되어 있고, 다른 한편으로 이 실을 따라 그것에게 자극을 전달해 주는 전체 속으로 통합되거나 재통합된다.[11] 그렇기 때문에, 버치에 따라서 구체적인 공간과 시야 바깥에 있는 상상적인

11) 베르그송은 『창조적 진화』의 1장에서 이 모든 논점을 발전시켰다. '가느다란 실'에 대해서는 p. 11을 참조.

공간을 구별하고, 상상적인 것은 그것이 다시 시야 속으로 들어오고 따라서 시야 바깥이 되기를 멈출 때 구체적인 것이 된다고 말하는 것으로는 아마도 충분하지 않을 것이다. 그 자체로, 또는 그러한 것으로서, 시야 바깥은 이미 두개의 질적으로 다른 국면을 가진다. 하나는 상대적인 국면인바, 이 국면에 의해서 닫힌 체계는 보이지 않는 세트를 공간 속에서 지시하는데, 이 세트는 다시 보이게 되고 이는 새로운 보이지 않는 세트를 생겨나게 하며, 이 과정은 무한히 계속된다. 그리고 다른 하나는 절대적 국면으로서, 그것에 의해 닫힌 체계는 더 이상 세트가 아니며 가시적인 것들의 질서에 속하지도 않는 전체 우주에 내재적인 지속에 대하여 열리게 된다.[12] '실용적으로' 정당화되지 않는 탈프레임화는 자신의 존재 이유 raison d'être 를 정확하게 이 두 번째 국면에 둔다.

전자의 경우, 시야-바깥은 다른 어떤 곳, 어느 한편에 또는 주위에 실존하는 것을 가리킨다. 후자의 경우, 시야-바깥은 '실존한다'고 말할 수조차 없고 그보다는 차라리 '주장한다' 또는 '생존한다'고 말할 수 있는 보다 교란적인 현존을, 동질적인 공간과 시간 바깥의 보다 급진적인 다른 어떤 곳을 증언한다. 의심할 바 없이 시야-바깥의 이 두 국면은 항상 서로 뒤섞인다. 그러나 프레임화된 이미지를 닫힌 체계라고 간주할 때, 우리는 '실'의 본성에 따라서 한 국면이 다른 국면보다 우세하다고 말할 수 있다. 보여지는 세트를 다른 보여지지 않는 세트와 연결하는 그 실이 두꺼우면 두꺼울수록, 공간에 공간을 부가한다는 시야-바깥의 첫 번째 기능은 더욱더 잘 완수된

12) 보니체르는 '시야 바깥의 시야가 됨'이란 존재하지 않으며, 그것이 연속 쇼트의 효과에 의해서 현실화될 때일지라도 시야-바깥은 상상적인 것으로 남아 있다는 버치의 견해에 반대한다. 어떤 것이 항상 시야-바깥에 남아 있으며, 보니체르에 따르자면 그것은 독자적인 근거에서, 그러나 이미지 안으로 새로운 이원성을 도입함으로써 나타날 수 있는 카메라 바로 그것이다(*Le Regard et la voix*, p. 17). 보니체르의 이러한 언급들은 우리에게는 확고한 근거를 가진 것으로 보인다. 그러나 우리는 시야-바깥 그 자체 속에 단순히 작업 도구에만 관계되는 것이 아닌 내적인 이원성이 존재한다고 믿는다.

다. 그러나 그 실이 매우 가늘 때, 그것은 프레임의 폐쇄를 강화하거나 바깥과의 관계를 제거하는 데 만족하지 않는다. 그것은 확실히 상대적으로 닫힌 체계의 완전한 고립을 발생시키지는 않으며, 이는 아마 불가능할 것이다. 그러나 그것이 가늘면 가늘수록 — 지속이 거미처럼 체계 속으로 더욱더 하강하면 할수록 — 시야-바깥은 결코 완벽하게 닫히지 않는 체계 속으로 공간 초월적인 것과 정신적인 것을 도입하기라는 다른 기능을 더욱더 효과적으로 충족시키게 된다. 드레이어는 이것을 금욕적인 방법으로 전환시켰다. 이미지가 공간적으로 닫힐수록, 심지어 두 차원들로 축소될수록, 시간이라는 4차원을 향하여, 그리고 정신이라는 5차원, 즉 잔과 게르트루트의 정신적인 결정을 향하여 자신을 열어 젖힐 수 있는 이미지의 능력은 더욱 더 커진다.[13] 끌로드 올리에가 안토니오니의 기하학적 프레임을 정의할 때, 그는 기다려지는 인물이 아직 보이지 않는다고 말할 뿐 아니라(시야-바깥의 첫 번째 기능), 그 인물은 진정으로 비가시적이며, '촬영하기 불가능한 백색 위의 백색'이라는 텅 빔의 지대에 순간적으로 존재한다고 말하기도 한다(두 번째 기능). 그리고 또 다른 방식으로, 히치콕의 프레임들은 주위 환경을 무화시키는 것에, 닫힌 체계를 가능한 한 멀리 밀어붙이고 이미지 안에 최대한의 구성 요소들을 담는 것에 만족하지 않는다. 그와 동시에 그것들은 이미지를 (우리가 보게 될 것처럼) 순수하게 사유되고 전체를 직조해 내는 관계들의 놀이를 향해 열려 있는 정신적 이미지로 만든다. 이것이 우리가 심지어 닫힌 체계 내에도 항상 시야-바깥이 존재한다고 말하는 이유이다. 그리고 시야-바깥의 두 국면들이, 즉 다른 세트들과의 현실화될 수 있는 관계와 전체와의 잠재적인 관계가 항상 동시적으로 존재한다고 말하는 이유이기도 하다. 그러나 전자의 경우에 두 번째 관계 — 가장 신비로운 것 — 는 이미지들의 연속 속에서 첫 번째 관계의 중개와 확장을 통해서 무한히 간접적으로 도달된다. 후자의 경우에서 그것은 이미지 그 자체 속에서, 그리

---

13) Maurice Drouzy, *Carl Th. Deyer né Nilsson*, p. 333에서 인용된 드레이어의 논의.

고 첫 번째 관계의 제한과 중립화에 의해 보다 직접적으로 도달된다.

프레임에 대한 이러한 분석의 결과들을 요약하자. 프레임화는 하나의 세트의 부분이 되는 모든 종류의 부분들을 선택하는 기술이다. 이 세트는 하나의 닫힌 체계, 상대적으로 그리고 인위적으로 닫힌 체계이다. 프레임에 의해 결정되는 닫힌 체계는 그것이 관객들에게 소통시키는 데이터와의 관계에서 고려될 수 있다. 즉 그것은 '정보적'이고, 포화되거나 희박해진다. 그 자체로서 그리고 제한으로서 고려된다면, 그것은 기하학적이거나 동역학적-물리학적이다. 그것의 부분들의 본성에서 고려하자면, 그것은 여전히 기하학적이거나 동역학적이고 물리학적이다. 시점, 프레임화의 각도와 관련하여 고려할 때, 그것은 시각 체계이다. 그것은 그때 실용적으로 정당화되거나 더 고차적인 정당화를 요청한다. 마지막으로, 그것은 때로는 그것을 확장하는 더 큰 세트의 형태로, 때로는 그것이 통합되어 들어가는 하나의 전체라는 형태로 시야-바깥을 결정한다.

2. 두 번째 수준 : 쇼트와 운동

커팅(데쿠파주 ; découpage)은 쇼트의 결정이고, 쇼트는 닫힌 체계 안에서, 세트의 요소들 또는 부분들 사이에서 확립되는 운동의 결정이다. 그러나 우리는 운동이 세트와는 질적으로 다른 전체와도 관련된다는 것을 보았다. 전체는 변화하는 것이다. — 그것은 열린 것 또는 지속이다. 따라서 운동은 전체의 한 변화를, 또는 이 변화의 한 단계, 한 국면을, 하나의 지속 또는 지속의 접합을 표현한다. 그러므로 운동은 안과 밖, 동전의 양면처럼 분리될 수 없는 두 면을 갖는다. **그것은 부분들간의 관계이고 전체의 성정 性情이다.** 한편으로 그것은 세트의 부분들, 세트의 단편들과도 같고 그 각각은 그 자체로서는 움직이지 않는 부분들이 가지는 각각의 위치들을 변경한다. 다른 한편으로 그것은 그 자체가 자신이 그 변화를 표현하는 전체의 움직이는 단편이다. 그것은 전자의 관점에서 볼 때는 상대적이라고 불리며, 후자의 관점에서 볼 때는 절대적이라고 불린다. 등장 인물들이 움직이는 고정된 쇼트를 예로 들어보자. 인물들은 프레임화된 하나의 세트 속에서 각자의 위치들을 변경한다. 그러나 이 변경은, 만약 그것이 또한 변화하고 있는 어떤 것을, 아무리 작은 것일지라도 이 세트를 통과하는 전체 속의 질적인 변환을 표현하지 않는다면 완전히 자의적인 것이 될 것이다. 카메라가 움직이는 쇼트를 예로 들어보자. 그것은 세트들 각각의 위치를 변경시키는 가운데 하나의 세트로부터 다른 세트로 나아갈 수 있다. 상대적인 변경이 이 세트들을 통해 전달되는 전체의 절대적인 변화를 표현하기만 한다면, 이 모든 것은 필요한 것이다. 예를 들어, 카메라가 계단을 오르는 한 남자와 한 여자를 따라가서 그 남자가 여는 문에 도착한다. 그 다음에 카메라는 그들을 떠나면서, 단일한 쇼트 안에서 뒷걸음질친다. 그것은 아파트의 벽을 따라 달려가, 계단으로 돌아와 뒷걸음질치며 내려가서, 인도로 나가서는 건물 외벽을 타고 올라가 바깥으로부터 보여지는 아파트의 불투명한 창문에 이른다. 움직이지 않는 세트들의 상대적인 위치를 변경시키는 이러한 운동은, 그것이 일어나고 있는 중인 어떤 것을, 그 자체가 이러한 변경들을 통하여 전달되는 전체 속의 한 변화를 표현할 때에만 필요할 뿐이다. 그 여자는 살해당하고 있다. 그녀는 자유롭게 들어갔지만, 어떤 도움도 기대할 수 없다. ―살인자는 가차없고 냉혹하다. 우리는 이 예(히치콕의 <프렌지 Frengy >)가 내레이션에 있어서의 생략의 한 예라고 말할 수 있을 것이다. 그러나, 생략이 존재하느냐 않느냐, 또는 심지어 내레이션이 존재하느냐 않느냐 하는 것은 당분간 중요하지 않다. 이러한 예들에서 중요한 것은, 쇼트란 그것이 어떤 종류이든 말하자면 두개의 극을 갖는다는 것이다. 하나는 그것이 요소들 또는 하위-세트들 사이에 상대적인 변경을 도입하는 공간 속의 세트들과 관계된 것이고, 다른 하나는 지속 속에서 일어나는 그 절대적인 변화를 쇼트가 표현하는 전체와 관계된 것이다. 이 전체는, 그것이 비록 그럴 수 있다 하더라도 생략적이거나 내러티브적이 되는 데에 만족하지 않는다. 그러나 쇼트는, 어떤 종류의 쇼트든 항상 이러한 두 가지 국면을 갖는다. 그것은 하나의 세트나 얼마간의 세트들 속에서 일어나는 상대적인 위치의 변경들을 제시한다. 그것은 하나의 전체 또는 전체(일반) 속에서의 절대적인 변화들을 표현한다. 쇼트 일반은 자신의 한 얼굴을 세트를 향해 돌리고 있으면서 세트의 부분들의 변경을 이전시키며, 또 다른 얼굴은 전체를 향하고 있으면서 그 전체의 변화 —또는 적어도 하나의 변화—를 표현한다. 따라서 세트의 프레임화와 전체의 몽타주 사이의 매개라고 추상적으로 정의될 수 있는 쇼트의 상황은, 때로는 프레임화라는 극을 향하는 경향이 있으며, 때로는 몽타주라는 극을 향하는 경향이 있다. 쇼트란 이러한 이원적인 관점에서부터 고찰되는 운동이다. 즉, 그것은 공간 속에서 확산되어 나가는 세트의 부분들의 이전이고, 지속 속에서 변형되는 전체의 변화이다.

이것은 단지 쇼트의 추상적인 규정인 것만은 아니다. 왜냐하면, 쇼트는 계속해서 하나의 국면에서 다른 것으로의 이행을, 두 국면들의 할당이나 배분을, 그들의 영구적인 전환을 발생시키는 한에서 자신의 구체적인 규정을 발견하기 때문이다. 세 가지 베르그송적인 수준들로 돌아가자. 세트들과 그것들의 부분들, 열린 것과 융합되거나 또는 지속 속에서 변화하는 전체, 그리고 부분들 또는 세트들 사이에서 확립되지만 또한 지속을 표현하기도 하는 운동, 즉—전체의 변화. 쇼트는 계속적으로 전환과 순환을 보증하는 운동과 같다. 그것은 세트를 구성하는 대상들에 따라 지속을 분할하고 재분할한다. 그것은 단 하나의 동일한 지속 속으로 대상들과 세트들을 재통합한다. 그것은 계속해서 지속을 그 자체가 이질적인 하위 지속들로 분할하고, 이것들을 우주의 전체에 내재적인 하나의 지속으로 재통합한다. 이러한 분할과 재통합을 수행하는 것이 의식이라고 한다면, 우리는 쇼트에 대하여 그것이 의식처럼 작용한다고 말할 수 있다. 그러나 유일한 영화적 의식이란 우리들 관객도 아니고, 주인공도 아니다. 그것은 카메라—때로는 인간적이고, 때로는 비인간적이거나 또는 초인간적인 카메라—이다. 예컨대, 물의 운동, 멀리 있는 새의 운동, 그리고 보트를 타고 있는 사람의 운동을 생각해 보자. 그것들은 하나의 단일한 지각 속으로, 인간화된 자연의 평화로운 전체 속으로 혼합되어 들어간다. 그러나 그때 새가, 한 마리의 평범한 갈매기가 급강하하여 내려와 사람에게 덤벼들어 상처를 입힌다. 그 세 가지 흐름은 분할되고 서로에 대하여 외적인 것이 된다. 전체는 재형성될 것이지만, 그러나 변화되었을 것이다. 그것은 전적으로 새가 중심이 된 자연을 증명하는, 단일 의식 또는 새들 전체의 지각이 될 것이다. 한없는 예상 속에서 인간에게 등을 돌린 것으로서 말이다. 그것은 새들이 공격할 때, 그 양상들, 장소들 그리고 그들의 공격에 대한 희생물에 따라 다시 재분할될 것이다. 인간과 비인간이 불확실한 관계에 들어갈 때, 그것은 다시 수정되어 하나의 휴전을 산출할 것이다(히치콕의 <새 The Birds >). 분할이 두 개의 전체들 사이에 존재한다고 또는 두개의 분할들 사이에 전체가 존재한다고 말할 수 있을 것이다.[14] 쇼트, 말하자면 의식은, 그 사이에서 운동이 일어나는 사물들이 계속해서 하나의 전체 속으로 재통합되고 전체는 계속해서 그 사물들 사이에서 분할되고 있다(분할적인 것)는 것을 의미하는 하나의 운동을 추적한다.

해체되고 재구성되는 것은 운동 그 자체이다. 그것은 하나의 세트 속에서 자신이 그 사이에서 유희하는 요소들에 따라 해체된다. 고정된 채 남아 있는 요소들, 운동이 귀속되는 요소들, 그러한 단순하거나 분할될 수 있는 운동을 생산하거나 겪는 요소들 …… 그러나 그것은 또한 자신이 그 변화를 표현하는 전체에 따라 거대하고 복잡한 분할될 수 없는 운동 속으로 재구성되어 들어간다. 특정의 거대한 운동들은 감독의 서명과도 같다. 그것은 한 편의 영화 전체를, 또는 하나의 작품군 전체를 특징짓지만, 하나의 특수한 서명된 이미지나 그 이미지 속의 특수한 세부의 상대적인 운동

---

14) 흐름들의 분리와 재통합에 관해서는 H. Bergson, *Duration and Simultaneity*, Chap. Ⅲ을 참조(베르그송은 세 가지 흐름들을 모델로 간주한다. 의식의 흐름, 흐르는 물의 흐름, 그리고 날아가는 새의 흐름).

과 공명한다. 무르나우의 <파우스트Faust>에 대한 한 모범적인 연구에서 에릭 로메르Eric Rohmer는 확장과 축소의 운동들이 '회화적 공간'에서 사람들과 대상들 사이에 어떻게 배분되며, 또한 '영화적 공간'에서 진정한 이념들—선과 악, 신과 악마—을 어떻게 표현하는가 보여주었다.[15] 오슨 웰즈Orson Welles는 하나는 일종의 잡아늘여지고 주름잡힌 우리, 엮어진 격자 속의 수평선적인 탈주와도 같고, 다른 하나는 그 수직 축이 높은 곳에서 찍은 부감 또는 앙각 쇼트를 실연하는 순환적 만곡과도 같은 두 가지 운동들을 자주 묘사한다. 이러한 운동들은 이미 카프카의 문학 작품에서 영감을 주었던 바 있는 운동들이며, 우리는 웰즈가 카프카와 <심판The trial>이라는 영화를 넘어서는 친화성을 가지고 있으며, 이 친화성이 왜 웰즈가 카프카와 직접적으로 대면하는 것을 필요로 했는지 설명할 수 있다고 추론할 수 있다. 이러한 운동들은 리드Carol Reed의 <제3의 사나이The Third Man>에서 재발견되고 심오하게 결합되어 있으며, 우리는 이 영화에서 웰즈는 한 사람의 배우 이상의 존재였고 영화의 구성에 긴밀하게 연루되어 있었거나, 아니면 리드는 웰즈의 영감을 받은 제자였다고 결론지을 수 있다. 자신의 영화들 중 많은 작품들에서 구로사와Akira Kurosawa는 일본적인 가공 인물과 닮은 서명을 한다. 하나의 굵은 수직적인 획이 꼭대기에서부터 바닥으로 스크린을 내려가는 동안, 왼편에서 오른편으로 오른편에서 왼편으로 두 개의 더 가느다란 옆으로의 운동들이 그것을 가로지른다. 그러한 복합적인 운동은 영화의 전체와, 우리가 앞으로 보게 될 것처럼 하나의 영화 작품 전체를 개념화하는 방식과 관련된다. 히치콕의 몇몇 영화들을 분석하면서 프랑소와 르노는 각각의 영화 작품들에 대한 하나의 총체적인 운동을, 또는 하나의 '주요한 기하학적 또는 동적인 형식'을 확인하는데, 이것은 크레딧에서 그 순수 상태로 나타날 수 있다. 곧, "<현기증Vertigo>의 나선, <사이코Psycho>의 꺾어진 선들과 흑과 백의 대비 구조, <북북서로

15) Eric Rohmer, *L'Organisation de l'espace dans le 'Faust' de Murnau*, pp. 10-18.

진로를 돌려라North by Northwest >의 화살표 같은 데카르트적 좌표들 … … ". 그리고 아마도 이 영화들의 일반적인 운동들은, 이번에는 히치콕의 작품 전체를 표현하는 훨씬 더 일반적인 운동과 이 작품이 발전되고 변화하는 방식의 구성 요소가 될 것이다. 그러나 그것 못지 않게 흥미로운 것은 다른 방향, 하나의 일반적인 운동 — 변화하는 전체로 정향된 — 이 상대적인 운동들로 해체되며, 또한 하나의 세트의 부분들이 가지는 각각의 위치, 사람이나 대상들에 대한 귀속들, 요소들 사이의 분배들을 향하고 있는 국지적인 형식들로 해체되는 방향이다. 르노는 히치콕에게서 그것을 연구한다(그러므로 <현기증>에서 거대한 나선은 주인공의 현기증이 될 수 있을 뿐만 아니라, 또한 그가 자기 차안에서 그려보는 회로, 또는 여주인공 머리카락의 소용돌이가 될 수 있다).[16] 그러나 이러한 유형의 분석은 모든 감독에 대해서도 바람직한 것이다. 그것은 모든 감독-분석을 위한 필수적인 연구 프로그램 — 스타일주의적이라고 불릴 수 있는 — 이 된다. 그것은 한 프레임 내 세트의 부분들 사이에서 확립되거나 하나의 재프레임화 내에서 하나의 세트와 또 다른 세트 사이에 확립되는 운동, 한 영화나 한 작품군 속에서 하나의 전체를 표현하는 운동, 이 두 운동 사이의 조응, 그것들이 서로 반향하고 하나로부터 다른 하나로 넘어가는 방식을 연구한다. 왜냐하면 그것은 때로는 구성되고 때로는 해체되는 동일한 운동이기 때문이다. 이것들은 동일한 운동의 두 가지 국면인 것이다. 그리고 이 운동이 쇼트, 즉 변화해 온 하나의 전체와 부분들을 갖는 하나의 세트 사이의 구체적인 중개이고, 자신의 두 측면에 따라 부단히 하나를 다른 하나로 전환시키는 중개이다.

쇼트는 운동-이미지이다. 그것이 운동을 하나의 변화하는 전체와 관계시키는 한, 그것은 지속의 움직이는 단편이다. 거리의 시위 이미지를 묘사하면서, 푸도프킨 Vsevolod I. Pudovkin 은 다음과 같이 말한다. "그것은 마치

16) François Regnault, "Système formal d'Hitchcock", in *Hitchcock*. 작품들 전체를 표현하는 운동의 구성에 대해서는 27쪽을 참조.

당신이 시위 현장을 보기 위해서 지붕 위로 올라가고, 그 다음에 플래카드를 읽기 위하여 일층 창문으로 기어 내려오며, 그리고 나서는 당신이 군중들과 뒤섞이는 것과 같다 …… ".[17] 그것은 단지 '마치 …… 와 같다'일 뿐이다. 왜냐하면, 자연적인 지각이 정지들, 계류들, 고정된 지점들 또는 분리된 시점들, 움직이는 물체들, 또는 심지어 구별되는 운반체들까지 이끌어들이는 반면에, 영화적인 지각은 정지들 자체가 그 통합적인 한 부분이고 자신에 대한 진동일 뿐인 하나의 단일한 운동 속에서 지속적으로 작동하기 때문이다. 미트리가 '무성 영화 전체에서 가장 아름다운 트래킹 쇼트 중의 하나'라고 불렀던, 킹 비더 King Vidor 의 <군중 The Crowd >의 유명한 쇼트를 예로 들어보자. 카메라는 군중들 속으로 흐름을 거슬러서 나아가다가, 마천루를 향해 방향을 잡고 이십 층까지 올라가서 창문들 중 하나를 프레임 잡아서는 책상들로 가득 찬 홀을 발견하고, 안으로 들어가서 주인공이 앉아 있는 한 책상에 도달한다. 또는 무르나우의 <마지막 웃음 The Last Laugh >에 나오는 유명한 쇼트를 예로 들자. 거기서 자전거 위에 설치된 카메라는 무엇보다도 먼저 승강기에 실려져서, 그것을 타고 내려가며 부단한 해체와 재구성을 수행하면서 유리창을 통해 그랜드 호텔의 입구 홀을 보여주고는, 하나의 '단일하고 완벽한 트래킹 쇼트 속에서 대기실 복도와 커다란 회전문을 통과한다'. 여기서 카메라는 두 개의 운동, 두 개의 움직이는 물체 또는 두 개의 운반체, 즉 승강기와 자전거를 수반한다. 그것은 이미지의 일부분인 전자를 보여주고 후자를 숨길 수 있다(그것은 또한 어떤 경우에는 이미지 안에서 카메라 그 자체를 보여줄 수도 있다). 그러나 이것이 중요한 것은 아니다. 중요한 것은 움직이는 카메라가 자신이 보여주거나 사용하는 모든 이동 수단들 — 비행기, 자동차, 보트, 자전거, 발, 지하철 …… — 의 일반적인 등가물과 같다는 사실이다. 벤더스 Wim Wenders 는 이 등가물을 그의 영화들 중의 두 편, <길의 왕 Kings of Road >과 <도시의 앨리스 Alice in the Cities >의 영혼으로 만들었고, 그럼으로써 영화에 대한 특

17) Pudovkin. Lherminier, *L'Art du cinéma*, p. 192에서 인용.

별하게 구체적인 반성을 영화 속에 도입하였다. 다른 말로 하자면, 영화적 운동-이미지의 본질은 운반체 또는 움직이는 물체들로부터 추론된, 그것들의 공통적인 실체인 운동을 추출하는 데에, 또는 운동들로부터 그것들의 본질인 가동성 mobilité 을 추출하는 데에 있다. 이것은 베르그송이 원했던 것이다. 마치 그것이 하나의 운반체인 양 우리의 자연적인 지각이 운동을 부착시키는 물체 또는 움직이는 사물들로부터 시작하여, "그 자체로서 극단적으로 재빠른 일련의 진동들로 환원되며, 실제로는 운동들의 운동일 뿐인" 단순한 채색된 '스폿', 즉 운동-이미지를 추출하기.[18] 이제, 베르그송은 오직 장치 속에서 일어나는 것(이미지 과정의 동질적인 추상적 운동)만을 고려하기 때문에, 그는 그 장치가 사실상 가장 잘 할 수 있고 탁월하게 할 수 있는 것을 영화는 할 수 없다고 믿었던 것이다. 운동-이미지, 즉 물체들 또는 움직이는 사물로부터 추출되는 순수 운동 말이다. 이것은 추상이 아니라 해방이다. 영화에는 항상 위대한 계기가 존재한다. 예컨대 르느와르에서처럼, 카메라가 등장 인물을 떠나고, 종국에는 그를 재발견하게 될 자신의 운동을 따라가면서 그로부터 등을 돌리기조차 하는 때, 그것은 항상 영화에서 하나의 위대한 계기이다.[19]

이런 방식으로 생산됨으로써, 운동들의 움직이는 단편들, 쇼트는 변화하는 전체의 지속을 표현하는 데 만족하지 않고, 이미지 속에서 세트를 형성하는 물체들, 부분들, 측면들, 차원들, 거리들 그리고 물체들의 각각의 위

---

18) Bergson, *Matter and Memory*, Chap. 4 ; "The Creative Mind", in *An Introduction to Metaphysics*, trans. M. L. Andison, 1965. pp. 71-2. 우리는 강스에게서 '운동들의 운동'이라는 똑같은 표현을 자주 발견한다.

19) <랑제 씨의 범죄 The Crime of Monsieur Lange >에서의 르느와르의 훌륭한 파노라마를 유명하게 만든 앙드레 바쟁 André Bazin 의 분석을 참조할 것. 카메라는 마당의 끝에서 인물을 버리고, 반대편으로 방향을 바꾸어서 무대 세트의 텅 빈 쪽을 스쳐 지나가, 그가 범죄를 저지르게 되는 마당의 다른 끝에서 그 인물을 기다린다(*Jean Renoir*, trans. W. W. Halsey II and W. H. Simon, 1974), p. 46. "이러한 카메라의 깜짝 놀라게 하는 방향 전환은……전체에 대한 순수한 공간적 표현, 즉 '미장센 mise-en-scéne '이다."

치들을 부단히 변동시킨다. 전자는 후자를 통해 생겨난다. 순수 운동이 또한 항상 '생성하는' 것 또는 변화되는 것, 지속하는 것이 그 본질인 근본적으로 열린 전체와도 관계 맺는 것은 순수 운동이 ― 그것이 세트를 해체하고 재구성하기 때문에 ― 세트의 요소들을 상이한 분모들을 가진 분수들로 분할함으로써 그것들을 변이시키기 때문이며, 그 역도 마찬가지이다. 엡스땡 Jean Epstein 은 쇼트의 본성을 입체파 또는 동시주의 회화에 비교함으로써 순수 운동으로서의 쇼트의 이러한 본성을 가장 심오하고 시적으로 추출하였다. "표면들이 수천 개의 면을 가진 곤충의 눈들 속에 존재한다고 상상함으로써, 모든 표면들은 분할되고, 잘라 내어지고, 해체되고, 부서진다 ― 이것은 한계 쇼트가 그 화폭인 묘사적 기하학이다. 이 화가는 원근법에 복종하는 대신, 그것을 쪼개고, 그 속으로 들어간다.…… 이렇게 해서 그는 바깥의 원근법을 안의 원근법으로, 습도계의 털처럼 생긴 철사와도 같이 희미하게 빛나고, 물결치듯 구불구불하며, 가변적이고 수축성 있는 다중적인 원근법으로 대체한다. 여기서는 오른쪽을 향한 것이 왼쪽을 향한 것과 같지 않고, 위를 보는 것은 아래를 보는 것과 같지 않다. 즉, 화가가 제시하는 실재의 파편들은 거리 ― 양감 또는 밝기 ― 의 동일한 분모를 갖지 않는다". 영화는 회화보다 훨씬 더 직접적으로 시간 속의 양감, 시간 속의 원근법을 운반해 온다. 그것은 시간 자체를 원근법 또는 양감으로 표현하기 때문이다.[20] 이것이 운동이 감속하거나 가속하는 권능을 획득하는 것처럼, 시간이 본질적으로 수축하거나 팽창하는 권능을 획득하는 이유이다. 엡스땡은 쇼트의 개념에 가장 가깝게 다가온다. 그것은 움직이는 단편, 즉 시간적 원근법 또는 변조이다. 영화적 이미지와 사진적 이미지 사이의 차이가 이로부터 나온다. 사진은 일종의 '주조'이다. 주형은 사물의 내적인 힘들을 그것들이 어

20) 엡스땡(*Ecrits I, sur le cinéma*, p. 115)은 의심할 바 없이 영화에 가장 가까운 화가였던 페르낭 레제 Fernand Leger 에 관해 논하면서 이 텍스트를 썼다. 그러나 뒤에 그는 그 항목들을 영화에 직접적으로 적용하였다(pp. 138, 178).

떤 특정한 순간에 균형 상태에 도달하는 방식으로 조직한다(움직이지 않는 단편). 그러나 변조는 균형이 도달될 때 중지하지 않으며, 주형을 부단히 변형시키고 가변적이고 연속적이며 시간적인 주형을 구성해 낸다.[21] 이것이 바쟁이 이런 관점에서 사진과 대조시키는 운동-이미지이다. "사진사는 렌즈의 중개를 경유하여, 그가 문자 그대로 빛의 인상을, 던져진 것을 획득하는 지점으로 나아간다.…… [그러나] 영화는 대상의 시간 위에서 자신을 주조하고 또한 그것의 지속의 인상을 획득한다는 역설을 실현한다."[22]

3. 가동성 : 몽타주와 카메라의 운동

카메라가 고정되었을 때에는 무슨 일이 일어났을까? 그 상황은 자주 기술되어 왔다. 첫째, 프레임은 불변하는 세트 상에 있는 관객의 그것인 독특하고 정면적인 시점에 의해 규정된다. 그러므로 상호 지시적인 가변적인 세트들의 소통이란 존재하지 않는다. 둘째, 쇼트는 클로즈업에서 롱 쇼트에 이르기까지 카메라로부터 특정한 거리로 떨어져 있는 하나의 '공간의 조각'을 가리키는 독특하게 공간적인 결정이다(움직이지 않는 단편들). 그러므로 운동은 단독으로 추출되지 않으며, 요소들, 등장 인물들, 그리고 자신의 움직이는 물체나 운반체로서 봉사하는 사물들에 부착된 것으로서 남는다. 마지막으로, 전체는 깊이 있는 세트와 동일해져서, 움직이는 물체는 한 공간적 쇼트/평면에서 다른 것으로, 한 평행적인 조각에서 다른 것으로 이행하면서 그 전체를 통과하며, 이 쇼트와 조각 각각은 자신의 독립성 또는 자신의 초점을 가진다. 그러므로 정당하게 말하자면, 지속이란 것이 평행적인 지대들을 겹쳐 놓는 것이 아니라 그것들을 뒤섞고 탈구시키는 완전히 다른

---

21) 주조와 변조 일반 사이의 차이에 대해서는 Simondon, *L'Individu et sa genese physico-biologique*, pp. 40-2.

22) André Bazin, *Qu'est-ce que le Cinéma*, p. 151.

깊이 개념을 함축하는 한, 엄격히 말해서 거기에는 변화도 지속도 존재하지 않는다. 따라서 우리는 이미지가 운동-이미지이기보다는 운동 속에 존재하는 영화의 원시적인 상태를 정의할 수 있다. 베르그송의 비판이 향하고 있는 곳은 바로 이러한 원시적 상태였다.

그러나 우리가 운동-이미지는 어떻게 구성되는가, 또는 운동이 어떻게 사람들과 사물들로부터 추출되는가 물어 본다면, 우리는 그것이 두 가지의 상이한 형식들로, 그리고 두 경우 모두에서 인지할 수 없는 가운데 그러하다는 것을 알게 된다. 한편으로는 물론 카메라의 가동성을 통해서, 그 자체가 움직이는 것이 된 쇼트를 통해서, 그러나 다른 한편으로는 몽타주에 의해서, 즉 그 각각의 것 또는 그 대다수가 고정된 것으로 완벽하게 잘 남아 있을 수 있는 쇼트들의 연속적인 연결에 의해서 그러한 것이 이루어진다. 이 방법은 극히 적은 카메라의 움직임을 가지고서도 등장 인물들의 운동으로부터 순수한 가동성의 성취가 추출되는 것을 허용한다. 실제로 이것이 가장 공통적인 실천이었으며, 특히 <파우스트>에서 무르나우가 이것을 이용하였다. — 움직이는 카메라는 예외적인 장면들이나 주목할 만한 운동들을 위한 것이었다. 처음부터 이 두 방법들은 어떤 의미에서 그들 자신을 은폐하지 않으면 안 되었다. 몽타주의 연결들은 알아차릴 수 없게 되어야 했을 뿐 아니라(예를 들어, 축을 따라 이루어지는 연결들), 카메라의 운동들 역시 그것들이 평범한 계기들이나 진부한 장면들에 관한 것인 한, 알아차릴 수 없게 되어야만 했다(지각의 역치에 가까울 만큼 느린 운동들).[23] 이 두 형식

---

23) 이러한 본질적인 점들은 노엘 버취에 의해서 분석되었다. 1) 몽타주의 연결들과 평범한 카메라의 운동은 매우 다른 기원들을 갖는다. 연속성을 코드화한 사람은 그리피스였지만, 그는 움직이는 카메라를 예외적으로 사용하였다(<국가의 탄생 Birth of a Nation >). 움직이는 카메라를 일상적인 방식으로 사용한 사람은 파스트로네 Giovanni Pastrone 였으나, 그는 연속성을 무시하고 원시적인 영화에 특징적인 정면성의 배타적인 기호 아래에 스스로를 위치시켰다(<카비리아 Cabiria >). 2) 그러나 그리피스와 파스트로네에서 두 과정들은 동시적으로 추구되었던 지각 불가능함이라는 단일한 조건에 직면하였다(Noël Burch,

들 또는 수단들은 고정된 원시적인 이미지 속에, 즉 운동이 여전히 사람들이나 사물들에 부착되어 있을 때 운동 속에 포함된 하나의 잠재력을 실현하기 위해서만 개입할 뿐이었다. 이러한 운동은 이미 영화에 특징적인 것이었고, 원시적인 조건들에 의해 설정된 한계들 내에서는 만족될 수 없는 일종의 해방을 요구하였다. — 그래서 소위 원시적인 이미지, 운동 속의 이미지는 그것의 상태에 의해서보다는 그것의 경향에 의해서 정의되었다. 공간적이고 고정된 쇼트는 순수한 운동-이미지를, 공간 속에서 카메라를 움직일 수 있게 함으로써 또는 움직이는 쇼트들 또는 단순하게 고정된 쇼트들의 시간 속에서 이루어지는 몽타주에 의해서 알아차릴 수 없게 실행될 수 있었던 경향성을 생산하는 경향이 있었다. 베르그송이 말하듯이, 비록 그는 이것이 영화에 적용되는 것을 보지는 못했지만, 사물들은 결코 그것들의 원시적인 상태에 의해서가 아니라, 이 상태 속에 감추어진 경향성에 의해서 정의되는 것이다.

'쇼트'라는 단어는 고정된 공간적인 결정들, 카메라와 관계된 공간의 조각들 또는 거리들을 말하기 위한 것이다. 이것이 장 미트리가 그것을 정의하는 방식이다. 그의 말에 따르면 이해할 수 없는 것인 '시퀀스 쇼트 plan séquence'라는 표현을 그가 비난했을 때뿐만 아니라, 그가 더 많은 정당화를 시도하면서 트래킹 쇼트를 하나의 쇼트가 아니라 쇼트들의 시퀀스로 보았을 때 말이다. 그때 운동과 지속을 이어받는 것은 쇼트들의 시퀀스이다. 그러나 이것은 적절하게 한정된 관념이 아니기 때문에, 운동과 지속의 통일체들을 확인할 수 있기 위해서는 보다 정확한 개념들을 창조하는 것이 필요하다. 우리는 크리스티앙 메츠 Christian Metz의 '통합체 syntagm'와 레이몽 벨루아 Raymond Bellour의 '분절 segment'에서 이것을 본다. 그러나 우리의 관점에서 볼 때는 당분간, 쇼트 plan 개념이 그것의 완전한 투사적, 조망적 또는 시간적 의미가 주어진다면 충분한 통일성과 외연을 갖는다. 사실 하나의 통일성이란 항상 수동적이거나 작동된 요소들의 다중성 같은 것을

Marcel L'Herbier, pp. 142-5.).

포함하는 행위의 그것이다.[24] 움직이지 않는 공간적인 결정들로서의 쇼트들은 이러한 의미에서 움직이는 단편 또는 시간적인 원근법으로서의 쇼트의 통일성에 상응하는 다중성이 완벽하게 될 수 있다. 통일성은 그것이 포함하는 다중성에 따라 변화할 것이지만, 바로 그만큼 이 상관적인 다중성의 통일성이 될 것이다.

우리는 여기서 몇 가지 경우를 구별할 수 있다. 첫 번째 경우는 각도와 다중적인 시점들의 변화가 어떤 것이든 쇼트를 규정하는 카메라의 연속적인 운동이다(예를 들면, 트래킹 쇼트). 두 번째 경우에는, 연결의 연속성이 쇼트의 통일성을 구성한다. 또한 고정될 수 있는 둘 또는 그 이상의 잇따르는 쇼트들을 자신의 내용으로 가진다 하더라도 말이다. 이동 쇼트들은 또한 자신들의 구별을 물질적인 제한들에만 근거할 수도 있고, 자신들의 연결의 함수로서 완벽한 통일성을 형성할 수도 있다. 오슨 웰즈에서는 <시민 케인 Citizen Kane >의 두 부감 쇼트가 이러한 것인데, 거기서 카메라는 때로는 유리창을 때리고 그것을 흐릿하게 덮어 버리는 비를 수단으로 해서, 때로는 돌발하는 폭풍우와 천둥의 굉음을 수단으로 해서, 문자 그대로 유리창을 통과하여 커다란 방의 내부로 뚫고 들어간다. 세 번째 경우에서 우리는 고정된 장기 지속 또는 이동 쇼트, 즉 하나의 '시퀀스 쇼트'와, 시야 심도와 대면한다. 그러한 쇼트는 자기 내부에 클로즈업에서 원거리 쇼트까지 공간의 모든 조각들을 동시에 포함하지만, 그럼에도 불구하고 자신이 하나의 쇼트로 정의되는 것을 허용하는 하나의 통일성을 가진다. 심도는 더 이상 '원시적인' 영화의 방식에 따라서 그 각각이 자족적이고 그들 모두가 단순히 단 하나의 움직이는 물체에 의해 횡단될 뿐인 평행적인 조각들의 겹쳐 놓음으로써 이해되지 않는다. 그와 반대로 르느와르와 웰즈에게서는, 일단의 운동들이 결코 단일한 하나의 쇼트 속에서 하나를 다른 하나의 옆에서 발전시키는 것이 아니라 상이한 거리들에서, 하나의 쇼트에서 다른 쇼트로 사이가 두어지는 연락과 작용 및 반작용을 확립하는 그러한 방식으로

24) H. Bergson, *Time and Free Will*, trans. F. L. Pogson(1910), pp. 85-7.

심도 속에 배분된다. 여기서 쇼트의 통일성은 더 이상 분리될 수 없는 겹쳐진 쇼트들의 다중성 속에 붙잡힌 요소들 사이의 직접적인 연락에 의해서 생산된다. 가깝고 먼 부분들이 통일성을 생산하는 것이다. 똑같은 진화가 16세기와 17세기 사이에 회화의 역사에서도 나타난다. 그 각각의 것이 특정한 장면에 의해 점유되고 거기서 인물들이 나란히 만나는 평면들의 겹침은 완전히 다른 깊이의 시각에 의해서 대체되는바, 여기서는 인물들이 사선으로 비스듬하게 만나고 한 평면에서 다른 평면으로 넘어가면서 서로를 소환하며, 한 평면들의 요소들이 다른 평면들의 요소들에 작용하고 반작용하며, 어떤 형태와 색채도 단 하나의 평면에 제한되지 않고, 크기에 있어서의 돌연한 축소에 의해 배경과의 관계 속으로 직접 들어가기 위해서 전경의 차원들이 비정상적으로 확대된다.[25] 네 번째 경우, 시퀀스-쇼트는 (그것이 많은 유형들을 가지고 있기 때문에) 더 이상 어떤 심도도, 겹침도, 후퇴도 포함하지 않는다. 반대로, 그것은 모든 공간적 쇼트들을 다양한 프레임들을 통과하는 단일의 전경 쇼트 avant plan 에게로 되돌린다. 쇼트의 통일성이 이

---

25) 16세기에서 17세기에 이르는, 회화에서의 심도에 대한 이러한 두 가지 개념들은 *Principles of Art History*(trans. M. D. Hottinger, 1932)의 탁월한 장 "Plane and Recession"에서 뵐플린 H. Wölfflin 에 의해서 연구되었다. 영화는 바쟁에 의해서 분석된 시야-심도의 매우 상이한 두 국면들로써 정확하게 동일한 진화를 제시한다("Pour en finir avec la profondeur de champ", *Cahiers du cinéma*, no.1, April 1951). 바쟁의 테제에 관한 그의 모든 유보에도 불구하고, 미트리는 본질적인 점은 양보하고 있다. 즉, 일차적인 주요한 형식에서 심도는 그 각각이 동질적인 근거에서 타당하게 겹쳐질 수 있고 고립시킬 수 있는 조각들로 잘려진다(푀이아드 Louis Feuillade 와 그리피스에서처럼). 그러나 르느와르와 웰즈에서는 다른 형식이 조각들을 영구적인 상호작용으로 대체하고, 전경과 배경을 단락시킨다. 등장 인물들은 더 이상 동일 평면에서 만나지 않으며, 한 평면에서 다른 평면으로 이행하면서 관계지어지고 서로를 불러낸다. 이 새로운 심도의 첫 번째 사례는 아마도 스트로하임 Erich von Stroheim 의 <탐욕 Greed>일 것이며, 이 사례는 뵐플린의 분석과 정확하게 일치할 것이다. 배경에서 그녀의 남편이 문을 열고 들어오고 한줄기 빛이 한 평면에서 다른 평면으로 나아갈 때, 클로즈업으로 보여지는 깜짝 놀라는 여인처럼.

미지의 완벽한 평면성 planitude 에 되돌아 준거하는 한편, 상관적 다양성이 재프레임화의 그것이 되는 그러한 방식으로 말이다. 이것은 드레이어의 시퀀스 쇼트에서도 사실인데, 그의 시퀀스 쇼트들은 운동이 쇼트의 변화를 대체하는 일련의 재프레임화들을 통과하도록 만듦으로써 상이한 공간적인 평면들 사이의 모든 구별을 폐기하는 균일한 색조 aplat 들과 유사하다(<오데트 Ordet >, <게르트루트 Gertrud >).[26] 심도가 없거나 극히 적은 심도를 갖는 이미지들은 흐르고 미끄러지는 유형의 쇼트를 형성하는데, 이것은 깊은 이미지들의 부피에 반대된다.

이 모든 의미에서, 쇼트는 정말로 하나의 통일성을 갖는다. 그것은 운동의 통일성이며, 그것과 모순되지 않는 상관적 다양성을 품어 안는다.[27] 정말 기껏해야, 이 통일성은 두 가지 요구들 사이에 붙잡혀 있다고 말할 수 있다. 하나는 그것이 영화 전체를 통해서 그 변화를 표현하는 전체의 요구이고, 다른 하나는 그것이 각 세트 내부에서 그리고 한 세트로부터 다른 세

---

26) <로프 The Rope >에서의 히치콕의 실험—영화 전체를 단 하나의 시퀀스-쇼트로 구성하는(오직 릴의 교환에 의해서만 중단될 뿐인)—도 같은 유형의 것이다. 바쟁은 르느와르와 웰즈 및 와일러의 시퀀스-쇼트는 전통적인 커팅이나 쇼트와 단절하는 반면에 히치콕은 '재프레임화들의 영구적인 연속'을 성취하는 데 만족하면서 그것들을 보존한다고 반박하였다. 로메르와 샤브롤은 이것이야말로 정확히 히치콕의 혁신, 전통적 프레임을 변형하기이며, 반면에 웰즈는 역으로 그것을 보존한다고 올바르게 응답한다.

27) 파스칼 보니체르 Pascal Bonitzer 는 시야-심도의 쇼트와 심도 없는 쇼트, *Le Champ aveugle*에서 그가 '모순적'이라고 부른 현대적인 쇼트들(고다르, 지버베르크, 마르그리뜨 뒤라스)에 이르기까지 이러한 모든 유형들을 분석하였다. 그리고 현대의 비평가들 중에서, 보니체르는 의심할 바 없이 쇼트의 개념과 그것의 진화에 가장 관심을 많이 가진 사람이다. 우리가 보기에는 그의 매우 박력있고 섬세한 분석들이 그를 잘 정초된 통일성으로서의 새로운 쇼트 개념으로, 통일성들에 대한 새로운 개념화(과학들에서 이것에 대한 등가물들을 발견할 것이다)로 데려갔어야만 했다. 그러나 그 대신에 그는 쇼트 개념의 일관성에 관한 의심들을 도출해 내면서 쇼트의 '복합적이고 모호하며 근본적으로 위조적인 특성'을 비난한다. 우리가 그를 따를 수 없는 것은 오직 이 점에서뿐이다.

트로 넘어가면서 일어나는 그 전치들을 결정하는 부분들의 요구이다. 파졸리니는 이러한 이원적인 요구 조건을 매우 명확하게 표현한 바 있다. 한편으로 영화적 전체는 정당하게 제한되지 않고 이론적으로 연속적인 하나의 단일한 시퀀스 쇼트이려 할 것이다. 다른 한편으로 영화의 부분들은 사실상 어떤 할당 가능한 연결 고리도 없는, 비연속적이고 분산적이며 산포된 쇼트들일 것이다. 그러므로 전체는 자신의 이상적인 상태를 포기해야만 하고, 부분들의 몽타주 속에서 실현되는 영화의 종합적 전체가 된다. 역으로, 부분들은 선별되고 조정되어, 몽타주를 통해서 잠재적인 시퀀스 쇼트 또는 영화의 분석적인 전체를 재구성하는 연결들과 연락들 속으로 들어가야만 한다.[28]

그러나 '사실의' 쇼트와 그것이 '정당하게' 되어야 하는 것으로서의 쇼트 사이의 그러한 구분이란 존재하지 않는다(이것이 잠재성 속에서 유지되는 시퀀스-쇼트에 대한 파졸리니의 크나 큰 혐오로 이끈다). 동등하게 '사실'의 그것이자 '권리'의 그것인 두개의 국면들, 통일성으로서의 쇼트의 긴장을 표명하는 두 개의 국면들이 있을 뿐이다. 한편으로 부분들과 그것들의 세트들은 시야 심도를 갖거나 갖지 않으면서, 지각할 수 없는 연결들에 의해서, 카메라 운동들에 의해서, 사실의 시퀀스-쇼트들에 의해서 상대적인 연속성 속으로 들어간다. 그러나 비록 연속성이 이후에 재확립될지라도, 전체가 여기에는 존재하지 않는다는 것을 충분할 정도로 명확하게 보여주는 단절과 파열들이 항상 존재할 것이다. 전체는 세트들이 그 자체들로서나 끼리끼리 닫히는 것을 저지하는 것으로서 — 그것들의 파열들로뿐만 아니라 연속성들로도 환원될 수 없는 열림을 증명하는 것으로서 — 다른 어떤 곳에서 그리고 또 다른 질서 속에서 개입한다. 그것은 변화하며 결코 변화를 중지하지 않는 지속의 차원에서 등장한다. 그것은 영화의 본질적인 극점으로서의 거짓 잇기들 faux raccords 속에서 나타난다. 거짓 연속성들은 한 세트 안에서나(에이젠슈테인) 한 세트에서 다른 세트로의 이행 속에서, 두 시

28) Pasolini, *L'Expérience hérétique*, pp. 197-212.

퀀스-쇼트들 사이에서(드레이어) 작동하게 될 수 있다. 이것이 정말로 시퀀스-쇼트가 단지 촬영 속에서 몽타주를 내부화하는 것이 아닌 이유이다. 반대로 그것은 몽타주의 고유한 문제들을 제기한다. 몽타주에 관한 좌담에서 나르보니, 실비 삐에르 그리고 리베뜨는 다음과 같이 묻는다. <게르트루트>는 어디에서 일어나는가, 드레이어는 어디에서 그것이 일어나게 만드는가? 그들이 주는 대답은 이것이다. 그것은 접착collure 속에서 일어난다.[29] 거짓 연속성은 연속성의 연결도 아니고, 연결 속의 파열이나 불연속도 아니다. 거짓 연속성은 의당, 세트들과 그것들의 부분들에서 달아나는 열려진 것의 차원이다. 그것은 시야-바깥의 다른 권력을, 이 다른 어떤 곳 또는 이 텅 빈 지대를, 이 '영화에게는 불가능한 백색 위의 백색'을 실현한다. 게르트루트는 드레이어가 네 번째 차원이라고 부르는 것에서 일어났다. 전체를 파괴하기는커녕, 거짓 연속성들은 전체의 행위, 그것들이 세트들과 그것들의 부분들 위에 새기는 각인이다. 진정한 연속성들이 정반대의 경향, 즉 자신들로부터 달아나는 전체를 재접합하는 부분들과 세트들의 경향을 재현하는 것과 꼭 마찬가지로 말이다.

29) J. Narboni, Sylvie Pierre and J. Rivette, "Montage", *Cahiers du cinéma*, no. 210, March, 1969.

제3장

●●●●●●●●●●

몽타주

3. 몽타주

1. 세 번째 수준 : 전체, 운동 이미지의 구성, 그리고 시간의 간접적인 이미지

몽타주는 연속성들, 커팅과 거짓 연속성들에 의한 전체(베르그송의 세 번째 수준)의 결정이다. 에이젠슈테인은 계속해서 우리에게 몽타주란 영화의 전체, 이념이라는 점을 상기시킨다. 그러나 왜 전체가 몽타주의 대상이어야만 하는가? 영화의 시작과 종결 사이에서 무엇인가 변화하며, 무엇인가가 변화되었다. 그러나 이 변화하는 전체, 이 시간 또는 지속은 그것을 표현하는 운동-이미지들과의 관계 속에서 간접적으로만 이해될 수 있는 것처럼 보인다. 몽타주는 그들로부터 전체를 풀어 주도록 운동-이미지들에 영향을 가하는 작용, 즉 시간의 이미지이다. 그것은 운동-이미지들과 그것들의 관계들로부터 연역되기 때문에 필연적으로 간접적인 이미지이다. 이 모든 것에도 불구하고 몽타주는 뒤에 오는 것이 아니다. 실제로, 전체가 특정한 방식으로 일차적이어야 하고, 그것이 전제되어야 한다는 것이 필요하다. 특히 우리가 보았던 바와 같이, 그리피스의 시대와 그 이후에 운동-이미지 그 자체는 오직 드물게만 카메라의 가동성과 관계되었고, 더 빈번하게는 몽타주를 전제하는 고정된 쇼트들의 연속으로부터 발생하였기 때문이다. 우리가 세 가지 수준들 — 닫힌 체계들의 결정, 한 체계의 부분들 사이에서 확립되는 운동, 그리고 운동 속에서 표현되는 변화하는 전체 — 을 고려한다면, 각각의 수준들이 다른 수준들을 포함하거나 미리 보여줄 수 있도록 해주는 그 세 가지 수준들 사이의 순환이 존재한다. 그러므로 어떤 감독들은 쇼트나 심지어 프레임 안에 몽타주를 '삽입'할 수 있으며, 그래서 몽타주 그 자체에는 별로 중요성을 두지 않는다. 그러나 그 세 작용들의 특정성은 그럼에도 불구하고, 심지어 그들의 상호적 내재성 안에서조차 살아남는다. 그 자체로 또는 다른 어떤 것 속에서 몽타주가 되는 것은 시간의 간접적인 이미지, 지속의 간접적인 이미지이다. 베르그송이 공격하는 것과 같은 동질적인 시간이나 공간화된 지속이 아니라, 베르그송의 초기 텍스트에서 나타나는 것처럼 운동-이미지들의 접합으로부터 흘러나오는 유효한 지속과 시간말이다. 우리는 부언하여 시간-이미지들 l'image-temps ; the time-image 이라고 불릴 수 있는 직접적인 이미지들이 존재하는지, 그것들이 어느 정도까지 운동-이미지들로부터 분리되는 것인지, 그것들이 역으로 어느 정도까지 이미지들의 어떤 알려지지 않은 국면들에 근거하고 있는지 확인하는 작업은 당분간 옆으로 밀어 두어야 한다.

몽타주는 구성, 즉 시간의 간접적 이미지를 구성하는 것으로서의 운동-이미지들의 집합 agencemant 이다. 가장 고대적인 철학 이래로, 시간이 운동의 함수로서, 운동과의 관계 속에서 이해될 수 있는 많은 상이한 방식들이 있어 왔다. 우리는 몽타주의 상이한 '유파들'에서 이러한 다채로움을 다시 만나게 될 것이다. 몽타주를 발명했다는 것이 아니라 그것을 독특한 차원의 수준으로 끌어올렸다는 명예를 우리가 그리피스에게 수여한다면, 네 가지의 주요한 경향들이 구별될 수 있는 것으로 보인다. 미국 유파의 유기적인 경향, 소비에트 유파의 변증법적인 경향, 전쟁 전의 프랑스 유파의 양적인 경향, 그리고 독일 표현주의 유파의 내포적인 경향들이 그것이다. 각각의 경우에서 같은 유파에 속한 감독들은 서로 매우 다를 수도 있다. 그렇지만 그들은 주제들과 문제들, 그리고 편향들에서 연결되어 있다. 간단히 말해서, 다른 곳에서와 마찬가지로 영화에서도 유파나 경향이라는 개념을 정초하는 데 요구되는 모든 것인 이념적인 연속성을 가지고 있는 것이다. 우리는 지금부터 몽타주의 이 네 가지 유파들 각각에 대해서 간략하게 서술할 것이다.

그리피스는 운동-이미지들의 구성을 하나의 조직화, 하나의 유기체, 하나의 거대한 유기적 통일성으로 생각했다. 이것이 그의 발견이었다. 유기체는 먼저 다양성 속의 통일, 즉 분화된 부분들의 총화(세트)이다. 남자들과 여자들, 부자들과 빈자들, 도회지와 시골, 남과 북, 내부와 외부 등등이 있다. 이러한 부분들은 **평행적인 교호적 몽타주** a parallel alternate montage, 즉 하나의 리듬에 따라 한 부분이 또 다른 부분을 연이어 잇는 이미지를 구성하는 이원적인 관계 속에서 접수된다. 그러나 부분과 세트는 또한 반드시 하나의 관계 속에 들어가고 자신들의 상대적인 차원들을 교환해야만 한다. **클로즈업의 삽입**은 이런 의미에서 세부적인 것의 확장을 포함할 뿐만 아니라, 세트의 소형화, 장면의 축소를 생산하기도 한다(예를 들면, <학살 The Massacre>이 이루어지는 동안 화면에 현전하는 아기 같은 어린아이의 크기). 그리고 보다 일반적으로는, 인물들이 그들이 그 부분을 형성하는 장면을 살아내는 방식을 보여줌으로써, 클로즈업은 객관적인 세트에게 그것과 동등하거나 그것을 압도하기조차 하는 주관성을 부여한다(<국가의 탄생 Birth of a Nation>에서 전투를 보여주는 롱 쇼트와 교차하는 병사들의 클로즈업이나 흑인에게 쫓기는 젊은 여자의 공포에 가득 찬 클로즈업뿐만 아니라, <이노크 아든 Enoch Arden>에서 자신의 생각을 보여주는 이미지와 동일시하는 젊은 여인의 클로즈업 역시 그러하다).[1] 마지막으로, 부분들은

---

1) 그리피스의 클로즈업과 이원적인 구조에 대해서는 Jacques Fieshi, "Griffith le

그것들이 어떻게 동시적으로 갈등 속에 들어가서 유기적인 세트의 통일성을 위협하는지, 그리고 그것들이 어떻게 그 갈등을 극복하는지 또는 어떻게 그 통일성을 복구하는지 보여주기 위해서 반드시 서로에 대하여 작용하고 반작용해야만 한다. 어떤 부분들로부터는 선과 악을 대립시키는 행동들이 일어나지만, 다른 부분들로부터는 선을 원조하는 것으로 이르게 되는 수렴적인 행동들이 일어난다. 이러한 모든 행동들을 통해서 결투duel의 형식이 발전하여 상이한 단계들을 통과한다. 진실로 결투는 계속해서 위협받아야 하는 유기적 세트의 본성 속에 존재한다. <국가의 탄생>에서 흑인들에 대한 고발은 남부의 패배를 자기들 자신의 이익을 위해 이용함으로써 새로이 획득된 미합중국의 통일성을 깨부수기를 원하는 고발이다……. 수렴적인 행동은 결투의 자리에 도달하여 그것의 결과를 뒤집고, 무구함을 구하거나 타협된 통일성을 재건한다는 단 하나의 목적으로 향하는 경향이 있다.— 포위 당한 사람들을 구하기 위해 달려오는 말 탄 사람들의 질주, 또는 녹아내리는 얼음 위에서 소녀를 구해 내는 구조원들의 전진처럼(<폭풍의 고아들Orphans of the Storm>). 이것이 몽타주의 세 번째 국면, **동시 발생적 또는 수렴적인 몽타주**이며, 이 몽타주는 다시 뒤에 합쳐지게 될 두 가지 행동들의 계기들을 교호시킨다. 그리고 행동들이 수렴되면 될수록, 접속은 더욱더 가깝게 접근하고, 교호는 더욱더 빨라진다(가속화된 몽타주). 당연하게도 그리피스에게서 접속은 항상 발생하지는 않으며, 순결한 젊은 소녀는, 그녀가 오직 '비유기적인' 비정상적 합일에서만 자신의 자리와 구원을 발견할 수 있었을 뿐이기 때문에, 자주 거의 사디즘적으로 비난받는다. <꺾어진 꽃Broken Blossom>에서 중국인 아편 중독자는 너무 늦게 도착한다. 이번에 수렴을 앞지르는 것은 곡해된 가속화이다.

이것들이 몽타주 또는 리듬적인 교호의 세 가지 형식들이다. 분화된

---

précurseur", *Cinématographe*, no. 24, February 1977을 참조. 그리피스의 클로즈업과 소형화 및 주관화의 과정에 대해서는 Yann Lardeau, "King David", *Cahier du cinéma*, no. 346. April 1983 참조.

부분들의 교호, 상대적 차원들의 교호, 그리고 수렴적인 행동들의 교호. 강력한 유기적 재현은 이러한 방식으로 세트와 부분들을 생산한다. 미국 영화는 이로부터 자신의 가장 견고한 형식을 이끌어 낸다. 즉, 일반적인 상황으로부터 결투의 중개, 행동들의 수렴이라는 중개를 통해서 재확립되거나 변형된 상황으로 이르는 형식. 미국적 몽타주는 유기적-능동적이다. 그것이 서사화 narration 에 종속되어 있다고 비판하는 것은 잘못이다. 그 반대이다. 서사성이 몽타주의 이러한 개념으로부터 나오기 때문이다. <편협>에서 그리피스는 유기적 재현이 단지 가족들이나 사회뿐만 아니라 다른 시대와 문명들까지도 포함하는 거대한 것이 될 수 있다는 것을 발견하였다. 평행적인 몽타주에 의해 긁어모아지는 부분들은 이제 문명들 그 자체이다. 교환되는 상대적 차원들은 왕의 도시에서부터 자본가의 사무실에까지 걸쳐 있다. 그리고 수렴적인 행동들은 단지 각각의 문명에 고유한 결투들 — 바빌론 에피소드의 전차 경주, 현대의 에피소드에서의 자동차와 기차의 경주 — 에 머무르는 것이 아니라, 그 두 경주들 자체가 수세기를 통과하여 바빌론과 미국을 이중으로 겹쳐 놓는 가속화된 몽타주 속에서 수렴된다. 리듬을 수단으로 해서 그렇게도 다른 부분들과 그렇게도 멀리 떨어진 행동들로부터 성취되는 그러한 유기적 통일성은 결코 다시는 없을 것이다.

시간이 운동과의 관계 속에서 고찰되었을 때에는 언제든지, 그것이 운동의 척도로서 정의된 때에는 언제든지, 시간 기호들 chronosigns 인 시간의 두 측면들이 발견되어 왔다. 한편으로는 전체로서의 시간, 거대한 원환 또는 나선으로서의 시간이 우주 속에서 운동의 세트를 한데 집결시킨다. 다른 한편, 간격으로서의 시간은 운동 또는 행동의 최소 단위를 나타낸다. 전체로서의 시간, 우주 속의 운동의 세트는 계속해서 자신의 원을 넓히면서 선회하는 새이다. 그러나 운동의 수적인 단위는 날개의 퍼덕거림, 두 운동 또는 두 행동들 사이의 계속적으로 축소되는 간격이다. 간격으로의 시간은 가속화되는 가변적인 현재이고, 전체로서의 시간은 양끝이 열려 있는 나선, 과거와 미래의 광대한 무한성이다. 무한히 팽창한다면, 현재는 전체 그 자체가 될 것이다. 무한히 축소된다면, 전체는 간격에서 발생할 것이다. 몽타주로부터, 운동-이미지들의 구성으로부터 기원하는 것은 이념, 즉 시간의 간접적인 이미지이다. <편협>의 그 유명한 수원水源에서 부분들의 세트를 감고 푸는 것은 전체이며, 경주들의 가속화된 몽타주 속에서 점점 더 작아지는 것은 행동들간의 간격이다.

2. 소비에트 유파

에이젠슈테인은 그리피스에 대한 자신의 부채를 완전히 인정하는 한편, 그럼에도 불구하고 두 가지 반론을 펼친다. 첫째, 세트의 분화된 부분들은 독립적인 현상으로서 그 자체로 주어져 있다고 말할 수 있다. 얇은 살코기와 지방이 교대하는 베이컨과도 같이, 부자와 빈자, 선과 악, 백인들과 흑인들 등등이 존재한다. 따라서 이러한 부분들의 대표자들이 서로 대립할 때, 그것은 협소하게 개인적인 모티프들(예를 들어, 사랑 이야기, 멜로드라마적 요소)이 집합적 동기화들 밑에 은폐되어 있는 개별적인 대결들의 형식 속에서 이루어짐에 틀림없다. 그것들은 각각 서로를 추적하고 정말로 무한에서 만나는 평행선, 그러나 하나의 할선이 그들 중의 하나 위에 있는 특정한 점과 다른 것 위에 있는 특정한 한 점을 한데 모을 때에만 여기 아래에서 충돌할 뿐인 평행선들과 같다. 그리피스는 부와 가난이 독립적 현상으로서 주어지는 것이 아니라, 단일한 일반적인 원인, 즉 사회적 착취에 의존한다는 사실을 망각한다.…… 그리피스의 '부르주아적인' 관점을 비판하는 이러한 반대들은 단지 그의 이야기하는 방식이나 역사를 이해하는 방식에만 관련된 것이 아니다. 그것들은 평행적인(그리고 또한 수렴적인) 몽타주에 직접 관계되는 것이다.[2] 에이젠슈테인은 그리피스가 발생이나 발전의 법칙이 없

2) 에이젠슈테인의 탁월한 분석은 평행적 몽타주가 그 개념에서뿐만 아니라 실천에

이 유기체에 대한 철저하게 경험적인 개념만을 가지고 있다고 비판한다. 그는 유기체의 통일성을 병치된 부분들의 수집, 한데 모음과 같은 완전히 외재적인 방식으로 이해하며, 그것을 생산의 통일성으로서, 분할과 분화에 의해 자기 자신의 부분들을 생산하는 하나의 세포로서 이해하지 않는다. 따라서 그는 대립을 우연적인 것으로 해석하며, 분할된 통일성이 그것에 의해 또 다른 수준에서 새로운 통일성을 형성하는 내적인 추동력으로 해석하지 않는다. 에이젠슈테인이 운동 이미지들의 유기적 구성 또는 집합이라는 그리피스의 관념을 계속 가지고 있다는 점이 주목될 것이다. 즉, 대립들이 발전과 초월을 통하여 일반적인 상황으로부터 변형된 상황으로 이르는 것 말이다. 그러나 그리피스가 유기체와 구성의 변증법적인 본성을 보지 못했다는 것은 사실이다. 유기적인 것은 정말로 거대한 나선이지만, 그 나선은 경험적으로가 아니라, 발생, 성장 그리고 진화의 법칙에 의거하여, '과학적으로' 파악되어야 한다. 에이젠슈테인은 <전함 포템킨 Battleship Potemkin>에서 자신의 방법을 완성했다고 판단했으며, 그가 유기적인 것에 대한 새로운 개념을 제출하는 것도 바로 이 영화에 대한 자신의 논평 속에서이다.[3)]

유기적 나선은 자신의 내적 법칙을 황금 분할에서 발견하는바, 황금 분할은 하나의 휴지점을 표시하고 세트를 대립될 수 있지만 동등하지 않은 두 개의 거대한 부분들로 나눈다(이것이 전함에서 도시로 이행이 이루어지고 운동이 역전되는 비통합의 계기이다). 그러나 그것은 또한 이번에는 자기가 두 개의 동등하지 않은 대립적인 부분들로 분할되는 나선의 각각의

서도 부르주아 사회가 자신을 개념화하는 것 및 그 사회의 실천과 관련되어 있음을 보여주는 데 있다. *Film Form*, 1951, "Dickens, Griffith and the film today".

3) Eisenstein, *La non-indifférente Nature*, "L'organique et le pathétique". <전함 포템킨>을 중점적으로 다루는 이 장은 유기적인 것(발생과 성장)을 분석하고, 그것을 완성하는 정서적인 것과 대결하고 있다. 다음 장, "La centrifugeuse et le Graal"은 <전선>에 집중하면서, 유기적인 것과의 관계 속에서 정서적인 것에 대한 분석을 계속한다.

비틀림 또는 분절이기도 하다. 그리고 많은 종류의 대립이 존재한다. 양적인 대립(일자-다자, 한 사람-많은 사람들, 단 한 발의 사격-일제 사격, 한 척의 배-함대), 질적인 대립(바다-땅), 내포적인 대립(어둠-빛), 동적인 대립(상향 운동과 하향 운동, 왼쪽에서 오른쪽으로의 운동과 그 반대 방향의 운동). 더욱이, 만약 나선의 시작 부분이 아니라 그것의 종단에서 출발한다면, 황금 분할은 또 다른 휴지부, 최저점이 아니라 반전의 최고점을 결정하며, 이것은 다른 분할들과 대립들을 발전시킨다. 따라서 나선은 대립들 또는 모순들을 통해 성장함으로써 전진한다. 그러나 이런 식으로 표현되는 것은 스스로를 둘로 분할하고 하나의 새로운 통일을 재창조하는 일자의 운동이다. 사실, 대립 가능한 부분들이 기원 O에(또는 종결에) 관계된다면, 발생의 관점에서 볼 때 그것들은 황금 분할의 비율 속으로 들어가며, 이 황금 분할의 비율에 따르면 가장 작은 부분이 가장 큰 부분에 대해 가지는 관계는 가장 큰 부분이 세트에 대해 가지는 관계와 같다.

$$\frac{OA}{OB} = \frac{OB}{OC} = \frac{OC}{OD} \cdots\cdots = m$$

대립은 초기 상황으로부터 최종 상황으로 나아가는 그것의 진보를 자기가 표시하는 변증법적인 통일성에 봉사한다. 세트가 각 부분들 속에 반영되고, 나선의 각 부분 또는 비틀림이 세트를 재생산하는 것은 바로 이러한 의미에서이다. 그리고 이것은 시퀀스뿐만 아니라, 그것의 휴지부들, 그것의 대립들, 그것의 기원과 종결을 또한 포함하는 각각의 이미지에도 적용된다. 각각의 이미지는 다른 것과 병치될 수도 있는 한 요소의 통일성뿐만 아니라, 다른 것들 속으로 분할되어 들어갈 수도 있는 한 '세포'의 발생적 통일성 역시 소유한다. 에이젠슈테인은 운동-이미지란 몽타주의 세포이지, 단순한 몽타주의 요소가 아니라고 말한다. 간단히 말해서, 새롭고 더 고차적인 통일성을 형성하기 위해 스스로를 분할하는 일자의 변증법적 법칙 아래에서, 대립의 몽타주가 평행적 몽타주의 자리를 차지한다.

우리는 구체적인 이미지들(예를 들면, 오뎃사 계단)을 밀접하게 추적하는 에이젠슈테인의 논평의 이론적인 뼈대만을 개괄하고 있을 뿐이다. 이러한 변증법적 구성은 <폭군 이반 Ivan the Terrible>에서, 특히 이반의 두 번의 의심의 계기들에 상응하는 두 개의 휴지부에서 볼 수 있다. — 첫 번째는 자기 아내의 관 옆에서 그가 자신의 양심을 시험할 때이며, 두 번째는 그가 수도사에게 변명할 때이다. 첫 번째 것은 나선의 첫 번째 비틀림의 종결, 귀족들에 대항한 투쟁의 첫 단계의 종결을 표시한다. 다음 것은 두 번째 단계의 시작을 표시하고, 그 둘 사이에 모스크바로부터의 퇴각이 위치한다. 소비에트의 공식 비평은 두 번째 단계를 이반과 그의 숙모 사이의 개인적인 대결로 파악했다고 에이젠슈테인을 공격했다. 에이젠슈테인은 실제로 자기 자신을 인민들과 결합한 이반이라는 시대 착오적인 관점을 거부하였다. 처음부터 끝까지, 이반은 백성들을 단지 도구로서 이용했을 뿐이며, 이것은 그 시대의 역사적 조건들에 부합되는 것이다. 그럼에도 불구하고 이러한 조건들 속에서 그는 귀족들에 대한 자신의 대립을 발전시키며, 이 대립은 그리피스의 방식으로 개인적인 대결이 되는 것이 아니라, 정치적 타협으로부터 물리적이고 사회적인 근절로 진화한다.

에이젠슈테인은 자신을 방어하면서 과학, 수학 그리고 자연 과학들에 호소한다. 이것은 예술의 가치를 떨어뜨리지 않는다. 왜냐하면 — 회화처럼 — 영화는 주제에 적합한 나선을 발명해 내야 하고, 휴지점들을 잘 선정해 내야만 하기 때문이다. 우리는 이 발생과 성장의 입장으로부터 이미 에이젠슈테인의 방법은 본질적으로 두드러진 점들과 특권화된 순간들의 결정을 포함하고 있다는 것을 잘 알 수 있다. 그러나 그것들은 그리피스에서처럼 우연적인 요소나 개별적인 것의 우발성을 표현하지는 않는다. 반대로, 그것들은 유기적 나선의 규칙적인 구성에 완전하게 속한다. 우리가 에이젠슈테인이 제시하는 하나의 새로운 차원, 때로는 스스로를 유기적인 차원들에 부가하고 때로는 그것들을 완성하는 그 새로운 차원을 고려한다면, 이것은 훨씬 더 명확해질 것이다. 그러한 구성, 그 변증법적 집합은 유기적인 것 — 즉, 발생과 성장 — 뿐만 아니라 정서적인 것 또는 '발전' 역시 포함한다. 정서적인 것은 유기적인 것과 혼동되어서는 안 된다. 요점은, 나선상의 한 점에서 다른 점으로 나아가면서 활의 시위들 또는 한 나선의 비틀림의 뼘들과도 같은 벡터들을 확장할 수 있다는 것이다. 그것은 더 이상 나선의 비틀림을 따라가면서 대립들 그 자체가 형성되고 전진하는 경우가 아니라, 그 뼘들을 따라 하나의 대립물에서 다른 대립물로, 또는 차라리 다른 대립물 속으로 이행하는 경우이다. 즉, 대립물 속으로의 도약인 것이다. 단순히 대지와 물, 일자와 다자의 대립이 있는 것이 아니다. 일자에서 타자로의 이행과 일자로부터 타자가 갑작스럽게 분출해 나오는 것이 있는 것이다. 단순히 대립물들의 유기적 통일만이 아니라, 반대물 속으로의 그 대립물의 정서적인 이행 역시 존재한다. 두 순간들 사이의 유기적인 연계뿐만 아니라, 첫 번째 순간이 그 속으로 통과해 들어갔기 때문에 두 번째 순간이 새로운 힘을 획득하는 정서적 비약이 또한 존재한다. 슬픔에서 분노로, 의심에서 확신으로, 체념에서 반항으로 …… 정서적인 것 역시 이러한 두 국면을 포함한다. 그것은 하나의 항에서 또 다른 항으로의, 하나의 질에서 또 다른 질로의 이행인 동시에 완수된 이행으로부터 탄생하는 새로운 질의 갑작스러운 분출이다. 그것은 '압축'이며 '폭발'이다.[4] <전선 The General Line >은 자신의 나선을 두 대립되는 부분들로, '낡은 것'과 '새로운 것'으로 분할하며, 자신의 분할을 재생산하고, 자신의 대립을 이편과 저편에 재분배한다. 이것은 유기적인 것이다. 그러나 그 유명한 크림 분리기의 장면에서, 우리는 하나의 계기에서 다른 계기로의, 의혹과 승리에서 희망으로의, 텅 빈 튜브에서 최초로 떨어지는 우유 방울로의 이행을, 즉 새로운 질, 승리적인 방울 떨어짐이 접근함에 따라 가속화되는 이행을 목격한다. 이것은 정서적인 것, 비약 또는 질적 도약이다. 유기적인 것은 활, 활들의 집합이었다. 그러나 정서적인 것은 활과 화살 양자 모두이며, 질에서의 변화와 새로운 질로

---

4) S. Eisenstein, *Mémoires*, I, pp. 283-4.

의 돌발적인 분출, 그것의 제곱, 그것의 권력 2로의 상승이다.

그러므로 정서적인 것은 단지 이미지의 내용에서뿐만 아니라, 형식에서의 변화 또한 함축한다. 이미지는 효과적으로 자신의 권력을 변화시켜야만 하고, 더 높은 권력으로 이행해야만 한다. 이것이 에이젠슈테인이 그리피스의 단순히 상대적인 변화들과 대조적인 것으로서 '차원의 절대적 변화'라고 부르는 것이다. 절대적 변화에 의해서, 우리는 질적 도약이 물질적인 만큼 형식적이라는 것을 이해해야만 한다. 에이젠슈테인에게서 클로즈업의 삽입은 바로 그러한 형식적 도약 — 하나의 절대적 변화, 즉 이미지의 '제곱' — 을 표시한다. 그리피스와 비교할 때, 이것은 클로즈업의 완전히 새로운 기능이다.[5] 그리고 그것이 주관성을 포함한다면, 그것은 의식 또한 새로운 차원의 이행, 권력으로의 상승이라는 의미에서이다(이것은 '일련의 확장되는 클로즈업들'을 통해 성취될 수 있지만, 그러나 마찬가지로 다른 기법들을 이용할 수도 있다). 어쨌든, 의식은 정서적인 것, 자연으로부터 인간으로의 이행이며, 성취된 이행으로부터 탄생되는 질이다. 그것은 의식의 여명인 동시에 획득된 의식, 적어도 어느 정도까지는 획득된 혁명적인 의식이다. 그것은 이반의 매우 제한된 정도일 수도 있고, <전함 포템킨>의 단순히 예견되는 정도이거나 <10월 October>의 절정에 도달한 정도일 수도 있다. 정서적인 것이 발전이라면, 이는 그것이 의식 자체의 발전이기 때문이다. 하나의 계기에서 다음 계기로 넘어가면서 사회와 그 역사의 외적인 의식을, 사회적 유기체의 외적인 의식을 생산하는 것은 바로 유기적인 것의 도약이다. 그리고 그 모두가 새로운 차원들, 형식적이고 절대적인 변화들을 표현하고 한층 더 높은 권력으로 상승하는 다른 도약들이 — 의식의 도약들과의 가변적인 관계 속에서 — 또 존재한다. 그것은 <전함 포템킨>의 붉은 깃발이나 <폭군 이반>의 붉은 연회와 같은 색채 속으로의 도약이다. 사운드나 토키를 가지고서 에이젠슈테인은 더 한층의 권력의 상승들을 발견

5) 보니체르는 에이젠슈테인과 그리피스 사이의 이러한 차이를 분석한다(차원의 절대적 변화 또는 상대적 변화). *Le Champ aveugle*, pp. 30-2.

할 수 있었다.[6] 그러나 우리 자신을 무성 영화에 한정한다면, 질적 도약은 이미 권력들을 'n차로' 구성하는 형식적 또는 절대적인 변화를 달성할 수 있다. <전선>에서 우유의 냇물은 물의 분출로(번뜩임으로의 이행), 그 다음에는 불꽃으로(색채로의 이행), 그리고 마지막으로 형상의 지그재그들로(볼 수 있는 것에서 읽을 수 있는 것으로의 이행) 변해 간다. 이러한 입장에서 보면 에이젠슈테인의 '견인의 몽타주'라는 난해한 개념은 — 이 개념은 확실히 비교나 심지어는 은유들을 작동시키는 것으로 환원될 수 없다 — 훨씬 더 이해 가능한 것이 된다.[7] 우리가 보기에, '견인들'은 때로는 연극적 또는 서커스적 재현들에(<폭군 이반>의 붉은 연회), 때로는 이미지를 연장하거나 대체하기 위해 끼여드는 조형적 재현들에(<전함 포템킨>과 특히 <10월>에서의 입상들과 조각들) 존재한다. <전선>에서의 불과 물의 분출들은 동일한 유형의 것이다. 물론, 견인은 먼저 그것의 볼거리적인 의미에서 이해되어야만 한다. 그 다음에는 또한 연합적인 의미에서 이해되어야만 한다. 즉, 뉴턴적인 인력의 법칙으로서의 이미지들의 연합. 그러나 더욱이 에이젠슈테인이 '견인의 미적분학'이라고 부르는 것은 새로운 차원을 획득하려 하는, 즉 하나의 권력에서 또 다른 권력으로 형식적으로 도약하려 하는 이미지의 이 변증법적인 열망을 표시한다. 물과 불의 분출들은 우유 방울을 정확하게 우주적인 차원으로 상승시킨다. 그리고 그것은 — 파토스의

---

6) 예를 들면, *The Film Sense*, 1968, trans. Jay Leysda, pp. 67 ff에서 에이젠슈테인이 '수직적 몽타주'라고 부르는 것.

7) 에이젠슈테인은 *La non-indifférente Nature*에서 이미 질적이고 단순히 물질적인 것만이 아닌 비약의 형식적 특성을 강조한다. 이러한 특성은 이미지의 '권력의 상승'이 필연적으로 현전된다는 것에 의해 정의된다. '견인에 의한 몽타주'는 필연적으로 여기에서 개입한다. "Au-delà des Etoiles"에서 에이젠슈테인에 의해 제시된 견인의 몽타주가 불러일으킨 많은 논평들은, 만약 이미지들의 성장하는 권력들이 고려되지 않는다면 끝없고 지루한 것으로 보인다. 그리고 이런 입장에 선다면 에이젠슈테인이 이 기법을 포기했느냐 아니냐 하는 문제는 제기되지 않는다. 그는 자신의 질적 도약이라는 개념 속에서 그것을 항상 필요로 했을 것이다.

최종적인 도약 속에서 유기적인 것 그 자체의 전체(대지, 공기, 불 그리고 물)를 재통일함으로써 — 혁명적으로 됨과 동시에 우주적이 되는 의식이다. 우리는 뒤에 이 견인의 몽타주가 어떻게 하여 이런 방식으로 부단히 유기적인 것과 정서적인 것을 서로서로 소통하게 만드는가 보게 될 것이다.

에이젠슈테인은 그리피스의 평행적 몽타주를 대립의 몽타주로, 수렴적 또는 동시 발생적 몽타주를 질적 도약의 몽타주로('비약하는 몽타주')로 대체한다. 몽타주가 가진 모든 종류의 새로운 국면들은, 실천적 작동들과 이론적 개념들 양자 모두의 위대한 창조 속에 이 지점에서 한데 모인다. — 또는 차라리 이 지점으로부터 흘러나온다. 클로즈업의 새로운 개념화, 가속화된 몽타주, 수직적 몽타주, 견인의 몽타주, 지적 또는 의식적 몽타주라는 새로운 개념화 등등 …… . 우리는 유기적-정서적 세트의 정합성을 믿는다. 그리고 이것이 바로 에이젠슈테인이 이룩한 혁명의 핵심이다. 그는 변증법에 정확하게 영화적인 의미를 제공하며, 예컨대 그리피스에게서 리듬이 가지고 있었던 순수하게 경험적이거나 미학적인 가치들로부터 리듬을 떼어내고, 유기체에 대한 본질적이고 변증법적인 개념화에 도달한다. 시간은 운동-이미지들의 유기적 구성으로부터 탄생하는 간접적인 이미지로 남아 있지만, 그러나 전체뿐만 아니라 간격까지도 새로운 의미를 획득한다. 간격, 가변적인 현재는 순간의 상승된 권력에 도달하는 질적 도약이 되었다. 광대한 무한성으로서의 전체에 대하여 말해 보자면, 이것은 더 이상, 독립적인 부분들이 서로를 위해 존재한다는 유일한 조건 위에서 그것들을 포섭하며, 부분들을 조건 지워진 세트ensemble에 덧붙이거나 두 개의 독립적인 세트들을 동일한 목적이라는 관념에 관계 지운다면 항상 확대될 수 있는 재통일의 총체성이 아니다. 그것은 구체적이고 실존하는 것이 되었으며, 그 속에서 부분들이 자신들의 세트 안에 있는 서로에 의해 생산되고 세트는 부분들 속에서 재생산되며, 그럼으로써 내적 최종성에 따라 이 상호적인 인과성이 세트와 그 부분들 모두의 원인으로서의 전체에게로 되돌아가 준거하는 총체성이다. 양끝에서 열려 있는 나선은 더 이상 바깥으로부터 경험적 실재를 끌어 모아 존립하는 방식이 아니라, 변증법적 실재가 부단히 자신을 생산하고 성장하는 방식이다. 사물들은 진실로 시간 속으로 뛰어 들고 광대한 무한함이 되는데, 이것은 그것들이 거기에서 부분들이 세트 속에서 가지는 위치나 세트 그 자체의 위치보다 무한히 더 큰 위치를 점유하기 때문이다. <전함 포템킨>의 세트와 부분들 — 48시간 — 또는 <10월>의 그것들 — 10일 — 은 시간 속에서, 즉 전체 속에서 측정할 수 없을 정도로 연장된 기간을 점유한다. 그리고 부가되거나 바깥으로부터 비교되는 것과는 거리가 먼 견인이란 바로 이러한 연장, 또는 전체 속의 이 내적인 존재이다. 에이젠슈테인에게서 유기체와 몽타주의 변증법적인 개념화는 항상 열린 나선과 영구히 도약하는 순간을 결합한다.

변증법은 잘 알려져 있듯이 많은 법칙들에 의해서 정의된다. 양적 과정과 질적 도약의 법칙이 있다. 이는 하나의 질로부터 다른 질로의 이행과 새로운 질의 돌발적인 분출이다. 전체의 법칙, 세트의 법칙, 부분들의 법칙이 존재한다. 또한 다른 두 법칙들이 의존하는 — 그렇다고들 말한다 — 일자와 대립의 법칙이 있다. 일자는 새로운 통일성을 성취하기 위해 둘이 된다. 우리가 소비에트 몽타주 유파를 말할 수 있다면, 그것은 그 감독들이 비슷하기 때문이 아니라, 자신들이 공유하는 변증법적 개념화 내에서 그들이 사실상 상이하며, 각자가 자신의 영감이 재창조하는 이런 저런 법칙들과 친화성을 갖기 때문이다. 푸도프킨 Vsevolod I. Pudovkin 은 명백히 의식의 진보에, 의식의 여명의 질적 도약에 주로 관심을 가진다. <어머니 Mother >, <성 페테스부르크의 종말 The End of St Petersburg >, 그리고 <아시아의 폭풍 Storm over Asia >이 위대한 삼부작을 형성하는 것은 바로 이러한 관점에서이다. 자연은 그 광휘나 연극조 속에서 거기에 존재하지만 — 자신의 빙원을 운반해 가는 네바 강, 몽골 평야 — 그러나 동트는 의식 — 어머니의, 농부의, 또는 몽골 인의 의식 — 의 계기들과 마주 대하는 선형적인 추진력으로서이다. 그리고 푸도프킨의 가장 심오한 예술성은 등장 인물이 획득하는 의식을 통하여 상황의 총화(세트)를 밝혀 내는 데에, 그리고 의식이 확장되고 작용할 수 있는 지점까지 그것을 연장하는 데에 있다(시계추를 훔치고 싶어하는 아버지를 지켜보고 있는 어머니, 또는 <성 페테스부르크의 종말>에서 한번 힐끗 봄으로써 상황의 요소들을, 즉 경찰, 탁자 위의 찻잔, 연기가 피어오르는 촛불, 도착한 남편의 부츠를 일별함으로써 개괄하는 여인).[8] 도브첸코 Alexander Petrovich Dovzhenko 는 또 다른 방식에서의 변증법주의자, 부분들, 세트 그리고 전체의 삼원적 관계에 강박 당한 변증법주의자이다. 만약 세트와 부분들로 하여금 자신들에게 그들 고유의 한계와 균형을 이루지 않는 깊이와 외연을 부여하는 전체 안으로 뛰어 들게 만들 줄 아는 감독이 존재한 적이 있다면, 에이젠슈테인보다는 훨씬 더 도브첸코가 그 사람이었다. 이것이 도브첸코 속에 있는 환상과 매혹의 원천이다. 때때로 장면들은 <병기 공장 Arsenal >이 시작할 때의 가난의 이미지들처럼 정적인 부분들이거나 탈구된 파편들일 수 있다. —수척한 여인, 움직이지 않는 어머니, 농부, 씨뿌리는 여인, 독가스에 죽은 시체들(또는 다른 한편으로, <대지 Earth>의 즐거운 이미지들—앉거나, 서 있거나 또는 드러누워 있는 움직이지 않는 커플들). 때로는 역동적이고 연속적인 세트가 예컨대 <에어로그라드 Aerograd>의 '디이기'에서처럼, 특별한 장소에서, 특별한 순간에서 형성될 수 있다. 그때마다, 우리는 전체로의 돌입이 이미지들을 <즈베니고라 Zvenigora >에서 우크라이나 산의 그것과 스키타이 인들의 보물과 같은, 지복 천년적인 과거와 연결할 것이라고 확신할 수 있다. 그리고 비행기들이 지평선의 모든 지점들로부터 새로운 도시의 건설자들을 데려오는 지구적인 미래와 결합할 것이라고도. 아멩구알은 세트 또는 파편들을 통해서 감독에게 '실제 시간과 공간 바깥에서 말할 수 있는 힘'을 부여해 주는

8) Mitry, *L'Histoire du cinéma meut,* Ⅲ, p.306. 참조. "그때 그녀는 거울, 부츠, 경찰을 본다. 그 다음에 거울로 달려가서, 온힘을 다해서 그것을 창문을 향해 던진다. 노인은 즉시 아래로 뛰어 내려, 경찰을 보고 달아난다. 차례대로 단 한잔의 차와, 그 다음에는 폭로의 요소, 신호와 구원의 수단, 그 대상이……잇따라 주의, 마음의 한 상태, 의도를 반영한다."

'몽타주의 추상'을 말하곤 했다.[9] 그러나 바깥은 대지, 또는 시간의 진정한 내재성, 즉 변화하며, 시각을 변화함으로써 실제 존재들에게 그들이 가장 멀리 떨어진 과거와 미래의 깊이에 동시에 접촉하는 것을 가능케 해주고 자기 자신의 '혁명'의 운동에 참여하는 것을 가능케 해주는 그 무한한 공간을 계속적으로 제공해 주는 전체이기도 하다. 예를 들면, <대지>가 시작할 때 평화롭게 죽는 할아버지, 또는 <즈베니고라>에서 시간의 안을 자주 방문하는 할아버지. 도브첸코가 '우화적 시대의 전설적 존재들'이라고 하면서 그의 농부들과 슈코 Shchor 들에게 부여하는 것은 때가 되면 사람들이 떠맡는 것이고, 세트를 연장하는 만큼이나 많이 부분들을 분리하는 거인들의 신장이라고 프루스트가 묘사하는 것이다.

어떤 면에서, 에이젠슈테인은 자신을 그 유파의 리더로 — 푸도프킨과 도브첸코와의 관계에서 — 생각할 수 있었는데, 이것은 그가 다른 두 법칙을 포함하는 듯 보이는 변증법의 세 번째 법칙, 즉 일자가 둘이 되며 재통일됨으로써 새로운 통일성을 부여하는 법칙을 가지고 있었기 때문이다. 사실 변증법적 몽타주를 개념화하는 세 가지 방식이 있었지만, 그중 어느 것도 스탈린주의적인 비평을 즐겁게 채워 줄 수 있는 운명을 타고나지는 못했다. 그러나 세 방식은 모두 유물론은 먼저 역사적이라는 것, 그리고 자연은 항상 인간적 총체성 안으로 통합되기 때문에 변증법적일 수 있을 뿐이라는 생각을 공유하였다. 그래서, 에이젠슈테인은 자연에게 무관심하지 않은 것 non-indifférent 이라는 이름을 주었다. 반대로 베르토프 Dziga Vertov 의 독창성은 물질 그 자체의 변증법에 대한 근본적이고 급진적인 긍정이다. 이것은 다른 세 법칙과 단절하는 제4의 법칙과도 같다.[10] 확실히, 베르토프

---

9) Amengual, *Dovzhenko*, Dossiers du cinéma. "도브첸코가 탈구된 파편들의 조직화로부터 오직 최근에야 요구했던 시적 자유는 <에어로그라드>에서 비상한 연속성의 커팅에 의하여 획득되고 있다."

10) 오직 인간적 변증법만이 존재하는 것인지, 아니면 정말로 자연 자체의(또는 물질의) 변증법에 대하여 말할 수 있는 것인지를 규명하는 문제는 항상 맑스주의를 괴롭혀 왔다. 장-폴 사르트르는 『변증법적 이성 비판 The Critique of

가 보여주는 것은 자연 속에, 그의 행동, 열정, 삶 속에 현존하는 인간이었다. 그러나 그가 다큐멘터리와 뉴스 영화들을 통해서 작업했다면, 그가 자연의 영화화나 행동의 구성에 맹렬하게 도전했다면, 이것은 심오한 이유가 있기 때문이었다. 거기에 기계들, 풍경들, 건물들이 있는가 인간이 있는가 하는 것은 별로 중요하지 않다. 각각은 — 심지어 가장 매력적인 농부 여인이나 가장 감동을 주는 어린이까지도 — 영구적인 상호 작용 속에 있는 물질적 체계로서 제시되었다. 그것들은 운동들을 수용하고 재방출하며, 물질을 덜 '그럼직한' 상태들을 향해 진화하도록 만들고 그들 자신의 차원들에 대한 모든 비례로부터 변화들을 산출해 냄으로써 그 운동들의 속도와 방향, 질서를 변화시키는 촉매, 변환기, 변형자들이다. 그렇다고 베르토프가 존재는 기계라고 생각하는 것은 아니다. 그게 아니라 기계들은 '마음'을 가지고 있으며, 다른 운동들을 이용하고 다른 조건들 아래에 있음으로써, 그러나 항상 상호 작용 속에 있음으로써, 인간이 그럴 수 있는 것처럼 '회전하고 덜컹덜컹 흔들리고 빛의 번쩍임을 내던지는' 기계였다. 베르토프가 동시대의 삶 속에서 발견하였던 것은 메커니즘 또는 기계들이라고 불렸던 체계들 못지 않게 분자적 어린이, 분사적 여인, 물질적 여인과 어린이였다. 가장 중요한 것은 해체되고 있는 하나의 질서로부터 구출되고 있는 하나의 질서로의 모든 (공산주의적인) 이행이었다. 그러나 두 체계들 또는 두 질서들 사이, 두 운동들 사이에는 가변적인 간격이 필연적으로 존재하였다. 베르토프에 있어서, 운동의 간격은 지각, 일별, 눈이다. 그러나 그 눈은 지나치게 부동적인 인간의 눈이 아니다. 그것은 카메라의 눈, 즉 물질 속의 눈, 물질 속에 있는 그러한 지각이다. 그것은 행동이 시작하는 한 점에서부터 반작용의 한계로 확장되고, 우주를 가로지르고 시간 속에서 그것의 간격을 두들김으로써 그 점과 한계 양자 사이의 간격을 채운다. 비인간적 물질과 초인적인 눈 사이의 상관 관계는 변증법 그 자체이다. 왜냐하면 그것은 또한 물질의

Dialetical Reason』(1976)에서 어떤 변증법이라도 인간적인 특성을 갖고 있다고 확인하면서, 다시 이 문제를 제기한다.

공동체와 인간의 공산주의 양자의 동일성이기도 하기 때문이다. 그리고 몽타주 자체는 물질적 우주 속에서의 운동들의 변형을 카메라의 눈 속에서의 운동의 간격에 부단히 적응시킨다. 이것이 리듬이다. 몽타주는 두 개의 선행하는 계기들 속 도처에 이미 있었다는 점이 언급되어야만 한다. 그것은 소재의 선택 속에서, 즉 상호 작용 속에 들어가는, 때로는 매우 거리가 멀거나 아주 멀리 떨어진 물질의 부분들을 선택하는 속에서 촬영에 선행한다(삶 자체). 그것은 카메라-눈에 의해 점유된 간격들 속에서 촬영 속으로 들어간다(뒤쫓고 달리고 들어오고 나가는 카메라맨. 간단히 말해서 영화 속의 삶). 그것은 소재와 촬영이 서로를 기준으로 평가되는 편집실 속에서(영화의 삶), 그리고 영화 속의 삶과 삶 자체를 비교하는 관객 속에서 촬영 뒤에 따라 온다. 이것들이 <카메라를 든 사나이 Man with a Movie-Camera>에서 공존하는 것으로 명백히 보여지지만 사실은 이미 그의 이전 작품들 모두를 고취해 주었던 세 가지의 수준이다.

변증법이란 소비에트 영화 작가들에게는 단순히 하나의 단어가 아니었다. 그것은 몽타주의 실천과 이론 양자 모두였다. 그러나 다른 세 명의 위대한 감독들이 운동-이미지들의 유기적 구성을 변형하기 위해 변증법을 이용하는 동안, 베르토프는 변증법 속에서 이러한 구성과 단절하는 수단을 발견하였다. 그는 자신의 경쟁자들은 그리피스의 자취를 따라서 실천하며 미국 영화를 모방한다고, 또는 그것은 부르주아적 관념론이라고 비판하였다. 그가 보기에 변증법은 아직도 너무 유기적인 자연과, 그리고 여전히 너무 쉽게 정서적인 인간과 단절해야 했다. 그의 작품 속에 나타난 그 결과는, 전체가 물질의 무한한 세트와 병합되고, 간격이 물질 속의 눈, 카메라와 병합되는 것이다. 그는 더 이상 공식 비평가들에게 이해될 수 없었다. 그러나 그는 에이젠슈테인이 논쟁에 만족하지 못했을 때 요약하는 법을 매우 잘 알고 있었던 변증법 내부의 논쟁을 그 극한까지 가져갔던 것이다. 베르토프는 '자연-인간', '자연-주먹', '자연-때리기 punch'의 쌍(유기적-정서적)에 '물질-눈'의 쌍을 대립시킨다.[11]

3. 전쟁 전의 프랑스 유파

전쟁 전의 프랑스 유파에서(어떤 면에서 이 유파의 공인된 지도자는 강스Abel Gance였다) 역시, 우리는 유기적 구성의 원리와의 단절을 목격한다. 그렇지만 이것은 베르토프주의의 사례가 아니었으며, 완화된 형태의 그것도 아니었다. 그것을 독일 표현주의expressionnisme와 비교하기 위해서 인상주의impressionnisme라고 불러야만 할까? 프랑스 유파는 일종의 데카르트주의로 더 잘 정의될 수 있을 것이다. 이 감독들은 일차적으로 운동의 양, 그리고 우리가 그것을 정의할 수 있게 허용하는 계량적 관계들에 관심이 있었다. 그들은 소비에트 감독들처럼 그리피스에게 많은 빚을 지고 있으며, 또한 그리피스에게서 경험적인 것으로 남아 있는 것을 넘어서 보다 과학적인 개념화로 나아가기를 원했다. 이 과학적 개념화가 영화의 영감과 예술의 통일성에까지도 봉사하는 한 말이다(이것은 그 시대의 회화에서 발견하는 것과 똑같은 '과학'에 대한 관심이다). 이제 프랑스 인들은 유기적 구성으로부터 눈을 돌리고, 이와 비슷하게 변증법직 구성도 피하면서, 운동 이미지의 거대한 기계적인 구성을 세웠다. 하지만, 이것은 모호한 공식이었다. 프랑스 영화 작품집의 한 부분이 된 많은 장면scene들을 예로 들어보자. 엡스땡의 순회 박람회(<순정Coeur fidèle>, 레르비에Marcel L'Herbier의 무도회<엘 도라도El Dorado>, 그레미용Jean Grémillon의 파랑돌 춤(<말돈Maldone>에서부터)이 이것이다. 군무에서는 확실히, 춤추는 사람들의 유기적인 구성과 그들이 만들어 내는 빠르고 느릴 뿐만 아니라 선적이

11) 에이젠슈테인은 인간이 자신의 완전한 '발전'에 도달했을 때에는 베르토프적인 방법이 적합하리라는 것을 인정하였다. 그러나 그때까지는, 인간은 정서적인 것과 견인을 필요로 한다. "우리가 필요로 하는 것은 영화-눈이 아니라, 영화-주먹이다. 소비에트 영화는 두개골을 쪼개야만 하며" 단순히 "수백 만의 눈들을 한데 모으는" 것에 머물러서는 안 된다. *Au-delà des étoiles*, p. 153 참조.

고 원환적 등등이기도 한 운동들의 변증법적인 구성이 존재한다. 그러나 이 운동들을 인식하는 동안에도, 집합 명사로서의 '춤추는 사람'일 수도 있는 단 하나의 신체, 즉 이 춤추는 사람들 모두의 단일한 신체를, 또 레르비에의 '판당고'일 수 있는 단 하나의 단일한 운동, 즉 가시적으로 된 모든 판당고들의 운동을 그들로부터 추출하거나 추상해 낼 수 있다.[12] 우리는 운동하는 신체들을 넘어서 주어진 공간 속 운동의 최대량을 추출하기에 이른다. 따라서 그레미용은 운동의 최대치를 풀어놓는 닫힌 공간에서 자신의 최초의 파랑돌을 찍는다. 더욱이 우리는 다른 사람들처럼 그의 후기 영화들에서 다른 파랑돌들을 서술해서는 안 되며, 오히려 항상 파랑돌 자체를 서술해야 하는데, 모네가 수련 자체를 그리기를 결코 멈추지 않았던 것과 다소 유사하게 그레미용도 그것의 신비 — 즉, 운동의 양 — 를 추출하는 데 결코 싫증내지 않았다.

극단화하자면, 춤은 춤추는 사람들을 자신의 구성 요소로서 가지는 하나의 기계가 될 수 있다. 사실, 프랑스 영화는 운동-이미지의 기계적인 구성에 도달하기 위해 기계를 두 가지 방식으로 사용한다. 기계의 첫 번째 유형은 자동 인형, 간단한 기계 또는 시계 장치, 자신들이 통과하는 관계들에 따라 동질적인 공간 속에서 운동들을 결합하고 중첩시키거나 변형시키는 부분들의 기하학적 배열이다. 자동 인형은 — 독일 표현주의에서처럼 — 어둠 속에 뛰어들겠다고 협박하는 또 다른 위협적인 삶을 그려 보여주는 것이 아니다. 오히려 그것은 사물들과 살아 있는 존재들, 생명 없는 것과 생

12) J. Epstein, *Ecrits sur le cinéma* II, p. 67. (레르비에에 관하여) "점진적으로 강화되는 소프트 포커스에 의해서, 춤추는 사람들은 점차 그들의 개별적인 분화들을 상실하고, 개인들로 인식될 수 있기를 그치며, 시각적인 공통항들 속에서 혼융된다. 춤추는 사람은 이제부터 익명적이고 이십 개 또는 오십 개의 등가적인 요소들로부터 구별이 불가능한 하나의 요소이며, 이 요소들의 세트는 또 다른 일반성, 또 다른 추상성을 형성하게 된다. 이 판당고 또는 저 판당고가 아니라, [집합 명사로서의] 판당고 그것인 것이다. 즉, 모든 판당고들의 음악적 리듬의 구조가 가시화되었다."

명 있는 것을 똑같은 것으로 만듦으로써 결합하는 이미지의 한 세트에 대한 최대치의 법칙으로서의 명확한 기계적 운동을 그려 보여준다. 꼭두각시 인형들, 통행인들, 꼭두각시 인형들의 반영들, 통행인들의 그림자들은 중복, 교대, 주기적 귀환과 연쇄 반응의 매우 미묘한 관계들 속으로 들어가는데, 이 관계들은 기계적 운동에 귀속되어야만 하는 세트를 구성한다. 이것은 비고 Jean Vigo 의 <라딸랑뜨 L'Atalante >에서의 젊은 여인의 탈출에 대해서 말할 수 있는 것이지만, 또한 <성냥팔이 소녀 The Little Match-Girl >의 꿈에서부터 <게임의 규칙 La Règle du jeu >의 위대한 구성에 이르기까지 르느와르에게도 적용된다. 이 공식에 가장 시적인 일반성을 부여하고, 동질적이며 빛나는 회색의 깊이 없는 공간 속에서 기하학적 추상들에 생명을 불어넣은 사람은 명백히 르네 끌레르 René Clair 이다.[13] 구체적인 대상, 욕망의 대상은 시간 속에서 작동하는 모터 또는 스프링, 기계적 운동을 촉발하는 원동력 primum moven 으로 나타나며, 수가 증가하는 등장 인물이 확장되는 기계화된 세트의 부분들처럼 공간 속에서 연이어 나타나면서 이 운동에 기여한다(<이탈리아식 밀짚모자 The Italian Straw Hat >, <백만장자 Le Million >). 개인주의가 전체를 통틀어 본질적인 요소이다. 개인은 자신을 대상 뒤에 숨기거나, 아니면 오히려 그 자신이 시간 속에서 대상의 효과들을 전개시키는 모터 또는 스프링의 역할을 한다. 유령, 몽상가, 악마 또는 미친 과학자는 그가 결정하는 운동이 그 최대치에 도달하거나 그를 압도할 때 씻겨 없어지는 운명에 처한다. 그리고 나면 모든 것이 질서의 상태로 돌아올 것이다. 간단히 말해서, 그것은 운동을 통해 자신의 모터가 스스로를 순환시키는 자동 발레이다. 기계의 다른 유형은 증기나 화력으로 움직이는 엔진, 다른 어떤 것으로부터 운동을 생산해 내고 자기가 그 항들 — 기계적인

13) *René Clair*에서의 바르텔레미 아멩구알 Barthélemy Amengual 의 분석을 참조하라. 아멩구알은 또한 비고에 있어서의 자동 조작의 역할을 분석하고, 그것을 표현주의와 비교한다. 그의 *Jean Vigo, Etudes cinématographiques*, pp. 68-72를 볼 것.

것과 살아 있는 것, 안과 밖, 기관사와 힘 — 을 연결하는 하나의 이질성을 내적인 공명이나 증대되는 소통의 과정 속에서 부단히 긍정하는 강력한 에너지 기계이다. 서사시적이거나 비극적인 요소는 희극적이거나 드라마적인 요소로 대체된다. 이 점에서 프랑스 유파는 끊임없이 거대한 에너지 기계들을 찍었던 소비에트 인들(에이젠슈테인과 베르토프뿐만 아니라, 투린 Tourin의 걸작 <투르크 족 Turksib>까지도)과 구별된다. 소비에트 인들에게 인간과 기계는 기계적인 작업과 인간 노동자들 사이의 대립을 초월하는 능동적이고 변증법적인 통일을 형성했던 반면에, 프랑스 인들은 기계 속에 있는 운동의 양과 영혼 속에 있는 운동의 방향의 운동학적인 통일성을 파악하고, 이 통일성을 죽음에 이르러야만 했던 열정으로 설정하였다. 인간과 기계의 이 다른 연합 속에서 새로운 개인과 인간 집단들이 통과하는 상태들이 세계-영혼의 규모로 상승되는 것과 꼭 마찬가지로, 새로운 원동기와 기계적 운동이 통과하는 상태들이 코스모스의 규모로 확장된다. 이것이 강스의 <바퀴 La Roue>에서 이미지의 두 종류들을, 즉 자신들의 아름다움을 유지해 온 기계적 운동의 이미지들과 어리석고 유치한 것으로 간주되는 비극의 이미지들을 분류해 내려 하는 것이 쓸모 없는 일인 이유이다. 기차의 계기들 — 그것의 속도, 그것의 가속화, 그것의 파국 — 은 증기 속의 시지푸스와 불 속의 프로메테우스에서 눈 속의 오이디푸스에 이르기까지, 기계적인 것의 상태들과 분리될 수 없다. 인간과 기계의 운동학적인 연합은 새로운 인간 야수를 정의하게 되었다. — 이것은 강스의 유산에 의지하여 르느와르가 새로운 차원을 탐구할 수 있었던 소생된 꼭두각시 인형들과는 참으로 다른 것이다.

이로부터 추상예술이 등장하게 된바, 그 속에서 순수 운동은 때로는 점진적인 추상화에 의해 형태가 변형된 대상들로부터, 때로는 주기적으로 변형되는 기하학적인 요소들, 즉 공간 전체에 영향을 주는 변형적인 집단으로부터 추출되었다. 그것은 고유하게 시각적인 예술로서의 운동학에 대한 탐구였던바, 이는 — 심지어 무성영화에서도 — 운동 이미지와 색채 및 음악 사이의 관계라는 문제를 제기하였다. 화가 페르낭 레제 Fernand Léger 가 만든 <기계적 발레 Le Ballet mécanique >가 간단한 기계들에 의해 더 영감을 받았다면, 엡스땡의 <포토제니 Photogénies >와 그레미용의 <기계적 포토제니 La Photogénie mécanique >는 산업 기계들에 의해 영감을 받았다. 우리가 앞으로 보게 될 것처럼, 하나의 훨씬 더 깊숙한 충동이 프랑스 영화를 관통해 흐르고 있었다. 물, 바다 또는 강에 대한 일반적인 편애가 그것이다(레르비에, 엡스땡, 비고, 그레미용). 이것은 어떤 의미에서도 기계적인 것의 포기가 아니었다. 반대로 그것은 고체의 역학에서 유체의 역학으로의 이행이었고, 이 후자는 구체적인 시점으로부터 액체적 이미지 속에서 전체로서의 운동의 양의 새로운 외연을 발견했던 것이다. 그것은 구체적인 것에서 추상적인 것으로 넘어가기에 더 나은 조건들, 자신들의 구상적인 인물들과 독립적인 운동들에게 비가역적인 지속을 소통시킬 수 있는 더 큰 가능성, 움직여진 사물로부터 추출할 수 있는 더 확실한 힘을 제공하였다.[14] 물은 미국과 소비에트 영화에서 황폐시키는 것으로서뿐만 아니라 자애로운 것으로서 생생하게 현존하였다. 그러나 좋든 나쁘든 그것은 유기적인 종결들과 대면하고 관계 맺었다. 물을 해방시키고, 그것에 그 자신의 최종성을 부여하고 그것들을 어떤 유기적인 일관성도 갖지 않는 형식으로 만든 것은 프랑스 유파이다.

델뤽 Louis Delluc , 제르멘느 뒬락 Germaine Dulac 과 엡스땡이 '포토제니 photogénie '를 언급할 때, 그것은 명백하게 사진의 질에 대한 문제가 아니라, 반대로 사진과의 차이에서 영화적 이미지를 정의하는 문제이다. 포토제니는 운동에 의하여 '과대 평가된 majorée ' 것으로서의 이미지이다.[15] 문

---

14) 추상적인 운동학적 영화와 그것의 리듬 개념에 대해서는 Jean Mitry, *Le Cinéma expérimental*, Chs Ⅳ, Ⅴ, Ⅹ을 참조. 미트리는 음악적 이미지와 동일한 리듬적 가능성들을 갖지 않는 시각적 이미지의 문제를 제기한다. 그 자신의 실험에서, 미트리는 이러한 문제들의 한 국면을 해결하기 위해서 그 자신 스스로 고체(<태평양 231 Pacific 231 >)에서 액체(<드뷔시를 위한 이미지들 Images pour Debussy >)로 넘어갈 수 있었다.

제는 정확하게 이러한 '우급수 majorante'를 정의하는 데 있다. 그것은 먼저 가변적인 현재로서의 시간의 간격을 함축한다. 자신의 첫 번째 영화 <미친 광선 The Crazy Ray>에서 르네 끌레르는 그러한 간격들을 운동이 정지하고 재출발하고 방향을 바꾸고 가속되고 감속되는 점들로서, 즉 일종의 운동의 미분으로서 분리해 냄으로써 베르토프에게 깊은 인상을 주었다.[16] 그러나 이러한 의미에서의 간격은 결정 가능한 다른 요인들에 대한 관계 속에서, 이미지 내 운동의 최대량을 생산하고 이 요인들 자체의 변이에 따라 한 이미지에서 다음 이미지로 변화하는 수적 단위로서 달성된다. 이러한 요인들은 종류가 매우 다양하다. 그것은 프레임화된 공간의 본성과 차원들, 움직이고 고정된 대상들의 분배, 프레임의 각도, 렌즈, 쇼트의 크로노미터적 지속, 조명과 그 정도, 색조, 그리고 또한 형상적이고 감정적인 색조들이다 (색채, 음향, 대사와 음악은 말할 것도 없다). 간격 또는 수적 단위들과 이러한 요인들 사이에 '수들', 리듬을 구성하고, 상대적 운동의 가장 큰 양의 '척도'를 제공하는 계량적 관계들의 한 세트가 존재한다. 의심할 바 없이 몽타주는 한편으로는 경험적이고 직관적이지만, 다른 한편으로는 특정한 과학성을 지향하기도 하는 그러한 계산법을 항상 함축한다.[17] 그러나 프랑스 유파를 특징짓는 것처럼 보이는 — 이런 의미에서 데카르트적인 — 것은, 그것이 계산법을 그 경험적 조건을 넘어 끌어올리는 동시에, 그것을 — 강스의 말을 빌리자면 — 일종의 '대수학'으로 만들며, 이것의 결과를 매번 모든 변수들의 함수인 운동의 가능한 최대량으로 만들거나 유기적인 것을

---

15) Epstein, 위의 책, I, pp. 127-38.

16) 르네 끌레르의 영화와 베르토프와의 관계에 대한 분석으로는 Annette Michelson, "L'homme à la caméra de la magie à l'epistémologie", *Cinéma, théorie, lectures*, pp. 305-7 참조.

17) 예를 들자면, 에이젠슈테인에서(*Film Form*, "Methods of montage"), 계량적 몽타주와 그것의 계통들인 리듬적 몽타주, 색조적 몽타주, 하모니적 몽타주를 참조하라. 에이젠슈테인에 있어서는, 그것은 정확히 계량적인 관계라기보다는 항상 유기적인 비례의 문제이다.

넘어서는 운동의 형식으로 만든다는 점이다. 레제 또는 바르사끄 Léon Barsaque의 세트들 속에 있는 레르비에의 기념비적인 내부 장치들(<새로운 매혹 The New Enchantment>, <돈 L'Argent>)은 계량적 관계들에 종속된 공간의 가장 훌륭한 예이고, 그 공간 속에서 작동하고 있는 힘들 또는 요인들은 이러한 관계들에 따라 운동의 가장 큰 양을 결정한다.

독일 표현주의에서 발생하는 것과는 반대로, 모든 것은, 심지어 빛까지도 운동을 위해 존재한다. 확실히 빛은 단지 자기가 동반하고, 경험하고, 심지어 조건짓기도 하는 운동에 의해 가치가 부여되는 요인에 불과한 것이 아니다. 프랑스 조명주의 luminisme는 몇 명의 위대한 촬영 기사들(뻬리날 Georges Périnal과 같은)에 의해 창조되었는데, 거기서 빛은 그 자체로서 가치가 있다. 그러나 사실 그 자체만으로도 그것은 이미 운동이다. ― 회색 속에서, "회색들 속에서 모든 뉘앙스에 대해 유희하는 돋을새김-이미지 cameo-image" 속에서 실현되는 외연의 순수 운동.[18] 동질적인 공간에서 부단히 순환하고, 운동하고 있는 대상들과의 만남에 의해서보다는 그 자신의 가동성에 의해서 빛나는 형태들을 창조하는 것은 빛이다. 프랑스 유파의 빛나는 회색은 이미 운동-색채와 같은 것이다. 그것은 ― 에이젠슈테인의 방식에서 ― 흑과 백으로 분할되거나, 또는 그것들로부터 새로운 질을 이끌어내는 변증법적 통일이 아니다. 그것은 ― 표현주의의 방식에서 ― 빛과 어둠 사이의 맹렬한 투쟁의 결과나 빛과 어둠을 감싸안은 결과는 더더욱 아니다. 회색, 또는 운동으로서 빛이 운동과 교호하고 있다. 변증법적 대립을 교호로 대체했다는 것이야말로 의심할 바 없이 프랑스 유파에 독창적인 그 무엇이다. 그것은 그레미용에서 그 정점에 도달한다. <등대지기 Gardiens de la phare>에서 등대 그 자신이 작동시키는 빛과 그림자의 규칙적인 교대,

18) Burch, *Marcel L'Herbier*, p. 139. 또한 *René Clair*, p. 56과 *Vigo*(p. 72)에서의 빛에 대한 아멩구알의 언급을 역시 참조하라 : "표현주의의 그림자들에 대한 속화". 그리고 그레미용에 대해서는 Mireille Latil, *Cinématographe*, no. 40, October 1978을 볼 것.

<이상한 빅토르 씨 L'étrange Monsieur Victor>에서의 낮의 마을과 밤의 마을의 교호. 양 국면들 모두에서 회색 속에서 소통하고 그것의 모든 뉘앙스를 통과하는 것은 빛 — 햇빛과 달빛, 해가 비추는 풍경과 달이 비추는 풍경 — 이기 때문에, 갈등이 아니라 외연 속에 있는 교호가 존재한다. 그 외관에도 불구하고, 빛의 그러한 개념화는 많은 부분 들로네 Delauney 의 색채주의에 빚지고 있다.

지금까지의 논의에서 운동의 최대성은 상대적인 극대치로서 이해되어야만 한다는 것이 명확하다. 왜냐하면, 그것은 간격으로서 선택된 수적 단위에, 그것이 그들의 함수가 되는 변인들에, 그리고 요인들과 운동에 형태를 부여하는 단위 사이의 계량적 관계들에 의존하기 때문이다. 그것이 모든 요소들을 고려에 넣는, 운동의 '최적'량이다. 최대치는 매번 한정되며, 그것은 질 자체, 즉 판당고, 파랑돌, 발레 등등이다. 현재의, 또는 간격의 수축과 팽창에 따라, 매우 빠른 운동이 또 다른 경우에 그러는 꼭 그만큼, 매우 느린 운동도 운동의 가능한 최대량을 실현한다고 말할 수 있다. 만약 강스의 <바퀴>가 가속화된 몽타주를 가진 점점 더 빨라지는 운동의 모델이라면, 엡스땡의 <어셔 가의 몰락 The Fall of the House of Usher>은 그럼에도 불구하고 무한하게 도출되어 나오는 형식 속에 있는 운동의 최대치를 구성하는 느린 운동의 걸작으로 남는다. 그러므로 우리는 이 지점에서 다른 국면으로, 즉 운동량의 절대치, 절대적 최대치로 넘어가야만 한다. 서로 모순되기는커녕, 이러한 국면들은 엄격하게 말해 서로 분리될 수 없고 서로를 함축하며, 처음부터 서로를 전제한다. 이미 데카르트 속에, 가변적인 세트 속에서 이루어지는 운동의 현저하게 상대적인 수량화가 존재하지만, 거기에는 우주 전체 속에서 이루어지는 운동의 절대적 양 또한 존재하고 있다. 영화는 자신의 가장 심오한 조건들에 필수적인 이러한 상호 관계를 재발견한다. 한편으로 쇼트는 프레임화된 세트들로 정향되고, 그것들의 요소들 사이에 상대적 운동의 최대치를 도입한다. 다른 한편으로, 그것은 그 변화가 운동의 절대적 최대치 속에 표현되는 변화하는 전체로 정향된다. 그 차이는 단

순히 각각의 이미지 자체(프레임화)와 이미지들 간의 관계들(몽타주) 사이의 차이가 아니다. 카메라의 운동은 재프레임화에 의해 하나의 이미지 속에 많은 이미지들을 도입하며, 또한 전체를 표현할 수 있는 단일 이미지를 만들어 내기도 한다. 이것은 <나폴레옹 Napoleon>에서 자기가 카메라를 말 등에 싣고, 무기처럼 세게 던지고, 공처럼 굴리고, 바다 속으로 나선형을 그리며 내려보낼 수 있도록 땅에 고정시키는 지지대로부터뿐만 아니라 그것을 운반하는 사람과의 관계로부터도 카메라를 해방시켰다고 정당하게 자랑하는 강스에게서 명확하다.[19] 그러나 우리의 앞선 관찰은 — 이것에 대해서 우리는 버치에게 빚지고 있다 — 타당한 것으로 남는다. 이 장에서 우리가 논의하고 있는 감독들의 대다수에 있어서 카메라의 운동은 여전히 비범한 계기들에 유보되어 있는 반면에, 평범하고 순수한 운동은 사실상 고정된 쇼트들의 연속에 준거되어 있고, 그래서 몽타주는 쇼트의 양 국면들 속에, 즉 단일한 하나의 이미지에 만족하지 못하고 측정의 단위가 변화하는 하나의 시퀀스 속에서 상대적인 운동을 명시하는 프레임화된 세트라는 국면과, 이미지들의 연속에 만족하지 못하며 이제 우리가 그 본성을 발견해 내야 하는 절대적인 운동 속에서 자신을 표현하는 영화 작품 전체라는 국면 속에 존재한다.

칸트는 측정의 수적 단위가 동질적인 한, 우리는 쉽게 무한대로 나아갈 수 있지만 오직 추상적으로만 그럴 수 있다고 말하였다. 다른 한편, 측정의 단위가 가변적일 때 상상력은 곧 한계에 부딪치게 된다. 짧은 연속체를 넘어서면 그것은 자기가 연달아서 포착하는 크기나 운동의 일습을 더 이상 이해할 수가 없다. 그럼에도 불구하고 사유, 영혼은 자신에게 고유한 요구 때문에, 자연 속의 일단의 운동들이나 전체로서의 우주를 이해해야만 한다. 이 후자를 칸트는 수학적 숭고라고 불렀다. 상상력은 상대적 운동들을 포착하는 데 자신을 바치며, 그렇게 함으로써 측정의 단위들을 변환시키는 가운데 자신의 힘을 빠르게 소진시킨다. 그러나 사유는 모든 상상력을

19) Abel Gance in Pierre Lherminier, *L'Art du cinéma*, pp. 163-7.

능가하는 것, 즉 전체로서의 운동들의 세트, 운동의 절대적 최대치, 본래 통약 불가능한 것 또는 측정할 수 없는 것, 거대한 것, 무한한 것 — 창공 또는 한없는 바다 — 과 동일한 절대적 운동에 도달해야만 한다.[20] 이것이 시간의 두 번째 국면이다. 그것은 더 이상 가변적인 현재로서의 간격이 아니라, 미래와 과거의 무한한 광대함으로서의 근본적으로 열린 전체이다. 그것은 더 이상 운동들의 연속 및 그 단위들의 연속으로서의 시간이 아니라, 동시주의와 동시성으로서의 시간이다(왜냐하면 연속 못지 않게 동시성도 시간에 속하기 때문이다. 그것은 전체로서 시간이다). 회화와 음악, 심지어 문학에까지 영감을 주었던 것과 꼭 마찬가지로 프랑스 영화에 항상 달라붙어 왔던 것이 바로 이 동시주의의 이상이다. 물론, 우리는 첫 번째 국면에서 두 번째 국면으로 넘어가는 것이 가능하며 쉽다고 믿을 수 있다. 연속은 정당하게 무한한 것이 아닌가? 그리고 그것은 자신이 무한히 가깝게 끌어당기는 하나의 동시성을 자신의 한계로서 — 그것이 점점 더 가속되든, 아니면 무한히 도출되어 나오든 — 가지지 않는가? 엡스땡이 '불가능한 동시주의의 완벽한 원환을 지향하는 경향이 있는 가파르게 각진 연속'을 언급하는 것은 바로 이러한 의미에서이다.[21] 베르토프나 미래파들은 진실로 이런 식으로 말했을 것이다. 그러나, 프랑스 유파에서는 두 국면들 간의 이원론이 존재한다. 즉, 상대적 운동은 내용에 속하고, 그 속에서 식별될 수 있거나 '상상력'을 통하여 소통될 수 있는 세트를 묘사한다. 반면에, 절대적 운동은 정신에 속하고, 가변적인 전체의 심적인 특성을 표현한다. 그래서 우리는 측정의 단위들 — 아무리 크든 작든 — 을 작동시킴으로써가 아니라, 오직 척도 없는 무한한 어떤 것, 즉 모든 측정과 관련해서 너무 많음 또는 과잉을 획득함으로써만, 오직 사유하는 영혼에 의해서만 이해될 수 있는 그것을 획득함으로써만 하나의 운동에서 다른 운동으로 건너갈 수 있다. 레르비에의 <돈>에서, 노엘 버치는 시간이 필연적으로 무한한 전체를 이렇게

20) I. Kant, *Critique of Judgement*, para 36.
21) Epstein, 위의 책, Ⅰ, p. 67.

구축하는 것에 대한 특히 흥미 있는 사례를 확인한다.[22] 어떤 경우에서건, 상대적 운동의 가속 또는 감속, 측정 단위의 본질적인 상대성, 무대 장치 décor 의 차원들이 필수 불가결한 역할을 한다. 그러나 그것들은 그 자신이 두 운동들 간의 이행을 산출해 내기보다는 다른 국면을 수반하거나 또는 조건짓는다. 프랑스적 이원론은 정신적인 것과 물질적인 것 사이의 차이를 유지하는 동시에 그 둘의 상보성을 보여준다. 이는 강스에서뿐만 아니라, 레르비에와 엡스땡 자신에서도 그러하다. 프랑스 유파가 비록 다른 방식으로지만 독일 표현주의가 그랬던 것과 동일한 정도로 주관적 이미지에 많은 중요성을 부여하고 그것을 발전시켰다는 사실은 자주 주목받아 왔다. 정말로 그것은 다음과 같은 두 항들 사이의 이원론과 상보성을 깔끔하게 요약한다. 한편으로 그것은 보는 신체의 운동을 보여지는 신체들의 운동에 접합함으로써 가능한 운동량의 상대적 최대치를 증식시킨다. 그러나 다른 한편으로, 그것은 이런 조건들 아래서 신체들을 '에워싸고' 그것들에 '선행'하는 독립적인 영혼에 대한 관계 속에서 운동량의 절대적 최대치를 구성한다.[23] <엘 도라도>의 춤 장면에서 사용된 소프트 포커스라는 유명한 사례가 그 예가 될 수 있다.

이러한 정신주의와 이원론은 강스에 의해 프랑스 영화에 주어졌다. 우리는 그의 작품 속에 있는 몽타주의 두 국면들에서 그것을 명확하게 볼 수 있다. 이 두 국면들 중에서 그가 자신이 발명했다고 주장하지는 않지만 영화의 흐름을 통제하는 첫 번째 국면에서, 상대적 운동은 '연속적인 수직적

---

22) 버치는 큰 카메라 운동이 상대적으로 드물었을 때, <돈>이 어떻게 그러한 운동의 인상을 전달할 수 있는지 묻는다. 세트의 기념비적인 특성(예를 들면 거대한 응접실)은 의심할 바 없이 등장 인물들에 의한 상당한 운동을 함축하지만, 그러나 그것은 더 이상 운동의 절대적 최대치에 대한 우리의 인상을 설명하지는 못한다. 버치는 주어진 한 시퀀스를 위한 쇼트들의 다중성에서 그 설명을 발견한다. 그것은 우리를 상대적 크기들 간의 관계들 너머로 데려감으로써 측정될 수 없는 효과를 생산하는 '과포화'이다(*Marcel L'Herbier*, pp. 146-57).

23) Gance, 위의 책.

몽타주'에서 자신의 법칙을 발견한다. 그 유명한 사례는 <바퀴>에서 나타나고 <나폴레옹>에서 다시 나타나는 것과 같은 가속화된 몽타주이다. 그러나 절대적 운동은 참으로 다른 형상에 의해 정의되는바, 이것을 강스는 '동시적인 수평적 몽타주'라고 부르는데, 그것은 <나폴레옹>에서 자신의 두 가지 주요 형식을 갖는다. 한편으로 삼면 스크린 triple screen 과 복수 장면 polyvision 의 발명, 다른 한편으로는 중첩 인상들 Superimpression 의 독창적인 사용이 그것이다. 매우 많은 수의 중첩 인상들을 이중인화함으로써(때로는 16개), 그들 사이에 시간적 변동들을 거의 도입하지 않음으로써, 그리고 어떤 것을 덧붙이고 다른 것들을 제거함으로써, 강스는 관객이 이중인화된 것을 보지 않을 것이라는 점을 완벽하게 인지하고 있다. 즉, 상상력은 말하자면 능가되고 포화되며, 빠르게 자신의 한계에 도달하고 있다. 그러나 강스는 영혼 속에서 이 모든 중첩 인상들이 가지는 하나의 효과에, 더해지고 빼지는 가치들이 이루는 하나의 리듬의 구성에 의존하는데, 이것은 측정할 수 없음과 무한함의 느낌으로서의 전체라는 관념을 영혼에게 선사한다. 삼면 스크린을 발명함으로써, 강스는 하나의 동일한 장면이 가진 세 가지 국면들의 동시성 또는 세 가지 다른 장면들의 동시성을 성취하며, 이른바 '비역행적' 리듬들, 즉 그 양극단이 공통적인 중심가를 간직한 채 다른 한 리듬에 의해 한 리듬이 후퇴하는 리듬들을 구성해 낸다. 중첩 인상의 동시성과 반反인상의 동시성을 통합함으로써, 강스는 변화하는 전체의 절대적 운동으로서의 이미지를 구성한다. 그것은 더 이상 가변적인 간격의 상대적인 영역, 내용 속에서의 운동학적인 가속이나 감속의 영역이 아니라, 빛나는 동시성의 절대적인 영역, 외연 속에 있는 빛의 영역, 변화하며 자신이 곧 정신 Spirit (강스와 레르비에에 있어서 때때로 카메라 운동 속에서 직접적으로 드러나는 거대한 정신적인 나선) 바로 그것인 전체의 절대적인 영역이다. 이것이 들로네의 동시주의와 접하는 지점일 것이다.[24)]

24) 들로네는 미래파에 대립되는데, 미래파에게 동시성이란 점점 더 빨라지는 운동학적인 운동의 한계이다. 들로네에게 그것은 운동학적인 운동과는 아무런 관계

요컨대, 강스와 더불어 프랑스 영화는 숭고의 영화를 발명한다. 운동-이미지들의 구성은 항상 두 가지 국면에서 시간의 이미지를 선사한다. 즉, 간격으로서의 시간과 전체로서의 시간, 가변적인 현재로서의 시간과 과거 및 미래의 광대 무한함으로서의 시간. 예컨대, 강스의 <나폴레옹>에서, 인민들의 남자, 옛 근위대의 병사, 요리사에의 부단한 준거는 순진하고 직접적인 목격자의 현재적인 연대기를 반향된 미래와 과거의 서사시적인 광대 무한성 속으로 이끌어 들인다.[25] 역으로, 르네 끌레르에서 우리는 현재의 변주들과 맞닥뜨리는 시간의 이러한 전체를 매혹적이고 마법적인 형식 속에서 계속 발견한다. 프랑스 유파와 더불어 이러한 방식으로 나타나는 것은 시간의 두 가지 기호들을 개념화하는 새로운 방식이었다. 간격은 다른 요인들과의 계량적인 관계 속에 들어가는 가변적이고 연속적인 수적 단위가 되었으며, 각각의 경우에 있어서 내용 속에 있는 그리고 상상력을 위한 운동이 가진 최대의 상대적인 양을 정의한다. 다른 한편 전체는 상상력을 무능력하게 축소시키고 그 자신의 한계에 대면시키는 동시적인 것, 측정할 수 없는 것, 무한한 것이 되었으며, 자신의 전 역사나 변화, 자신의 우주를 표현하는 절대적 운동의 양에 대한 순수 사유를 정신 속에서 발생시킨다. 이것은 정확히 칸트의 수학적 숭고이다. 이 몽타주, 몽타주의 이러한 개념화

도 없다. 오히려 그것은 빛나고 채색된 형태들을 창조하며 시간의 본성을 지닌 원반과 나선들 속에 그것들을 담아 넣는 빛의 순수 가동성에 관련된다. 프랑스 영화 작가들로 하여금 들로네의 이념에 친숙할 수 있게 해준 사람은 바로 블레즈 센드라르 Blaise Cendrars 였다. 이에 대해서는 Sophie Darria, *Abel Gance hier et demain*에 실린 강스의 텍스트 "Le temps de l'image éclatée"를 참조. 이와 연관된 다른 영역으로 옮겨가 보자면, 메시앙 Messiaen 에게서는 '더해진 값의 리듬들'과 '비역행적 리듬들'에 의해 정확하게 정의되는 음악적 동시주의가 존재한다(Goléa, *Rencontres avec Oliver Messiaen*, pp. 65 ff.).

25) 강스의 연속적인 기획들을 통해 수행하는 플뢰리 Fleuri 의 역할에 대해서 노만 킹 Norman King 이 분석한 것을 참조하라. "Une épopée populiste", *Cinématographe*, no. 83, November 1982.

는 정신적-수학적, 심적-외연적 또는 시적-양적인 것으로 묘사될 수 있다(엡스탱은 '서정 철학 lyrosophy'이란 것을 언급하였다).

프랑스 유파는 논점별로 하나 하나씩 독일 표현주의와 대조될 수 있을 것이다. '더 많은 운동을!'에 대한 응답은 '더 많은 빛을!'이다. 표현주의에서, 운동은 해방되지만 빛에 봉사하기 위해, 그것을 번쩍거리게 만들기 위해, 별들을 형성하거나 분해하기 위해, 반영들을 증식시키고 반짝 반짝 빛나는 흔적들을 남겨 두기 위해 해방된다. 듀퐁 Ewald André Dupont의 <보드빌 Vaudeville>에서의 거대한 음악당 장면이나 무르나우의 <마지막 웃음 The Last Laugh>의 꿈에서처럼. 물론 빛은 운동이고, 운동-이미지와 빛-이미지는 하나의 동일한 나타남이 가지는 두 가지 면들이다. 그러나 예전과 같이 외연의 광대 무한한 운동으로서의 빛은 표현주의에서 — 강도 intensité의 힘 있는 운동, 뛰어난 내포적 운동으로 — 제시되는 방식과는 매우 다르다. 거기에는 추상적인 운동학적 예술(리히터 Hans Richter, 루트만 Walter Ruttman)이 정말 존재하지만, 그러나 외연적인 양, 공간 속에서의 이동은 내포적인 양, 그것의 상승과 하락을 간접적으로 측정하는 수은주와 같은 것이다. 빛과 그림자는 더 이상 외연 속에서 양자택일적인 운동을 구성하지 않으며, 다수의 관계들이 가지는 강렬한 투쟁 속으로 들어간다.

첫째, 빛의 무한한 힘은 만약 그것이 없다면 자신을 표명할 수 없게 될 동등하게 무한한 힘으로서의 어둠에 대립된다. 그것은 자신을 표명하기 위해서 어둠에 대립하는 것이다. 그러므로 이것은 이원론이 아니며, 변증법도 아니다. 왜냐하면 우리는 어떠한 유기적 통일성이나 총체성에 대해서도 바깥에 있기 때문이다. 그것은 괴테와 낭만주의자들에서 나타났던 것과 같은 무한한 대립이다. 빛은 자신에 대립하고 자신을 가시적인 것으로 만드는 불투명한 것이 없다면 아무 것도 아니거나 적어도 명료한 그 어떤 것도 못될 것이다.[26] 그러므로 시각적 이미지는 비스듬하거나 톱니 같은 선을 따라

26) 빛, 그리고 빛이 어둠 또는 불투명한 것과 가지는 관계에 대한 기본적인 텍스트는 괴테의 『색채론 Theory of Colours』,(trans. C. Eastlake 1970)이다. 엘

둘로 분할되어, 발레리가 말한 것처럼 빛이 "그림자의 음울한 절반을 전제" 하게 만든다. 그것은 단지 이미 리페르트Rippert의 <호문쿨루스Homunculus>에서 발견되거나 랑Fritz Lang과 파브스트G. W. Pabst에 의해 재발견된 것과 같은, 이미지나 쇼트의 분할에 그치는 것이 아니다. 그것은 픽Lupu Pick의 <새해 전야New Year's Eve>에서, 슬럼 가의 불투명성과 우아한 호텔의 광명을 대립시키는 몽타주의 모태, 또는 무르나우의 <일출Sunrise>에서 밝은 마을과 불투명한 습지를 대립시키는 몽타주의 모태이기도 하다. 두 번째로, 두 무한한 힘들의 대면은, 하나의 영점을 결정하는 바, 이 영점에 대한 관계에서 모든 빛은 하나의 유한한 정도이다. 실제로, 빛의 역할은 부정=0으로서의 흑색과의 관계를 발전시키는 것이며, 흑색의 함수에 의해 빛은 강도로서, 내포적 양으로서 정의된다. 여기서 순간은 (외연적인 단위 및 부분과는 반대로) 흑색과의 관계에서 빛을 발하는 크기 또는 정도를 포착하는 것으로서 나타난다. 이것이 내포적 운동이 오직 빛의 정도가 영으로부터 두는 이 거리를 표현할 뿐인 하나의 낙하로부터, 심지어는 잠재적인 낙하로부터도 분리될 수 없는 이유이다. 오직 낙하의 관념만이 내포적 양이 상승하는 정도를 측정하고, 자연적인 빛은 심지어 자신의 가장 큰 광휘 속에서조차 낙하하며 낙하하기를 계속한다. 그러므로 낙하의 관념은 또한 필연적으로 현실화되어야 하며, 개별 존재들 속에서 실재적인 또는 물질적인 낙하가 되어야만 한다. 빛은 오직 하나의 관념적인 낙하를 가질 뿐이지만, 낮의 빛은 실재적인 낙하를 갖는다. 그러한 것은 표현주의가 우리에게 몇 가지 어찔어찔한 예들을 선사할 수 있었던, 블랙홀 속에 붙잡혀 있는 개별 영혼의 모험이다(무르나우의 <파우스트Faust>에서 마르게리트

리안느 에스꾸바Eliane Escoubas는 이 책에 대한 뛰어난 분석을 한 바 있는데, 이것은 "L'oeil du teinturier", *Critique*, no. 418, March 1982에서 많은 영화적 적용을 발견할 수 있다. 들로네에 더 가까운 프랑스적인 빛이 뉴턴적이었던 것과 꼭 마찬가지로, 표현주의적인 빛은 괴테적이다. 괴테의 이론이 우리가 뒤에 만나게 될 또 다른 측면, 즉 백색과 맺는 빛의 순수 관계라는 측면을 가지고 있다는 것은 사실이다.

의 추락, 그랜드 호텔 화장실의 블랙홀에 의해 삼켜져 버리는 <마지막 웃음>의 주인공의 추락, 또는 파브스트의 <루루 Lulu >의 그것).

우리는 여기서 정도로서의 빛(백)과 영(흑)이 어떻게 해서 대조나 혼합의 구체적인 관계들 속으로 들어가는지를 본다. 우리가 보았던 것처럼, 이것은 하얀 선들과 검은 선들의 계열들을, 빛의 광선들과 그림자의 윤곽들을 대조시키는 전체이다. 그것은 비네 Robert Wiene 의 <칼리가리 박사의 밀실 The Cabinet of Dr Caligari >의 그려진 캔버스들에서 이미 볼 수 있었지만, <니벨룽겐>에서 랑과 더불어서 자신이 지닌 빛의 가치들의 완전한 범위를 획득했던(예를 들어 수풀의 빛, 또는 창문을 통해 비치는 등불의 다발들) 줄이 그려진, 줄무늬 진 세계이다. 아니면 그것은 명암 대조법 chiaroscuro 의 혼합된 계열들, '부단히 서로를 뒤잇는 농담濃淡 들의 유동적인 범위'를 형성하는, 자신의 모든 정도들에 대한 지속적인 변형이다. 베게너 Paul Wegner 와, 그 누구보다도 무르나우는 이 공식의 대가들이었다. 사실 위대한 감독들은 양 전선에서 전진할 수 있었으며, 랑이 가장 미묘한 명암 대조법을 성취하는 동안(<메트로폴리스>) 무르나우는 가장 대조적인 광선들을 찾아냈다. 따라서 <일출>에서 익사한 여인을 수색하는 장면은, 검은 물위에 떠 있는 등불들의 빛을 발하는 선들로 시작해서, 자신의 전체적인 진로를 따라 차츰 차츰 농담을 변화시키는 명암 대조법의 변형들로 갑작스럽게 이행한다. 그가 아무리 표현주의와 다르다 하더라도(특히 시간과 영혼의 추락에 대한 그의 개념화에서), 스트로하임 Erich von Stroheim 은 표현주의의 빛 처리법을 인계 받고 있으며, 랑이나 심지어 무르나우만큼이나 심오한 조명주의자로 나타난다. 때로 이것은 <어리석은 아내들 Foolish Wives >에서 반쯤 닫힌 널빤지 덧문들이 침대 위에, 잠든 여인의 얼굴과 어깨 위에 투영하는 빛나는 막대들 같은 선들의 한 계열에서 보여진다. 또 때로 그것은 <여왕 켈리 Queen Kelly >의 저녁 식사 장면에서처럼, 후면 조명과 소프트 포커스를 갖춘 명암 대조법의 모든 정도들 속에서 보여진다.[27]

---

27) Lotte Eisner, "Notes sur le style de Stroheim", *Cahiers du cinéma*, no.

이 모든 점에서, 표현주의는 그리피스에 의해 도입되었고 소비에트 변증법주의자들 대부분에 의해 채택되었던 유기적 구성의 원리와 단절하고 있다. 그러나 그것은 프랑스 유파와는 완전히 다른 방식으로 이러한 단절을 이루었다. 표현주의는 고체나 유체 속에 있는 운동의 양의 명확한 역학을 불러내는 것이 아니라, 그림자들에 의해 난도질되든 안개 속에 잠기든 모든 것들이 빠져 들어가는 어둡고 늪과 같은 생명을 불러낸다. 유기체의 지혜와 한계에게는 잊혀져 있는 사물들의 **비유기적인 생명, 무시무시한 생명**이 표현주의의 첫 번째 원리, 자연 전체에 대해서, 즉 어둠 속에 불투명하게 된 빛, 불투명한 빛 lumen opacatum 속에 잃어버린 무의식적인 정신에 대해서 타당한 원리이다. 이러한 관점에서 볼 때, 자연적 실체들과 인공적 창조물들, 큰 촛대들과 나무들, 터빈과 태양은 더 이상 어떤 차이도 없다. 살아 있는 벽은 무섭다. 그러나 도구들, 가구, 집들 그리고 그것들의 지붕들 역시 기대고, 둘레를 에워싸고, 기다리고, 별안간 달려든다. 집들의 그림자들은 거리를 따라 내달리는 남자를 추격한다.[28)] 그것은 생명 있는 것과 생명 없는 것에 공통적인, 그 자신을 생명점으로 끌어올리는 물질과 모든 물질을 통해 확신되는 생명에 공통적인, 힘 있는 전前 유기적인 배아성이다. 물질이 생

67, January 1957. *The Haunted Screen*(1969)에서 로테 아이스너는 그 두 가지 기법들, 즉 표현주의의 줄무늬 그리기와 명암 대조법을 계속해서 분석한다. 또한 그녀의 *Murnau*(1973)에서도 이 점은 마찬가지다. 특히 pp. 80-1, 171-2을 참조할 것.

28) 헤르만 바름 Hermann Warm 은 무르나우가 만든 잃어버린 영화 <유령 Fantôme >에서 가져온 하나의 무대 세트를 묘사한다. 그것은 왼쪽은 실제로 지어져 있으나, 그 오른쪽은 레일 위에 세워진 가짜 외관들이 점령하고 있는 거리, 촬영용 외형 세트이다. 이렇게 해서 점점 더 빠르게 움직이는 그 건물 외관들은 맞은 편의 움직이지 않는 집들에게 자기들의 그림자를 던지고 젊은 남자를 추격하는 것처럼 보이게 된다. 바름은 같은 영화에서 가져온 또 다른 예를 제공하는데, 거기에서는 복잡한 기계 장치가 회오리바람 운동과, 블랙홀 속으로의 하강을 동시에 만들어 낸다(Eisner, *Murnau* 참조). (이 내용은 영역판에는 포함되지 않았으나 불어판(*Le Terrain vague*, pp. 231-2)에서 찾을 수 있는 부록을 참조한 것이다).

명을 획득한 만큼, 동물은 유기적인 것을 상실하였다. 표현주의는 순수 운동학과 친족 관계를 주장할 수 있다. 그것은 유기적인 윤곽도, 수평적인 것과 수직적인 것의 기계적인 결정들도 존중하지 않는 폭력적인 운동이다. 그것의 행로는 영구적으로 꺾어진 선의 그것이며, 거기서 각각의 방향 변경은 장애물의 힘과 새로운 충동의 권력을 동시에 표현한다. 요컨대, 그것은 강도에 대한 외연적인 것의 종속이다. 그 최초의 이론가 보링거는 '표현주의'라는 용어를 창조하였고, '고딕적 또는 북구적인' 장식선, 즉 형태와 배경을 구별할 수 있게 해주는 어떤 윤곽도 형성하지 않으며, 때로는 그것이 그 속에서 자신을 잃어버리는 바닥 없음 속으로 사물들을 끌어넣으면서, 때로는 그것이 그 속에서 '무질서한 경련' 속에 방향을 바꾸는 형태 없음 속으로 사물들을 돌려 내던지면서 사물들 사이를 지그재그로 지나가는 꺾어진 선에 의지하여, 표현주의를 유기적 재현에 대한 생의 비약 élan vital 의 대립으로 정의하였다.[29] 그러므로 자동 인형들과 로봇들, 그리고 꼭두각시들은 더 이상 운동의 양을 유효화하거나 '과대 평가 majorent'하는 장치들이 아니라 이 비유기적 생명의 강도를 표현하는 몽유병 환자들, 좀비들 또는 골렘들이다. 베게너의 <골렘 The Golem>뿐만 아니라, 1930년대를 전후한 고딕 공포 영화들, 예를 들어 훼일 James Whale 의 <프랑켄슈타인 Frankenstein>과 <프랑켄슈타인의 신부 The Bride of Frankenstein> 및 알뻬랭 Victor Hugo Halpérin 의 <하얀 좀비 White Zombie> 역시 그러하다.

기하학은 그 권리를 박탈당하진 않지만, 프랑스 유파의 그것과는 완전히 다른 기하학이다. 왜냐하면, 그것은 외연적인 양을 조건짓는 좌표로부터, 그리고 동질적인 공간에서 운동을 규제하는 계량적 관계로부터 ― 적어도 직접적으로는 ― 해방되기 때문이다. 그것은 공간을 서술하는 대신에 공간을 구성하는 '고딕적인' 기하학이다. 그것은 더 이상 측정에 의해서가 아니

---

29) Worringer, *Form in Gothic*, 1927. 루돌프 쿠르츠 Rudolf Kurtz 는 그의 책 *Expressionismus und Film*(1926)에서 특히 영화에서의 비유기적 생명이라는 테마를 발전시켰다.

라, 연장과 축적에 의해서 진행된다. 선들은 그들이 만나는 점들에 이르도록 엄청나게 연장되는 한편, 그들이 갈라지는 점들은 축적을 생산한다. 연장들이 그림자나 빛의 연장일 수 있는 것과 꼭 마찬가지로, 축적들도 빛이나 그림자의 축적일 수 있다. 랑은 빛이 나는 거짓 연속성들을 창안해 내는데, 이것은 전체의 내포적 변화들을 표현한다. 그것은 사선적인 원근법을 가지고서 그림자의 투영과 확장을 통해 작동하는 폭력적인 조망주의적 기하학이다. 대각선들과 교차 대각선들이 수평적인 것과 수직적인 것을 대체하는 경향이 있으며, 뿔이 원과 구를 대체하고, 예각들과 날카로운 삼각형들이 굴곡하거나 장방형을 이루는 선들을 대체한다(칼리가리의 문들, 골렘의 박공들과 모자들). 우리가 레르비에의 기념비적인 건축과 랑의 것(<니벨룽겐>, <메트로폴리스>)을 비교한다면, 랑이 어떻게 이제는 오직 간접적으로만 계량적 관계들로 번역되는 연장되는 선들과 축적의 점들을 가지고 작업하는지 보게 된다.[30] 그리고 만약 인간 신체가 '기하학적 집단화들' 속으로 직접 들어간다면, 만약 그것이 '이러한 건축학에서의 기본적 인자'라면, 그것은 프랑스 유파에 더 잘 들어맞는 공식처럼 정확히 "스타일화가 인간을 기계적인 인자로 변형"하기 때문이 아니라, 기계적인 것과 인간적인 것의 차이가 해체되지만 이번에는 사물들의 힘 있는 비유기적인 생명에 유리하게 녹아 없어지기 때문이다.

흑과 백의 대조 속에서, 또는 명암 대조법의 변주 속에서, 우리는 백색이 어두워지고 흑색이 부드럽게 된다고 말할 수도 있다. 그것은 마치 두 정도들이 하나의 순간 속에서, 괴테의 이론에서의 색채의 돌출 — 밝아진 검은 색으로서의 푸른 색, 어두워진 흰색으로서의 노란 색 — 에 상응될 축적점들 속에서 포착되는 것과도 같은 것이다. 그리고 그리피스와 에이젠슈테인의 단색조와 심지어 다색조의 시도에도 불구하고, 영화에서 진정한 색

30) 랑에 있어서의 기하학에 대해서는 Eisner, *The Haunted Screen*의 "Architecture and landscape in the studio"와 "The handling of crowds"을 볼 것.

채주의의 선구자였던 것은 의심할 바 없이 표현주의이다. 괴테는 두 근원색—정도들로서의 노란 색과 푸른 색—은 양 경우 모두에서 불그스름한 반사가 동반되는 강렬화의 운동 속에서 포착된다고 정확하게 설명하였다. 정도의 강렬화는 이 반사 속에서 표현되는 권력으로 고양된 순간과도 같다. 불그스레하거나 작렬하는 반사는 희미한 반짝임, 번쩍거림, 번뜩임, 불꽃 튀김, 후광 효과, 형광, 인광 등 강화의 모든 단계들을 통과할 것이다. 이러한 모든 국면들은 프랑켄슈타인과 그의 신부의 그것처럼 <메트로폴리스>에서의 로봇의 창조에 구두점을 찍는다. 그것들로부터, 스트로하임은 그가 살아있는 피조물들, 악한 사람들이나 순진 무구한 희생자들을 똑같이 넘겨주는 범상치 않은 조합을 창조하였다. 그러므로 로테 아이스너의 분석에 따르면, <여왕 켈리>의 만찬에서, 그 천진난만한 소녀는 빛의 두 원천 사이에, 즉 그녀 앞에 놓여 있는 탁자 위에서 그녀의 얼굴에 번쩍거리는 촛불과, 빛을 발하는 후광으로써 그녀 뒤의 벽난로에서 그녀를 둘러싸는 불이라는 두 광원 사이에 붙잡혀 있다(그러므로 그녀는 너무 덥게 될 것이고, 외투를 벗게 될 것이다). 그러나 무르나우는 악마의 도착과 신의 분노를 동시에 고지하는 이 모든 단계들과 국면들에 대한 진정한 대가이다.[31] 실제로 괴테는 두 국면들(노란 색과 푸른 색)의 강렬화가 광휘의 증대하는 효과들로서 그것들에 동반하는 불그스름한 반사에서 정지하는 것이 아니라, 세계와 그 피조물들을 불태우는 무시무시한 빛의 독립적이고 순수한 백열광 또는 타오름이 된 제3의 색으로서, 생생한 붉은 색에서 절정에 도달했다는 것을 분명하게 보여준다. 그것은 마치 유한한 강도가 이제 그 자신의 강렬화의 극치에서 회복되는 것과 같은 것이며, 출발점이 되었던 무한한 것의 폭발이다. 무한한 것은 유한한 것 속에서 작용하기를 그치지 않았으며, 이 여전히 감지할

---

31) 특히 *L'Organisation de l'espace dans le Faust de Murnau*, p. 48에 나오는 번득임에 대한 로메르의 분석을 참조(엘리안느 에스꾸바스 Eliane Escoubas 는 위에서 인용된 논문에서 괴테의 색채론에 따라 광취와 강렬화의 효과들을 연구한다).

수 있는 형식 속에 그것을 복권시킨다. 정신은 자연을 떠나지 않았고, 생명에 생기를 불어넣지만, 그러나 그것은 자연을 전부 불태우는 악의 정신으로서의 자신을 재발견할 수 있을 뿐이다. 그것은 베게너의 <골렘>이나 무르나우의 <파우스트>에서의, 악마를 불러내는 불타오르는 원이다. 그것은 파우스트 장례식의 장작더미이다. 그것은 베게너에게서 볼 수 있는 '슬프고 공허한 눈을 가진 인광을 발하는 악마의 머리'이다.…… 그것은 마부스와 메피스토의 불타는 머리이다. 이들은 숭고의 계기들, 악의 정신 속에서의 무한한 것의 재발견이다. 무르나우에서, 특히 <노스페라투Nosferatu>는 단지 명암 대조법, 후면 조명, 그림자들의 비유기적 생명이 가진 모든 국면들을 통과하기만 하는 것이 아니고, 불그스름한 반사의 모든 계기들을 단지 생산하기만 하는 것도 아니다. 그는, 하나의 강력한 빛(순수한 붉은 색)이 그가 훨씬 더 직접적인 바닥 없음으로부터 튀어나오도록 만듦으로써, 그의 이차원적 형태를 넘어서는 전능함의 아우라를 그에게 부여함으로써 그의 그림자와도 같은 배경으로부터 그를 격리시킬 때 절정에 도달한다.[32)]

이 새로운 숭고는 프랑스 유파의 그것과 같은 것이 아니다. 칸트는 두 가지 종류의 숭고, 즉 수학적인 숭고와 동적인 숭고, 광대 무한한 것과 강력한 것, 측정할 수 없는 것과 형태 없는 것을 구별하였다. 양자는 모두 유기적 구성을 해체하는 속성을 가지는바, 전자는 그것을 넘어서고 후자는 그

---

32) Bouvier and Leutrat, *Nosferatu*, pp. 135-6. "광점은 등장 인물들의 배후에 하얀 원환을 그리고, 그럼으로써 형태들은 그들 자신의 운동에 의해서 결정되기보다는 오히려 그것에 의해 배제되는 듯이 보이며, 바닥 없음으로부터 또는 이런 식으로 빛 속에 잠기는 그들 후경의 그것보다 더 본래적인 배경으로부터 몰아내어지는 듯이 보인다.……이러한 파열에 의해서, 광점의 전면에서 현실화되고 튀어나오는 것, 배경으로부터 분리된 환영은 **예컨대 명암 대조법에 의해 제시되는 깊은 소실 속에 정상적으로 숨겨진 채 남아 있는 그것이 아니다.** 이것은 이런 식으로 조명되는 형상들이 가진 빈번하게 평평한 특성과 그들이 바로 그 본성상 **낭만적으로 그림자로부터 그들의 자양분을 얻지 않으면서** 그림자를 계승한 상속인이라는 느낌의 원천이다.……**이 효과는 배면 조명에 의해 생성되는 효과로 환원될 수 없다.**"(강조는 인용자)

것을 깨뜨린다. 수학적 숭고에서는, 측정의 외연적 단위가 너무나도 많이 변화하여 상상력은 더 이상 그것을 이해할 수 없고 자기 자신의 한계에 맞닥뜨리며 절멸되어 버린다. 그러나 그것은 전체로서의 무한한 것 또는 측정될 수 없는 것을 생각하도록 우리를 강요하는 사유 능력에 굴복한다. 동적인 숭고에서 그러한 권력으로 상승되는 것은 강도이며, 강도는 우리의 유기적 존재를 현혹시키거나 절멸시킨다. 그것은 또한 하나의 사유 능력을 일으키는바, 이 사유 능력에 의해서 우리는 우리 자신이 우리를 절멸시키는 것보다 더 우월하다고 느끼게 되고, 사물들의 전체적인 비유기적 생명을 지배하는 초유기적 정신을 우리 안에서 발견하게 된다. 그때 우리는 우리의 정신적 '목적지'가 진실로 무적이라는 것을 알게 됨으로써, 우리의 공포를 잃어버린다.[33] 마찬가지로, 괴테에 따른다면 타오르는 붉은 색은 단순히 그 안에서 우리가 불타는 두려운 색채인 것만이 아니라, 다른 모든 색채를 포함하고 전체적인 색채의 원환으로서의 우월한 조화를 낳는 가장 고귀한 색채이다. 그리고 이것은 표현주의가 진실로 동적인 숭고의 국면으로부터 우리에게 들려주는 이야기 속에서 일어나는 것이거나 또는 일어날 수 있는 기회를 가지는 것이다. 사물들의 비유기적 생명은 악의 정신이거나 어둠의 정신으로서 작용하면서 우리를 태우고 자연의 모든 것을 태워 버리는 불 속에서 정점에 달한다. 그러나 후자의 이 정신은, 그것이 우리에게 요구하는 궁극적 희생에 의해서 우리의 영혼 속에 정신의 비심리적 생명을 풀어놓는데, 이것은 더 이상 자연에도 우리의 유기적 개체성에도 속하지 않는 것으로서 우리 속의 성스러운 부분이고, 그 안에서 우리가 빛으로서의 신과 함께 홀로 존재하는 정신적인 관계이다. 그러므로 영혼은 빛을 향하여 다시 한 번 상승하는 듯 보인다. 그러나 그것은 그보다는 차라리 그 자신의 빛을 발하는 부분들을 재결합하였으며, 이 빛을 발하는 부분은 오직 관념적인 낙하를 가질 뿐이었고, 세계 속에 삼켜지기보다는 그 위로 떨어진다. 타오르는 것은 초자연적인 것과 초감각적인 것이 되었다. 예를 들자면, <노스페라

33) Kant, *Critique of Judgement*, paras 26-8.

투>에서 엘렌의 희생, 또는 <파우스트>의 희생이나 심지어는 <일출>에서의 인드레의 희생.

여기서 우리는 표현주의와 낭만주의 사이의 상당한 차이에 주목할 수 있다. 그것은 낭만주의에서와 같이 자연과 정신의 화해, 자연 속에서 소외된 것으로서의 정신, 그 자체로서 자기 자신을 재정복하는 것으로서의 정신 등의 경우가 더 이상 아니기 때문이다. 이런 개념화는 여전히 유기적인 총체성의 변증법적 발전이라는 의미를 함축하였다. 반면에 표현주의는 그 자신의 추상적인 형식들, 자신의 빛의 피조물들, 감각할 수 있는 것의 눈에 거짓으로 보이는 자신의 연속성들을 낳는 정신적 우주의 전체를 오직 원리상으로만 생각한다. 그것은 인간과 자연의 카오스를 배경에 유지한다.[34] 아니면 차라리 그것은 우리에게 만약 우리가 종종 자신을 회의하는 기회를 가지는 이 정신적 우주를 다시 얻지 못한다면, 카오스가 존재한다고—그리고 오직 그것만이 존재할 뿐일 거라고—말해 준다. 종종 카오스의 불이

---

34) Bouvier and Leurat, 위의 책, pp. 175-9에서 인용된 '새로운 예술'로서의 표현주의에 관한 보링거의 텍스트를 참조하라. 몇몇 비평가들의 유보에도 불구하고, 보링서의 보너니스트적인 입장은 우리에세는 칸딘스키(*Concerning the Spiritual in Art*, trans. Sadler, 1977)의 입장에 매우 가까운 것인 듯 보인다. 양자는-괴테와 낭만주의 양자 모두에서-정신과 자연을 화해시키려는 관심이 인간을 넘어서고 예술을 개인주의적이고 감각주의적인 시각에 묶어 둔다고 비판한다. 그들은 이와 반대로 '정신적 예술'을, 인간을 넘어서고 자연을 배경에 유지시키며 그들을 현대적 인간이 출현해 나와야만 하는 카오스에 관계짓는 신과의 합일로 이해한다. 그들은 그 기획이 성공할지 확신조차 못하지만, 다른 선택이 없다. 이것이 '절규'가 표현주의의 유일한 표현이며, 그렇지만 아마도 환각적인 성질의 표현일 거라는 보링거의 논평이 유래하는 기원이다. 세계-카오스에 관한 이 비관주의는 표현주의 영화에서 다시 나타나는데, 여기에서는 희생을 통해 획득되는 정신적인 안녕이라는 관념조차도 상대적으로 드물다. 그것은 랑에서보다는 주로 무르나우에게서 더 자주 발견된다. 그러나 그것은 또한 무르나우가 모든 표현주의자들 중에서 낭만주의에 가장 가까운 사람이라는 사실을 뜻하는 것이기도 하다. 그는 자신의 미국 시기에, <일출>과 특히 <타부 Tabu >에서 점점 더 자유롭게 보여줄 수 있게 되었던 개인주의와 '감각주의'를 보유하고 있다.

우세함을 누리거나, 다가올 오랜 시간 동안 승리자로 선언된다. 간단히 말해서, 표현주의는 붉은 색 위에 붉은 색을 덧칠하면서 세계를 그리기를 계속한다. 그 하나는 사물들의 무시무시한 비유기적 생으로 되돌아가고, 다른 하나는 정신의 숭고한 비심리학적 생으로 되돌아간다. 표현주의는 환각적일 수도 있는 정신적 우주의 열림만큼이나 비유기적 생명의 공포를 표시하는 절규에, 마르게리테의 절규, 룰루의 절규에 도달한다. 에이젠슈테인 역시 절규에 도달했지만, 변증법주의자의 방식으로, 즉 전체가 진화하도록 만드는 질적 도약으로서 그것에 도달했었다. 이제 그와 반대로, 전체는 높은 곳에 있고, 솟아오르면서 부단히 자신의 토대를 내려 누르는 피라미드의 관념적인 정상과 동일하다. 전체는 모든 정도들로부터 추출되는 진정으로 무한한 강렬화가 되었다. 이 진정으로 무한한 강렬화는 불을 통과하였지만, 오직 물질적인 것, 유기적인 것, 인간적인 것에 대한 자신의 감지될 수 있는 집착을 깨뜨릴 뿐이며, 과거의 모든 상태들로부터 자신을 떼어 내고, 그럼으로써 미래의 정신적인 추상적 형식을 발견한다(한스 리히터 <리듬 Rhythms >).

우리는 이렇게 해서 몽타주의 네 가지 유형들을 보았다. 운동-이미지들은 각각의 경우 매우 상이한 구성들의 주제이다. 유기적-능동적인, 경험적인, 또는 정확히 말하자면 경험주의적인 몽타주. 유기적이거나 물질적인 소비에트 영화의 변증법적 몽타주. 유기적인 것과 단절하고 있는 프랑스 유파의 양적-심적인 몽타주. 비유기적인 생과 비심리적인 생을 함께 묶는 독일 유파의 내포적-정신적 몽타주. 이것들은 그들의 구체적인 실천들과 결합된, 영화 작가들의 위대한 비전들이다. 예를 들어, 우리는 매우 일반적인 의미에서 그런 경우를 제외하고는 평행적 몽타주가 모든 곳에서 발견되는 주어진 것이라고 생각해서는 안 된다. 왜냐하면 소비에트 영화는 그것을 대립의 몽타주로, 표현주의 영화는 대조의 몽타주 등등으로 대체하기 때문이다. 우리가 보여주려 한 것은 유기적이냐, 변증법적이냐, 외연적이냐, 아니면 내포적이냐 하는 운동-이미지들의 구성에 대한 개념화에 따른, 몽타주 유형의 이론적 실천적인 다양함이다. 이것은 영화의 기법 못지 않게 영화의 사유, 또는 영화의 철학이다. 이러한 이론-실천들 중의 하나가 다른 것보다 더 훌륭하다거나, 또는 진보를 표상한다고 말하는 것은 우둔한 일이 될 것이다 (기술적 진보는 이들 방향들의 각각에서 이루어졌으며, 그리고 그것들을 결정한다기보다는 오히려 전제한다). 몽타주에 관한 유일한 일반성은 그것이 영화적 이미지를 전체와의 관계 속에, 열린 것으로서 이해되는 시간과의 관계 속에 집어넣는다는 것이다. 이런 식으로 그것은 개별 운동-이미지와 영화 작품 전체 속에서 동시에 시간의 간접적인 이미지를 제공한다. 한편으로 그것은 가변적인 현재이다. 다른 한편으로 그것은 미래와 과거의 광대 무한함이다. 우리가 보기에 몽타주의 형식들은 이 두 국면들을 상이하게 결정해 온 것 같다. 가변적인 현재는 간격, 질적 도약, 수적 단위, 내포적 정도가 될 수 있었다. 그리고 전체는 유기적 전체, 변증법적 총체화, 수학적 숭고의 측정할 수 없는 총체성, 동적 숭고의 내포적 총체성이 될 수 있었다. 우리가 시간의 간접적인 이미지와 직접적인 시간-이미지의 상대적인 개연성을 볼 수 있는 것은 그 이후에 와서일 뿐이다. 현재로서는, 운동-이미지가 그 하나는 세트들과 그 부분들을 향하도록 되어 있고 다른 하나는 전체와 그 변화들을 향하도록 되어 있는 두 개의 면을 가지고 있다면, 우리가 검토해 보아야만 하는 것은 바로 이것이다. — 운동-이미지 그 자체, 그것의 모든 변종들, 그리고 그것의 두 면들.

제4장

●●●●●●●●●●

운동-이미지와 그 세 가지 변종들
베르그송에 대한 두 번째 주석

4. 운동-이미지와 그 세 가지 변종들
베르그송에 대한 두 번째 주석

1. 이미지와 운동의 동일성

심리학의 역사적 위기는 어떤 입장을 더 이상 견지할 수 없었던 순간과 일치하였다. 이러한 입장은 이미지들을 의식 속에 위치시키고 운동들을 공간 속에 위치시키는 것을 포함하고 있었다. 의식 속에는 이미지들만이 있을 것이다. — 이들은 질적이고 외연이 없었다. 공간 속에는 운동들만이 있을 것이다. — 이들은 연장되고 양적이었다. 그러나 하나의 질서에서 다른 질서로 넘어가는 것이 어떻게 가능한가? 운동들이 갑작스럽게 하나의 이미지를 생산해 낸다는 것 — 지각 속에서처럼 — 또는 이미지가 하나의 운동을 생산한다는 것 — 수의적인 행동에서처럼 — 을 어떻게 설명할 수 있는가? 만약 우리가 뇌에 호소한다면, 그것에 기적적인 권능을 부여해야 할 것이다. 그리고 운동이 이미 적어도 잠재적인 이미지이고, 그리고 이미지가 이미 적어도 가능한 운동인 것을 어떻게 저지할 수 있겠는가? 유물론과 관념론의 대결은 결국 막다른 골목인 것으로 나타난바, 그 하나는 순수한 물질적인 운동들을 가지고서 의식의 질서를 재구성하기를 원했고, 다른 하나는 의식 속의 이미지들로써 우주의 질서를 재구성하기를 원했다.[1] 어떤 대가를 치르더라도 이미지와 운동의, 의식과 사물의 이러한 이원론을 극복하는 것이 필요하다. 매우 다른 두 저자들이 거의 동시에 이러한 과업을 수행하였다. 베르그송과 훗설 Edmund Husserl 이 바로 그들이다. 각자는 자기 나름의 표어를 가지고 있었다. 모든 의식은 어떤 것의 의식이다(훗설), 또는 더 강하게, 모든 의식은 어떤 것이다(베르그송). 의심할 바 없이 철학에 외적인 많은 요인들이 왜 낡은 입장이 불가능하게 되었는지를 설명해 준다. 이들은 더욱더 많은 운동들을 의식 생활 속으로, 더욱더 많은 이미지들을 물질적 세계 속으로 배치해 넣는 사회적이고 과학적인 요인들이다. 그러므로 바로 그 순간에 발전하고 있었고 운동-이미지에 대한 자기 나름의 증거를 생산하게 될 영화를 고려하지 않는다는 것이 어떻게 가능이나 했겠는가?

우리가 보았던 것처럼, 베르그송이 명백히 영화란 단지 거짓 동맹자일 뿐임을 발견했던 것은 사실이다. 훗설은 우리가 아는 한, 결코 영화를 언급하지 않는다(사르트르 역시 훨씬 뒤에 『상상력 The Imagination』에서 모든 종류의 이미지에 대한 목록을 만들고 분석하면서도, 영화 이미지를 인용하지 않았다는 사실은 주목할 만하다). 단지 우연일 뿐이지만 영화와 현상학 사이의 대면을 시도하는 이는 메를로-뽕띠 Maurice Merleau-Ponty 이다. 그러나 그 역시 영화를 모호한 동맹자로 본다. 현상학이 제시하는 이유들과 베르그송의 이유들이 매우 다르기 때문에, 그들의 대립 바로 그 자체가 우리를 인도해야 한다. 현상학이 하나의 규준으로 설정하는 것은 '자연적 지각'과 그 조건들이다. 이제, 이러한 조건들이란 세계 내에서의 지각하는 주체의 '정박', 세계 내 존재의 '정박'을 정의하며, 그 유명한 "모든 의식은 어떤 것의 의식이다 ……"라는 말 속에 표현될 세계로의 열림을 정의하는

---

1) 이것이 『물질과 기억』(*MM*)의 첫 번째 장 및 결론의 가장 일반적인 테마이다.

실존적 좌표들이다. 이 때문에 지각된 것이든 행위된 것이든, 운동은 물론 내용 속에서 현실화될 지성적 형식(이념 Idea)이라는 의미에서가 아니라, 상황 지워진 지향적 의식의 기능으로서 지각적 장을 조직하는 감각적 형식(게슈탈트 Gestalt)으로서 이해되어야만 한다. 영화는 무사히 우리를 사물들에게로 가깝게 데려오거나 또는 그것들로부터 멀리 떼어 데려가고 그것들 둘레를 선회할 수 있으며, 주체의 정박과 세계의 지평 양자 모두를 억압한다. 따라서 그것은 자연적인 지각의 조건들을 함축된 지식과 이차적인 지향성으로 대체한다.[2] 그것은 세계를 통하여 오히려 실재하지 않는 어떤 것을 겨냥하는 다른 예술과 동일한 것이 아니라, 세계 그 자체를 실재하지 않는 어떤 것, 또는 이야기 récit로 만든다. 영화와 더불어, 이미지가 세계가 되는 것이 아니라 세계가 그 자신의 이미지가 된다. 어떤 면에서 현상학은 전前영화적 조건들에서 정지하며, 이것이 현상학이 당황해 하는 태도를 설명해 준다는 점이 주목될 것이다. 현상학은 운동이 여전히 포즈들(본질적인 대신에 단순히 실존적인)과 관련되어 있다는 것을 뜻하는 자연적인 지각에 특권을 부여한다. 그 결과, 영화적 운동은 지각의 조건에 불충실하다고 비난받는 동시에, 지각된 것과 지각하는 사, 세계와 지각 작용에 '가깝게 다가갈' 수 있는 새로운 이야기로서 칭찬 받기도 한다.[3]

베르그송은 완전히 다른 식으로 영화를 모호한 동맹자라고 비난한다. 왜냐하면 만약 영화가 운동을 잘못 이해한다면, 그것은 자연적 지각과 똑같은 방식으로, 그리고 꼭 같은 이유에서 그러하기 때문이다. "우리는 말하자면 스쳐 지나가는 실재의 스냅 쇼트들을 촬영한다.…… 지각, 지성, 언어는 일반적으로 그렇게 진행한다."[4] 베르그송에게 있어, 말하자면 자연적 지각은

---

2) M. Merleau-Ponty, *Phenomenology of Perception*, trans. Colin Smith, 1962, p. 8.

3) 이것이 적어도 현상학에서 영감을 받은 라떼이 Albert Lattey의 콤플렉스 이론 속에서 우리에게 나타나는 것이다(*Logique de cinéma*).

4) *CE*, pp. 322-3.

모델이 될 수 없고, 어떠한 특권도 소유하지 못한다. 모델은 오히려 항상 변화하는 사물들의 상태, 어떤 정박점도 준거의 중심도 할당되지 않는 흐르는-물질 a flowing-matter 이 된다. 이러한 사물들의 상태에 기초하여, 고정된 순간적인 조망들을 부과할 중심들이 어떤 지점에서나 형성되는 것이 도대체 어떻게 가능한가를 보여주는 것이 필요할 것이다. 그것은 따라서 의식을, 자연적인 또는 영화적인 지각을 '연역'하는 문제가 될 것이다.[5] 그러나 아마도 영화는 커다란 이점을 가질 것이다. 바로 영화는 정박과 지평의 중심을 결여하고 있고, 영화가 만들어 내는 단편들은 자연적 지각이 내려오는 경로를 영화가 거슬러 올라가는 것을 방해하지 못하기 때문이다. 사물들의 중심 없는 상태로부터 중심 잡힌 지각으로 나아가는 대신에, 영화는 사물들의 중심 없는 상태를 향하여 되돌아 올라가고, 그것에 더욱더 가깝게 다가갈 수 있다. 대체로 말해서, 이것은 현상학이 제안하는 것과는 반대가 될 것이다. 심지어 그가 영화를 비판하고 있는 가운데서도, 베르그송은 자신이 생각했던 것보다 훨씬 더 큰 정도로 영화에 찬동하고 있었다. 우리는 『물질과 기억』의 뛰어난 첫 장에서 이것을 본다.

실제로 우리는 이미지=운동 IMAGE=MOUVEMENT 인 세계의 해명을 마주하고 있는 우리 자신을 발견한다. 나타나는 것들의 세트를 '이미지'라고 부르자. 우리는 심지어 하나의 이미지가 다른 이미지에 작용한다거나 다른 이미지에 대해 반작용한다고도 말할 수 없다. 실행된 운동으로부터 구별되는 움직이는 물체란 존재하지 않는다. 수용된 운동으로부터 구별되는 움직여진 아무것도 존재하지 않는다. 모든 것, 말하자면 모든 이미지는 그 작용과 반작용으로부터 구별될 수 없다. 이것은 보편적인 변주이다. 모든 이미지는 "단지 모든 방향으로 지나가는 하나의 길일 뿐이고, 그 변형들은 우주의 광대 무한성 구석구석을 통해 증식한다." 모든 이미지는 '동시에 자신들의 모든 면들에서' 그리고 '자신들의 모든 요소들에 의해' 다른 이미지들에 작용하고 다른 이미지들에 대하여 반작용한다.[6] "물질의 운동들은 매우 분명하

5) *MM*, p. 20. "나는 결론적으로 의식적인 지각이 생산되어야만 한다고 말한다".

고 이미지들로 간주된다는 것, 그리고 운동 속에서 우리가 그 속에서 보는 것보다 더 많은 어떤 것을 찾을 필요가 없다는 것이 진실이다".[7] 원자는 자신의 작용들과 반작용들이 뻗치는 지점까지 확장된 이미지이다. 나의 신체는 이미지, 따라서 작용과 반작용들의 한 세트이다. 나의 눈, 나의 뇌는 이미지들, 즉 나의 신체의 부분들이다. 하나의 두뇌도 여러 이미지들 중의 한 이미지일 뿐인데, 어떻게 나의 두뇌가 이미지를 담을 수 있는가? 외부의 이미지들이 나에게 작용하고, 나에게 운동을 전달하며, 그리고 나는 운동을 되돌려 준다. 나 자신이 이미지, 즉 운동인데, 어떻게 이미지들이 나의 의식 안에 있을 수 있는가? 그리고 이 수준에서 나는 심지어 '자아', 눈, 뇌와 신체를 말할 수나 있는 것인가? 오직 단순한 편의를 위해서만 그럴 수 있을 뿐이다. 왜냐하면 아직 아무것도 이런 방식으로 확인될 수가 없기 때문이다. 그것은 오히려 기체적 상태이다. 나, 나의 육체는 오히려 부단히 갱신되는 분자들과 원자들의 한 세트이다. 심지어 원자에 대해서 말하는 것조차 가능한 일일까? 그것들은 세계들로부터, 원자 상호간의 영향들로부터 구별될 수 없다.[8] 그것은 그 속에서 고체적 물체들을 구별해 낼 수 있기에는 너무 뜨거운 물질의 상태이다. 그것은 보편적 변주, 보편적 파동, 보편적 물결의 세계이다. 거기에는 축들도, 중심도, 왼쪽도, 오른쪽도, 높음도, 낮음도 …… 존재하지 않는다.

이미지들 전부의 이 무한한 세트는 일종의 내재성의 평면 plan d'immanence 을 구성한다. 이미지는 이 평면 위에서 그 자체로서 존재한다. 이 이미지의 그 자체성은 물질이다. 이미지 뒤에 숨어 있는 어떤 것이 아니라, 반대로 이미지와 운동의 절대적 동일성 그것이다. 이미지와 운동의 동일성은 즉각적으로 운동-이미지와 물질은 동일하다는 결론으로 우리를 이끈다. "당신은 나의 신체는 물질이라거나 그것은 이미지라고 말할 수 있다".[9] 운

---

6) *MM*, pp. 28-9.
7) *MM*, pp. 9-10.
8) *MM*, p. 31. 특히 원자들 또는 힘의 선들을 참조.

동-이미지와 흐르는-물질은 엄밀하게 동일한 것이다.[10] 이러한 물질적 우주는 기계 장치 mécanisme 의 우주인가? 아니다. 왜냐하면(『창조적 진화』가 보여주듯이) 기계 장치는 닫힌 체계들, 접촉의 행동들, 움직이지 않고 순간적인 단편들을 포함하기 때문이다. 이제 물론, 닫힌 체계들, 유한한 세트들은 우주로부터 또는 이 평면 위에서 잘려진다. 그것은 자신의 부분들의 외부성에 의하여 그것들을 가능하게 만든다. 그러나 그것은 그러한 것 자체가 아니다. 그것은 하나의 세트, 그러나 무한한 세트이다. 내재성의 평면은 각 체계의 부분들 사이에서 그리고 한 체계와 다른 체계 사이에서 확립되고, 그것들 모두를 가로지르고 함께 휘저으며, 그것들이 절대적으로 닫히는 것을 방해하는 조건에 그것들을 모두 종속시키는 운동(운동의 면)이다. 그러므로 그것은 하나의 단편이다. 그러나 베르그송에게 존재하는 몇 가지 용어상의 애매함에도 불구하고, 그것은 움직이지 않고 즉시적인 단편이 아니라 하나의 움직이는 단편, 시간적인 단편 또는 조망이다. 그것은 공간-시간의 블록이다. 왜냐하면 그 내부에서 작동하고 있는 운동의 시간은 항상 그것의 부분이기 때문이다. 심지어는 우주 속에서 일어나는 운동들의 연속에 상응하여, 말하자면 그렇게도 많은 평면의 제시들이 될 그러한 블록 또는 움직이는 단편들의 무한한 계열마저 존재한다.[11] 그리고 그 평면은 이러한 평면들

---

9) *MM*, p. 5.

10) *CE*, p. 319.

11) 내재성의 평면 개념과 우리가 그것에 부여하는 특징들은 베르그송과는 거리가 먼 것처럼 보인다. 그럼에도 불구하고, 우리는 우리가 그에게 충실하다고 믿는다. 베르그송은 실제로 물질의 평면을 생성의 '즉시적인 단편'으로 제시한다 (*MM*, p. 86). 그러나 베르그송이 우리에게 상기시키고 있고 뒤에 가서는 훨씬 더 정확하게 상기시키게 될 것처럼(p. 178), 이것은 설명을 쉽게 하기 위해서인데, 생성 속에서 변화를 표현하는 운동들이 부단히 나타나고 스스로를 재생산하는 곳은 평면이기 때문이다. 그러므로 그것은 시간을 포함한다. 그것은 시간을 운동의 변수로 가진다. 더욱이 평면은 그 자체로서 가동적이라고 베르그송은 말한다. 사실상, 하나의 변화를 표현하는 운동들의 세트 각각에 평면의 제시가 상응하게 될 것이다. 그러므로 공간-시간의 블록이라는 생각은 베르그송의 테제에

의 제시로부터 구별되지 않는다. 이것은 기계 장치가 아니다. 그것은 기계주의 machinisme 이다. 물질적 우주, 내재성의 평면은 **운동-이미지들의 기계적 집합 배열** agencement machinique[12]이다. 여기서 베르그송은 놀랍게도 자신의 시대를 앞서고 있다. 그것은 영화 그 자체로서의 우주, 하나의 메타영화 métacinéma 이다. 이것은 베르그송이 명시적인 비판에서 제안했던 것과는 전적으로 다른 영화관 그 자체를 함축한다.

그러나 그 누구를 위한 것도 아니고 누구에게도 말을 걸지 않는 이미지들 그 자체에 대해서 말하는 것이 어떻게 가능한가? 심지어 눈도 존재하지 않는데, 어떻게 나타남 Apparaître 을 말하는 것이 가능한가? 그것은 최소한 두 가지 이유들로 인해서 가능하다. 첫 번째 이유는 그것들을 물체들로 이해된 사물들과 구별하기 위해서이다. 참으로, 우리의 지각과 언어는 물체들(명사들), 질들(형용사들), 그리고 행동들(동사들)을 구별한다. 그러나 행동들은 정확히 이러한 의미에서 이미 운동을, 운동이 정향된 일시적인 장소라는 생각이나 운동이 보증하는 결과라는 생각으로 대체하였다. 질은 운동을, 또 다른 운동이 그것을 대체하기를 기다리는 동안 지속되는 상태라는 생각으로 대체하였다. 물체는 운동을, 그것을 수행하는 주체나 그것에 복종하는 대상, 그것을 운반하는 운반체라는 생각으로 대체하였다.[13] 우리는 그러한 이미지들이 우주 속에서 형성된다는 것을 볼 것이다(**행동-이미지들, 감정-이미지들, 지각-이미지들**). 그러나 그것들은 새로운 조건들에 의존하며, 확실히 당분간은 나타날 수 없다. 당분간 우리는 단지, 아직 생성되지 않은 모든 것으로부터 그것들을 구별하기 위해서 이미지들이라고 불리는 운동들만을 가지고 있다. 그렇지만, 이러한 부정적인 이유만으로는 충분하지 않다.

전혀 상반되는 것이 아니다.

12) 중요한 들뢰즈적 용어인 'agencement machinique'은 보통 영어로는 '기계적 집합 machine assemblage'으로 번역된다. 이에 대해서는 'Rhizome', trans. P.Patton, *I and C*, no. 8, Spring, 1981, p. 50 참조. 'Agencement'은 또한 '배열'이나 '조립'으로 번역될 수도 있다.

13) *CE*, pp. 320-1.

긍정적인 이유는 내재성의 평면이 전적으로 빛으로 구성된다는 것이다. 운동들의 세트, 작용과 반작용들의 세트는 발산하고, '저항과 상실 없이' 증식되는 빛이다.[14] 이미지와 운동의 동일성은 물질과 빛의 동일성에서 나온다. 물질이 빛인 것처럼, 이미지는 운동이다. 뒤에 베르그송은 『지속과 동시성 Durée et simultanéité』에서, '빛의 선들'과 '단단한 선들', '빛을 발하는 형상들'과 '고체의 또는 기하학적인 형상들'에 대한 상대성 이론의 역전이 가지는 중요성을 보여줄 것이다. 상대성과 함께 "단단한 형상에 자신의 조건들을 부과하는 것은 빛의 형상이다".[15] 현대 과학의 철학이 될 철학을 생산하고자 하는 베르그송의 깊은 욕망을 상기한다면(그러한 과학에 대한 반성, 즉 인식론이라는 의미가 아니라, 반대로 과학의 새로운 상징들과 일치할 수 있는 자율적 개념들의 창안이라는 의미에서), 우리는 베르그송의 아인슈타인과의 대결이 불가피했음을 이해할 수 있다. 이제, 이 대결의 첫 번째 국면은 내재성의 전체 평면 위에서의 빛의 확산 또는 증식에 대한 긍정이다. 운동-이미지에는 물체들이나 단단한 선들이 아니라 오직 빛의 선들 또는 형상들만이 존재한다. 공간-시간의 블록들은 그러한 형상들이다. 그것들은 이미지들 그 자체이다. 만약 그것들이 누군가에게, 즉 하나의 눈에게 나타나지 않는다면, 이것은 빛이 아직 반사되거나 또는 정지하지 않았고, "저항

14) *MM*, p. 32.

15) Bergson, *Duration and Simultaneity*, Chap. V. 베르그송이 상대성 이론과 대결하는 이 책의 중요성과 모호성은 잘 알려져 있다. 그러나 비록 베르그송이 그 책의 재출간을 금했다 할지라도, 이것은 그가 자신이 오류를 범했을지도 모른다고 생각했기 때문이 아니다. 모호성은 그보다는 베르그송이 아인슈타인의 이론들 그 자체를 논하고 있다고 믿는 독자들로부터 나온다. 사정은 분명히 그렇지 않다(그러나 베르그송은 이러한 오해를 쫓아 버릴 수 없었다). 우리는 방금 그가 빛과 공간-시간 블록의 우선성을 완전히 받아들였음을 보았다. 논의는 다른 무엇과 관련된다. 즉, "이러한 블록들이 생성이나 지속으로서 이해되는 보편적 시간의 실존을 방해하는가?" 하는 것. 베르그송은 결코 상대성 이론이 틀렸다고 생각하지 않았으며, 단지 그것이 자신에게 상응해야만 하는 실제 시간의 철학을 구성할 수 없다고 믿었을 뿐이다.

없는 지나감이 결코 …… 드러나지 않았기" 때문이다.[16] 다른 말로 하자면, 눈은 사물들 속에, 빛을 발하는 이미지들 그 자체 속에 있다. "사진술은, 만약 사진술이 존재한다면, 사물들의 내부 바로 그 속에서 그리고 공간의 모든 점들에 대해서 이미 스냅 촬영되었고 이미 찍혀져 있다 …… ."

이것은 빛을 정신의 편에 위치시키고, 의식을 그들의 본래적인 어둠으로부터 사물들을 이끌어 내는 하나의 광선으로 만드는 철학의 전통 전체와 단절하는 것이다. 현상학은 여전히 이 옛 전통 안에 정직하게 남아 있었다. 그러나 빛을 내적인 빛으로 만드는 대신에, 현상학은 단순히 빛을 외부를 향해 열었다. 마치 의식의 지향성이 전등의 광선인 양 말이다("모든 의식은 어떤 것에 대한 의식이다 …… "). 베르그송에게, 사정은 완전히 반대이다. 사물들은 그것들을 비추는 어떤 것 없이 스스로에 의해 빛난다. 즉, 모든 의식은 어떤 것이다. 그것은 사물들로부터, 즉 빛의 이미지들로부터 구별될 수 없다. 오히려 여기에서 모든 곳으로 확산되지만 자신의 원천을 드러내지 않는 ne se révèle pas 것은 정당하게 en droit 의식 바로 그것이다. 그것은 정말 모든 사물들 속에서 그리고 모든 점들에 대하여 이미 찍혔고 촬영된 사진, 그리니 '반투명'한 사진이다. 만약 그 다음에 사실에 있어서의 의식이 우주 속에서, 내재성의 평면 위의 특수한 한 창고에서 구성된다면, 그것은 매우 특별한 이미지들이 빛을 정지시키거나 반사시켰을 것이기 때문이고 감광판이 결여하고 있던 '검은 스크린'을 제공했을 것이기 때문이다.[17] 간단히 말해서, 의식이 빛인 것이 아니라, 이미지들의 세트 또는 빛이 물질에 내재적인 의식이다. 사실에 대한 우리의 의식으로 말하자면, 그것은 단지 그것이 없다면 빛이 '항상 자신의 근원을 결코 드러내지 않고 증식되는' 불투명성일 뿐일 것이다. 베르그송과 현상학의 대립은 이러한 점에서 근본적인 것이다.[18]

---

16) *MM*, p. 29.

17) *MM*, p. 32. 거기에서, "전체의 사진은 반투명이다. 여기에, 감광판 뒤에서 이미지가 그 위에서 보여질 수 있는 검은 스크린을 원함이 존재한다".

그러므로 우리는 내재성의 평면 또는 물질의 평면이란 바로 운동-이미지들의 한 세트, 빛의 선들 또는 형상들의 모음, 공간-시간 블록들의 계열이라고 말할 수 있다.

2. 운동-이미지로부터 그 변종들로

모든 것이 다른 모든 것에 대하여 반작용하는 이 중심 없는 우주에서 무슨 일이 일어나며 또 일어날 수 있는가? 우리는 하나의 상이한 인자, 즉 또 다른 자연이라는 인자를 도입해서는 안 된다. 그러므로 일어날 수 있는 것은 이것이다. 평면의 어떤 지점에서든지 간격이 나타난다. — 그것은 작용과 반작용 사이의 간극이다. 베르그송이 요청하는 모든 것이란 운동들, 그리고 단위들로 봉사하는 운동들 사이의 간격들이다. — 그것은 또한 정확히 영화에 대한 자신의 유물론적 개념화에서 지가 베르토프가 요청하는 것이기도 하다.[19] 분명히 이 간격 현상은 물질의 평면이 시간을 포함하는 한에서만 가능하다. 베르그송에게 간극, 간격은 여러 유형 가운데 이미지의 한 유형을, 그러나 매우 특별한 유형을 정의하는 데 충분할 것이다. — 살아

---

18) 사르트르는 『상상력 The Imagination』(trans. F. Willsams, 1962)에서 명백히 베르그송적인 전도에 주목한다. "순수한 빛, 하나의 인광이 존재하는 것이며, 조명된 물질이란 존재하지 않는다. 그러나 모든 쪽으로 확산되는 이 순수 빛은 다른 발광 지대를 위한 스크린으로서 동시에 봉사하는 특정한 표면들을 반사해 떼어 냄으로써만 현실적인 것으로 된다. 우리는 여기서 고전적인 비교에 대한 일종의 역전을 갖는다. 의식이 주체로부터 사물로 나아가는 빛이 되는 대신에, 하나의 발광성이 사물로부터 주체로 나아가는 것이다"(p. 39-40). 그러나 사르트르의 반反베르그송주의는 그로 하여금 이러한 전도의 충격력을 경시하고, 베르그송적인 이미지의 개념화가 갖는 새로움을 부인하도록 이끈다.

19) D. Vertov, *Articles, journaux, projects*(이것은 베르토프 선언들의 항상적인 테마이다).

있는 이미지 또는 물질들 matières. 다른 이미지들이 그들의 모든 면들 위에서 그리고 그들의 모든 부분들 속에서 작용하고 반작용하는 반면에, 여기서 우리는 오직 하나의 면에서나 특정한 부분들 속에서만 작용을 수용하고 오직 다른 부분들에 의해서만 그리고 그 속에서만 반작용을 실행하는 이미지를 갖는 것이다. 이들은 말하자면 '나누어 할당된 écatelées'[20] 이미지들이다. 그리고 처음부터 그들의 특화된 면 — 이것은 뒤에 수용적 또는 감지적이라 불릴 것이다 — 은 영향을 미치는 이미지들이나 수용된 자극들에 대하여 기이한 효과를 갖는다. 이는 마치 이 특화된 면이 우주 안에서 경합하고 함께 작용하는 모든 이미지들로부터 어떤 특정한 이미지들을 고립시키는 듯한 것과도 같다. 닫힌 체계들, '그림들 tableaux'이 구성될 수 있는 것이 바로 여기이다. 살아 있는 존재들은 "그것들을, 말하자면 그들에게 무관심한 그 외적인 영향들을 통과해 지나가도록 허용된다. 고립된 다른 것들은 그들의 고립 바로 그것에 의해서 '지각들 perceptions'이 된다."[21] 그것이 정확히 프레임화로 묘사되는 작용이다. 경험되는 특정한 어떤 작용들은 프레임에 의해서 고립되고, 따라서 우리가 보게 될 것처럼 그것들은 앞질러지고 예기된다. 그러나 다른 한편, 실행된 반작용들은 더 이상 경험되는 작용들과 직접 연결되지 않는다. 간격의 효력에 의해서, 이들은 자신들의 요소들을 선별하고, 그것들을 조직하거나, 단순히 수용된 자극을 연장하는 것으로는 종결짓는 것이 불가능한 하나의 새로운 운동으로 그것들을 통합할 시간을 가지는 연기된 반작용들이다. 예견할 수 없거나 새로운 어떤 것을 제시하는 그러한 반작용들은 엄격히 말해서 '행동 action'이라 불릴 것이다. 그러므로 살아 있는 이미지는 '수용된 운동에 관해서는 분석 도구, 실행된 운동에 관해서는 선별 도구'일 것이다.[22] 그것들의 이러한 특권은 오직 수용된 운동과

20) 이 단어는 또한 그러한 이미지들이 분리되거나 전환되었다 écarté 는 의미도 운반한다.

21) *MM*, pp. 28-9.

22) *MM*, p. 20.

실행된 운동 사이의 간극 또는 간격에 의거할 뿐이기 때문에, 살아 있는 이미지들은 운동-이미지들의 중심 없는 우주에서 형성되는 '불확정의 중심들'이 될 것이다.

우리가 다른 국면을, 물질의 평면의 빛을 발하는 국면을 고려한다면, 이번에는 이미지들 또는 살아 있는 물질은 감광판이 결여했던 것이고 영향을 주는 이미지(사진)가 전개되는 것을 방해하는 검은 스크린을 제공한다고 말할 수 있다. 이번에는, '저항이나 감소 없이' 모든 방향에서 발산하고 증식하는 대신에, 빛의 선 또는 이미지는 하나의 장애물을, 즉 그것을 반사할 불투명성과 마주친다. 살아 있는 이미지에 의해 반사되는 이미지는 정확히 지각이라 불리게 될 것이다. 그리고 두 국면들은 엄밀하게 상보적이다. 특별한 이미지, 살아 있는 이미지는 변함없이 불확정 또는 검은 스크린의 중심이다. 하나의 본질적인 결과가 뒤따라 나온다. — **이중 체계, 이미지 준거의 이중 체제의 존재.** 우선, 그 안에서 각각의 이미지가 혼자서 변화하고 모든 이미지들이 그들의 모든 면들 위에서 그리고 그들의 모든 부분들 속에서 서로에 대한 함수로서 작용하고 반작용하는 하나의 체계가 존재한다. 그러나 이 체계에는, 모든 것들이 주로 단 하나의 이미지에 대해 변화하며, 이 이미지는 자신의 면들 중의 한 면 위에서 다른 이미지들의 작용을 수용하고 또 다른 면 위에서 그것들에 반작용하는 또 다른 체계가 덧붙여진다.[23)]

우리는 물질-운동-이미지와 절교한 적이 없다. 베르그송은 항상 우리에게 먼저 이미지들의 세트가 주어지지 않는다면, 우리는 어떤 것도 이해할 수 없다고 말한다. 운동의 단순한 간격이 생산될 수 있는 것은 오직 이 평면 위에서일 뿐이다. 그리고 우리는 이것 — 작용과 반작용 사이의 간극, 간격 — 외에 아무것도 아니다. 두뇌는 확실히 우리가 그것으로부터 시작할 수 있는 이미지들의 중심이 아니라, 그 자체가 다른 이미지들 가운데 하나의 특별한 이미지를 구성한다. 그것은 이미지들의 중심 없는 우주 속에서 불확정의 중심을 구성한다. 그러나 두뇌-이미지와 함께 베르그송은 『물질과

23) *MM*, p. 12.

기억』에서, 거의 즉각적으로 생의 고도로 복잡하고 조직화된 상태를 제안한다. 이것은 그가 거기에서 생을 하나의 문제로 간주하고 있지 않기 때문이다(그리고 실로, 『창조적 진화』에서 그는 생에 대한 진지한 숙고를 제공할 것이지만, 그것은 또 다른 관점에서일 것이다). 그렇지만, 베르그송이 자발적으로 내버려 놓았던 간극들을 메우는 것은 어렵지 않다. 가장 초보적인 생명체의 수준에서조차도 미시-간격들을 상상해야만 할 것이다. 점점 더 빨라지는 운동들 사이의 점점 더 작아지는 간격들. 더욱이, 생물학자들은 생명체를 가능하게 했고 거기서 우선회상과 좌선회상으로 알려진 물질의 형태들이 본질적인 역할을 하는 '원시적 액체 primeval soup'에 대해 말한다. 중심 없는 우주에서 왼쪽과 오른쪽, 높음과 낮음 같은 축들의 윤곽들이 나타나는 것은 바로 여기에서이다. 그러므로 심지어 원시적 액체에서조차도 미시-간격들을 생각해야 한다. 생물학자들은 이러한 현상들은 지구가 매우 뜨거웠을 때는 생겨날 수 없었을 거라고 말한다. 그러므로 최초의 불투명들과 상관적인, 빛의 확산을 방해하는 최초의 스크린들과 상관적인, 내재성의 평면의 식어 버림에 대해서 생각해야 한다. 고체들 또는 단단하고 기하학적인 물체들의 최초 윤곽이 형성되는 것은 바로 여기에서이다. 마지막으로, 베르그송이 말할 수 있었던 것처럼, 물질을 고체들 속으로 조직하는 그 동일한 진화가, 고체들을 자신의 대상으로 가지는 더욱더 정교해지는 지각 안에서 이미지를 조직할 것이다.

사물과 사물의 지각은 하나의 동일한 것이고 하나의 동일한 이미지이지만, 두 가지 준거 체계들 중의 이것 또는 저것에 관련되어 있다. 사물은 그 자체가 본래 그러한 것으로서의 이미지이고, 그 작용에 자신이 완전히 종속되고 또 자신이 그것에 대해 직접적으로 반작용하는 다른 모든 이미지들과 연관된 것으로서도 이미지이다. 그러나 사물의 지각은 바로 그 동일한 이미지이지만, 자신을 프레임화하고, 자신으로부터 오직 부분적인 작용만을 채택하며, 오직 간접적으로만 자신에 반작용할 뿐인 또 다른 특별한 이미지와 관련된 동일한 이미지이다. 이렇게 정의된 지각에서는 사물 속에 존재하는 것 이외의 어떤 다른 것이나 그것보다 많은 어떤 것도 결코 존재하지 않는다. 반대로, '보다 적은 것'이 존재하는 것이다.[24] 우리는 우리 욕구들의 함수로서 우리의 관심을 끌지 못하는 것들을 빼고서 사물을 지각한다. 욕구와 관심이라는 말로 우리가 의미하는 것은, 우리가 가진 수용면의 함수로서 우리가 사물로부터 채택하는 선들과 점들, 그리고 우리가 수행할 수 있는 연기된 반작용들의 함수로서 우리가 선별하는 작용들이다. 이것은 주관성의 첫 번째 질료적 계기를 정의하는 방법이다. 즉, 그것은 뺄셈적이다. 그것은 사물에서 자기에게 관심이 없는 것은 무엇이든 뺀다. 그러나 역으로, 사물 그 자체는 그때 본래 완전하고, 직접적이고, 확산적인 지각으로서 제시되어야만 한다. 사물은 이미지이며, 이러한 점에서 그 자신이 지각되고, 그것이 다른 사물들의 작용에 종속되고 자신의 모든 면 위에서 그리고 자신의 모든 부분들 속에서 그 사물들에게 반작용하는 한 이 모든 다른 사물들을 지각한다. 예를 들어, 원자는 우리가 행하는 것보다 무한하게 더 많이 지각하고, 그 극한에서는 전체 우주를 지각한다.—자신에게 행사되는 작용들이 시작되는 점에서부터 자신이 방사하는 작용들이 닿는 점까지. 간단히 말해서, 사물들과 사물들의 지각들은 **포착들** préhensions 이다. 그러나 사물들은 총체적인 객관적 포착들이고, 사물들의 지각은 불완전하고 편견적이며 부분적인 주관적 포착들이다.

만약 영화가 자연적인 주관적 지각을 자신의 모델로 가지지 **않는다면**, 그것은 영화의 중심들의 가동성과 그 프레임화들의 가변성이 항상 영화로 하여금 광대한 중심 없고 탈프레임화된 지역들을 복구하도록 이끌기 때문이다. 영화는 그때 운동-이미지들의 첫 번째 체제로, 즉 보편적인 변주, 총체적이고 객관적이며 확산적인 지각으로 귀환하는 경향이 있다. 사실, 영화는 양 방향으로 그 길을 여행한다. 당분간 우리를 점령하는 시점에서, 우리는 사물과 구별할 수 없는 총체적, 객관적 지각으로부터 단순한 제거나 빼기에 의해 사물과 구별되는 주관적 지각으로 나아간다. 엄밀하게 말해서 지

24) *MM*, p. 27.

각이라고 불리는 것은 이 단일 중심적인 주관적 지각이다. 그리고 그것은 운동-이미지의 첫 번째 화신이다. 그것이 불확정의 중심과 관련될 때, 그것은 지각-이미지 l'image-perception 가 된다.

그렇지만 우리는 전체 작용이 단지 빼기로만 구성된다고 생각해서는 안 된다. 거기에는 다른 어떤 것이 또한 존재한다. 운동-이미지들의 우주가 그 안에서 하나의 중심을 형성하는 이 특별한 이미지들 중의 하나에 관련될 때, 우주는 만곡되고 그것을 둘러싸도록 조직된다. 우리는 세계로부터 중심으로 계속해서 나아간다. 그러나 세계는 만곡의 모습을 취하며, 하나의 주변이 되었고, 하나의 지평을 형성한다.[25] 우리는 여전히 지각-이미지 안에 있지만, 이미 행동-이미지 속으로 들어가고 있기도 하다. 사실상, 지각은 간극의 한 면일 뿐이고, 행동은 그 다른 면이다. 엄밀하게 말해서, 행동이라고 불리는 것은 불확정의 중심의 연기된 반작용이다. 이제, 이 중심은 오직 행동 — 예기치 못한 반응을 조직한다는 의미에서 — 할 수 있을 뿐인데, 왜냐하면 그것이 지각하고, 나머지 것들을 제거함으로써 특권화된 한 면 위에서 자극을 수용했기 때문이다. 모든 것들이, 모든 지각은 일차적으로 감각-운동이라는 점을 상기시키게 된다. 즉, 지각은 "운동 중신들에 없는 만큼이나 감각 중심들에도 없다. 그것은 그 중심들의 관계들의 복합성을 측정한다".[26] 세계가 지각 중심의 둘레에서 안으로 만곡된다면, 이것은 이미 지각이 그로부터 분리될 수 없는 행동의 시점으로부터 만곡되는 것이다. 안으로 만곡됨으로써, 지각된 사물들은 나에게로 향해 그들의 불안정한 면을 제출한다. 행동이 된 나의 연기된 반작용이 그것들을 이용하는 법을 배우는 것과 동시에 말이다.

거리는 사실, 주변으로부터 중심으로 나아가는 반경 rayon 이다. 사물들이 존재하는 여기에서 그것들을 지각하면서, 나는 거리를 감소시키거나 증

25) *MM*의 첫 장의 지속적인 주제는, 불확정의 중심 '둘레에서의' 세계의 원환적인 형성이다.

26) *MM*, p. 43.

가시킴으로써 나를 사물들과 연합시키거나 아니면 그것들을 회피하기 위해, 그 사물들이 나에게 가하는 '잠재적인 행동'과 그와 동시에 내가 그것들에게 가하는 '가능한 행동'을 파악한다. 그것은 따라서 나의 행동 속에서 시간에 의해 표현되고, 나의 지각 속에서 공간에 의해 표현되는 간극의 동일한 현상이다. 반작용이 직접적이기를 그치고 진정으로 가능한 행동이 되면 될수록, 더욱더 지각은 멀리 떨어져 있고 예기적인 것이 되며 사물들의 잠재적인 행동을 추출한다. "정확히 행동이 시간의 주인인 그만큼 지각은 공간의 주인이다".[27]

이것은 그러므로 운동-이미지의 두 번째 화신이다. 그것은 행동-이미지 l'image-action 가 된다. 우리는 인지할 수 없을 정도로 미세한 거리를 통해 지각으로부터 행동으로 건너간다. 여기서 고찰되고 있는 작용은 더 이상 제거나 선별 또는 프레임화가 아니라, 우리에 대한 사물들의 잠재적 행동과 사물들에 대한 우리의 가능한 행동을 동시에 야기시키는 우주의 만곡이다. 이것이 주관성의 두 번째 질료적 국면이다. 그리고 지각이 운동을 '물체들'(명사들)에, 즉 움직이는 물체들이나 움직여지는 사물들로서 봉사할 딱딱한 대상들에 관계시키는 것과 꼭 마찬가지로, 행동은 운동을 상정된 목적이나 결과를 위한 설계가 될 '행위들 acte'(동사들)에 관계시킨다.[28]

그러나 간격은 단지 지각적인 것과 행동적인 것인 두 한계-면들의 특화에 의해서만 한정되지는 않는다. 하나의 중개자가 존재한다. 감정 affection 은 간격을 점령하는 것, 그것을 채우지 않고 점령하는 것이다. 그것은 불확정의 중심에서, 즉 주체 안에서, 어떤 특별한 측면들에서 교란적인 지각과 주저하는 행동 사이에서 물결친다. 그것은 주체와 객체의 일치, 또는 주체가 스스로를 지각하는, 또는 차라리 스스로를 경험하거나 스스로를 '안으로부터' 느끼는 방법이다(주관성의 세 번째 질료적 국면).[29] 그것은

---

27) *MM*, p. 23.
28) *CE*, p. 320.
29) *MM*, p. 2-3.

운동을 살아지는 lived 상태로서의 '질'(형용사)에 관계시킨다. 정말로, 지각은 — 거리 덕분에 — 우리에게 무관심한 것을 지나가게 함으로써 우리의 관심을 끄는 것을 보유하거나 또는 반영한다고 생각하는 것만으로는 충분하지 않다. 외적 운동들 중에서 우리가 '흡수'하고, 우리가 굴절시키는 부분, 그리고 스스로를 지각의 객체들로도 주체의 행위들로도 변형시키지 않는 부분이 불가피하게 존재하는 것이다. 아니면 차라리 그것들은 순수 질 속에서의 주체와 객체의 일치를 표시한다. 이것은 운동-이미지의 마지막 화신, 감정-이미지 l'image-affection 이다. 그것을 지각-행동 체계의 실패라고 생각하는 것은 잘못이다. 반대로, 그것은 세 번째의 절대적으로 필수적인 소여물이다. 왜냐하면 살아 있는 물질 또는 불확정의 중심인 우리는 우리의 면들 중의 하나 또는 우리의 점들 중의 어떤 특정한 것들을, 그것들에게 부동성의 형을 언도하는 대가를 치르면서 수용 기관들로 특화시켜 왔고, 그와 동시에 우리의 활동성을 우리가 결과적으로 해방시켜 온 반작용 기관들에 위임해 왔기 때문이다. 이런 조건들 속에서, 우리의 고정된 수용면이 운동을 반사하는 대신에 흡수할 때, 우리의 활동성은 순간적으로나 국부적으로 불가능하게 되어 온 행동을 대체하는 하나의 '경향', 하나의 '작력'에 의해서만 반응할 수 있을 뿐이다. 이것이 감정을 '일종의 감각 신경 상의 운동 경향', 즉 고정된 수용판 위에서의 운동 작력으로 규정하는, 감정에 대한 베르그송의 멋진 정의가 연원하는 기원이다.[30)]

그러므로 감정과 운동 사이의 관계 일반은 다음과 같이 표현될 수 있다. 이전 translation 의 운동은 자신의 직접적인 증식 속에서, 한편에는 수용된 운동을 할당하고 다른 한편에는 실행된 운동을 할당하며 어떤 의미에서는 그 운동들을 통약 불가능하게 만드는 간격에 의해 중단되지만은 않는다. 그 둘 사이에는 관계를 재확립하는 감정이 존재한다. 그러나 운동이 표현의 운동, 다시 말하자면 질, 움직이지 않는 요소들을 휘젓는 단순한 경향이 되기 위하여 이전의 운동이기를 그치는 것은 정확히 감정 안에서이다. 바로

30) *MM*, pp. 61-3.

우리 자신의 이미지 속에서, 표현의 운동들이 가장 빈번하게는 신체의 나머지 부분들 속에 묻혀 있는 동안 이 표현의 운동들을 빛 속에 드러내는 것이 그 상대적 부동성과 수용 기관들을 갖춘 얼굴이라는 사실은 놀라운 일이 아니다. 모든 것을 고려해 볼 때, 운동-이미지들은 그들이 하나의 특별한 이미지에 관계되듯이 불확정의 중심에 관계될 때 세 가지 종류의 이미지들로 나누어진다. 즉, 지각-이미지들, 행동-이미지들, 그리고 감정-이미지들. 그리고 우리들 각자, 곧 특별한 이미지 또는 우연적인 중심은 단지 세 가지 이미지들의 집합 배열 agencement, 지각-이미지들, 행동-이미지들 그리고 감정-이미지들의 통합체 consolidé 일 뿐이다.

3. 반증 : 세 가지 변종들을 어떻게 소멸시킬수 있는가

우리는 또한 이 이미지들의 세 가지 유형의 분화가 이루어지는 선들을 재추적해 볼 수도 있고, 모태 또는 아직 어떤 불확정의 중심에 의해서도 교란되지 않은 동안의 본래의 그것 자체, 자신의 중심 없는 순수성 속에 있는 그것, 자신의 일차적인 변주 체제 속에 있는 그것, 자신의 열기와 빛 속에 있는 그것으로서의 운동-이미지를 재발견하려 노력할 수도 있다. 우리는 어떻게 하여 우리 자신에게서 우리 자신을 제거하고, 우리 자신을 파괴할 수 있는가? 이것이 버스터 키튼 Buster Keaton 과 함께 만든 <영화 Film >라는 제목이 달린 자신의 영화적 작업에서 베케트 Samuel Beckett 에 의해 이루어진 놀라운 시도이다. Esse est percipi, 존재하는 것은 지각되는 것이다. 이미지에 대한 아일랜드의 주교 버클리의 공식을 채택하면서, 베케트는 이렇게 선언한다. 그러나 우리가 '지각하는 것 percipere 과 지각되는 것 percipi 의 행복'으로부터 탈출할 수 있을까? 그 가장 두려운 것인 자아에 의한 자아의 지각처럼 하나의 지각은 최소한 우리가 살아 있는 만큼은 존속한다면 말이다. 베케트는 그 문제를 제출하고 작동시켜 보기 위해서 하나의 간단한 영화적 관습들의 체계를 정교화한다. 그럼에도 불구하고 우리가 보기에는, 그가 자신에게 제공하는 방향과 도식, 그리고 자신의 영화에서 그가 구별하는 계기들은 그의 의도를 드러내는 데에 절반 정도밖에 나아가지 못한다.[31] 왜냐하면, 사실상 그 세 가지 계기들은 다음과 같기 때문이다. 첫 번째 계기에서는, 인물 O가 벽을 따라 수평적으로 앞으로 뛰어가면서 달아난다. 그 다음에는, 수직축을 따라, 항상 벽 가장자리에 달라붙어서 계단을 오르려고 노력한다. 그는 '행동한다.' 그것은 행동의 지각, 또는 행동-이미지이고, 다음과 같은 관습에 종속된다. 즉, 카메라 OE는 오직 등뒤로부터만, 45도를 넘지 않는 각도로 그를 촬영한다. 만약 그를 뒤따르는 카메라가 이 각도를 넘어서는 일이 일어난다면, 행동은 봉쇄되고 절멸될 것이다. 인물은 그의 얼굴의 위협 당한 부분을 숨기면서 정지할 것이다. 두 번째 계기에서는, 인물이 방안으로 들어왔으며, 그가 더 이상 벽을 등지고 의지하지 않기 때문에 카메라가 면제받는 각도는 양편으로 45도씩 배가되어 90도가 된다. O가 방을, 거기에 있는 사물들과 동물들을 지각하는 한편, OE는 O 그 자신과 방, 그리고 그 내용물들을 (객관적으로) 지각한다. 이것은 이중적인 체제하에서, 준거의 이중 체계 속에서 고찰된 지각의 지각, 또는 지각-이미지이다. 카메라는 인물 뒤에서 90도를 넘지 않는다는 조건에 종속된 채 남아 있지만, 여기서 첨가되는 관습은 주관적인 지각이 제거되고 오직 객관적인 지각 OE만이 남는 그러한 방식으로 인물이 동물들을 쫓아내고 거울이나 심지어는 프레임으로도 작동할 수 있는 모든 대상들을 덮어서 가려야만 한다는 것이다. 그리고 나서 O는 흔들의자에 앉혀질 수 있고, 눈을 감은 채 부드럽게 흔들거릴 수 있다. 그러나 가장 커다란 위험이 드러나는 것은 바로 이

31) Samuel Beckett, "Film", in *Comédie et actes divers*, Ed. de Minuit, pp. 113-34. 베케트에 의해서 구별되는 세 계기들은 거리, 계단, 방이다(p. 115). 우리는 다른 구별을 제안한다. 거리와 계단을 한데 모으는 행동-이미지, 방에 대한 지각-이미지, 마지막으로 은폐된 방과 흔들의자에서 졸고 있는 인물에 대한 감정-이미지가 그것들이다.

계기, 이 마지막 세 번째 계기에서이다. 주관적 지각의 절멸은 카메라를 45도 각도의 제한에서 자유롭게 하였다. 매우 조심하면서, 그것은 그 너머로, 남아 있는 270도의 영역 안으로 나아가지만, 매번 그 인물을 깨움으로써 인물은 주관적 지각의 자투리를 다시 획득하고, 숨고, 웅크리며, 카메라로 하여금 다시 뒤로 움직이도록 강제한다. 마침내, O의 무감각을 이용하여, OE는 그와 정면으로 대면하도록 돌아서 오는 데 성공하고, 점점 더 가깝게 그에게 다가온다. 등장 인물 O는 이렇게 해서 이제 정면에서 보여지며, 이와 동시에 새로운 마지막 관습이 드러난다. 즉, 카메라 OE는 O의 이중체, 동일한 얼굴, 한 눈을 덧대어 가린 헝겊 조각(단안적 시각)이고, 단 하나의 차이점은 O는 고통스러운 표정을 가지는 반면 OE는 조심성 깊은 표정을 가진다는 것이다. 전자의 무능한 운동 작력, 후자의 민감한 표면. 우리는 감정의 지각의 영역 안에 있는 것이며, 가장 예사롭지 않은 것은 다른 모든 것들이 파괴되었을 때에도 이 지각은 여전히 살아 남는다는 것이다. 그것은 자아에 의한 자아의 지각, 감정-이미지이다. 그 이중의 얼굴이 무로 미끄러져 들어갈 때, 그것은 죽어 없어질 것이며 모든 것이, 심지어 흔들의자의 흔들거림까지도 정지할 것인가? 이것이 그 종결이 제안하는 것이다. — 죽음, 부동성, 암흑.[32)]

32) 베케트는 아무런 어려움도 제시하지 않는, 거리로의 탈주에 대한 최초의 도식을 제안한다(여기서 우리가 완성한 그림 1을 참조하라). 그리고 계단을 오르는 것은 단지 수직 평면과 최종적인 회전 상에서의 형상의 치환을 함축할 뿐이다. 그러나 모든 계기들을 표상하기 위해서는 하나의 일반적인 도식이 요구될 것이다. 이것이 파니 들뢰즈 Fanny Deleuze 에 의해서 제안된 그림 2이다.

<그림 1>
만약 OE가 45도를 넘어선다면(OE′), 그것은 O의 추적으로 되돌아가기 전에 서둘러 뒤로 물러나야만 한다.

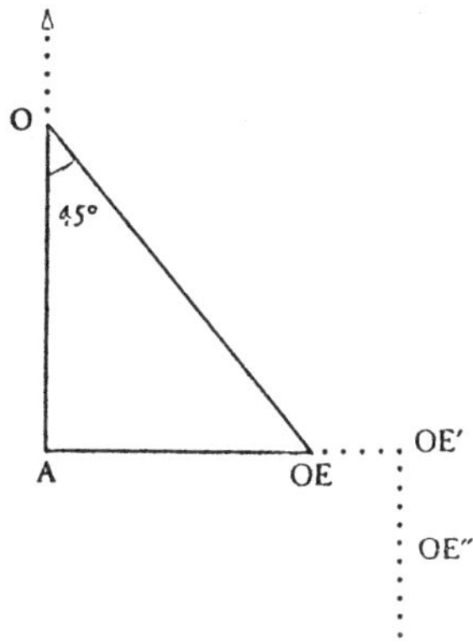

<그림 2>
중심을 이루는 검은 원이 흔들의자라면, 우리는 다음과 같은 것들을 가지게 된다.

O A OE1 : 거리에서의 상황

O OE2 OE3 : 방에서의 상황

OE4 O B : OE가 OE2, OE3을 넘어 섰고 O의 이중체가 되며, 후자는 흔들의자에 있을 때의 상황

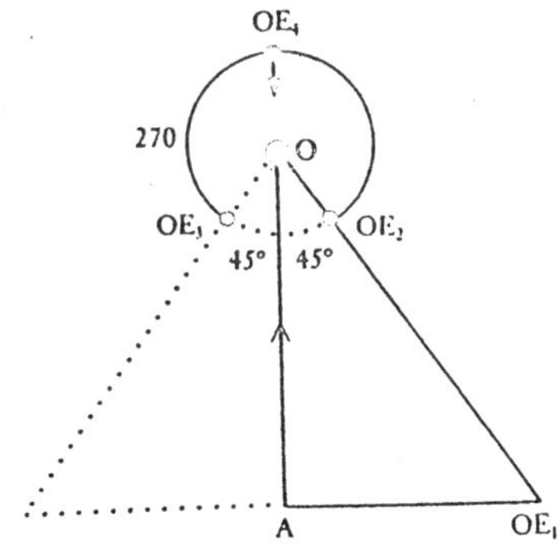

그러나 베케트에게 있어선, 누군가가 더 이상 흔들리지도 않는 흔들의자에 드러누워 있을 때, 부동성, 죽음, 사람의 운동과 수직적 신장의 상실은 오직 주관적인 최종성일 뿐이다. 그것은 보다 더 심오한 목적에 관련된 수단일 뿐이다. 그것은 인간 앞에, 우리 자신의 여명 앞에 있는 세계를, 운동이 반대로 보편적 변주의 체제하에 있었고 항상 자신을 증식하는 빛이 드러내어질 필요가 없었던 그 위치를 다시 한번 성취하는 문제이다. 이런 식으로 행동-이미지, 지각-이미지, 감정-이미지의 절멸로 나아감으로써, 베케트는 내재성의 빛나는 평면으로, 물질의 평면과 운동-이미지들의 코스모스적인 소용돌이로 다시 한 번 상승한다. 그는 이미지의 세 가지 변종들을 그 어머니 운동-이미지로 거슬러 올라가 추적한다. 우리는 뒤에 소위 실험적인 영화의 중요한 경향이 스스로를 거기에 확립시키기 위해 순수 운동-이미지들의 중심 없는 평면을 재창조하는 데 있음을 보게 될 것이다. 그리고 거기에서 그것은 종종 복잡한 기술적 수단들을 이용한다. 그러나 여기에서 베케트의 독창성은, 실험 영화의 일반적인 경향성을 가능하게 하는 조건으로서 단순한 관습들의 상징적인 체계 — 이것에 따라서 세 이미지들은 잇따라 연속적으로 절멸된다 — 를 정교화하는 것으로 만족한다는 것이다.

우리는 지금 당장은 정반대의 경로를 택하고 있다. — 운동-이미지로부터 그것이 취하는 변종들로. 그러므로 우리는 이미 네 가지 종류의 이미지들을 가지고 있다. 첫째는 운동-이미지들이다. 그 다음에, 그것들이 불확정의 중심에 관계될 때, 그것들은 세 변종들 — 지각-이미지들, 행동-이미지들, 감정-이미지들 — 로 나누어진다. 많은 다른 종류의 이미지들이 존재할 수 있다고 믿을 수 있는 갖가지 이유들이 있다. 사실, 운동-이미지들의 평면은 변화하는 전체의, 즉 지속 또는 '보편적 생성'의 움직일 수 있는 단편이다. 운동-이미지들의 평면은 공간-시간의 블록, 시간적 조망이지만, 그러나 이러 면에서 그것은 평면 또는 운동과는 전혀 같지 않은 실재 시간상의 조망이다. 그러므로 우리가 그 자신이 또 온갖 종류의 변종들을 가질 수 있는 시간-이미지들이 존재한다고 생각하는 것은 정당하다. 특히, 운동-이미지들의 자신들간의 비교로부터, 또는 세 변종들 — 지각들, 행동들, 감정들 — 의 조합으로부터 생기는 한, 시간의 간접적인 이미지들이 존재한다. 그러나 전체를 '몽타주'에, 또는 또 다른 종류의 이미지들의 대면의 시간에 의존하게 만드는 이러한 관점은 우리에게 시간-이미지 그 자체를 제공하지는 못한다. 다른 한편으로 운동-이미지들의 평면 위에서의 특별한 상황을 이용할 수 있는 불확정의 중심은 전체, 지속 또는 시간과 그 자신 특별한 관계를 가질 수 있다. 아마도 여기에 직접적인 시간-이미지의 가능성이 존재할 것이다. 예를 들어, 베르그송이 '기억-이미지'라고 부르는 것, 또는 어쨌든 운동-이미지와는 매우 다른 것일 시간-이미지의 다른 유형이란 과연 무엇이겠는가? 이렇게 해서 우리는 목록을 만들어야만 할 수많은 이미지들의 변종들을 가지게 된다.

퍼스C. S. Peirce 는 이미지들의 체계적인 분류로 가장 깊이 들어간 철학자이다. 기호학의 정초자로서, 그는 필연적으로 그것을 지금까지 확립된 것 중에서 가장 풍부하고 수적으로 가장 많은 기호들의 분류와 연합시켰다.[33] 우리는 아직 퍼스가 기호와 이미지 사이에 어떤 관계를 제안하고 있는지 알지 못한다. 이미지가 기호들을 발생시킨다는 것은 명백하다. 우리 생각으로는, 때로는 그것의 구성의 관점에서, 때로는 그것의 발생 또는 그것의 형성(또는 심지어 그것의 소멸)의 관점에서, 기호는 이미지의 유형을 표상하는 특별한 이미지인 것으로 나타난다. 그러므로 여러 개의 기호들이 — 이미지의 각 유형마다 적어도 두개씩 — 존재한다. 우리는 우리가 제안하는 이미지들과 기호들의 분류를 퍼스의 위대한 분류와 비교해야 할 것이다. 왜 그것들은, 심지어 판명한 이미지들의 수준에서마저도, 일치하지 않는가? 그러나 이러한 분석 — 더 뒤에 가야만 실행될 수 있는 — 을 하기 전에, 우리는 퍼스가 특수한 기호들을 지칭하기 위해서 창조했던 용어들을, 때로는 그것들의 의미를 유지하면서, 때로는 그것을 수정하거나 (그럴 때마

---

33) 퍼스의 저작 대다수는 사후에 *Collected Papers*(Harvard University Press)라는 제목으로 여덟 권으로 출간되었다.

다 우리가 분명히 할 이유들로) 완전히 바꾸기까지 하면서, 계속해서 사용할 것이다.

우리는 운동-이미지들의 세 가지 종류들과 그에 상응하는 기호들의 탐색에 착수함으로써 여기에서 시작할 것이다. 영화에서는, 심지어 명시적인 기준들을 사용하지 않고서도, 스크린을 가로지르며 지나가는 이 세 가지 종류의 이미지들을 실제적인 수준에서 인지하는 것은 쉬운 일이다. 앞에서 언급되었던 루비치의 <내가 살해한 남자 The Man I Killed>에서 가져온 장면은 범례적인 지각-이미지이다. 허리 높이로 뒤에서 보여지는 군중은 불구자의 잃어버린 다리에 상응하는 간극을 남겨 놓는다. 이 간극을 통해서, 다리가 없는 또 다른 불구자가 지나가는 행렬을 바라본다. 프리츠 랑은 <도박사 마부스 박사 Dr Mabuse the Gambler>에서 행동-이미지의 한 유명한 예를 제공한다. 하나의 조직화된 행동은, 그 똑딱거림이 기차 안에서의 살인과 훔친 서류를 채어 가는 자동차, 마부스에게 경고하는 전화에 구두점을 찍는, 시간이 맞추어진 시계들에 의해 공간과, 시간 속에서 분절된다. 행동-이미지는 필름 느와르 film noir와 지연 속에서 세부 묘사된 분절화된 행동의 이념에서 특권화된 환경을 발견하는 때까지는 이 모델이 그 특색을 이룬 채 남아 있을 것이다. 이와 비교할 때, 서부극은 행동-이미지들뿐만 아니라 거의 순수한 지각-이미지 또한 제시한다. 그것은 행동의 서사시인 만큼이나 가시적인 것과 비가시적인 것의 드라마이다. 주인공은 그가 첫 번째로 보는 사람이기 때문에 행동할 뿐이고, 그가 행동에다 간격이나 그가 모든 것을 보도록 허용하는 두 번째 사람의 지연을 부과하기 때문에 승리할 뿐이다(안소니 만 Anthony Mann의 <윈체스터 73 Winchester 73>). 감정-이미지에 대해서는, 우리는 드레이어의 잔다르크의 얼굴에서, 그리고 일반적으로 얼굴의 클로즈업들 대부분에서 그 인상적인 사례들을 발견하게 될 것이다.

한 편의 영화는 결코 단 한 종류의 이미지만으로 구성되지 않는다. 그러므로 우리는 세 변종들의 조합을 몽타주라고 부른다. 몽타주는(그 한 국면에서) 운동-이미지들의 집합 배열이고, 따라서 지각-이미지들, 감정-이미지들, 행동-이미지들의 상호-집합 배열이다. 그럼에도 불구하고 한 편의 영화는, 적어도 자신의 가장 단순한 특징들에 있어서, 항상 한 유형의 지배적인 이미지들을 갖는다. 우리는 주된 유형에 따라서 행동적 몽타주, 지각적 몽타주 또는 감정적 몽타주를 말할 수 있다. 그리피스는 정확히 행동의 몽타주를 창조함으로써 몽타주를 발명했다고 종종 말해진다. 그러나 <잔다르크의 수난>이 거의 배타적으로 감정적인 영화의 경우인 한, 드레이어는 다른 법칙들을 가지고 몽타주와 심지어 감정의 프레임화를 발명한다. 베르토프는 아마도 정확히 지각적인 몽타주의 발명자일 것이며, 이 몽타주는 실험영화 전체에 의해 발전될 수 있었다. 이 세 종류의 공간적으로 결정된 쇼트들은 이 세 종류의 변종들에 대응하도록 만들어질 수 있다. 롱 쇼트는 일차적으로 지각-이미지일 것이고, 미디엄 쇼트는 행동-이미지, 클로즈업은 감정-이미지일 것이다. 그러나 동시에, 에이젠슈테인의 가르침 중 하나에 따르면, 이 운동-이미지들의 각각은 영화 작품이 전체를 보는 하나의 시점, 이 전체를 포착하는 하나의 방식이고, 이는 클로즈업에서 감정적인 것으로, 미디엄 쇼트에서 행동적인 것으로, 롱 쇼트에서 지각적인 것으로 된다. ― 이 쇼트들 각각은 그 자신이 영화 작품 전체의 '읽기'가 되기 위하여 공간적이기를 그친다.[34]

---

34) Eisenstein, *Au-delà des Étoiles*, "En gros plan", pp. 263 ff. 이 텍스트를 축자적으로 읽는다면, 에이젠슈테인이 클로즈업을 영화 작품의 전체를 보는, 정확히 감정적인 것이 아니라 '전문가적인' 시점이라고 생각한다는 것은 사실이다. 그러나 이것은 '일어나고 있는 것의 가장 깊숙한 존재'를 관통하는 '열정적인' 시점이다.

제5장

●●●●●●●●●●

지각 이미지

5. 지각-이미지

1. 두 극들, 객관적인 것과 주관적인 것

우리는 지각이 이중적이라는 것, 또는 차라리 이중적인 준거를 갖는다는 것을 보았다. 그것은 객관적인 것이 되거나 주관적인 것이 될 수 있다. 그러나 어려움은 객관적인 지각-이미지와 주관적인 지각-이미지가 영화에서 어떻게 제시되는가 하는 것을 아는 데에 있다. 무엇이 그것들을 구별하는가? 주관적-이미지란 '한정된' 누군가에 의해 보여지는 사물, 또는 세트의 부분을 형성하는 누군가에 의해서 보여지는 것으로서의 그 세트라고 말할 수 있을 것이다. 이미지의 이러한 보는 사람에 대한 준거는 다양한 인자들에 의해서 표시된다. 먼저, 감각적인 인자가 있다. 강스의 <바퀴>에서 가져온 유명한 예에서는, 눈이 손상된 인물이 소프트 포커스로 그의 파이프를 바라본다. 엡스땡이나 레르비에의 영화에서처럼, 춤이나 축제가 거기에 참가하는 누군가에 의해서 보여질 때, 거기에는 행동적인 인자가 존재한다.

감정적인 인자도 존재하는데, 이것은 펠리니 Federico Fellini 의 <백인 족장 The White Sheikh>의 주인공을, 실제로는 그가 땅 바로 위에서 시소를 타고 있지만, 그를 찬양하는 여인에 의해 마치 그가 거대한 나무 꼭대기에서 흔들리고 있는 듯이 지각되도록 만든다. 그러나, 만약 이미지의 주관적인 특성을 확인해 내는 것이 쉽다면, 이는 우리가 그것을 객관적이라고 가정되는 변경된, 복구된 이미지와 비교하기 때문이다. 우리는 그 백인 족장이 그의 그로테스크한 시소에서 떨어지는 것을 볼 것이다. 우리는 부상당한 사람이 보고 있는 파이프를 보기 전에, 그 파이프와 부상당한 사람을 보았었다. 어려움이 시작되는 것은 여기이다.

우리는 사실, 사물이나 세트가 그 세트에 대해서 외재적으로 남아 있는 누군가의 시점에서 보여질 때 그 이미지가 객관적이라고 말할 수 있어야 할 것이다. 그리고 이것은 하나의 가능한 정의이지만, 그러나 그것은 순전히 명목적이고 부정적이며 잠정적이다. 왜냐하면, 하나의 세트에 대해서 외재적인 것이라고 우리가 생각하는 것이 그 세트에 속하는 것으로 판명될 수는 없을 거라는 것을 무엇으로 알 수 있는가? 루인 Albert Lewin 의 <판도라와 떠도는 네덜란드인 Pandora and the Flying Dutchman>은 일군의 사람들이 한 점을 향해 달려가고 있는 해변의 롱 쇼트로 시작한다. 그 해변은 어느 집의 튀어나온 부분에 위치한 망원경을 통해 먼 거리에서 그리고 높은 위치로부터 보여진다. 그러나 곧바로 우리는 해변, 집단들을 끌어당기는 점, 거기서 일어나고 있는 사건, 그것에 혼합되어 있는 사람 …… 등등 지금 고찰되고 있는 세트의 매우 많은 부분인 어떤 사람이 그 집에 살고 있으며, 망원경은 그 사람에 의해 사용되고 있다는 것을 알게 된다. 루비치의 예에서처럼, 그 이미지는 주관적인 것이 되지 않았는가? 그리고 우리를 자신의 극들 중의 하나에서 다른 것으로, 즉 객관적 지각으로부터 주관적 지각으로, 그리고 그 역으로 운동하게 만드는 것이 영화의 영원한 운명이 아닌가? 그러므로 우리의 최초의 두 정의들은 명목적이고, 또 단지 명목적일 뿐이다.

장 미트리는, '쇼트-역쇼트 shot-reverse shot' 상보성의 기능들 중 하나가 갖는 중요성에 주목하였다. 그것이 '관찰자-관찰되는 것'이라는 다른 상보성과 교차할 때 가지는 중요성 말이다. 맨 먼저 우리는 바라보고 있는 어떤 사람을 보게 되고, 그 다음에 그가 보고 있는 것을 보게 된다. 그러나 우리는 첫 번째 이미지는 객관적이고 두 번째 것은 주관적이라고 말할 수 없다. 왜냐하면 첫 번째 이미지에서 보여지는 것은 이미 주관적이고, 관찰하고 있는 것이기 때문이다. 그리고 두 번째 이미지에서 관찰된 것은 관찰하고 있는 인물에게 못지 않게 스스로에게 보여질 수도 있다. 더구나, 레르비에의 <엘도라도>에서처럼, 쇼트-역쇼트의 극단적인 축약이 일어날 수도 있는데, 그 영화에서는 소프트 포커스로 보는 마음 산만해진 여인이 그 자신 소프트 포커스로 보여진다. 결과적으로, 영화적 지각-이미지가 주관적인 것에서 객관적인 것으로 그리고 그 반대로 부단히 이행한다면, 우리는 그것을 지각할 수 없는 것으로 남을 수도 있지만 때때로 인상적인 경우에 스스로를 드러내는 하나의 특정한, 확산적인, 유연한 지위에 귀속시켜야 하지 않겠는가? 아주 초창기부터, 움직이는 카메라는 인물들을 예기하고, 그들을 재포착하며, 그들을 가게 내버려두거나 아니면 다시 집어 올린다. 역시 매우 초창기에, 표현주의에서, 그것은 등장 인물을 뒤에서 찍거나 그를 뒤따른다(무르나우의 <타르튀페 Tartuffe>, 듀퐁의 <보드빌>). 마침내, 자유로워진 카메라는 더 이상 인물을 뒤따르는 것에 스스로를 한정하지 않고 그들 사이를 움직이는 '닫힌 회로 내의 트래킹 쇼트'를 수행한다(무르나우의 <마지막 웃음>). 이러한 발전들에 응답하면서, 미트리는 카메라의 이 '함께 있음'을 지칭하기 위해 일반화된 반半 주관적 이미지라는 개념을 제안한다. 그것은 더 이상 등장 인물들과 섞이지 않고 바깥에 있지도 않다. 그것은 그와 함께 있다.[1] 그것은 일종의 진정한 영화적 공존재 Mitsein 이다. ― 또는 도스 파소스 Dos Passos 가 적절하게도 '카메라의 눈'이라고 부른 것이며, 인물들 사이에서 확인할 수 없는 누군가의 익명적인 시점이다.

1) Mitry, *Esthétique et psychologie du cinéma,* II, pp. 61 ff.

지각-이미지는 반주관적이라고 가정하자. 그러나 이 반주관성의 지위를 발견하기란 어려운 일인데, 그것은 자연적 지각에서 어떤 등가물도 갖지 않기 때문이다. 이것이 파졸리니가 나름대로 언어학적 유추를 사용했던 이유이다. 주관적인 지각-이미지는 직접 화법이며, 더 복잡한 방식으로, 객관적인 지각-이미지는 간접 화법과 같다고 말할 수 있을 것이다(관객은 등장인물이 보고 있다고 가정되는 것이 무엇인지 조만간 진술할 수 있는 그런 방식으로 그 인물을 본다). 이제 파졸리니는 영화적 이미지의 본질적인 요소는 직접 화법에도 간접 화법에도 상응하지 않고, **자유 간접 화법**에 상응한다고 생각했다. 이탈리아 어와 러시아 어에서 특히 두드러지는 이 형식은 문법 학자들과 언어학자들에게 많은 문제들을 제기한다. 그것은 그 자체가 또 다른 발화 행위 énonciation 에 의존하는 한에서 언표 énoncé 속에 취해진 발화 행위로 구성된다. 예를 들자면, 프랑스 말로 "Elle rassemble son énergie : *elle souffrira plutôt la torture que perdre sa virginité*" [그녀는 자신의 힘을 불러모은다 : **그녀는 자신의 처녀성을 잃느니 차라리 고문을 견딜 것이다**]. 우리가 예를 빌려 온 언어학자 바흐친 Mikhail Bakhtin 은 문제를 명확하게 진술한다 : 한 사람은 보고자이고 다른 한 사람은 피보고자인, 두 사람의 완전하게 구성된 발화 주체들의 단순한 조합이란 존재하지 않는다. 오히려 그것은, 두 개의 분리할 수 없는 주체화 행위들을 동시에 수행하며, 그중 하나는 일인칭 속에서 한 인물을 구성하고 다른 하나는 그 인물의 탄생에 현존하며 그를 장면으로 데려오는 발화 집합의 경우이다. 각각 하나의 체계에 속하는 두 주체들의 혼합이나 평균이란 존재하지 않으며, 그 자체가 이질적인 하나의 체계 속에서 두 상관적인 주체들의 분화가 존재하는 것이다. 이러한 바흐친의 관점은 — 파졸리니에 의해 채택되고 있는 것처럼 보이는 — 매우 흥미롭고, 또한 매우 난해하다.[2] 그것이 체계를 '동질

2) 파졸리니는 *L'Expérience hérétique*에서 문학과(특히 pp. 39-65) 영화의 입장에서(특히 pp. 139-155) 자신의 이론을 설명한다. 우리는 자유 간접 화법에 관한 바흐친의 개념화에 대해서 M. Bakhtine(V. N. Volosinov), *Marxism and*

화'하는 한, 그것은 더 이상 기본적인 언어 행위인 은유가 아니다. 그것이 균형과는 거리가 먼, 항상 이질적인 체계를 입증하는 한, 그것은 자유 간접 화법이다. 그렇지만 자유 간접 화법은 언어학적 범주들을 따르지 않는바, 왜냐하면 이 언어학적 범주들은 오직 동질적이거나 동질화된 체계들에만 관련될 뿐이기 때문이다. 그것은 스타일, 문체론의 문제라고 파졸리니는 말한다. 그리고 파졸리니는 가치 있는 논평을 덧붙인다. 즉, 한 언어가 방언에 있어서 점점 더 풍부해질수록, 더욱더 자유 간접 화법이 번성하도록 허용하거나, 아니면 차라리 '평균 수준'에서 스스로를 확립하는 대신에 '하급 언어와 고급 언어'로 분화된다(사회학적 조건). 파졸리니는 자유 간접 화법 속에서의 이러한 두 발화 체계 또는 두 언어의 작동을 미메시스 Mimesis 라고 부른다. 이것은 아마도 부적당한 단어일 것이다. 왜냐하면 그것은 모방의 경우가 아니라, 언어 내에서 작용하는 두 개의 비대칭적인 진행들 간의 상호 관계의 경우이기 때문이다. 그것은 소통하는 그릇들과 같다. 그러나 파졸리니는 그러한 작동의 성스러운 특성을 강조하기 위해 '미메시스'란 단어에 집착했던 것이다.

우리는 언어에서, 사유에서, 그리고 예술에서 주체의 이 둘로의 분할, 주체의 이 분화를 발견할 수 있지 않은가? 그것은 코기토 Cogito 이다. 경험적 주체는, 경험적 주체 자신을 사유하고 또 그 안에서 경험적 주체가 스스로를 사유하는 선험적 주체 속에 동시에 반영되지 않고서는 세계 속으로 태어날 수 없다. 그리고 그것은 예술의 코기토이다. 행위하는 주체란, 그것이 행위하는 것을 지켜보고, 자기가 그것으로부터 박탈하는 자유를 자기 자신이 취하면서 그것을 행위된 것으로서 포착하는 또 다른 주체가 없이는 존재하지 않는다. "그러므로 두 개의 다른 나 moi 들이 있으며, 이들 중 자신의 자유에 대한 의식인 한 나는 스스로를 다른 나가 기계적 방식으로 행동하는 장면의 독립적인 관객으로 세운다. 그러나 둘로의 분할은 결코 그 한계까지 가지는 않는다. 그것은 오히려 자기 자신에 대한 두 개의 관점들

---

the Philosophy of Language(1973), Chaps X and XI를 참조하였다.

사이에서의 인격의 진자 운동, 정신의 여기에 저기에 …… ", 하나의 함께 있음이다.[3)]

이 모든 것에서 영화에 관련된 것은 무엇인가? 왜 파졸리니는 자유 간접 화법의 등가물이 이미지 속에서 '시의 영화 the cinema of poetry'가 정의되는 것을 허용할 정도로, 영화가 관련되어 있다고 생각하는가? 한 인물이 스크린 상에서 행위하고, 어떤 특정한 방식으로 세계를 본다고 상정된다. 그러나 동시에 그 인물의 시점을 생각하고, 반영하고, 변형하는 또 다른 시점으로부터 카메라가 그를 보고 그의 세계를 본다. 파졸리니 감독은 "그 자신의 정신 착란적인 심미주의의 시각으로 세계에 대한 신경증 환자의 시각을 통째로 대체하였다"고 말한다. 사실, 한 주체의 세계 내로의 어려운 탄생을 보다 효과적으로 나타내기 위하여 인물이 신경증적이 되어야 한다는 것은 좋은 일이다. 그러나 카메라는 단순히 우리에게 등장 인물의 시각과 세계에 대한 그의 시각을 제공하기만 하는 것은 아니다. 그것은 그 속에서 첫 번째 시각이 변형되고 반영되는 또 다른 시각을 부과한다. 이러한 하위 분할이 파졸리니가 '자유 간접 주격'이라고 부르는 것이다. 우리는 영화가 항상 이와 같다고는 말하지 않을 것이다. ― 우리는 영화에서 객관적이라고 주장하거나 주관적이라고 주장하는 이미지들을 볼 수 있다. 그러나 여기서는 다른 어떤 것이 관건이다. 그것은 내용의 자율적인 시각으로 스스로를 설정하는 순수 형식을 향하여 주관적인 것과 객관적인 것을 넘어서는 경우이다. 우리는 더 이상 주관적 이미지들이나 객관적 이미지들과 대면하지 않는다. 우리는 지각-이미지와 그것을 변형하는 카메라-의식 사이의 상호 작용 속에 붙잡혀 있다(이미지가 객관적이었는가 주관적이었는가를 아는 문제는 더 이상 제기되지 않는다). 그것은 '카메라가 느껴지도록 만드는' 성향을 획득한 매우 특별한 종류의 영화이다. 그리고 파졸리니는 이 반성하는 의식

---

3) Bergson, *L'Énergie spirituelle*, p. 920(139)(첫 번째 페이지 숫자는 베르그송 저작의 'Centenaire' 판의 페이지 숫자이고, 두 번째 것은 PUF판의 페이지 숫자이다).

또는 이 정확히 영화적인 코기토를 예증하는 몇 가지 스타일적인 절차들을 분석한다. '강요하는' 또는 '강박적인' 프레임화는 카메라가 한 인물이 프레임 안으로 들어오기를 기다리고, 그가 무엇인가를 행위하고 말하며 그리고는 나가기를 기다리게 만드는 한편, 장면으로서의 그것의 순수하고 절대적인 의미 작용을 향해 한 번 더 그 장면을 떠남으로써 다시 한번 텅 비게 되는 공간을 계속해서 프레임화한다. '하나의 동일 이미지 상에서의 상이한 렌즈들의 교체'와 '줌의 과도한 사용'은 독립적인 미적 의식의 지각을 이중화한다.…… 간단히 말해서, 지각-이미지는 자율적이 된 카메라-의식 속에서 자신의 내용을 반성하는 순간부터 자유 간접 주격으로서의 자신의 지위를 찾는다(시의 영화).

영화는 자기 의식을 획득하기 전에 느린 진화를 통과해야 했었다고 말할 수도 있다. 파졸리니는 안토니오니와 고다르를 예로서 인용한다. 그리고 정말로 안토니오니는 강박적인 프레임화의 대가들 중의 한 사람이다. 그 속에서는 신경증 환자, 또는 자신의 정체성을 상실한 남자가 그의 속에서, 그를 통하여 스스로를 확인하는 동시에 그로부터 스스로를 구별하는 감독의 시적인 시각과 '자유 간접적인' 관계에 들어간다. 신새先在 하는 프레임은 등장 인물 내에서 기이한 분리를 산출하는바, 이 인물은 자기 자신이 행위하는 것을 지켜본다. 신경증적인 남자나 여자의 이미지들은 이렇게 해서 감독의 시각들이 되며, 감독은 그의 주인공의 환영들을 통하여 전진하고 반성한다. 자유 간접 화법 또는 현대 세계의 '저급한 언어'를 지속하는 것, 이것이 현대 영화가 신경증적인 인물들을 그렇게 필요로 하는 이유인가? 그러나 안토니오니의 시적 의식의 시각이 본질적으로 미학적이라면, 고다르의 그것은 오히려 '기술주의적'이다(그러나 결코 덜 시적이지는 않다). 파졸리니가 적절하게 논평하듯이, 고다르 역시 의심할 바 없이 아프고, '심각하게 영향받은' 인물들을 이용하지만, 그러나 그 인물들은 치료받지 않으며, 그들의 자유의 실질적인 정도들을 아무것도 상실하지 않고, 생으로 가득 차며, 새로운 인류학적 유형의 탄생을 다소 표상한다.[4)]

파졸리니는 그가 제시하는 예들의 목록에 자기 자신과 로메르를 덧붙일 수도 있었을 것이다. 왜냐하면 파졸리니의 영화를 특징짓는 것은 엄밀하게 심미주의적이거나 기술주의적인 것이 아니라 오히려 신비적이거나 '신성한' 시적 의식이기 때문이다. 이것이 파졸리니로 하여금 그의 인물들을 신비적이거나 신성화하는 요소들에 의해 생기가 불어넣어지는 순수한 시적 의식 속에서 반성하는 한편으로, 지각 이미지 또는 그의 인물들의 신경증을 가장 저급한 주제-소재 속에서 비속함과 짐승성의 수준으로 가져올 수 있도록 허용한다. 파졸리니가 이미 문학의 본질적인 형식으로서의 자유 간접화법 속에서 진단했던 것이 하찮은 것과 고귀한 것의 이러한 치환, 배설물적인 것과 아름다운 것의 이러한 소통, 신화 속으로의 이러한 투사이다. 그리고 그는 그것을 두려울 수 있을 뿐만 아니라 우아할 수도 있는 영화적 형식으로 만드는 데 성공한다.[5] 로메르로 말하자면, 그는 아마도 이번에는 진정으로 윤리적인 의식의 매개를 통하여 자유 간접적인 주관적 이미지를 구축하는 가장 놀라운 예일 것이다. 두 감독 — 파졸리니와 로메르 — 들이 서로의 작업을 잘 알았던 것 같지 않기 때문에 이는 매우 이상한 일이지만, 그러나 현대 세계를 표현하기 위해서, 그리고 또 영화와 문학 사이에 등가성을 도입하기 위해서 이미지를 위한 새로운 지위를 가장 열심히 찾은 사람들은 바로 그들이었다. 로메르에게서는, 한편으로 카메라를 현대의 신경증적인 세계에 대한 자유 간접적인 이미지를 담지할 수 있는 형식적이고 윤리적인 의식으로 만들며(<도덕 이야기 Moral Tales >의 연작), 다른 한편으로는 파졸리니처럼 로메르가 간접 화법의 정확한 등가물인 시각적이고 소리적인 이미지의 한 유형을 발명함으로써만 접촉할 수 있는, 영화와 문학

---

4) 파졸리니는 안토니오니의 '파두안-로만적' 심미주의와, 고다르의 자유주의적 기술주의 사이의 매우 현란한 평행선을 스케치한다. 두 감독들의 '주인공들' 간의 차이는 이로부터 생겨난다. *L'Expérience hérétique*, pp. 150-1을 참조.

5) Passolini, *Etudes cinématographique*와 특히 장 세몰루 Jean Semolué 의 연구, "Après le Décameron et Les Contes de Conterbury ; réflexions sur le récit chez Pasolini"를 참조.

에 공통된 한 점에 도달한다(이것이 로메르로 하여금 두 편의 배아적인 작품들, <O 후작 부인 The Marquise of O >과 <퍼시발 Perceval >을 창조하도록 이끈다).[6] 그들은 단어나 문장 또는 텍스트와 이미지의 관계 문제를 변형하였다. 이것이 그들의 영화 속에서 주석과 삽입구가 수행하는 특별한 역할의 기원이다.

현재로서 우리의 관심을 끄는 것은 언어와의 관계가 아니며, 이 문제는 이후에나 고찰할 수 있을 것이다. 우리는 파졸리니의 극히 중요한 테제 중에서 오직 다음의 것만을 간직한다. 즉, 지각-이미지는 자유 간접 주격에서 특별한 지위를 발견할 수 있을 것이며, 이것은 카메라-자기 의식 속에서의 이미지의 반성과 같은 것일 것이다. 이미지가 객관적인가 주관적인가 하는 것을 아는 것은 더 이상 중요하지 않다. 그것은 우리가 원한다면 반주관적인 것이지만, 그러나 이 반주관성은 가변적이거나 불확실한 어떤 것도 나타내지 않는다. 그것은 더 이상 두 극들 사이의 진동을 표시하는 것이 아니라, 더 높은 미학적 형식에 따른 부동화를 표시한다. 지각-이미지는 여기서 자신의 구성의 특수한 기호를 발견한다. 우리는 그것을 — 퍼스의 용어에서 하나를 빌려 와서 — 형식 기호 dicisign 라고 부를 수 있을 것이다(그러나

6) 간접 화법의 문제가 에릭 로메르를 따라 다녔던 것처럼 보인다. <도덕 이야기> 처럼 초기에, 간접체로 주의 깊게 구성된 대사들은 '하나의 주석'에 관계된다. 우리는 로메르가 쓴 글 "Le film dt les trois plans du discourse, indirect, direct, hyperdirect(*Cahiers Renaud-Barrault*, no. 96. 1977)을 참조한다. 그러나 적어도 우리가 알기로는 로메르가 자유 간접 화법에 호소하지 않으며, 파졸리니의 이론들을 알고 있는 것처럼 보이지도 않는다는 것은 이상한 일이다. 그렇지만 그가 염두에 두고 있는 것은 정말로 간접 화법의 그러한 특별한 형식이다. 그가 <O 후작 부인>에 관한 자신의 글에서 클라이스트 Kleist 의 간접 문체에 대하여 말하고 있는 것, 그리고 <퍼시발>에 관한 글에서 스스로에 관해 3인칭으로 말하는 등장 인물에 대하여 말하고 있는 것을 참조하라. 그리고 가장 중요한 것은, 그것이 자유 간접 화법으로 텍스트를 제시하는 것이 아니라, 그에 상응하는 양식으로 시각적 이미지들이나 장면들을 제시하는 것이라는 점이다. <O 후작 부인>의 강박적인 프레임화들과 특히 <퍼시발>에서 모형으로 이미지를 처리하는 것은 이로부터 나온다.

퍼스에게 이것은 명제 일반이지만, 우리에게 그것은 자유 간접 명제 또는 오히려 그에 상응하는 이미지의 특별한 경우이다). 카메라-의식은 그때 극단적으로 형식적인 규정을 획득한다.

2. 지각의 또 다른 상태를 향하여 : 액체적 지각

그렇지만 이러한 해결은 단지 '주관적인' 것과 '객관적인' 것에 대한 명목적인 정의에만 관련될 뿐이다. 그것은 영화가 운동-이미지를 불신하는 법을 배우게 됨으로써 진화된 상태에 도달했다는 것을 함축한다. 그러나 만약 우리가 두 극들, 또는 이중적 체계에 대한 실재적인 정의를 우리의 출발점으로 삼는다면 무슨 일이 일어날까? 베르그송주의는 다음과 같은 정의를 제안하였다. **주관적인 지각은 이미지들이 중심적이며 특권화된 이미지와의 관계 속에서 변화하는 지각이고, 객관적인 지각은 사물들에서처럼 모든 이미지들이 그들의 모든 면들과 부분들에서 서로와의 관계 속에 변화하는 지각이다.** 이러한 정의들은 지각의 두 극들 사이의 차이뿐만 아니라, 주관적인 극에서 객관적인 극으로 이행하는 것의 가능성 역시 긍정한다. 특권화된 중심이 그 자체가 운동 속에 주어지면 주어질수록, 그것은 더욱더 이미지들이 서로와의 관계 속에서 변화하고 순수 물질의 호혜적인 작용들 및 진동들과 같이 되는 경향이 있는 중심 없는 체계를 지향하는 경향을 띨 것이기 때문이다. 무엇이 정신착란, 꿈, 환각보다 더 주관적일 수 있겠는가? 그러나 무엇이 빛의 파동과 분자적 상호 작용으로 구성된 물질성에 더 가까울 수 있겠는가? 프랑스 유파와 독일 표현주의는 주관적 이미지를 발견하였지만, 그와 동시에 그들은 그것을 우주의 한계로 가져갔다. 준거의 중심 그 자체를 운동 속에 집어넣음으로써, 부분들의 운동은 세트ensemble로 고양되었고, 상대적인 것의 운동은 절대적인 것으로, 연속적인 것의 그것은 동시주의로 고양되었다. 듀퐁의 <보드빌>에서 그것은 왔다 갔다 흔들리는 공중 곡예사가 군중과 천장을, 불꽃의 소나기와 떠도는 점들의 소용돌이처럼 서로의 속에서 서로를 보게 되는 음악당 장면이었다.[7] 그리고 엡스땡의 <순정>에서 그것은 고정된 점들이 어지럽게 사라지는 가운데 모든 것이 보는 사람의 운동과 보여지는 운동의 동시성을 지향하는 경향을 띠는 순회 박람회였다. 여기에서 지각-이미지는 이미 명백하게 미학적 의식에 의해 변형되었다(프랑스 유파의 유명한 '포토제니'를 참조). 그러나 이 미학적 의식은 아직 운동을 넘어서는 형식적이고 반성된 의식이 아니다. —그것은 순진한 것이거나, 또는 오히려 비자의적 의식, 현상학자들이 말하는 것처럼 행위 속의 en acte 의식인바, 이것은 몽타주와 카메라의 활동성을 발견하는 기쁨과 더불어, 운동을 확대하고 그것을 물질 속에 도입하였다. 그것은 더 좋지도 나쁘지도 않은 다른 무엇이었다.

장 르느와르의 흐르는 물에 대한 선호는 자주 논의되어 왔다. 그러나 이러한 선호는 프랑스 유파의 모든 성원들에게 공통적인 것이었다(비록 르느와르가 그것에게 매우 특별한 차원을 부여하였지만). 프랑스 유파에서 그것은 때로는 강과 그 진로이고, 때로는 운하와 그 수문들 및 바지선들이며, 때로는 바다, 땅과 바다의 경계, 항구, 빛나는 질로시의 등대이다. 민약 수동적 카메라라는 관념이 그들에게 발생했더라면, 그들은 그것을 흐르는 물옆에 설치했을 것이다. 레르비에는 <급류 Le Torrent >에서 하나의 계획을 가지고 출발했는데, 거기에서 물은 주요한 등장 인물이 되었다. 그리고 <난바다의 사나이 L'Homme du large >는 바다를 단지 특수한 지각의 대상으로서만이 아니라, 지상의 지각들과 구별되는 지각 체계, 지상의 언어와는 다른 '언어'로 다루었다.[8] 엡스땡과 그레미용 작품들의 한 중요한 부분은 일종의 브레통 André Breton 학파를 형성하는바, 그것은 등장 인물 없는 드라마라는 영화적 꿈을 실현하거나, 최소한 자연으로부터 인간으로 운동할 것이

---

7) *The Haunted Screen*에서의 아이스너의 묘사를 참조.

8) *Marcel L'Herbier*, p. 68에서 노엘 버치가 인용한 앙리 랑글루와 Henri Langlois 의 논평을 참조.

다. 왜 물이 프랑스 유파의 모든 요건들에, 추상적인 미학적 요건, 사회 다큐멘터리적 요건, 이야기체적인 드라마적 요건에 일치하는 듯 보이는가? 그것은 먼저, 물은 움직여지는 사물로부터 운동이 추출될 수 있거나 운동 그 자체로부터 가동성이 추출될 수 있는 가장 완벽한 환경이기 때문이다. 이것이 리듬에 대한 연구에서 물이 가지는 시각적이고 청각적인 중요성의 기원이다. 액체적 요소는 강스가 강철과 함께, 철로와 함께 시작했던 것을 모든 방향으로 연장하고 전달하고 확산한다. 장 미트리는 <태평양 231 Pacific 231 >에서부터 <드뷔시를 위한 이미지 Images pour Debussy >까지 그의 실험적인 시도들에서, 철로에서 시작하여 가장 깊은 의미에서 진동으로서의 실재적인 것을 우리에게 줄 수 있는 이미지로서의 물로 나아갔다.[9] 그리고 그레미용의 다큐멘터리 작업은 이 운동을 통하여 고체들의 역학으로부터 유체들의 역학으로, 산업으로부터 그것의 해양적 배경으로 넘어간다.

액체적 추상은 또한 참으로 지상의 사람들과 같은 방식으로 살지 않고, 그들처럼 지각하거나 느끼지 않는 인간 유형, 인간 종족의 구체적인 환경이기도 하다. 우에상 Ouessant 과 그 다음에 센 Sein 은 엡스땡에게 완벽한 다큐멘터리를 주는데, 거기에서는 주민들만이 자신들의 역할을 수행할 수 있다(<세계의 종말 Finis Terrae >, <갈가마귀들의 바다 The Sea of Ravens >). 마침내, 대지와 물의 경계는, 한편으로는 배를 잡아매는 땅과 다른 한편으로는 계선 장비 — 로프들, 두 로프들과 자유롭게 떠다니는 밧줄들 — 사이의 대결이 존재하는 드라마의 장면이 된다. 엡스땡의 <아름다운 니베르네 La belle Nivernaise >는 이미 — 바지선에 대한 관계에서 — 대지의 고체성을 하늘과 물의 유체성에 대립시켰고 그레미용의 <말돈 Maldone >은 뿌리, 땅과 집의 조직화를 운하의 집합 배열에 대립시킨다 : '인간-배-말'. 대지와의 연결 고리를, 아버지의 아들과의 고리, 남편의 아내 및 정부와의 고리, 여인의 연인과의 고리, 아이들의 부모와의 고리를 깨뜨리는 것이, 그리고 인간적 유대, 계급적 유대를 성취하기 위해 고독 속으로 퇴각

9) Mitry, *Le Cinéma expérimental*, pp. 211-17.

해 들어가는 것이 필요하다는 것이 드라마였다. 그리고 비록 최후의 화해가 배제되지 않는다 하더라도, 등대 또는 댐은 대지의 광기와 물의 우월한 정의 사이에 벌어지는 치명적인 대결의 장면이었다. <등대지기>에서 분노한 아들의 광기, <여름의 빛 Lumiére d'été >에서 공상적인 옷을 입은 주인의 거대한 몰락. 물론 모든 직업이 바다와 관련된 것은 아니다. 그러나 그레미용의 생각은, 맑스의 공식을 따라서 만약 그들이 '자신을 대지 위에 붙박는 탯줄을 끊는다면', 프롤레타리아트 또는 노동자는 도처에서 — 심지어는 <대담한 여인 The Woman Who Dared >의 땅 위와 대기적인 요소 속에서도 — 한 사회 안에서 작동하고 있는 경제적이고 상업적인 이해들의 본질을 드러내고 변형시킬 수 있는 부유하는 인구, 바다 사람들의 조건들을 재구성한다는 것이다.[10] 바다와 연결된 직업들이 민속의 유물도 섬적인 유형도 아니라는 것은 이러한 의미에서이다. 그것들은 모든 직업들의 지평이며, 심지어 <어느 여인의 사랑 L'Amour d'une femme >에서의 여의사의 지평이기도 하다. 그것들은 어떤 직업에도 현존하는, 요소 및 인간과의 관계를 추출해 낸다. 그리고 심지어 역학, 산업, 프롤레타리아화마저도 바다들의(또는 대기의) 제국에서 그들의 진리를 발견한다. 그레미용은 격렬하게 비시 Vichy 의 가족과 지주 terrien 의 이상에 반대했다. 인간의 노동을 그렇게도 잘 영화화한 감독은 별로 없다. 바다의 등가물에서조차 그것을 발견해 내고, 파도와 같은 돌들의 쇄도에서마저 그것을 발견해 내면서 말이다.

이것들은 두 개의 대립되는 체계들이다. 즉, 땅 위의 인간들의 지각들, 감정들, 행동들과 바다의 인간들의 지각들, 감정들, 행동들. 이것은 그레미용의 <폭풍의 바다 Stormy Waters >에서 명확하게 나타나는데, 그 영화에서 땅 위의 선장은 그 모두가 그렇게 많은 이기주의적인 주체화의 점들인 고정된 중심들로, 즉 아내나 연인의 이미지들, 바다를 마주보는 별장의 이

10) 폴 비릴리오 Paul Virilio 는 그레미용의 영화에 잘 적용될 수 있는 한 텍스트에서 프롤레타리아트의 해양적 기원과 모델을 보여주었다. *Vitesse et politique*, p. 50.

미지로 이끌려 후퇴하는 반면에, 바다는 그에게 보편적 변주, 모든 부분들의 연대성, 인간들을 능가하는 정의로서의 객관성을 선사하는바, 거기서 항상 의문시되는 삼 로프들의 고정된 점은 두 운동들 사이에서를 제외하고는 더 이상 타당성을 갖지 못한다. 그러나 이러한 대립을 정점으로 데려갈 수 있었던 것은 비고의 <라딸랑뜨>이다. 밤베르제 J. P. Bamberger 가 보여주는 것처럼, 땅 위에는 바다 위, 바다 속에서와 같은 운동 체제나 '우아함'이 존재하지 않는다. 뭍의 운동은 그 원동력이 항상 중력의 중심 바깥에 있기 때문에 영원한 불균형 속에 있다(신문 배달부의 자전거). 반면에 수중의 운동은 직선적이거나 타원적인 단순한 객관적 법칙에 따르는 중력 중심의 대체와도 같다(이것이 이 운동이 땅 위에서 일어날 때나 심지어 바지선 위에서 일어날 때조차 그것이 가지는 외견상의 꼴사나움 — 게 같은 걸음, 꿈틀거림 또는 빙빙 돌기 — 을 설명하지만, 그러나 이것은 다른 세계적인 우아함과 같은 것이다). 그리고 땅 위에서는, 운동이 항상 한 점에서 다른 점으로, 항상 두 점들 사이에서 발생하지만, 물위에서는 항상 점이 두 운동들 사이에 있다. 그러므로 그것은 다이빙과 역다이빙의 수력학적인 관계에서처럼, 카메라 자체의 운동 속에서 발견되는 운동의 전환과 전도를 표시한다(마지막에 두 연인들의 얽힌 육체들이 떨어지는 것은 종말을 갖는 것이 아니라 상승 운동으로 전환된다). 그것은 동일한 열정의 체제, 감정의 체제도 아니다. 한 경우에서는 상품들, 물신, 옷의 품목, 부분적인 대상과 기억-대상에 의해 지배된다. 다른 경우에서는 의복 아래에서 섬뜩함을 드러낼 수도 있지만 허름한 외양 아래에서 우아함을 드러낼 수도 있는 신체들의 '객관성'이라고 불리는 것을 획득한다. 땅과 바다 사이에 어떤 화해가 존재한다면, 그것은 아버지 쥴에서 일어나지만, 이는 단지 그가 무의식적으로 자연스럽게 바다에서와 동일한 법을 땅에도 부과할 줄 알기 때문일 뿐이다. 그의 오두막집에는 가장 괴상한 물신들, 부분적 대상들, 기념품과 조각들이 있다. 그러나 그는 그것들을 기억으로 만드는 것이 아니라, 다시 작동하는 낡은 레코드에 이르기까지 현재 상태들의 순수한 모자이크로 만든다.[11] 마지막으로,

지상의 시각에 대립되는 것으로 투시적 기능이 물에서 발전된다. 마치 지각이 땅에서는 가지지 못했던 범위와 상호 작용, 진실을 향유하는 양, 사라졌던 사랑하는 사람이 드러나 나타나는 것은 물에서이다. 심지어 니스에서조차, 부르주아지를 괴물 같은 유기적인 신체로 묘사될 수 있게 하는 것은 물의 현존 바로 그것이었다.[12] 마치 그것이 지금 사랑하는 사람의 신체의 부드러움과 힘을 드러내는 것과 꼭 마찬가지로, 그들의 옷들 아래에서 부르주아지의 육체들의 섬뜩함을 드러내는 것은 물이다. 부르주아지는 어린 시절, 사랑, 항해가 자신들의 완전체를 대립시키는 물신-신체, 조각-신체의 객관성으로 환원된다. '객관성', 균형, 정의는 대지의 것이 아니다. 그것들은 물의 영역이다.

마지막으로, 프랑스 유파가 물에서 발견한 것은 지각의 또 다른 상태에 대한 약속 또는 함축이었다. 인간적 지각 이상의 것으로서, 지각은 고체들을 대상으로 하지 않았다. 그것은 더 이상 고체를 대상으로, 조건으로, 환경으로 가지지 않았다. 이것은 '영화의 눈cine-eye'에 특유한, 더 섬세하고 광대한 지각, 분자적인molecular 지각이었다. 이것은 지각의 두 극들에 대한 실재적인 정의에서 출발한 결과였다. 지각-이미지는 형식적인 의식 속에 반영될 수 없었으며, 하나는 분자적이고 다른 하나는 몰적인molar, 하나는 액체적이고 다른 하나는 고체적인 두 가지 상태, 하나가 다른 하나를 따라 이끌려지고 그것을 지워 버리는 두 가지 상태들로 분리되었다. 그러므로 지각의 기호는 형식 기호dicisign가 아니라 유동체reume일 것이다.[13] 형식

---

11) 우리는 <라딸랑뜨>에 관해 다루는 밤베르제의 미출간된 텍스트를 이용하고 있다.

12) 아멩구알은 다음과 같이 그 문제를 명확하게 제기한다. 왜 비고는 부르주아지를 정치적이거나 경제적인 측면에서가 아니라 생물학적인 측면에서 표현하는가? 그는 투시의 기능과 물체들의 '객관성'의 기능을 환기시킴으로써 대답한다. *Vigo, Etudes cinématographiques* 참조(아멩구알은 또한 비고에 있어서의 부감 쇼트들을 분석한다).

13) 그의 기호 분류에서, 퍼스가 '형식 기호dicisign'(명제)로부터 구별하는 것이

기호가 이미지를 격리시키고 고체화하는 프레임을 구성하는 반면, 유동체는 프레임을 통하여 또는 그 아래에서 지나가는, 액체가 되는 과정에 있는 이미지를 지시한다. 카메라-의식은 흐르는 지각 속에서 현실화되고, 그럼으로써 하나의 물질적인 결정에, 흐름-물질에 도달했기 때문에 reume가 되었다. 그렇지만 프랑스 유파는 이것에 대한 완전한 책임을 떠맡기보다는, 이 다른 상태, 이 다른 지각, 이 다른 투시 기능을 향한 방향을 가리켰다. 그것의 추상적인 시도와는 달리(그러한 시도들 가운데 비고의 <따리, 물의 왕 Taris, roi de l'eau >이 특징적이다), 그것은 그로부터 새로운 이미지가 아니라, 운동-이미지들의 수렴의 한계 또는 궁극적인 점, 자신의 고체성을 보유하면서 이야기의 맥락 속에 있는 평균-이미지들의 그것을 창조한다. 이 이야기는 그토록 깊게 리듬에 침윤되었기 때문에, 이것은 확실히 어떤 결함도 아니었다.

3. 기체적 지각을 향하여

'영화의 눈'에서, 베르토프는 보편적 변주의 체계 그 자체를 획득하거나 다시 얻는 것을 목표로 하고 있었다. 모든 이미지들은 그들의 모든 면과 부분들에서, 서로의 함수로서 변화한다. 베르토프 그 자신은 '영화의 눈'을 이렇게 정의하였다. 그것은 "그것이 어떤 것이든 시간적인 질서 속에서 우주의 어떤 점이든 함께 연결하는" 것이다.[14] 저속 또는 고속 쇼트들, 이중인

'분비체 rheme '(단어)이다. 파졸리니는 퍼스의 용어를 채택하지만, 그것에 흐름이라는 매우 일반적인 관념을 도입한다. 영화적 쇼트는 '흘러야 하며', 따라서 그것은 하나의 rheme이다(L'Expérience hérétique, p. 271). 그러나 여기에서 파졸리니는 어원학적 실수를 범한다. 그리스어에서 흐르는 것은 rheume(또는 reume)이다. 그러므로 우리는 쇼트의 일반적인 특징이 아니라 지각-이미지의 특별한 기호를 지칭하기 위해서 이 용어를 사용할 것이다.

14) Vertov, *Articles, journaux, projets*, pp. 126-7.

화, 파편화, 감속 démultiplication, 미시-촬영 micro-prise de vue 등 모든 것은 변주와 상호 작용에 봉사한다. 이것은 — 아무리 개선된 것일지라도 — 인간의 눈이 아니다. 왜냐하면, 비록 인간의 눈이 새로운 고안물과 도구들의 도움으로 그 한계들의 몇 가지를 극복할 수 있다 하더라도, 바로 그 자신의 가능성의 조건이기 때문에 극복할 수 없는 한계가 존재하기 때문이다. 수용 기관으로서의 눈의 상대적 부동성은 모든 이미지들이 단 하나의 이미지에 대하여, 특권화된 이미지와의 관계 속에서 변화한다는 것을 의미한다. 그리고 만약 카메라가 영화 촬영을 위한 장치로 간주된다면, 그것은 동일하게 조건지어진 한계에 종속된다. 그러나 영화는 단순히 카메라가 아니다. 그것은 몽타주이다. 그리고 만약 인간 눈의 관점에서 보았을 때 몽타주가 의심할 바 없이 하나의 구축이라면, 또 다른 눈의 관점에서 볼 때 그것은 그런 것이 되기를 그친다. 그것은 비인간적인 눈, 사물 안에 있는 것인 눈의 순수 시각이다. 보편적 변주, 보편적 상호작용(변조)은 세잔이 이미 인간 이전의 세계라고 불렀던 것, '우리 자신의 여명', '무지개 색의 카오스', '세계의 처녀성'이다. 그것이 오직 우리가 갖지 못한 눈에게만 주어지기 때문에 우리는 그것을 구성해 내야만 한다는 것은 놀라운 일이 아니다. 미드리가 감히 그것에 대해 화가를 비난하려 하지는 않았던 하나의 모순을 베르토프에게서 찾아내 비난할 수 있었다는 것은 미트리의 당파성에 대해 많은 것을 말해 준다. 그것은 창조성(몽타주)과 완전성(실재) 사이의 의사-모순이다.[15] 베르토프에 따르자면, 몽타주가 행하는 것은 지각을 사물 속으로 운반하고, 지각을 물질 속에 집어넣는 것이며, 그래서 공간 속의 어떠한 점도 그 자체가 자신이 작용하거나 자신에게 작용하는 모든 점들을 지각한다. 이 작용과 반작용들이 아무리 멀리 확장된다 하더라도 말이다. 이것이 '경계나 거리 없이 보기'라는 객관성의 정의이다. 따라서 이러한 점에서 모든 절차

15) Mitry, *Histoire du cinéma muet*, III, p. 256. "우리는 몽타주를 옹호하면서, 동시에 실재의 완전성을 견지할 수는 없다. 그 둘 사이에는 명백한 모순이 존재한다".

들은 정당하며, 그것들은 더 이상 트릭 쇼트가 아니다.[16] 유물론자 베르토프는 영화, 이미지의 즉자성을 통해서 『물질과 기억』 첫 장의 유물론적 프로그램을 실현한다. 베르토프의 비인간적인 눈, 영화의 눈은 파리나 독수리의 눈, 또 다른 동물의 눈이 아니다. 그것은 — 엡스땡적인 방식으로 — 정신적인 전체를 포착할 수 있는, 시간적인 조망이 부여된 정신의 눈도 아니다. 반대로 그것은 시간에 종속되지 않은 물질의 눈, 물질 속의 눈인바, 이 눈은 시간을 '정복'하였고, '시간의 부정'에 도달하며, 물질적인 우주와 그 연장 이외에 어떤 다른 전체도 알지 못하는 눈이다(여기서 베르토프와 엡스땡은 동일한 몽타주-카메라 세트의 다른 두 가지 수준들로서 서로 대조된다).

이것이 베르토프의 첫 번째 집합 배열이다. 그것은 먼저, 운동-이미지들의 기계적 집합 배열이다. 우리는 두 운동들 사이의 간극, 간격이 인간 주체가 지각을 자신에게 전유하는 한에서 이 인간 주체를 예시해 주는 텅 빈 공간을 개략적으로 그려낸다는 것을 보았다. 그러나 베르토프에게 가장 중요한 것은 간격들을 물질에게로 복구시키는 것이었다. 이것이 몽타주의 의미이며, 운동의 의미보다 더 심오한 '간격들의 이론'의 의미이다. 간격은 더 이상 경험된 작용으로부터 반작용을 분리하는 것, 반작용의 통약 불가능성과 예견 불가능성을 측정하는 것이 아니라, 그 반대로 — 작용이 우주의 한 점에서 주어진다면 — 아무리 멀더라도 어떤 다른 범용한 점 point quelconque 에서도 적절한 반작용을 발견할 것이다('삶 속에서, 다루어진 주체에 대한 반응을 발견하기, 이 주체와 관련된 수백 만의 사실들 가운데서 결과적인 것을 발견하기'). 베르토프적인 간격 이론의 독창성은 그것이 더 이상 갈라내어진 간극, 두 연속적인 이미지들 간의 거리 두기를 표시하는 것이 아니라, 반대로 멀리 있는 그리고 우리의 인간적 지각의 관점에서 볼 때 통약 불가능한 두 이미지들의 상호 관계를 표시한다는 것이다. 그리고 다른

---

16) Vertov, 위의 책. "급속한 쇼트, 미시-쇼트, 역행 쇼트, 애니메이션 쇼트 prise de vue d'animation, 움직이는 쇼트, 가장 예기치 못한 카메라-각도의 쇼트들은 트릭 쇼트로 간주될 수 없으며, 널리 이용되는 정상적인 절차들이다".

한편으로 영화는 모든 부분들을 수렴하게 만들 수 있는 작인을 마음대로 처분하지 않고서는 우주의 한 끝에서 다른 끝으로 이런 식으로 내달릴 수 없었다. 베르토프가 정신에서서 가져간 것 — 즉, 부단히 생성하고 있는 전체의 권력 — 은 지금은 물질의 상관물, 물질의 변주와 상호 작용들의 상관물 속으로 통과해 들어간다. 사실 사물들의, 이미지들 자체의 기계적인 집합 배열은 발화 행위의 집단적인 집합 배열을 자신의 상관물로 갖는다. 이미 무성 영화에서 베르토프는 독창적인 방법으로 막간 자막을 사용하였고, 그래서 단어는 이미지와 함께 블록을, 일종의 표의문자를 형성하였다.[17] 이것들은 집합 배열의 두 가지 근본적인 국면들이다. 이미지-기계는 언표의 한 유형으로부터, 정확히 영화적인 발화 행위로부터 분리될 수 없다. 베르토프에게 있어서 이것은 명백히 소비에트 혁명 의식의 한 사례, '실재에 대한 공산주의적 해독'의 한 사례이다. 그것은 내일의 인간을 인간 이전의 세계와, 공산주의적 인간을 '공동체'로 정의되는 상호 작용들의 물질적 우주(작인과 수동자 간의 호혜적 작용)와 통일하는 것이다.[18] <세계의 제6일 A Sixth of the World>은 소련 내에서의, 시간을 정복하는 과정에 있는 모든 종류의 각양 각색의 사람들, 동물의 무리들, 산업들, 문화들, 교환들 사이의 멀리 떨어진 상호 작용을 보여준다.

아네트 미셸송 Annette Michelson 이 베르토프가 비록 더 완전한 집합 배열의 개념을 발견했었다고 할지라도 <카메라를 든 사나이>는 베르토프 편에서의 하나의 진화를 표상한다고 말한 것은 옳다. 왜냐하면 예전의 개념은 운동-이미지, 곧 사진소 photogramme 들로 구성된 이미지, 운동이 부여된 중개-이미지보다 조금도 더 멀리 나아가지 않았기 때문이다. 그러므로 그것은 몽타주에 의해 어떤 처리법에 종속된다 하더라도 여전히 인간적인 지각에 상응하는 이미지였다. 그러나 몽타주가 이미지의 구성 요소 바로 그 안으로 도입된다면 무슨 일이 일어나는가? 우리는 농부 여인의 이미지로부터

17) Abramov, *Dziga Vertov*, pp. 40-2.
18) Kant, *Critique of Pure Reason*에서 '공동체' 범주의 정의를 참조하라.

그 사진소들의 한 계열로 되돌아가거나, 그렇지 않으면 아이들의 사진소들의 계열로부터 운동 속에 있는 이 아이들의 이미지들로 이동한다. 이러한 절차를 확장함으로써, 우리는 자전거 선수가 자전거를 타는 이미지와 비록 스크린에 영사된 것이지만 재촬영되고 반성되며 제시된 동일한 이미지를 대조한다. 르네 끌레르의 <미친 광선>은 베르토프에게 커다란 영향을 미쳤다. 왜냐하면 그것은 인간 세계를 인간의 부재와 화해시켰기 때문이고, 미친 과학자(영화-제작자)의 광선은 일종의 '전기적 방전' 속에서 해방하기 위해 운동을 동결시켰고 행동을 봉쇄했기 때문이다. 비록 비밀을 간직할지라도, 그 마을-사막, 스스로에게 부재하는 그 마을은 항상 영화를 따라다닐 것이다. 하지만 그 비밀은 간격 개념의 또 다른 의미이다. 그것은 이제 운동이 정지하고, 정지하면서 역전되고, 가속되고, 감속되는 권력을 획득하는 지점을 가리킨다.…… 베르토프가 죽은 고기로부터 살아 있는 살로 움직였을 때, 상호작용의 이름으로 했던 것처럼 운동을 역전시키는 것으로는 더 이상 충분하지 않다. 역전이나 변경을 필연적으로 만드는 지점이 도달되어야만 한다.[19] 왜냐하면 베르토프가 볼 때, 프레임은 단순히 사진으로의 귀환이 아니기 때문이다. 만약 그것이 영화에 속한다면, 이는 그것이 이미지의 발생적 요소, 또는 운동의 차이적 요소이기 때문이다. 그것이 운동을 '제거'할 때마다, 그것은 항상 자신의 가속화, 자신의 감속화, 자신의 변주의 원리가 된다. 그것은 매순간마다 운동을 구성하는 변주, 초보적인 유도, 에피쿠로스주의적 유물론의 클리나멘 clinamen 이다. 이렇게 사진소는 그것으로부터 파생되는 운동과의 관계 속에서 그것을 진동시키는 계열들로부터 분리될 수 없다. 그리고 만약 영화가 지각을 넘어간다면, 그것은 영화가 모든 가능한 지각의 **발생적 요소**에, 곧 변화하면서 지각을 변화하게 만드는 점에,

19) Annette Michelson은 "L'Homme à la caméra, de la magie à l'épistémologie", *Cinéma, théorie, lecture*에서 간격과 역전 이론의 정교화, 잠자는 마을의 테마, 베르토프에서의 사진소의 역할 등(그리고 르네 끌레르와 그의 증가하는 접촉점들) 이러한 테마들을 모두 분석하였다.

즉 지각 자체의 미분에 도달한다는 의미에서이다. 이렇게 베르토프는 초월해 넘어가는 단일자의 세 가지 분리 불가능한 국면들을 실현시킨다. 즉, 카메라로부터 몽타주로, 운동으로부터 간격으로, 이미지로부터 사진소로.

소비에트 영화-작가로서 베르토프는 몽타주에 대한 과학적 개념화를 발전시킨다. 그러나 변증법적 몽타주는 중개라기보다는 대결과 대립의 장소인 듯 보인다. 에이젠슈테인이 베르토프의 '형식주의적인 빈둥거림'을 비난했을 때, 이것은 확실히 두 감독들이 변증법의 동일한 개념도 동일한 실천도 갖고 있지 않기 때문임에 틀림없다. 에이젠슈테인에게는 단지 인간의 변증법과 자연의 변증법, 자연 속의 인간과 인간 속의 자연, 즉 '무관심하지 않은' 자연과 분리되지 않은 인간이 존재할 뿐이다. 베르토프에게는, 변증법은 물질 속의 변증법이고 물질의 변증법이며, 오직 비인간적인 지각을 미래의 초인, 물질적 공동체, 그리고 형식적 공산주의와 화해시킬 수 있을 뿐이다. 이것은 우리가 한편으로 베르토프와 다른 한편으로 프랑스 유파 사이의 차이에 관해서 결론에 도달할 수 있게 도와준다. 만약 우리가 양자 모두에 의해 이용된 동일한 절차들 — 양적 몽타주, 고속 촬영과 슬로우 모션, 이중인화, 또는 부동화까지도 — 을 고려한다면, 프랑스 유파에서 이것들은 일차적으로 영화의 정신적 권력, '쇼트'의 정신적 국면을 보여준다는 것을 알게 된다. 인간이 지각의 한계들을 넘어서는 것은 정신을 통해서이며, 강스가 말하듯이 이중인화들은 그것에 의해 영혼이 신체를 '둘러싸 넣고' 신체들에 '선행하는' 느낌과 사유의 이미지들이다. 베르토프가 이러한 절차들을 사용하는 것은 그것과는 참으로 다르다. 그에게 이중인화는 멀리 떨어진 물질적 점들의 작용을 표현하는 것이었고, 고속 촬영과 슬로우 모션은 물리적 운동의 미분이었다. 그러나 아마 이러한 관점으로부터도 우리는 근본적인 차이를 포착하지 못할 것이다. 그 근본적 차이란 우리가 프랑스 유파를 액체적 이미지에 대해 그렇게도 두드러지게 만들었던 이유들로 돌아가자마자 나타난다. 왜냐하면 인간적 지각이 그 자신의 한계를 넘어서고, 운동이 자신이 표현하는 정신적 총체성을 발견하는 곳이 바로 거기였고, 반면에 베르토프에게서 액체적 이미지는 여전히 부적절하고 물질의 입자에 도달하는데 실패하고 있기 때문이다. 운동은 스스로를 넘어서야 하지만, 그러나 물질적, 에너지적 요소에게로 나아가야만 한다. 그러므로 영화적 이미지는 '유동체'를 기호로 가지는 것이 아니라, '문자소 gramme', '기억 흔적소 engramme', '사진소 photogramme'를 기호로 갖는다. 그것은 그 이미지의 발생의 기호이다. 최종적인 분석이 이루어진다면, 우리는 더 이상 액체적이 아니라 기체적인 지각에 대해 말해야만 할 것이다. 왜냐하면 우리가 분자들이 돌아다니기에 자유롭지 못한 고체적 상태(몰적 또는 인간적 지각)에서 출발한다면, 우리는 그 다음에 분자들이 돌아다니고 서로 혼합되는 액체적 상태로 움직이고, 마지막으로 각 분자들의 자유로운 운동으로 정의되는 기체적 상태에 도달할 것이다. 베르토프에 따른다면, 아마도 경계를 넘어서 그러한 단계로 흘러 넘치는 것이 필요할 것이다. 물질의 입자 또는 기체적 지각으로 말이다.

어쨌든, 미국의 실험 영화는 그것에까지 나아갈 수 있었고, 프랑스 유파의 물의 서정주의 aquatic lyricism 와 단절함으로써 베르토프의 영향을 인지할 수 있었다. 그 영화들의 전체적인 국면은 분자적 상호 작용이 확장되는 지점에 이르기까지, 사물들 속이나 물질 속에 있는 순수 지각을 달성하는 것에 관여한다. 브라카즈 Stan Brakhage 는 초원에서 아기의 눈으로 보여지는 녹색의 모든 그늘을 촬영함으로써, 세잔적인 인간 이전의 세계, 우리 자신의 여명을 탐험한다.[20] 마이클 스노우 Michael Snow 는 카메라에게서 어떤 중심도 박탈하고 서로에 대한 관계 속에서 자신들의 모든 면과 부분에서 변화되는 이미지들의 보편적인 상호 작용을 영화화한다(<중심 지대 The Central Region >).[21] 벨슨 Jordan Belson 과 제이콥스 Jacobs 는 채색된 형태들

---

20) Marcorelles, *Eléments pour un nouveau cinéma*를 참조. "녹색을 의식하지 못하는 기어다니는 아기를 위해서 들판에는 얼마나 많은 색이 있는가?"

21) 스노우는 어떤 인간도 현전하지 않는 '탈인간화된 풍경'을 필름에 담으며, 카메라를 계속해서 그것의 움직임과 각도들을 변화시키는 자동 장치의 통제 아래에

과 운동들을 분자적 또는 원자적 힘들로 거슬러 추적한다(<현상들 Phenomena>, <운동량 Momentum>). 지금 이 영화들에 어떤 상수적인 인자가 존재한다면, 그것은 다양한 지각의 기체적 상태들에 의한 구성이다. 깜박거리는 몽타주, 그것은 중개적인 이미지를 넘어서 사진소를, 운동을 넘어서 진동을 추출해 내는 것이다(그래서 이중인화에 의해 허용되는 우연적인 간격들에 의해 일련의 사진소들이 반복되는 환상 고리 절차 the loop procedure로써 정의되는 '사진소-쇼트 photogramme-shot'의 개념이 나온다). 초급속 몽타주는 전도나 변형의 점을 추출해 내는 것이다(이미지의 부동화와 상관 관계에 있는 것은 받침대의 극단적인 유동성이고, 사진소는 광휘와 거대한 신속성을 생산함으로써 차이적 요소로서 작용하기 때문이다). 재촬영이나 재녹음은 물질의 입자를 추출한다(재촬영은 거리가 떨어진 두 점들의 상호 작용이 포착되는 것을 허용함으로써 쇠라의 방식으로 '점묘화적인' 결을 획득하는 공간의 평탄화를 생산한다).[22] 이런 모든 측면에서, 사진소는 사진으로의 되돌아감이 아니라, 베르그송의 공식을 따르자면 '사물들의 내부에서 그리고 공간의 모든 점들에 대하여 스냅 촬영되고 찍힌' 이 사진의 창조적 포착이다. 그리고 우리는 사진소로부터 비디오에 이르기까지, 분자적 매개 변수에 의해 정의되는 이미지의 형성을 점점 더 많이 목격하고 있다.

둔다. 그는 이렇게 해서 상대적인 부동성과 좌표에의 종속이라는 조건으로부터 눈을 자유롭게 한다. *Cahiers du cinéma*, no. 296, January 1979 참조 (Marie-Christine Questerbert는 다음과 같이 말한다. "기계에 의해서 작동되고, 음향에 의해서 조절되는 카메라의 시선은 더 이상 정면적이고 원근법적인 시각에 집중되지 않는다. [시각은] 단 하나의 눈의 그것으로 남아 있지만, 그러나 그것은 텅 빈, 극-유동적인 눈이다.").

22) *Cinéma, théorie, lecture*에 실린 P. A. Stiney의 글 "Le film structurel"은 미국 실험 영화의 주요 감독들에 있어서 이 모든 국면들을 분석한다. 특히 '사진소-쇼트'의 구성과 환상 고리, 마르코풀로스 Markopoulos, 콘라드 Conrad, 샤리츠 Sharits에 있어서의 깜박거림, 로버트 브리어 Robert Breer에게서의 속도, 거 Gehr, 제이콥스 Jacobs, 랜도우 Landow에게서의 과립화.

이 모든 절차들은 함께 작용하고 변화하면서 물질-이미지들의 기계적 집합 배열로서 영화를 형성한다. 이에 상응하는 발화 행위의 집합 배열 문제는 열린 채로 남아 있는데, 왜냐하면 베르토프의 대답(공산주의 사회)은 그 의미를 상실했기 때문이다. 미국적 공동체로서의 약물이 그 대답이 될 수도 있을까? 그렇지만, 만약 약물이 이런 효과를 갖는다면, 그것은 단지 그것들이 도입하고 참으로 다른 사람들에 의해서도 산출될 수 있는 지각적인 실험 때문일 뿐이다. 실제로, 우리는 소리 이미지 그 자체를 분석할 수 있는 위치에 있을 때에만 발화 행위의 문제를 제기할 수 있다. 카스타네다의 입문 프로그램을 따르자면, 약물들은 세계를 정지시킨다고, '행함 doing'의 지각을 해방한다고, 즉 운동-감각 지각들을 순수 청각적이고 시각적인 지각들로 대체한다고 가정된다. 따라서 그것은 분자적 간격들을 보도록 만든다고, 소리들 속에서, 형태들 속에서, 심지어는 물 속에서도 구멍들을 보게 만든다고 가정한다. 그러나 또한 이 정지된 세계에서, 그것은 세계 속의 이 구멍들을 속도의 선들이 통과해 지나가도록 만든다고 가정된다.[23] 이것은 고체와 액체를 넘어서는 이미지의 세 번째 상태, 기체적 이미지의 프로그램이다. 그것은 마찬가지로 역시 모든 지각들의 발생적 요소인 '또 다른' 지각에 도달하는 것이다. 카메라-의식은 더 이상 형식적이지도 물질적이지도 않으며 발생적이고 차이적인 결정으로 스스로를 끌어올린다. 우리는 지각의 실재적인 정의로부터 발생적인 정의로 이동하였다.

랜도우 George Landow의 영화 <바르도 폴리스 Bardo Follies>는 이런 면에서 그 과정 전체와 액체 상태로부터 기체 상태로의 이행을 요약한다.

> 영화는 필름의 환상 고리 film loop 위에서, 그 고리가 돌아올 때마다 우리에게 손을 흔들어 신호하는, 구명 부표를 타고 표류하는 한 여인의 이미지로 시작한다. 십 분쯤 지난 뒤(단축판도 있다) 검은 바탕 위에 있는 두 개의 원들 안에서 그 동일한 고리가 두 번 나타난다.

---

23) Castanéda, *Voir*.

그리고 나서 잠시 세 개의 원들이 나타난다. 원들 속의 필름의 이미지가 불타기 시작하고, 오렌지색이 지배적인 끓어 오르는 면의 확산을 야기한다. 스크린 전체는 불타는 사진소에 의해 채워지고, 이 사진소는 슬로우 모션 속에서 입자가 매우 굵은 소프트 포커스 속으로 분해된다. 또 다른 사진소가 타오르고, 스크린 전체는 녹아 내리는 셀룰로이드로 고동친다. 이런 효과는 아마도 스크린 상에서 여러 번 계속 재촬영함으로써 얻었을 것이고, 그 결과 스크린 자체가 고동치고 태워 없어지는 것처럼 보이게 된다. 탈동시화된 고리의 긴장은 필름 그 자체가 죽는 듯 보이는 이 단편 전체를 통해 유지된다. 오랜 휴지부 뒤에, 스크린은 각 변마다 다른 색깔을 띠도록 채색된 필터가 끼워진 현미경을 통해 촬영된 물 속의 공기 방울들로 분할된다. 초점 거리를 변화시킴으로써, 방울들은 그들의 형태를 잃고 서로에게로 디졸브되며, 네 가지 색깔의 필터들은 뒤섞인다. 마지막에 — 첫 번째 고리 이후 약 40분 뒤 — 스크린은 공백으로 바뀐다.[24]

24) Sitney, 위의 책, p. 348.

제6장

●●●●●●●●●●

감정-이미지
얼굴과 클로즈업

6. 감정-이미지
얼굴과 클로즈업

1. 얼굴의 두 극 : 권력과 질

감정-이미지는 클로즈업이고, 클로즈업은 얼굴이다……. 에이젠슈테인은 클로즈업이란 단순히 이미지들의 여러 유형 중의 하나가 아니라, 영화 전체에 대한 감정적인 읽기를 제공하는 것이라는 주장을 제안하였다. 이것은 감정-이미지에 대해서도 사실이다. 그것은 이미지의 한 유형이자, 모든 이미지들의 구성 요소이기도 하다. 그러나 그것만이 전부인 것은 아니다. 어떤 의미에서 클로즈업이 감정-이미지 전체와 동일한가? 클로즈업이란 단순히 얼굴의 확대뿐 아니라 다른 많은 사물들의 확대까지도 수행하는 것으로 보이는데, 왜 얼굴이 클로즈업과 동일하다는 말인가? 그리고 우리는 감정-이미지의 분석에서 우리를 안내해 줄 수 있는 극들을 어떻게 확대된 얼굴로부터 추출해 낼 수 있는 것인가?

얼굴이 아닌 한 예에서 출발해 보자. 시계 하나가 여러 번 클로즈업으로 우리에게 제시된다. 그러한 이미지는 정말로 두 개의 극들을 가지고 있다. 한편으로, 비록 우리에게 그 시계가 오직 한 번만 보여지거나 아니면 긴 간격을 두고 여러 번 보여진다 하더라도, 그 시계는 적어도 잠재적인 것일지라도 미시-운동들에 의해 바늘을 움직였다. 그 바늘들은 필연적으로 위로의 상승을 표시하거나 …… 결정적인 순간을 향하는 경향이 있고, 발작을 준비하는 하나의 내포적인 계열의 부분을 형성한다. 다른 한편으로 그 시계는 움직이지 않는 수용 표면, 각인 inscription 의 수용판, 무감각한 서스펜스로서의 하나의 얼굴을 갖는다. 그것은 반영하는 그리고 반영되는 통일성이다.

정감 affect 에 대한 베르그송적인 정의는 바로 이 두 가지 특징들에 의존한다. 그것은 감각 신경 상의 운동 경향성이다. 다른 말로 하자면 정감은 부동화된 신경판 위에서의 미시-운동들의 한 연속이다. 신체의 한 부분이 수용 기관들을 위한 지지물이 되기 위하여 자기 운동성의 대부분을 희생해야 했을 때, 이 기관들의 주요한 특징이란 오직, 단 하나의 기관을 위한 것이거나 또는 한 기관으로부터 다른 기관으로 움직이는, 내포적 계열들 속으로 들어갈 수 있는 운동 또는 미시-운동들에로의 경향성들이 될 뿐일 것이다. 움직이는 신체는 그 연장의 운동을 상실하였고, 운동은 표현의 운동이 되었다. 정감을 구성하는 것은 반영적인, 움직이지 않는 통일성과 내포적인 표현적 운동들의 이러한 조합이다. 그러나 이것은 얼굴 그 자체와 똑같은 것이 아닌가? 얼굴은 자신의 총체적인 가동성 대부분을 희생시켰고, 신체의 나머지가 보통 숨겨 버리는 모든 종류의 미세한 국부적인 운동들을 자유로운 방식으로 결집하고 표현하는, 기관이 운반하는 이 신경판이다. 우리가 어떤 것 속에서 이 두 극들 — 반사 표면과 내포적인 미시-운동들 — 을 발견할 때마다, 우리는 이 사물이 얼굴 visage 로 취급되었다고 말할 수 있다. 그것은 '그려 보여'졌거나 또는 차라리 '얼굴화되었고 visagéifiée ', 다시 그것은 우리를 빤히 쳐다본다 dévisage . …… 설사 그것이 얼굴을 닮지 않았다 하더라도, 시계의 클로즈업은 그런 것이다. 얼굴 그 자체로 볼 것 같으면, 우리는 클로즈업이 그것을 다룬다 traite 거나 그것을 어떤 종류의 처리에 종속시킨다고 말하지는 않을 것이다. 얼굴의 클로즈업이란 존재하지 않는다. 얼굴은 그 자체가 클로즈업이고, 클로즈업은 그 자체로 얼굴이며, 양자는 모두 정감, 감정-이미지이다.

회화에서 초상화의 기법들은 우리를 얼굴의 이러한 두 극들에 익숙하게 만든다. 때때로 회화는 코, 입, 눈까풀의 가장자리, 심지어는 턱수염과 모자까지 추적하는 하나의 둘러싸는 선에 의해서 얼굴을 하나의 윤곽으로 포착한다. 그것은 얼굴화 visagéification 의 한 표면이다. 그렇지만 때로 그것은 전체적으로 포착되는 분산된 이목구비들을 통해서 작용한다. 파편적이고 꺾여진 선들은 여기서는 입술의 떨림을, 저기서는 시선의 광채를 나타내며, 그 정도가 크든 작든 윤곽에 반항하는 내용을 포함한다. 이것들은 얼굴성 visagéité 의 특색들이다.[1] 그리고 철학과 회화 양자 모두를 두루 관통해 흐르는 열정에 대한 위대한 개념화들 속에서 정감이 이러한 두 가지 관점으로부터 나타나는 것은 우연이 아니다. 데카르트와 르 브룅 Le Brun 이 감탄이라고 부르는 것은 얼굴을 반영하고 얼굴에 반영되는 통일성의 최대치를 위하여 운동의 최소치를 표시한다. 그리고 욕망이라고 불리는 것은 얼굴에 의해 표현되는 하나의 내포적 계열을 형성하는 조그마한 유혹이나 충동과 분리될 수 없다. 어떤 사람들은 감탄이 운동의 영도 thc degree zero 라는 바로 그 이유 때문에 그것을 열정의 기원이라고 간주하는 반면, 다른 사람들은 부동성 그 자체가 그에 상응하는 미시-운동들의 상호 중화를 전제하기 때문에 욕망을 일차적인 것 또는 끊임없는 움직임으로 생각한다는 사실은 별로 중요하지 않다. 그것은 배타적인 기원의 문제라기보다는, 때로는 하나가 다른 하나를 압도하고 거의 순수한 것으로 나타나며, 때로는 그 둘이 이런 저런 방향으로 혼합되는 두 극들의 문제인 것이다.

얼굴에 대하여, 상황에 따라 다르게 제기할 수 있는 두 가지 종류의 문제들이 있다. [그중 하나는 — 옮긴이] 무엇을 생각하고 있는가? 아니면, [다른 하나는 — 옮긴이] 무엇이 걱정인가, 무엇이 문제인가, 무엇을 감각하

---

1) 초상화의 이러한 두 기법들에 대해서는 Wölfflin, *Principles of Art History*, trans. M. D. Hottinger(1932), pp. 41-3 참조.

거나 느끼는가? 때때로 얼굴은 무엇에 관하여 생각하고, 하나의 대상에 고정된다. 그리고 이것이 경이 wonder 라는 영어 단어가 간직해 온 감탄 또는 놀람이라는 의미이다. 무언가에 관하여 생각하는 한, 얼굴은 무엇보다도 그것을 둘러싼 주위 윤곽을 통하여, 모든 부분들을 자기 자신에게로 끌어올리는 그것의 반영적인 통일성을 통하여 가치를 갖는다. 때로는 반대로, 얼굴은 무언가를 경험하거나 느끼고, 그것의 부분들이 발작만큼이나 멀리 서로 잇따라서 횡단하는 내포적 계열을 통해 가치를 가지며, 그 부분들 각각은 일종의 순간적인 독립성을 획득한다. 우리는 이 속에서 이미 클로즈업의 두 가지 유형을 인지할 수 있는데, 그중 하나는 그리피스의 표식이었고 다른 하나는 에이젠슈테인의 표식이었다. 모든 것이 여자 얼굴의 순수하고 부드러운 윤곽을 위해 조직되는(특히 아이리스 기법) 유명한 그리피스의 클로즈업들이 있다. 예컨대 <이노크 아든>에서 젊은 여인이 그녀의 남편을 생각하는 장면이 그런 것이다. 그러나 에이젠슈테인의 <전선>에서는, 사제의 잘 생긴 얼굴이 좁은 뒤통수 및 살집 좋은 귓불과 연결되는 사기꾼 같은 용모로 바뀌면서 디졸브된다. 그것은 마치 얼굴성의 특색들이 사제의 원한을 입증하면서 윤곽으로부터 탈출하고 있는 듯한 것이다.

첫 번째 극은 부드러운 감정들을 위한 것이고 두 번째 극은 어두운 열정을 위한 것이라고 생각해서는 안 된다. 예를 들면, 어떻게 데카르트가 경멸을 '감탄'의 특별한 경우라고 생각할 수 있었는가 하는 것을 상기하면 될 것이다.[2] 한편으로는 심지어, 그리고 무엇보다도 그리피스와 스트로하임의 젊은 여인들에게서조차 악의의 반영적인 행위와 반영된 공포들 및 절망들이 존재한다. 다른 한편으로는 사랑 또는 부드러움의 내포적 계열들이 존

---

2) Descartes, *Les Passions de l'âme*, **54**절. "우리가 감탄하고 있는 것이 대상의 위대함인가 아니면 그것의 하찮음인가에 따라, 감탄에는 존경 아니면 경멸이 결합된다." 데카르트와 화가 르 브룅에 있어서의 감탄의 개념화에 대해서는, 수숑의 탁월한 분석을 참조하라. Henri Souchon, *Etudes philosophique*, Ⅰ, **1980**.

재한다. 더욱이, 각 국면은 얼굴의 매우 상이한 상태들을 함께 모은다. 경이의 국면은 꿰뚫어 볼 수 없거나 범죄적인 생각을 뒤쫓고 있는 무감각한 얼굴을 가장할 수 있다. 그러나 그것은 꼭 마찬가지로 소년적이거나 호기심 어린 얼굴을 가질 수도 있으며, 작은 운동들에 생기가 불어넣어짐으로써 이것들이 용해되고 중화될 수도 있다(따라서 스턴버그에 있어서 <진홍의 여제> — 다시 한 소녀 — 는 모든 방향으로 바라보고 러시아 공사가 그녀를 데려갈 때 모든 것에 놀라게 된다). 그리고 다른 국면 역시 고려되는 계열에 의존하여 결코 덜하지 않은 다양성을 가진다.

그렇다면 구별의 기준은 어디에 있는가? 사실, 생김새의 특색들이 윤곽으로부터 도망치고, 독자적으로 작동하기 시작하며, 한계를 향하는 경향이 있거나 문턱을 가로 넘는 하나의 자율적인 계열을 형성할 때마다, 우리는 하나의 내포적인 얼굴 앞에 있는 우리 자신을 발견한다. 분노의 상승 계열, 또는 에이젠슈테인이 말하는 것과 같은 '괴롭힘의 등귀선'(<전함 포템킨>). 이것이, 만약 얼굴이 자신의 상이한 기관들이나 이목구비들을 계열화한다면 단 하나의 얼굴로도 충분할 수 있음에도 불구하고, 이러한 계열적인 국면이 다수의 동시적이거나 연속적인 얼굴들에 의해서 가장 잘 체현되는 이유이다. 여기에서 내포적 계열은 자신의 기능을 드러내는바, 그것은 하나의 질에서 다른 질로 넘어가는 것, 새로운 질로 출현해 나오는 것이다. 새로운 질을 생산하는 것, 질적 도약을 수행하는 것, 바로 이것이 에이젠슈테인이 클로즈업에게 요구하는 것이다. 신의 사제-인간에서 농부의 사제-착취자로, 수병들의 분노에서 혁명적 폭발로, 대리석 사자들의 세 가지 자세에서처럼 돌로부터 비명으로("그리고 그 돌들은 포효하였다.").

다른 한편, 이목구비가 고정되어 있거나 가공스러운, 그러나 영원한 방식으로 불변적이고 생성 없는 사유의 지배 아래 무리 지어져 있는 한, 우리는 반영적 또는 반영하는 얼굴 앞에 있는 것이다. 그리피스의 <꺾어진 꽃>에서, 순교 당하는 소녀는 그럼에도 불구하고 죽음에서조차 여전히 반성하고 왜라고 묻는 듯한 석화된 얼굴을 계속 간직하는 한편, 중국인 연인은 그의 편에서 자신의 얼굴 위에 아편의 마비와 부처의 반영을 보존한다. 확실히, 반영하는 얼굴의 이러한 사례는 다른 경우보다는 잘 규정된 것 같지 않아 보이는데, 왜냐하면 얼굴과 그것이 생각하는 것 간의 이 관계는 종종 자의적이기 때문이다. 우리는 그리피스의 젊은 여인이 그녀의 남편을 생각하고 있다는 것을, 오직 우리가 그 남편의 이미지를 그 뒤에 곧 바로 보기 때문에 알 수 있을 뿐이다. 우리는 기다려야만 하고, 그 결합은 단지 연상적일 뿐인 듯이 보인다. 그래서 순서를 역전시키는 것이, 그리고 우리에게 얼굴의 임박한 사유를 알려줄 대상의 클로즈업으로 시작하는 것이 더 안전할 수 있다. 파브스트 G. W. Pabst 의 <루루 Lulu >에서 칼의 클로즈업은 살인마 잭의 무서운 생각에 우리를 대비시킨다(또는 끌루조 Henri-Georges Clouzot 의 <살인자는 21호실에 산다 The Murderer Lives at Number 21 >에서 세 대상들의 소용돌이치는 집단들은 우리로 하여금 여주인공이 숫자 3을 미스터리에 대한 열쇠로 생각하고 있다는 사실을 깨닫게 만든다). 그렇지만 우리는 반영-얼굴의 가장 심오한 국면에는 아직 도달하지 못했다. 정신적 반영은 의심할 바 없이 누군가가 무엇을 생각하는 과정이다. 그러나 그것에는 여러 상이한 사물들에 공통되는 하나의 순수한 질을 표현하는 더 근본적인 반영이 동반된다(그것을 운반하는 대상, 그것에 종속되는 신체, 그것을 표상하는 관념, 이 관념을 가지는 얼굴 ……). 그리피스에게서의 젊은 여인들의 반영하는 얼굴들은 백색을 표현할 수 있지만, 그러나 그것은 또한 속눈썹 위에 붙들린 눈송이의 백색, 내적 순결함의 정신적 백색, 도덕적 타락의 흐려진 백색, 여주인공이 방황하게 될 빙산의 적대적이고 시들게 하는 백색이기도 하다(<폭풍의 고아들 Orphans of the Storm >). <사랑에 빠진 여인들 Women in Love >에서 켄 러셀 Ken Russell 은 경화된 얼굴과 내적인 냉담함, 장례식 같은 빙하에 공통적인 질을 가지고 유희할 수 있었다. 간단히 말해서, 반영하는 얼굴은 무언가에 관하여 생각하는 데 만족하지 않는다. 바로 내포적 얼굴이 하나의 순수 권력을 표현하는 — 말하자면, 우리를 하나의 질에서 다른 질로 운반하는 한 계열에 의해 정의되는 — 것과 꼭 마찬가지로, 반영적인 얼굴은 하나의 순수 질을, 말하자면 상이한 종류의 여러 대상들에게 공통적인 '어떤 것'을 표현한다. 그러므로 우리는 두 극들의 표를 작성할 수 있다.

감각 신경	운동 경향성
움직이지 않는 수용판	표현의 미시-운동들
얼굴화하는 윤곽	얼굴성의 특징들
반영하는 통일성	내포적 계열들
경이	욕망
(감탄, 놀람)	(사랑-증오)
질	권력
여러 다른 사물들에 공통적인 질의 표현	하나의 질에서 다른 질로 이행하는 권력의 표현

2. 그리피스와 에이젠슈테인

파브스트의 <루루>는 상대적으로 짧은 한 시퀀스 안에서 하나의 극으로부터 다른 극으로 나아가는 범위를 보여준다. 처음에 잭과 루루의 두 얼굴들은 편안해지고, 미소를 지으며, 꿈꾸는 듯하고, 경탄하고 wondering[3] 있다. 그 다음에 잭의 얼굴은 루루의 어깨 너머로 칼을 보고, 그리고는 공포의 상승하는 계열 안으로 들어간다("두려움은 발작이 되고 …… 그의 두 눈동자는 점점 더 커지며 …… 그 남자는 공포로 숨이 막힌다. …… "). 마침내 잭의 얼굴은 편안해지며 자신의 운명을 받아들이고, 이제 그의 살인자의 가면과 희생자의 유용성 및 도구의 저항할 수 없는 부름 — "칼날이 번득인

3) 원래 영어로 표현되어 있다.

다 …… " — 에 공통적인 질로서의 죽음을 반영한다.[4)]

한 감독에게 있어서는 그 극들 중의 어느 하나가 우세할 것이지만, 그러나 그것은 항상 우리가 처음에 생각한 것보다는 더 복잡한 방식으로 그러하다는 것은 확실히 사실이다. 에이젠슈테인은 한 유명한 텍스트에서 이렇게 쓴다. "시작한 것은 주전자이다.…… "(그는 말한다. 당신은 여기서 디킨즈의 한 구절이 생각나겠지만 또한 그리피스의 클로즈업들 중의 하나가 생각나기도 할 것이다, 주전자가 우리를 본다).[5)] 이 텍스트에서 그는 클로즈업 또는 감정-이미지의 관점에서 자신과 그리피스 사이의 차이를 분석한다. 그는 그리피스의 클로즈업은 단지 주관적일 뿐이며, 말하자면 관객의 시각 조건들과 연관되어 있고, 또 그것은 분리된 채로 남아 있어 오직 연상적이거나 예기적인 역할을 할 뿐이라고 말한다. 반면에 에이젠슈테인 그 자신의 클로즈업들은 이울어지고, 새로운 질을 생산하고 질적인 도약을 실행하기 때문에 객관적이고 변증법적이다. 우리는 즉각 반영적인 얼굴과 내포적인 얼굴의 이원성을 깨닫게 된다. 그리고 그리피스가 전자에, 에이젠슈테인이 후자에 우선권을 준다는 것도 사실이다. 그럼에도 불구하고 에이젠슈테인의 분석은 너무 성급하거나, 아니면 차라리 부분적이라 할 만하다. 왜냐하면 그의 작품에는 사유 속에서 강렬한 윤곽-얼굴들이 또한 존재하기 때문이다. 죽음을 예감했을 때의 황녀 아나스타샤, 특히 수심에 찬 주인공 알렉산더 네프스키처럼 말이다. 그리고 가장 중요한 것은 그리피스에게도 이미 내포적인 계열들이 존재한다는 사실이다. 그것들은 때로는 놀람이나 총체적인 당황에서 출발하여 괴로움이나 두려움이 일어나는 상이한 모습들을 취할 때처럼 하나의 얼굴 위에 존재하거나(<세상의 마음 Hearts of the World >, <꺾어진 꽃>), 심지어 때로는 전투원들을 잡은 클로즈업들이 전투 전체를 힘을 주어 강조할 때처럼 여러 얼굴 위에도 존재한다(<국가의 탄생 Birth of a Nation >).

---

4) G.W.Pabst, *Pandora's Box*, Classic Film Scripts, pp. 133-5 참조.
5) Eisenstein, *Film Form*, pp. 195 ff.

그리피스의 영화들에서는 이 상이한 얼굴들이 즉각적으로 서로를 뒤따르는 것이 아니라, 그것들의 클로즈업들이 그가 선호하는 이원적 구조(공적-사적, 집합적-개인적)에 따라서 롱 쇼트들과 교차한다.[6] 이러한 의미에서, 에이젠슈테인의 혁신이란 내포적 얼굴을 창조했던 것도 아니고, 심지어는 여러 얼굴들과 여러 클로즈업들을 가지고 내포적인 계열을 구성했던 것도 아니었다. 그것은 모든 이원적 구조들을 넘어서고 집합적인 것과 개별적인 것의 이원성을 능가하는, 조밀하고 지속적인 내포적 계열들을 만들어 냈다는 것이다. 차라리, 그것들은 광대 무한한 집합적 반영을 각 개별자의 특수한 감정들과 직접적으로 통일하는, 간단히 말해서 권력과 질의 통일성을 표현하는, 분할체 Dividual 라고 불릴 수 있을 새로운 실재를 획득한다.

한 사람의 감독은 항상 두 극들 — 반영하는 얼굴 또는 내포적 얼굴 — 중의 하나를 두드러지게 하지만, 또한 다른 극으로 되돌아갈 수 있는 수단을 자신에게 제공하기도 하는 것으로 보인다. 우리는 이러한 논제 아래 또 다른 쌍, 즉 표현주의 expressionnisme 와 서정적 추상 abstraction lyrique 이라는 쌍을 고찰하고 싶다. 물론 표현주의는 서정주의만큼이나 꼭 마찬가지로 추상적이 될 수 있다. 그러나 그 길은 전혀 같지 않다. 표현주의는 본질적으로 불투명한 것과, 어둠 fénèbres 과 벌이는 빛의 내포적인 유희이다. 그것들의 혼합은 사람들을 블랙홀 속으로 떨어지게 만들거나 빛을 향해 상승하게 만드는 권력과도 같다. 이 혼합은 때로는 줄들 또는 선들의 교호하는 형식으로, 때로는 색채로서의 값을 갖는 그림자의 모든 정도들이 가지는 조밀한, 상승하고 하강하는 형식으로 하나의 계열을 구성한다. 표현주의적 얼굴은 자신의 윤곽을 어지럽히고 자신의 생김새를 박탈하는 두 가지 형식들 속에서 내포적 계열들을 집중시킨다. 이러한 방식으로 얼굴은 표현주의의 일차적인 극으로서의 사물들의 비유기적인 생에 참여한다. 줄이 그려진,

6) J. Fieshi, "Griffith le précurseur", *Cinématographe*, no. 24. February, 1977, p. 10. 『시네마토그라프』는 24호와 25호, 두 호에서 그리피스, 에이젠슈테인, 그리고 베르히만에 관한 글들을 실으면서 클로즈업을 집중적으로 다루었다.

줄무늬 진 얼굴은 다소간에 세밀한 그물 속에 붙잡힌 채 베네치아식 블라인드의 효과, 불의 효과, 나뭇잎의 효과, 나무들 사이로 비치는 태양의 효과를 잡아낸다. 다소 농밀한 베일에 둘러싸인, 증기 같고 구름 낀 연기 자욱한 얼굴. 프리츠 랑의 <니벨룽겐>에서 아틸라의 어둡고 주름잡힌 머리. 그러나 집중의 최대점 또는 계열의 극한에서 우리는, 얼굴이 크림힐데의 요지부동한 반영에 넘겨지듯이 분할할 수 없는 빛 또는 하얀 질에게 넘겨진다고 말할 수 있다. 그것은 탄탄한 윤곽을 재획득하고 다른 극, 즉 마음의 생 또는 정신적인 비심리학적 생으로 넘어간다. 그림자의 정도들이 이루는 전체 계열에 동반했던 불그스름한 반영들은 재통일되며, 그것들은 인광을 내고, 불꽃을 번득이며, 빛나게 된, 빛의 존재자가 된 얼굴 둘레에 후광을 형성한다. 그림자들로부터 광채가 출현해 나오고, 우리는 강렬화로부터 반영으로 넘어간다. 이러한 작동은 여전히, 어둠을 반영하는 악마의 무한히 우울한 형태를 취하고 있는, 그 속에서 사물들의 비유기적인 생이 빛나는 불꽃의 원 속에 있는 악마의 작동일 수 있다(베게너 Paul Wegener 의 <골렘 Golem >의 악마나 무르나우의 <파우스트>의 악마). 그러나 마음이 그 자신 속에서, 빛을 발하는 내적 삶에 도달하는 과정에서 스스로를 영원히 소진시킬 최고도의 희생, 영기 또는 사진소 photogramme 에 의해 구원되는 그레첸이라는 형태 속에서 반영될 때, 그것은 성스러운 작동이 될 수 있다(다시 무르나우에서, <노스페라투 Nosferatu >의 엘렌이나 심지어는 <일출 Sunrise >의 인드르).

스턴버그 Josef von Sternberg 에서 서정적 추상은 완전히 다르게 일어난다. 스턴버그는 표현주의자들 못지 않게 괴테적이지만, 그러나 그는 괴테의 또 다른 국면을 반영한다. 이것은 색채 이론의 다른 국면이다. 빛은 더 이상 어둠과 관계 있는 것이 아니라, 투명한 것, 반투명한 것 또는 하얀 것과 관계를 갖는다. 프랑스 어로 『한 그림자 흥행사의 추억 Souvenirs d'un montreur d'ombres』이라고 번역된 책은 실제로는 <중국인 세탁소에서의 즐거움 Drôleries dans une blanchisserie chinoise >이라는 제목이 붙여졌다. 모든 것은 빛과 백색 사이에서 일어난다. 다음과 같은 괴테의 눈부신 공식을 실현시킨 것은 스턴버그의 천재성이다. "투명함과 하얀 불투명함 사이에는 무한한 숫자의 흐림 trouble 의 정도들이 존재한다.…… 백색은 순수 투명성의 우연하게 불투명한 섬광이라고 부를 수 있다."[7] 이는 스턴버그에게 있어 백색이란 일차적으로 빛을 발하는 것과 일치되는 공간을 테두리 짓는 것이기 때문이다. 그리고 이 공간 안으로 빛을 반영하는 클로즈업된 얼굴이 삽입된다. 이렇게 스턴버그는 반영적 또는 질적인 얼굴에서 시작한다. <진홍의 여제>에서, 우리는 무엇보다도 먼저 하얀 벽과 그녀가 다시 닫는 하얀 문에 의해 한정되는 좁은 공간에 자신의 윤곽을 삽입하는 어린 소녀의 하얀, 경이에 찬 얼굴을 본다. 그러나 뒤에, 그녀의 아들이 탄생할 때 그 젊은 여인의 얼굴은 보일 voile 커튼의 백색과 그녀가 기대고 있는 베개와 시트의 백색 사이에 붙잡혀 있다. 그리고 그 뒤에 우리는 마치 비디오에서 유래하는 듯이 보이는 놀라운 이미지를 보게 되는데, 거기에서 얼굴은 이제 단지 보일의 기하학적인 외피일 뿐이다. 백색 공간 그 자체는 이번에는 그 위에 중첩되면서 그것에게 부피를, 아니 차라리 해양학에서(회화에서도 역시) 얕은 깊이라고 부르는 것을 부여하는 베일이나 그물에 의해 경계 그려지고 배가된다. 스턴버그는 린넨, 튈, 모슬린 그리고 레이스에 대해 많은 실용적인 지식을 갖고 있다. 그는 그것들로부터, 그 안에서 얼굴이 빛을 반사하는 백색 위의 백색의 모든 자원들을 이끌어 낸다. 끌로드 올리에는 <아나타한의 무용담 The Saga of Anatahan >과 관련하여 추상에 의한 공간의 이러한 환원을, 작동의 장을 정의하고 전체 우주를 제거함으로써 우리를 순수한 여인의 얼굴로 이끄는 인위성에 의한 장소의 이러한 압축을 분석한다.[8] 베일의 백색과 배경의 백색 사이에서, 얼굴은 물고기처럼 꼿꼿한 자세를 취하고, 자신의 반영하는 권력을 하나도 잃어버리지 않으면서 소프트 포커스, 흐려진 쇼트 bougé 에 굴복하면서 자신의 윤곽을 상실할 수 있다. 우리는 이러한

7) Goethe, *Theory of Colours*, 495절.
8) Claude Ollier, *Souvenir écram*, pp. 274-95.

서정적 추상에 대한 또 다른 지지자인 보르제이지 Frank Borzage 에서처럼 수족관 분위기에 도달한다. 그러므로 스턴버그에게서 그물망들과 보일 커튼들은 표현주의의 베일들 및 그물망들과는 참으로 다르다. — 그의 소프트 포커스가 표현주의자들의 명암 대조법과 다른 것처럼.

그것은 더 이상 어둠과 벌이는 빛의 투쟁이 아니라, 백색과 함께 하는 빛의 모험이다. 이것이 스턴버그의 반反표현주의이다. 우리는 스턴버그가 자신을 순수 질에, 그리고 그것이 가진 반영하는 국면에 한정한다고 결론 내려서는 안 되며, 또 그가 권력들이나 강도들을 모른다고 결론 내려서도 안 된다. 올리에는 백색 공간이 닫혀 있고, 그것이 작으면 작을수록 더욱 더 바깥의 잠재성에 대하여 불안정하고 열려 있다는 것을 인상적으로 보여준다. <상하이 제스처 Shanghai Gesture >에서 말해지는 것처럼, "어떤 순간에도 무슨 일이든 일어날 수 있다". 모든 것이 가능하다……. 칼은 그물망을 자르고, 붉게 단 쇠는 베일에 구멍을 내며, 단검은 종이 칸막이를 뚫는다. 닫힌 세계는 그것을 관통하는 광선들, 사람들, 대상들에 의존하면서, 내포적 계열들을 통과할 것이다. 정감은 이러한 두 요소들로 구성된다. 즉, 백색 공간의 엄격한 한정과, 또한 거기서 일어나게 될 것의 강렬한 잠재력화.

확실히 우리는 스턴버그가 그림자들과 어둠에까지 이르는 그것들의 정도들의 계열들에 대해 무지하다고 말할 수는 없다. 그는 단지 다른 극에서, 또는 순수 반영에서 시작할 뿐이다. 일찍이 <뉴욕의 부두 The Docks of New York >에서 담배 연기는 백색의 불투명들이며, 그 그림자들은 단지 결과들일 뿐이다. 따라서 매우 일찍부터 스턴버그는 그가 원하는 것에 대한 어떤 관념을 가지고 있다. 후에, 심지어 베일들과 그물망들, 또한 중국인들이 그림자로 바뀌어져 간 <마카오 Macao >에서조차, 공간은 여전히 두 주인공들의 하얀 옷들에 의해서 결정되고 분배된다. 요점은, 스턴버그에게 어둠은 그것만으로 존재하지 않는다는 것이다. 그것은 단지 빛이 정지하는 장소를 표시할 뿐이다. 그리고 그림자는 혼합이 아니라, 단지 결과이고, 결론 — 가설들로부터 분리될 수 없는 결론 — 일 뿐이다. 이 가설들이란 무엇인가? 그것은 방금 전에 정의되었던 투명하고, 반투명하거나 하얀 공간이다. 그러한 공간은 빛을 반사할 수 있는 권력을 계속 간직하지만, 그러나 그것은 또한 자신을 가로지르는 광선들의 방향을 돌림으로써 또 다른 권력, 즉 굴절의 권력을 획득한다. 이 공간 속에 남아 있는 얼굴은 따라서 빛의 한 부분을 반사하지만, 그것의 다른 부분을 굴절시킨다. 그것은 반영적인 것에서 내포적인 것이 된다. 여기에 클로즈업의 역사에서 독특한 무엇이 존재한다. 얼굴이 카메라의 방향과 다른 방향으로 바라보고, 그럼으로써 관객이 스크린의 표면에서 되튀도록 강제하는 한, 고전적인 클로즈업은 부분적인 반사를 보증한다. 우리는 또한 베르히만 Ingmar Bergman 의 <모니카와 보낸 여름 Summer with Monika >에서처럼 매우 섬세한 '카메라-시선'에도 익숙한데, 이것은 총체적인 반사를 확립하고 클로즈업에게 그것에 적합한 거리를 부여한다. 그러나 스턴버그는 그가 구성할 수 있었던 반투명의 또는 백색의 환경 덕분에, 그 혼자만이 굴절의 부분적 반사를 이중화할 수 있었던 듯 보인다. 프루스트는 "그것의 중첩-부과가 단지 그것들을 가로지르는 중심적이고 사로잡힌 광선을 보다 풍부하게 굴절시킬 뿐인" 하얀 베일들에 대하여 말하였다. 빛을 발하는 광선이 공간에서의 일탈을 명시하는 것과 동시에, 얼굴 — 즉, 감정-이미지 — 은 얕은 깊이 속에서 전치되고 고양되며 가장자리에서 어두워지고, 그리고 형상이 어두운 가장자리를 향해 미끄러지는가 아니면 가장자리가 밝은 형상을 향해 미끄러지는가에 따라 하나의 내포적 계열 속으로 들어간다. <상하이 특급 Shanghai Express >의 클로즈업들은 가장자리들에서의 변주들의 비통상적인 계열을 형성한다. 색채의 전사 前史라는 관점에서 볼 때, 그것은 표현주의의 반대물이다. 붉음의 축적과 광채의 추출에 의하여 그림자의 정도들로부터 출현해 나오는 빛 대신에, 우리는 푸른 그림자의 정도들을 창조하고 광채를 그림자 속에 집어넣은 빛을 갖는다(<상하이 제스처>에서 그림자는 얼굴에서 눈들의 지대에 영향을 미친다).[9] 스턴버그는 <푸른 천사 The Blue Angel >에서처럼 표현주의의 효과들과

9) J. von Sternberg, *Souvenirs d'un montreur d'ombres*(1965), Chap. 12

유사한 효과들을 얻을 수 있다. 그러나 이것은 굴절이 그림자가 항상 하나의 결론인 인상주의의 형식에 훨씬 더 가까운 한에서, 완전히 다른 수단들을 사용한 모사에 의해서 그러하다. 이것은 단순히 표현주의의 패러디에 그치는 것이 아니라, 보다 자주 하나의 경쟁 형식, 말하자면 반대 원리들에 의해서 동일한 효과를 생산하는 것이다.

3. 실체로서의 정감

우리는 정감의 두 극들 — 권력과 질 — 을 보았고, 어떻게 특수한 경우에 따라 필연적으로 하나의 극에서 다른 극으로 이행하는지 보았다. 이런 측면에서 클로즈업의 완전성을 손상시키는 것은 그것이 하나의 세트로부터 분리되었거나 자신이 그것의 한 부분을 형성하는 세트로부터 떼어 낸 부분적인 대상을 우리에게 제시한다는 생각이다. 정신 분석학과 언어학은 모두 이러한 견해에서 무언가를 얻는데, 전자는 자기가 부분적인 대상에서 이미지 속에 있는 무의식의 구조(거세)를 발견했다고 믿기 때문이고, 후자는 그것에서 언어의 구성적 절차(제유, *pars pro toto*)를 발견했다고 믿기 때문이다. 비평가들이 부분적 대상이라는 관념을 받아들일 때, 그들은 클로즈업 속에서 파편화 또는 커트의 표지를 보며, 어떤 사람들은 그것이 영화의 연속성과 화해되어야 한다고 말하고, 다른 사람들은 반대로 그것이 본질적인 영화적 불연속성을 보여준다고 말한다. 그러나 실제로는 클로즈업, 얼굴의 클로즈업은 부분적 대상과는 아무런 관계도 없다(우리가 뒤에 보게 될 한 사례만을 제외하고). 발라즈가 이미 정확하게 보여주었듯이, 클로즈업은 자신의 대상을 그것이 부분을 형성하고 그 한 부분이 되는 세트로부터 떼어

참조. 여기서 스턴버그는 자신의 빛 이론을 상세히 설명한다. 『까이에르 뒤 시네마 Cahier du cinéma』(no. 63, October 1956)는 "Plus de lumière"라는 괴테적인 제목 아래 이 텍스트의 보다 더 완전한 판을 출간하였다.

내지 않는다. 반대로 **클로즈업은 자신의 대상을 모든 공간-시간적 좌표들로부터 추상한다.** 즉, 말하자면 그것은 대상을 영원성의 상태로 끌어올리는 것이다. 클로즈업은 확대가 아니며, 만약 그것이 차원의 변화를 함축한다면, 이것은 절대적인 변화, 즉 표현이 되기 위하여 이전 translation 이기를 그치는 운동의 변환이다.

> 고립된 얼굴의 표정은 그 자체만으로 이해 가능한 하나의 전체이다. 사유에 의해서 그것에 덧붙일 것이라곤 아무것도 없으며, 공간이나 시간적인 어떤 것을 덧붙일 것도 아무것도 없다. 우리가 군중의 한가운데서 방금 보았던 한 얼굴이 그것의 주위 상황으로부터 분리되고 두드러지게 될 때, 그것은 마치 우리가 갑작스럽게 그것과 대면하는 듯한 것과 같다. 또한 더 나아가서 우리가 커다란 방에서 전에 그것을 본 적이 있다 하더라도, 클로즈업으로 잡힌 얼굴을 자세히 바라볼 때 우리는 더 이상 이를 생각하고 있지는 않을 것이다. 왜냐하면 한 얼굴의 표정과 이 표정의 의미 작용은 공간과는 아무런 관계나 연관도 가지지 않기 때문이다. 하나의 고립된 얼굴과 대면할 때, 우리는 공간을 지각하지 않는다. 우리의 공간에 대한 감각은 폐지된다. 또 다른 질서의 차원이 우리에게 열리는 것이다.[10]

이것은 엡스땡이 다음과 같이 말했을 때 그가 제안하고 있던 것이기도 하다. "달아나는 군중의 이 얼굴, 우리가 그것을 클로즈업으로 보게 되자마자 우리는 사람 속에서 겁을, '느낌-사물'을, 실체 entité 를 본다."[11] 만약에 영화적 이미지는 항상 탈영토화된다는 것이 사실이라면, 감정-이미지에 고유한 매우 특별한 탈영토화가 존재한다. 그리고 에이젠슈테인이 다른 사람들 — 그리피스나 도브첸코 — 을 비판했을 때, 그는 그들이 황홀경 또는

---

10) B. Balàz, *Le cinéma*, p. 57.
11) J. Epstein, *Ecrits sur le cinéma*, Ⅰ, pp. 146-7.

정감 속에서 그 요소가 포착되는, 그가 '정서적'이라고 불렀던 것을 획득하지 않고서 클로즈업들로 하여금 장소나 순간의 공간-시간적 좌표들을 함축하도록 허용했기 때문에 그들이 자신들의 클로즈업에서 때때로 실패한다고 비난했던 것이다.[12)]

묘한 것은 발라즈가 얼굴에 대해서 그가 방금 받아들였던 것을 다른 클로즈업들에 대해서는 부인했다는 사실이다. 손, 신체의 한 부분 또는 대상은 돌이킬 수 없이 공간 속에 남아 있을 것이고, 따라서 오직 부분적 대상들로서만 클로즈업이 될 것이다. 이것은 그 변종들을 통해 유지되는 클로즈업의 항상성과 표현의 관점에서 볼 때, 어떤 대상도 가지고 있는 힘 양자 모두들 인식하지 못하는 것이다. 먼저, 얼굴 클로즈업의 많은 변종들이 존재한다. 때로는 윤곽 때로는 이목구비의 생김새, 때로는 하나의 얼굴 때로는 여러 개의 얼굴, 그리고 때로는 연속적으로 때로는 동시적으로. 그것들은 배경을 포함할 수 있고, 시야-심도의 경우에는 특히 그러하다. 그러나 이 모든 경우들에서 클로즈업은 표현되는 것으로서의 순수 정감을 불러내기 위하여 이미지를 공간-시간적 좌표들로부터 떼어 내는 똑같은 권력을 계속 간직한다. 심지어 배경에 여전히 현전하는 장소마저도 자신의 좌표들을 잃고 '무규정적인 (범용한) 공간 espace quelconque'이 된다(이러한 공간은 에이젠슈테인의 반대를 제한한다). 얼굴성의 이목구비의 한 부분은 결코 전체 얼굴보다 덜하지 않은 완전한 클로즈업이다. 그것은 단지 얼굴의 또 다른 극일 뿐이며, 전체 얼굴에 의한 질이 존재하는 만큼, 한 부분에 의해 표현되는 강도가 존재한다. 그러므로 클로즈업과 빅 클로즈업 또는 '삽입 장면들'을 구별할 근거는 존재하지 않는바, 이들은 단지 얼굴의 한 부분만을 보여 줄 뿐이다. 많은 경우에, 클로즈-미디엄 쇼트, 투 쇼트, 클로즈업은 더 이상 구별되지 않는다. 그리고 무슨 이유로 얼굴성의 내포적인 생김새나

12) Eisenstein, *Film Form*, pp. 241-2. 에이젠슈테인은 다른 한편으로 공간과 시간을 넘어 확장되는 것이 '초역사적'이라고 간주되어서는 안 된다는 것을 보여준다. *La non-indifférente Nature*, I, pp. 391-3을 참조.

반영적인 전체 얼굴보다 신체의 한 부분, 아래턱, 위 또는 가슴이 더 부분적이 되고, 더 공간-시간적이며, 덜 표현적이겠는가? 예를 들어, 에이젠슈테인의 <전선>에 나오는 뚱뚱한 부농 kulak 들의 계열을 보라. 그리고 왜 표현이 사물들에게 가용하지 않겠는가? 사물들의 정감들이 존재한다. 살인마 잭의 칼의 '날', '몸', 아니면 차라리 '끝'은 그의 안면을 뒤덮는 두려움과 결국에는 그의 얼굴 전체를 사로잡는 체념 못지 않은 하나의 정감이다. 스토아 학파는 사물들 그 자체가 그들의 속성들과 작용 및 반작용들과 정확히 일치하지는 않는 이념적인 사건들의 담지자들이라는 것을 보여 주었다. 예컨대, 칼의 날 …… .

정감은 실체, 즉 권력 또는 질이다. 그것은 표현되는 어떤 것이다. 정감은 자신을 표현하는 어떤 것과 독립적으로 존재하지 않는다. 비록 정감이란 그것과는 완전히 다른 것이라 하더라도 말이다. 정감을 표현하는 것은 얼굴, 또는 얼굴과 등가적인 것(얼굴화된 대상)이거나, 우리가 뒤에 보게 될 것처럼 심지어 명제이기도 하다. 우리는 표현되는 것과 그것의 표현의 세트, 정감과 얼굴의 세트를 '도상 icon'이라고 부른다. 그러므로 이목구비 생김새의 도상들과 윤곽의 도상들이 존재하며, 아니면 차라리 모든 도상은 이 두 극을 갖는다. 그것은 감정-이미지의 양극적인 구성의 기호이다. 감정-이미지는 그 자체로서 표현된 것들로 간주되는 권력 또는 질이다. 권력들과 질들 또한 완전히 상이한 방식으로, 즉 사물들의 상태들 속에 현실화되고 체현된 것으로서 존재할 수도 있다는 것은 분명하다. 사물들의 한 상태는 일정한 공간-시간, 공간-시간적 좌표들, 대상들과 사람들, 이 모든 소여들 사이의 실제적인 연결들을 포함한다. 그것들을 현실화하는 사물들의 한 상태 속에서, 질은 한 대상의 '질적 요소 quale'가 되고, 권력은 행동 또는 열정이 되며, 정감은 한 사람 속에서 감각, 정서, 감동 또는 심지어 충동 pulson 이 되며, 얼굴은 그 사람의 인격이나 가면이 된다(오직 이러한 관점에서만이 허위적인 표정들이 존재할 수 있다). 그러나 이제 우리는 더 이상 감정-이미지의 영역 안에 있지 않으며, 행동-이미지의 영역으로 들어와 있다. 감정

-이미지는 그 자신의 편에서, 그것을 사물들의 상태에 관계시키는 공간-시간적 좌표들로부터 추상되고, 사물들의 상태 속에서 그것이 속한 사람으로부터 얼굴을 추상한다.

우리가 이미 이미지와 기호의 분류에 대한 그의 커다란 중요성을 언급한 바 있는 퍼스는 그가 '일차성 Firstness'과 '이차성 Secondness'이라고 불렀던 이미지의 두 종류를 구별하였다.[13] 이차성은 그것이 존재하는 곳이면 어디에서든 그 자체만으로 둘이다. 즉, 그것은 두 번째 것과의 관계에서 취하는 존재와 내용이다. 대결에 의해서 그리고 대결 속에서, 대립됨으로써만 존재하는 모든 것은 따라서 이차성에 속한다. 힘의 발휘-저항, 작용-반작용, 상황-행태, 개인-환경 …… 그것은 실재하는 것, 현실적인 것, 존재하는 것, 개별화된 것의 범주이다. 그리고 이차성의 최초의 형상은 그 안에서 권력-질이 '힘들'이 되는 것, 말하자면 사물들의 특수한 상태들, 일정한 공간-시간들, 지리적이고 역사적인 환경들, 집합적 작인들 또는 개별적인 사람들 속에서 실현되는 그것이다. 행동-이미지가 태어나고 발전되는 것은 바로 여기이다. 그러나 이러한 구체적인 혼합들이 아무리 긴밀할 수 있다 하더라도, 일차성은 다른 기호들을 가진 또 다른 유형의 이미지를 지시하는 전적으로 상이한 범주이다. 퍼스는 일차성이 개념적으로 이해되기보다는 느껴지는 것이기 때문에 정의하기 어렵다는 사실을 감추지 않는다. 그것은 경험 속의 새로운 것, 신선하고 어느덧 사라지지만 그럼에도 불구하고 영원한 것에 관련된 것이다. 우리가 보게 될 것처럼, 퍼스는 몇 가지 매우 이상한 예들을 제공하지만, 그러나 그것들은 모두 다음과 같은 사실을 가리키게 된다. 즉, 이것들은 다른 어떤 것도 지시하지 않으며, 자신들의 현실화에 대한 어떤 질문과도 독립적으로, 그들 자체만으로 고려된 질들 또는 권력들이다. 그것은 그 자체만으로서 그리고 그 자체로서 존재하는 것이다. 그것은 예컨대 "이것은 붉다"에서와 같은 방식으로 "이것은 붉지 않다"라는 명제 안에

---

13) Peirce, *Ecrits sur le signe*. 독자는 이 두 가지 개념들에 관하여 이 판의 인덱스와 제라르 들르달 Gérard Deledalle 의 주석을 참조할 수 있다.

제시되는 것으로서의 '붉음'이다. 만약 당신이 좋다면, 그것은 그 자체 결코 직접적이지도 순간적이지도 않은 모든 실재의 의식에 의해서 함축되는 그러한 직접적이고 순간적인 의식이다. 그것은 감각, 느낌, 관념이 아니라, 가능한 감각, 느낌 또는 관념의 질이다. 그러므로 일차성은 가능한 것의 범주이다. 그것은 가능한 것에게 적절한 일관성을 주고, 그것을 현실화하지 않는 반면에 완전한 형식으로 만들면서 가능한 것을 표현한다. 이제, 이것은 정확히 정확히 감정-이미지의 상태이다. 그것은 질 또는 권력이고, 그 자체만으로 표현된 것으로 간주되는 잠재력이다. 그러므로 그것에 상응하는 기호는 표현이지, 현실화가 아니다. 멘느 드 비랑은 일정한 공간과는 아무런 관계도 갖지 않기 때문에 위치 지울 수 없고, '…… 가 존재한다'라는 유일한 형식 속에서만 현전하는 순수 감정들에 대하여 이미 말한 바 있는데, 순수 감정이 이러한 것은 그것들이 자아 moi 와는 아무런 관계도 가지지 않기 때문이다(반신불수자의 고통, 잠에 떨어짐의 부유하는 이미지들, 광기의 환상들).[14] 정감은 비인격적이며, 사물들의 모든 개별화된 상태와 구별된다. 그것은 그럼에도 불구하고 특이한 것이며, 다른 정감들과 특이한 조합 또는 접속에 들어간다. 정감은 분할될 수 없고 부분들이 없다. 그러나 그것이 다른 정감들과 함께 형성하는 특이한 조합은 다시 하나의 분할될 수 없는 질을 형성하는데, 이 질은 오직 질적으로 변함으로써만 분할될 수 있는 것이다('분할적인' 것). 정감은 모든 일정한 공간-시간과 독립적이다. 그러나 정감은 그럼에도 불구하고 자신을 표현된 것으로서, 그리고 공간이나 시간의 표현, 시대나 환경의 표현으로서 생산하는 역사 속에서 창조된다(이것이 정감이 '새로운' 것이고, 새로운 정감들이 끊임없이, 특히 예술 작품에 의해서

---

14) Maine de Biran, *Mémoire sur la décomposition de la pensée*(1804) 참조. 이것은 멘느 드 비랑의 사상에서 매우 중요하고 이상한 국면이다. 들르달은 퍼스에 대한 비랑의 영향을 강조한다. 비랑은 퍼스의 이차성에 대응되는 행동의 '힘-저항' 관계에 대한 최초의 이론가일 뿐만 아니라, 일차성에 대응되는 순수 감정 개념의 창안자이기도 하다.

창조되는 이유이다).[15)]

간단히 말해서 정감들, 질-권력들은 두 가지 방식으로 파악될 수 있다. 즉, 사물들의 상태 속에 현실화된 것으로서이거나, 아니면 얼굴, 얼굴과 등가적인 것 또는 '명제'에 의해서 표현된 것으로서. 이것은 퍼스의 이차성과 일차성이다. 모든 이미지들의 세트는 일차성, 이차성, 그리고 그 외에 다른 많은 사물들로 구성된다. 그러나 감정-이미지들은 엄밀한 의미에서 오직 일차성만을 지시한다.

이것은 자신의 위기를 가지는 정감에 대한 환영적인 개념화이다. "그리고 그가 다리의 다른 편에 있었을 때, 유령들이 그를 만나러 왔다 …… ". 보통, 얼굴의 세 가지 역할이 인식될 수 있다. 얼굴은 개별화한다(그것은 각각의 사람들을 구별하거나 특징짓는다). 그것은 사회화한다(그것은 사회적 역할을 표명한다). 그것은 관계적이거나 소통적이다(그것은 두 사람 사이의 소통을 보증할 뿐만 아니라, 한 사람 속에서 그의 인격과 역할 사이의 내적인 일치를 보증하기도 한다). 다른 곳에서처럼 영화에서도 이러한 국면들을 효과적으로 제시하는 얼굴은 이제 클로즈업의 경우에서 이 세 가지를 모두 상실한다. 베르히만은 의심할 바 없이 영화와 얼굴과 클로즈업을 통일시키는 근본적 연결 고리를 가장 강력하게 강조하는 감독이다. "우리의 작업은 인간의 얼굴에서 시작한다.…… 인간의 얼굴에 가깝게 다가갈 수 있는 가능성은 영화의 일차적인 독창성이며 독자적인 특질이다."[16)] 등장 인물은 그의

---

15) 여기서 우리는 또 다른 비교를 해볼 수도 있다. 현상학은, 주로 막스 셸러 Max Scheller 와 함께, 물질적이고 감정적인 선험성 a priori 의 개념을 생산해 냈다. 그 다음에 미켈 뒤프렌 Mikel Dufrenne 은 일련의 책들(*Phénoménologie de l'expérience esthétique II. La notion d'A-priori, L'inventaire des A-priori*)에서 이 선험성들과 역사, 예술 작품의 관계 문제—어떤 의미에서 미학적 선험성들이 존재하는가? 한 화가에서의 특수한 색조처럼, 그것들은 어떤 의미에서 창조되는가?—를 제기함으로써 이 개념에 세부적인 외연과 지위를 부여하였다. 현상학과 퍼스는 아직 적절하게 비교된 바가 없다. 그럼에도 불구하고 우리가 보기에는 퍼스의 일차성과 뒤프렌의 물질적 또는 감정적인 선험성은 많은 면에서 일치하는 것 같다.

직업을 포기하고, 사회적 역할을 내버렸다. 그는 더 이상 소통할 수 없고, 소통하기를 원하지도 않으며, 거의 절대적인 침묵에 압도되었다. 그는 심지어 타자와의 이상한 닮음을, 결석 또는 부재에 의한 닮음을 획득할 만큼 자신의 개별화를 상실하기까지 한다. 참으로, 얼굴의 이러한 기능들은 사람들이 행위하고 지각하는 사물들의 상태가 실재함을 전제하는 것이다. 감정-이미지는 그것들을 녹아 내리게 하고 사라지게 한다. 베르히만의 대본들 중 하나를 살펴보자.

거기에는 얼굴의 클로즈업이란 존재하지 않는다. 클로즈업는 얼굴이지만, 그러나 정확히 그것이 자신의 3중의 기능을 파괴하는 한에서의 얼굴이다. 얼굴의 나체성은 신체의 그것보다 훨씬 더 크고, 그 비인간성은 동물들의 그것보다 훨씬 더 크다. 키스는 이미 얼굴의 완전한 통일성을 입증하고, 신체의 나머지가 감추는 미시-운동들을 그것 안에서 고취시킨다. 그러나 더 중요한 것은, 클로즈업이 얼굴을 하나의 환영 phantasme 으로, 환영들의 책으로 변화시킨다는 것이다. 얼굴은 흡혈귀이고, 편지들은 그의 박쥐들, 그의 표현 수단이다. <전달자 The Communicants >에서, "목사가 편지를 읽는 동안, 전경에 있는 여자는 그 문장들을 읽지 않으면서 읊조린다". 그리고 <가을 소나타 Autumn Sonata >에서, "편지의 텍스트는 그것을 쓰는 여인과, 편지에 관하여 알게 되는 그녀의 남편, 그리고 그 편지를 아직 받지 못한 수취인 사이에서 분할된다".[17] 얼굴들은 수렴하며, 서로에게서 그들의 기억들을 빌려 오고 뒤섞이게 되는 경향을 띤다. <페르소나 Persona >에서, 이들이 예전에 서로 닮았었거나 이제 서로 닮기 시작하는 두 사람인가, 아니면 반대로 둘로 분열되는 한 사람인가 궁리하는 것은 쓸모 없는 짓이다. 그것은 다른 어떤 것이다. 클로즈업은 다만 개별화의 원리가 좌우하기를 그치는 그러한 지역들로 얼굴을 밀어 부쳤을 뿐이다. 그것들은 서로 닮기 때문에 동일한 것이 아니라, 사회화나 소통 못지 않게 개별화를 상실했기 때문에 동

16) Bergman, in *Cahier du cinéma*, October. 1959.
17) D. Marion, *Ingmar Bergman*, p. 260,

일하다. 이것이 클로즈업의 작용이다. 클로즈업은 두 개별자를 재통일하지 않는 것과 마찬가지로 한 개별자를 나누지도 않는다. 그것은 개별화를 유예시킨다. 그리고 나서 단일하고 황폐해진 얼굴은 하나의 부분을 다른 것의 부분에 통일시킨다. 이 지점에서 그것은 더 이상 어떤 것도 반영하거나 느끼지 않으며, 단지 무언의 두려움을 경험할 뿐이다. 그것은 두 존재들을 흡수하며, 그것들을 공허 속에서 흡수한다. 그리고 공허 속에서 그것은 그 자체가 자신의 유일한 정감인 두려움과 함께 불타는 사진소이다. 얼굴의 클로즈업은 얼굴이자 그것의 말소 둘 다이다. 베르히만은 얼굴의 허무주의를 가장 멀리, 즉 두려움 속에서 공허 또는 부재와 얼굴이 맺는 관계, 자신의 무와 대면한 얼굴의 두려움으로 밀어붙였다. 그의 작업 구석구석 전부에서 베르히만은 감정-이미지의 극한에 도달하며, 도상을 불태우고 베케트만큼 확실하게 얼굴을 소진하고 절멸시킨다.

이것은 실체로서의 클로즈업이 우리를 데려다 놓는 피할 수 없는 길인가? 환영들은 그들이 과거로부터 오지 않는 만큼 훨씬 더 우리를 위협한다. 카프카는 동등하게 현대적인 두 개의 테크놀러지적 계보들을 구별하였다. 한편으로 소통-이전의 수단이 있는데, 이것은 공간과 시간 속에서의 우리의 삽입과 정복을 보증한다(배, 자동차, 기차, 비행기 ……). 다른 한편으로 소통-표현의 수단은 우리의 노정에서 환영들을 불러내고, 조정되지 않은, 좌표 바깥의 정감들을 향해 가는 진로에서 우리를 빗나가게 한다(편지, 전화, 라디오, 상상할 수 있는 모든 축음기들과 영화 촬영기 및 영사기들 ……). 이것은 이론이 아니라 카프카의 매일 같은 경험이었다. 편지를 쓸 때마다, 환영은 그것이 도착하기 전에, 아마 그것이 떠나기도 전에 그것의 키스들을 소비해 버리며, 따라서 또 다른 편지를 쓰는 것이 이미 필요하게 된다.[18] 그러나 그 두개의 상관적인 계열들이 최악으로 이르는 것을, 즉 그 한 계열이 점점 더 군사적이고 경찰적으로 되어 가며 꼭두각시-인물들을 경직된 사회적 역할들로, 응고된 인물들로 질질 끌고 가는 운동에 내맡겨지는

18) Kafka, *Lettres à Milena*, p. 260.

한편, 다른 계열 속에서는 공허가 살아남는 얼굴들에 단 하나의 동일한 두려움으로써 영향을 미치며 상승하는 것을 멈추게 하기 위해서 무엇을 할 수 있을까? 이것은 그 정치적인 국면에서조차도 이미 베르히만의 작품에 해당되는 문제일 뿐만 아니라(<수치 The Shame>, <뱀의 알 The Serpent's Egg>), 그러한 두려움의 영화라는 기획을 확장하고 갱신하는 독일 유파의 문제이기도 하다. 이런 시각에서 벤더스는 그 두 계보들의 이식과 화해를 시도한다. "나는 두려워함을 두려워한다". 그의 작품 속에는 자주, 이전 운동들이 전환되고 상호 교환되는 행동적인 계열 — 기차, 자동차, 지하철, 비행기, 배 — 과 그 속에서 누군가가 표현적인 환영들을 찾고 만나거나, 인쇄와 사진, 영화를 가지고 그것들을 불러내는 감정적인 계열이 계속해서 서로 간섭하고 뒤섞이면서 존재한다. <길의 왕>의 입문 여행은 오래된 인쇄 작품들과 순회 영화의 환영 기계들을 통과한다. <도시의 앨리스>의 여행은, 그 어린 소녀가 "사진 더 찍지 않을래요?"라고 말하는 순간까지 — 비록 이 말이 그때 환영들은 또 다른 형태를 취한다는 것을 의미할지라도 — 사진 필름 위의 이미지들이 똑같은 리듬으로 절멸될 정도로 폴라로이드 사진들에 의해 구두점이 찍힌다.

카프카는 이전 장치들 위에 환영 기계들을 얹음으로써 혼합물들을 만들어 낼 것을 제안한다. 이것은 당시로서는 새로운 것이었다. 기차 속의 전화, 배 위의 우편함, 비행기 안의 영화 말이다.[19] 이것은 또한 영화의 전체 역사가 아닌가? 레일 위의 카메라, 자전거에 실리고 공중에 뜬 카메라 등등 말이다. 그리고 이것은 벤더스가 자신의 첫 영화들에서 두 계열들이 상호 침투하게 만들 때 그가 원했던 것이다. 감정-이미지와 행동-이미지는 아무튼 이러저러한 방식으로, 서로에 의해 구원될 것이다…… 그러나 감정-이미지가 스스로를 구하고 자신의 한계를 뒤로 밀어 버릴 수 있는 또 다른 방식이 있지 않은가(벤더스의 <미국인 친구 American Freind>에서 스케치된 방식)? 정감들은 관련된 얼굴들이 용해되고 말소되지 않기에 딱 충분할

19) Kafka, *Lettres à Félice*, Ⅰ, p.299.

만큼 서로 고개를 돌리는 그러한 방식으로, 항상 재창조되는 특이하고 모호한 조합들을 형성하기를 요구할 것이다. 그리고 다시 운동들은 정감들의 이러한 구성들에 호의적인 또 다른 질서의 한 차원을 공간 속에서 열어 젖히기에 딱 충분할 만큼, 사물의 상태들을 넘어서고 탈주의 선들을 추적할 것을 요구할 것이다. 이것이 감정-이미지이다. 그것은 단순한 두려움의 정감과 무 속에서의 얼굴들의 말소를 자신의 한계로서 가진다. 그러나 그것은 욕망과 놀람의 복합적인 정감 — 그것에게 생을 부여하는 — 과, 열린 것 속에서의, 살 속에서의 얼굴들의 고개 돌림을 자신의 본체로서 가진다.[20]

20) 미셸 꾸띠알 Michel Couthial 이 쓴 미간행 텍스트 『얼굴 Le Visage』은 실체의 개념과 그 개념으로부터 파생되는 얼굴의 모든 국면들을 분석한다. 여기서 후자는 일차적으로는 구약 성서의 함수로서(말소와 옆으로 돌림, 닫힌 것과 열린 것), 그러나 또한 예술, 문학, 회화와 영화에 준거하면서 분석된다.

第7장

●●●●●●●●●●

감정 이미지
질, 권력, 무규정적 공간들

7. 감정 이미지
질, 권력, 무규정적 공간들

1. 복합적 실체 또는 표현된 것

루루와 램프, 빵을 자르는 칼, 그리고 살인마 잭이 있다. 이들은 개별적인 인격과 사회적 역할들을 갖춘, 실재한다고 가정되는 사람들, 용도를 지닌 대상들, 이 대상들과 사람들 간의 실제적인 연결들이다. — 간단히 말해서, 사물들의 실제 상태 전체가 거기에 있는 것이다. 그러나 거기에는 또한 칼 위에 번뜩이는 빛의 밝음, 불빛 아래 놓인 칼의 날, 잭의 공포와 체념, 루루의 동정 어린 눈길 역시 존재한다. 이것들은 순수하고 특이한 질들 또는 잠재력들이다. — 말하자면, 순수 '가능태들'이다. 물론 권력-질들은, 말하자면 그들의 원인인 사람들과 대상들, 사물들의 상태에 연관된다. 그러나 이것들은 매우 특별한 효과들이다. 원인들이 오직 사물들의 상태를 구성하는 가운데에서만 스스로에게 다시 준거하는 데 반해서, 이것들은 일괄적으로 오직 스스로에게만 다시 준거하고 사물들의 상태의 '표현된 것'을 구성하는 것이다. 발라즈가 말하듯이, 절벽이 아무리 현기증의 원인이 될 수 있을지라도, 절벽은 그것이 얼굴에 만들어 내는 표정을 설명할 수 없다. 또는, 당신이 좋다면 그것은 그 표정을 설명하겠지만, 그러나 그것을 이해할 수 있는 것으로 만들지는 못한다. "누군가가 기대고 있는 절벽은 아마 그 사람의 공포의 표정을 설명은 하겠지만, 그것을 창조하지는 않는다. 정당화가 없더라도 표정은 존재하므로, 표정은 상황이 사유 속에서 표정과 연합되기 때문에 표정이 되는 것은 아니다."[1] 그리고 물론, 권력-질들은 예기적인 역할을 가지는데, 왜냐하면 그것들이 사물들의 상태 속에서 현실화되고 그것을 변경시킬 사건을 준비하기 때문이다(칼로 내려침, 절벽 위로 떨어짐). 그러나 그 자체로, 또는 표현된 것들로서, 그것들은 이미 자신의 영원한 측면, 블랑쇼가 '사건의 완수가 실현할 수 없는 사건의 그 측면'[2]이라고 부르는 것 속에 있는 사건이다.

그것들의 상호 연루가 어떤 것이든 간에, 우리는 따라서 권력-질들의 두 가지 상태, 즉 정감들의 두 가지 상태를 구별할 수 있다. 첫째는, 그것들이 사물들의 개별화된 상태 속에서 그리고 그에 상응하는 실제적인 연결들 real connections 속에서 현실화된 것(특정한 공간-시간, 여기 지금, 특정한 인격들, 특정한 역할들, 특정한 대상들을 지닌 채)이고, 둘째는 그것들이 시간-공간적 좌표 바깥에서 그들 자신의 관념적인 특이성들과 자신들의 잠재적인 접속 virtual conjunction 을 지닌 채 그 자신만으로서 표현된 것이다. 첫 번째 차원은 행동 이미지와 미디엄 쇼트들에 본질적인 것이고, 두 번째 차원은 감정 이미지와 클로즈업을 구성한다. 사물들의 상태의 순수 정감, 순수한 표현된 것은 사실상 그것을 표현하는 얼굴에(또는 몇 개의 얼굴들에, 또는 그 등가물들에, 또는 명제들에) 연관된다. 정감을 하나의 복합적 실체로서 모으고 표현하며, 이 실체의 특이점들(밝음, 칼날, 공포, 동정 어린 눈길 ……) 사이의 잠재적인 접속들을 확보하는 것은 얼굴 — 또는 그 등가

1) Béla. Balázs, *L'Esprit du cinéma*, p. 131.
2) Maurice. Blanchot, *L'Espace littéraire*, 1955, p. 161.

물 — 이다.

정감들은 사람과 사물들처럼 개별화되지는 않지만, 그럼에도 불구하고 세계의 비차이 속으로 혼합되어 들어가지 않는다. 그것들은 잠재적인 접속 속으로 들어가고 매번 하나의 복합적 실체를 구성하는 특이성들을 가지고 있다. 그것은 용해점, 비등점, 응축점, 응고점 등등과 같다. 이것이 왜 다양한 정감들이나 동일한 정감의 다양한 점들을 표현하는 얼굴들이 그것들을 지워 버릴(두려움을 지워 버리는 것은 단지 극단적인 사례일 뿐이다) 단일한 두려움 속으로 합병되어 버리지 않는가 하는 이유이다. 클로즈업은 실로 개별화를 일시 중지시키며, 클로즈업을 증오하는 로저 레엔하르트가 클로즈업은 모든 얼굴들을 똑같이 보이게 만든다고 말한 것은 정당하다 : 모든 화장하지 않은 얼굴들은 팔코네티 Falconetti 같고 모든 화장한 얼굴들은 가르보 Garbo 같다.[3] 배우 자신은 클로즈업 속에서 자기를 알아보지 못한다는 사실만 상기해 보아도 된다(베르히만 Ingmar Bergman 에 따르면, "우리는 커팅과 편집에 착수하고 있었다. 리브가 '비비를 봐요, 그녀가 무서워요!' 하고 말했다. 그러자 비비가 대꾸했다. '아니, 저건 내가 아냐, 바로 당신이야' …… ") 이는 단순히, 얼굴의 클로즈업은 배역이나 인물의 개성을 통해서 작용하지 않으며 심지어 배우의 인격을 통해서도 작용하지 않는다 — 적어도 직접적으로는 — 고 말하는 것일 뿐이다. 하지만 그럼에도 불구하고 그것들이 모두 똑같은 가치를 가지는 것은 아니다. 만약 하나의 얼굴이 몇 가지 특이성들을 표현하는 한 가지 종류의 것이라면, 이는 그 얼굴 자체의 물질적 부분들이 이룬 분화와 그 부분들의 관계를 다양하게 만드는 그 얼굴의 능력을 통해서 그런 것이다. 딱딱하거나 부드러운 부분들, 그늘지거나 조명이 비춰진 부분들, 침침하거나 빛나는 부분들, 매끈하거나 거친 부분들, 모나거나 곡선적인 부분들 등등. 그러므로 일반적으로 사람들은 하나의 얼굴은 하나의 특정한 유형의 정감 또는 실체에 적합하다고 상상한다. 클로즈업은 얼굴을 정감의 순수 건축 재료, 그것의 '질료 hylé '로 만든다.[4] 그리하

3) Roger Leenhardt. L'Herminier, L'Art du cinéma, p. 174에서 인용.

여 이 기묘한 영화적 혼례 속에서 여배우는 자신의 얼굴과 자신의 부분들이 지닌 재료적 능력을 제공하는 한편, 감독은 그것들을 빌려서 가동시키는 정감 또는 표현 가능한 것들의 형태를 창안해 내는 것이다.

따라서 클로즈업의 내면적인 구성이 존재하는데, 그것은 진정으로 감정적인 프레임화, 커팅(데쿠파쥬), 몽타주이다. 다른 쇼트들에 대한 클로즈업의 관계 및 다른 유형의 이미지들에 대한 클로즈업의 관계는 외면적인 구성이라 부를 수 있다. 그러나 내면적인 구성은 다른 클로즈업들에 대한 클로즈업의 관계이거나 그 자신에 대한, 자신의 요소들과 차원들에 대한 클로즈업의 관계이다. 더욱이, 이 둘 사이에는 큰 차이가 없다 : 클로즈업들의 연속 — 빽빽이 채워진 연속이거나 간격을 둔 연속 — 이 있을 수 있지만, 또한 하나의 단일한 클로즈업이 연속적으로 얼굴의 특수한 이목구비와 부분들을 개발하고 우리가 그것들의 변화하는 관계들을 목격할 수 있게 허용할 수도 있는 것이다. 그리고 하나의 단일 클로즈업이 동시에 여러 얼굴들이나 상이한 얼굴들의 부분들을 결합할 수도 있다(단지 키스를 위해서 그런 것만이 아니다). 마지막으로, 클로즈업은 마치 자신이 추상되어 나온 좌표로부터 자신을 떼어 낸 것처럼 심도 속에서 또는 표면 위에서 하나의 시간-공간을 포함할 수 있다. 클로즈업은 하늘의 한 조각, 시골 또는 아파트의 한 조각을, 시야의 한 단편을 채어 가는데, 이것들을 가지고 얼굴은 권력 또는 질 속에서 형성된다. 그것은 가까운 것과 먼 것의 단락과 같다. 에이젠슈테인의 클로즈업 하나를 보자 : 이반의 커다란 옆모습. 작게 축소된 탄원자들의 군중이 이룬 꾸불꾸불한 줄이 코와 턱수염과 두개골의 날카로운 각도에 수평적으로 대립된다. 올리베라 Manuel de Oliveira 의 클로즈업 하나는 남자의 두 얼굴을 보여준다. 이번에는 심도 속에서, 계단을 올라간 말은 유혹의 정감과 음악적인 성교를 미리 나타낸다. 사실 우리는 클로즈업이 그것의 상대적 차원들에 의해서가 아니라 절대적 차원 또는 그것의 기능에 의해서 정의되자마자 곧 — 달리 말해서, 정감이 실체로서 표현될 때 — 빅

4) 'Hylé'는 그리스어로 'matter'나 'content'를 의미하는 단어다.

클로즈업 très gros plan, 클로즈업, 클로즈 쇼트 plan rapproché, 또는 심지어 투 쇼트 plan américain 까지도 구별하는 것이 거의 불가능하다는 점을 보아온 것이다. 우리가 클로즈업의 내면적 구성이라고 부르는 것은 따라서 다음과 같은 요소들에 의존할 것이다 : 그것이 포함하고 있는 특이성들을 지닌, 표현된 복합적 실체 ; 특수한 분화된 재료적 부분들과 그 부분들 간의 특수한 가변적 관계들(얼굴이 굳거나 부드러워진다)을 지닌, 그 실체를 표현하는 얼굴 또는 얼굴들 ; 그 얼굴과 일치하는 경향을 띠거나 아니면 반대로 그것을 넘어서는, 특이성들 간의 잠재적인 접속의 공간 ; 이 공간을 열거나 묘사하는 얼굴 또는 얼굴들의 돌림…… .

이 모든 측면들은 연결되어 있다. 먼저, 얼굴을 돌려 외면하는 것 détournement 은 '똑바로 돌아보는 것 se tourner'의 반대가 아니다. 둘은 분리할 수 없다. 하나는 욕망의 원동적인 운동일 것이고 다른 하나는 찬탄의 반향 운동일 것이다. 쿠르티알 Courthial 이 보여주듯이, 그것들은 둘 다 얼굴에 속하지만, 서로에게 대립되지 않으며, 모든 얼굴들을 지워 버리고 그것들을 무로 이르게 할, 무관심하고 죽었으며 고정된 얼굴이라는 관념에 대립된다. 얼굴들이 존재하는 한, 그것들은 혹성과도 같이 고정된 별을 중심으로 돌며, 돌면서 그것들은 부단히 고개 돌리고 있다. 얼굴 방향의 매우 작은 변화도 그것의 딱딱하고 부드러운 부분들의 관계를 변화시키며, 그리하여 정감을 변화시킨다. 심지어 하나의 단일한 얼굴까지도 고개 돌리기와 돌아보기의 공통 계수를 가지고 있다. 얼굴이 정감 및 정감의 가감을 표현하는 것은 돌아보기-고개 돌리기 tournement-détournement 에 의해서이며, 다른 한편 지우기는 감소의 문턱을 넘어서 나아가, 정감을 공허 속으로 던져 넣고 얼굴이 자신의 이목구비를 상실하게 만든다. 파브스트의 <루루>에서 잭의 얼굴은 여인의 얼굴로부터 고개를 돌려, 자신의 정감을 변화시키고, 정감이 다른 방향으로 증가하도록 만들어 그것이 맹렬하게 무로 감소하기에 이르도록 한다. 베르히만의 영화는 얼굴들의 삭제에서 자신의 정점을 발견한다. 그 영화는 얼굴들이 살아가게 하고, 그것들에게 자신들의 생소한,

심지어 수줍어하거나 증오에 차기까지 한 혁명을 완수할 시간을 주게 될 것이다. 퉁방울 눈을 가진 늙은 여인은 <대면Face to Face>의 여주인공이 그 주위를 돌지만, 그러나 고개 돌리면서 그 주위를 도는 검은 해와 같다. <외침과 속삭임Cries and Whispers>의 하녀는 그녀의 넓고, 부드럽고, 말없는 얼굴을 고수하지만, 두 자매는 오직 그녀의 주위를 맴돌고 서로에게서 고개 돌림으로써만 생존할 뿐이다 : 그리고 <침묵Silence>의 자매들의 생존을 또한 구성하는 것, 그리고 <페르소나>의 두 주인공들의 동요하는 삶을 구성하는 것 역시 서로 고개 돌리기이다.[5] 고개 돌린 얼굴들이 무를 넘어 자신들의 완전한 힘을 다시 얻고, 미라의 주위를 돌면서, 자웅 동체의 얼굴과 어린이 얼굴의 형태 속에서 공간을 가로지르며, 사물들 자체를 불태우는 대신 사물들의 정의롭지 못한 상태에 불을 놓고, 삶을 원초적 삶으로 복구시키는 무기만큼 강력한 정감을 형성하는 잠재적인 접속 속으로 들어가는 그 영광스러운 순간에 이르기(<화니와 알렉산더Fanny and Alexander>).

표현된 실체는 사물들의 상태와는 구별되는, 중세가 명제의 '의미를 나타낼 수 있는 복합체'라 불렀던 것이다. 표현된 것 — 즉, 정감 — 은 복합적이다. 왜냐하면 표현된 것은 자신이 때로는 연결하고 때로는 그것들로 자신이 분할되는 모든 종류의 특이성들로 구성되기 때문이다. 이것이 왜 표현된 것은 항상 그것이 실행하는 연결들이나 그것이 겪는 분할들에 따라 질적으로 변이하고 변화하는가 하는 이유이다. 이것은 분할적인 것(분할체), 즉 질적으로 변하지 않고서는 증가하지도 감소하지도 않는 것이다. 각 순간마다 정감의 통일성을 생산하는 것은 표현, 얼굴 또는 명제에 의해 보증되는 잠재적인 접속이다. 광휘, 공포, 단호함과 동정은 때로는 연결되고 때로는 분리되는 매우 상이한 질과 권력들이다. 첫 번째 것은 감각 작용'의' 권력 또는 질이며, 그 다음 것은 느낌의 그것이고, 그 다음 것은 행동의 그것

---

5) 베르히만에서의 클로즈업의 이 측면에 대해서는 Claude Roulet, 'Une épure tragique', *Cinématographe*, no.24, 1977년 2월호를 참조.

이며, 마지막의 것은 상태의 권력 또는 질인 것이다. 우리는 '감각 작용의 질' 등을 말하는데, 왜냐하면 감각 작용 또는 느낌 등은 정확히 그 속에서 권력-질이 현실화되는 그것이기 때문이다. 그럼에도 불구하고, 권력-질은 그것이 이런 방식으로 현실화하는 사물들의 상태와 혼동되어서는 안 된다 : 밝음은 특정한 감각 작용과 동일한 것이 아니며, 단호함은 특정한 행동과 동일한 것이 아니다. 그것들은 순수 가능성들, 순수 잠재성들이고, 이것들은 우리에게 불빛 아래 있는 칼을 주는 감각 작용에 의해, 또는 우리들 손에 쥐어진 칼의 행동에 의해, 특수한 조건 속에서 달성될 것이다. 퍼스가 말했을 것처럼, 빨강 같은 색채, 밝음 같은 가치, 단호함 같은 권력, 딱딱함 또는 부드러움 같은 질은 일차적으로 오직 스스로를 지시할 뿐인 실증적인 가능성들이다.[6] 그러므로 그것들이 서로 분리될 수 없는 것과 꼭 마찬가지로, 그것들은 잠재적 접속 속에서 서로 연결될 수 있고 서로에 준거할 수 있는데, 이 잠재적 접속은 다시 램프, 칼, 사람 사이의 실제적인 연결과 혼동되어서는 안 된다. ―비록 이 접속이 여기 지금 이 연결 속에서 현실화된다 하더라도 말이다. 우리는 하나의 얼굴, 얼굴들 또는 얼굴들의 등가물들에 의해 표현된 것으로서의 권력-질들 그 자체(일차성의 감정-이미지)와 일정한 공간-시간 속에서 사물들의 상태 속에 현실화된 것으로서의 이 동일한 권력-질들(이차성의 행동-이미지)을 항상 구별해야만 한다.

뛰어난 감정적 영화인 드레이어의 <잔다르크의 수난>에는, 사물들의 전체적인 역사적 상태, 사회적 역할들과 개인들 또는 집합적 인물들, 그들 사이의 실제적 연관들 ― 잔, 주교, 영국인, 재판관, 왕국, 민중 : 간단히 말

6) Peirce, *Ecrits sur le signe*, p. 43. '자홍색의 가치, 장미의 에센스 향, 열차 기적 소리, 퀴닌의 맛, 아름다운 수학적 증거를 명상할 때 느껴지는 감정의 질 등과 같은 일정한 감지할 수 있는 질들이 존재한다.……나는 직접적으로건 아니면 기억이나 상상 속에서건, 현재의 순간에 이러한 느낌들을 경험하는 것의 인상을, 즉 이러한 질들을 자기 요소들의 하나로서 내포하고 있는 어떤 것을 말하고 있는 것이 아니다. 그게 아니라 나는 질들 그 자체를 뜻하고 있는데, 이 질들은 그 자체로 순수하고 아마도 반드시 현실화되는 것은 아니다.'

해서 재판—이 존재한다. 그러나 거기에는 정확히 영원한 것이거나 초역사적인 것이 아닌 다른 어떤 것이 존재한다 : 그것은 페기 Péguy 가 '내면적인 것'이라 부르는 것이다. 그것은 끊임없이 교차하는 두 개의 현재와도 같은데, 그 중의 하나는 끝없이 도래하고 있고 다른 하나는 이미 확립되어 있다. 페기는 또, 하나는 역사적 사건을 남김없이 말하지만, 그것은 다른 사건 내부를 거슬러 올라간다고도 말했다. 첫 번째 것은 오랫동안 체현되어 왔지만, 두 번째 것은 계속해서 자기 자신을 표현하며 아직도 여전히 표현을 찾고 있다. 그것은 동일한 사건이지만 그 중의 한 부분은 사물들의 상태 속에서 심오하게 실현되는 반면, 다른 부분은 그럴수록 어떤 실현으로도 환원될 수 없다. 페기나 블랑쇼에서의—그러나 또한 드레이어와 브레송 Robert Bresson 에서의—이 현재의 신비는 재판과 수난 사이의 차이이며, 이 차이는 그럼에도 불구하고 분리 불가능하다. 능동적인 원인들은 사물들의 상태 속에서 결정된다 : 그러나 사건 그 자체, 감정적인 것, 효과는 자신의 원인을 넘어 서며, 원인들이 옆으로 비껴 가는 동안 오직 다른 효과들만을 참조할 뿐이다. 그것은 주교의 분노와 잔의 순교이다. 그러나 역할과 상황들로부터 보존될 모든 것은 정감이 추출되고 자신의 접속을 완수하기 위해 요구되어지는 것—이 분노 또는 책략의 '권력', 이 희생 또는 순교의 질—이 될 것이다. 재판으로부터 수난을 추출하기, 사건으로부터 자기 자신의 현실화를 넘어서는 이 고갈될 수 없고 빛나는 부분을 추출하기, '결코 완성되지 않는 완성'. 정감은 사물들의 상태가 표현된 것과 같지만, 이 표현된 것은 사물들의 상태를 지시하지 않는다. 그것은 오직 그것을 표현하는 얼굴을 지시할 뿐이며, 함께 모이거나 분리됨으로써 그것에게 그 고유의 동적인 맥락을 부여한다. 짧은 클로즈업들로 구성되어, 그 영화는 자신이 일정한 환경 milieu 속에서 현실화되는 것을 허용하지 않는, 사건의 그러한 부분을 떠맡는다.

기술적 수단들과 이 목적 사이의 완벽한 적합성 또한 중요하다. 감정적 프레임화는 컷하는 클로즈업들 gros plans coupants 에 의해 진행된다. 때때로 신음하는 입술과 이빨 없는 조소가 얼굴의 주요부 속으로 컷되어 들어간다. 때때로 프레임은 얼굴을 수평적으로, 수직적으로, 또는 비스듬히 사선으로 자른다. 그리고 그것들의 경로 속으로 운동들이 컷되며, 연속 쇼트들은 체계적으로 허위적이다. 마치 과도하게 현실적이거나 과도하게 논리적인 연결들을 깨뜨리는 것이 필요하다는 듯이. 또한, 잔의 얼굴은 종종 영상의 아래 부분으로 밀어져서, 클로즈업은 하얀 배경 décor, 텅 빈 지대, 그녀가 영감을 이끌어 내는 하늘의 공간을 운반해 온다. 그것은 얼굴들의 돌아보기와 고개 돌리기에 관한 비상한 기록물이다. 이 컷하는 프레임들은 '프레임화하지 않기 unframing'라는 개념에 반응한다. 이 개념은 행동이나 지각의 요구들에 의해 완전하게 정당화되지 않는 비통상적인 앵글들을 지칭하기 위해 보니체르에 의해 제안되었다. 드레이어는 각각의 얼굴과 다른 얼굴 간의 실제적인 관계를 유지하고 여전히 행동-이미지의 부분이 되는 쇼트-역쇼트 champ-contrechamp 절차를 피한다. 그는 부분적으로만 채워지는 클로즈업 속에 각각의 얼굴을 고립시키는 것을 더 선호하는데, 그럼으로써 오른쪽에 대한 위치나 왼쪽에 대한 위치는 더 이상 사람들 사이의 실제적인 연결을 통과할 것을 요구하지 않는 잠재적 접속을 직접적으로 유도한다.

감정적인 커팅은 이번에는 드레이어 자신이 '흐르는 클로즈업들 flowing close-ups'이라고 부른 것에 의해 진행된다. 이것은 의심할 바 없이 카메라가 클로즈업에서 미디엄 쇼트나 풀 쇼트로 넘어가는 지속적인 운동이지만, 그것은 일차적으로 — 심도의 부재나 원근법의 억압에 의해 — 미디엄 쇼트와 풀 쇼트를 클로즈업으로서 취급하는 방식이다. 이제 그것은 클로즈업의 지위를 획득할 수 있는 근접 쇼트인 것이 아니라, 어떤 종류의 쇼트도 될 수 있다. 공간으로부터 상속했던 구별은 경향적으로 사라진다. '대기' 원근법을 억압함으로써 드레이어는 온당하게 시간적 또는 정신적이라고까지 할 수 있는 원근법을 만들어 낸다. 삼차원을 평평하게 만듦으로써, 그는 2차원적 공간을 정감과, 4차원 및 5차원, 즉 시간 및 정신과 직접 관계 맺도록 한다. 물론 클로즈업은 원칙적으로 시야 심도에 의해 배경들

arrière-fonds 을 종속시키거나 배경들과 결합될 수 있다. 그러나 이것은 드레이어의 경우에는 해당되지 않는다. 그의 작품 속에서 심도는, 그것이 도입될 때, 인물의 소거를 표시한다. 그의 작품에서는 반대로, 심도와 원근법의 부정, 이미지의 관념적인 평면성이 미디엄 쇼트나 풀 쇼트가 클로즈업으로 동화되는 것을 허용하고, 공간 또는 하얀 배경을 클로즈업과 등가가 되도록 만든다. — 클로즈업들이 지배하는 <잔다르크의 수난>과 같은 영화에서뿐만 아니라, 너무도 잘 '흘러서' 다른 모든 쇼트들에 미리 삼투되기 때문에 클로즈업들이 더 이상 지배하지 않으며 지배할 필요가 없는 영화들에서도 훨씬 더 그러하다. 모든 것은 그래서 감정적인 몽타주, 즉 커팅과 흐름 간의 관계가 될 준비가 되어 있는데, 이는 모든 쇼트들을 클로즈업의 특수한 사례들로 만들 것이며, 정당하게 제한되지 않는 단일 쇼트-시퀀스의 평면성 위에 그 쇼트들을 각인하거나 결합할 것이다(<오데트>와 <게르트루트>의 경향).[7]

2. 브레송에서의 정신적 정감과 공간

비록 클로즈업이 모든 공간-시간의 좌표로부터 얼굴(또는 그것의 등가물)을 추출해 낸다 하더라도, 그것은 그 자신의 공간-시간 — 시야, 하늘, 시골 또는 배경의 한 조각 — 을 운반해 올 수 있다. 때때로 클로즈업에 배후를 부여하는 것은 시야 심도이다. 때로는 반대로 원근법과 심도의 억압이

7) 드레이어에 있어서 프레임화, 커팅, 몽타주 등 이 모든 점들에 관해서는, Philippe Parrain, Dreyer, cadres et mouvements, Etudes cinématographiques, 그리고 Cahier du cinéma, no.65, 1956 : 'Reflexions sur mon metier'을 참조하라. <까이에르 뒤 시네마>의 이 글에서 드레이어는 전경 premier plan , 미디엄 쇼트 plan moyen , 배경 arrière plan 의 개념들을 '억제'할 것을 요구하고 있다.

미디엄 쇼트를 클로즈업에 동화시킨다. 그러나 이런 방식으로 정감이 스스로의 힘만으로 공간을 획득한다면, 얼굴이 없더라도, 그리고 클로즈업과 독립적으로, 클로즈업에의 준거와는 상관없이 그렇게 하지 못할 이유가 있겠는가?

브레송의 <잔다르크의 재판 The Trial of Joan of Arc >을 예로 들어보자. 장 세몰루 Jean Sémolué 와 미셸 에스테브 Michel Estève 는 드레이어의 <수난>과 이 영화의 차이와 유사성을 명백히 보여 준 바 있다. 주요한 유사성은 그 영화가 복합적인 정신적 실체로서의 정감에 관한 것이라는 점이다 : 접속, 만남, 그리고 분할의 하얀 공간 ; 사물들의 상태로 환원될 수 없는 사건의 부분, 다시 시작되는 이 현재의 신비. 그렇지만 이 영화는 일차적으로 미디엄 쇼트, 쇼트와 역쇼트로 구성되어 있다. 그리고 잔은 그녀의 수난 속에서보다는 그녀의 재판에서 인지되며, 희생양과 순교자로서보다는 저항하는 죄수로서 이해된다.[8] 이 표현된 재판이 역사상 실재했던 재판과 혼동되어서는 안 된다는 것은 확실히 맞는 말이지만, 그러나 그것은 — 드레이어에 있어서만큼 브레송에 있어서도 — 그 자체 수난이며, 그리스도의 수난과 잠재적인 접속에 들어간다. 그러나 드레이어에서 수난은 '무아경직' 양식으로 나타났으며 얼굴, 얼굴의 소진, 그것의 고개 돌림, 그것의 극한과의 만남을 통과했다. 한편, 브레송에서 그것은 원래는 휴지(잠시 정지), 걸음, 진전으로 구성된 '재판'(소송 procès)이다(<시골 사제의 일기 Diary of a Country Priest >는 십자가로 나아가는 도정에서의 이 휴지의 측면을 조명한다). 그것은 공간의 구성, 즉 조각 조각으로 촉각적 가치의 공간을 구성하는 것인데, 이 공간에서 손은 얼굴을 폐위시키면서 결국 <소매치기 Pickpocket >에서의 손으로 돌아가는 지시 기능을 보장하게 된다. 이 공간의 법칙은 '파편화'이다.[9] 탁자들과 문들에게는 전체가 주어지지 않는다.

---

8) *Jeanne d'Arc à l'écran, Etudes cinématographiques*에 실린 장 세몰루와 미셸 에스테브의 글을 참조하라.

9) Bresson, *Notes on Cinematography*(trans. Jonathan Griffin, 1977), p. 46,

잔의 방과 법정, 사형수 감방은 우리에게 롱 쇼트로 제시되지 않고, 그것들을 매번 그러나 무한히 닫힌 실재로 만드는 연속 쇼트로부터 잇따라 연속적으로 감지된다. 따라서 탈프레임화 deframing 가 특별한 역할을 한다. 외적 세계 자체는 그러므로 <호수의 란슬롯 Lancelot du Lac >의 어항-숲처럼 하나의 세포인 듯이 보인다. 그것은 마치 마음이, 닫힌 앵글인 양 각각의 부분과 충돌하지만 그 부분들을 연결함에 있어 손의 자유를 향유하는 것과 같다. 실제로, 이웃하는 영역들을 연결하는 것은 많은 상이한 방식으로 실행될 수 있으며, 모든 선행 결정들에 대립되는 속도, 운동, 율동적 가치들의 새로운 조건에 의존한다. —"새로운 의존 …… ". <소매치기>에서의 롱샹과 리용 역은 도둑의 정감에 상응하는 리드미컬한 연속 쇼트들에 의해 변형된, 광대한 파편화된 공간들이다. 파멸과 구원은 무정형의 테이블 위에서 유희되는데, 이 테이블의 연속하는 부분들은 우리의 몸짓들, 또는 그보다는 마음으로부터 나오는, 그것들이 결핍하고 있는 연결을 기다린다. 공간 자체는 자기 자신의 좌표들과 자신의 계량적 관계들을 뒤에 남기고 떠나 버렸다. 그것은 촉각적 공간이다. 이런 방식으로 브레송은 드레이어에게서는 오직 간접적일 뿐이었던 결과를 성취할 수 있다. 정신적 정감은 더 이상 얼굴에 의해 표현되지 않으며, 공간은 더 이상 클로즈업에 종속되거나 동화되어야 할 필요가 없고 클로즈업으로서 취급되어야 할 필요도 없다. 정감은 이제 미디엄 쇼트에서, 그것에 상응할 수 있는 공간 속에서 직접 보여진다. 그리고 브레송의 유명한 목소리 처리, 하얀 목소리들 white voices 은 모든 표현 속에서 자유 간접 화법이 솟구쳐 오름을 표시할 뿐만 아니라, 일어나고 있는 것과 표현되는 것을 잠재화하는 것이기도 하다. —공간의 등가물과 순수 잠재력으로 표현된 정감.

"ONFRAGMENTATION : 이것은 재현 REPRESENTATION 으로 빠지기를 원치 않는다면 필수 불가결하다. 그들의 분리된 부분들 속에서 존재와 사물들을 보기. 이 부분들을 고립시키기. 그것들에게 새로운 의존성을 주기 위해 그것들을 독립적인 것이 되게 하기."

공간은 더 이상 특수한 결정된 공간이 아니라, 파스칼 오제 Pascal Augé 의 용어를 사용하자면 **무규정적 공간** espace quelconque 이 되었다. 확실히, 브레송은 무규정적 공간들을 발명해 내지 않는다(비록 그가 독자적으로 자신만의 방식으로 그것들을 구축한다 하더라도). 오제는 그 공간들의 원천을 실험 영화에서 찾기를 더 좋아할 것이다. 그러나 마찬가지로 그러한 공간들은 영화 자체만큼이나 오래된 것이라고도 말할 수 있다. 무규정적 공간은 모든 시대, 모든 장소에 존재하는 추상적 보편이 아니다. 그것은 완벽한 특이성의(단수적인) 공간으로서, 단지 자신의 동질성을, 즉 자신의 계량적 관계들의 원리 또는 자신의 부분들의 연결을 상실하여 무한히 많은 방식으로 연계들이 만들어질 수 있는 그러한 공간이다. 그것은 가능한 것의 순수 장소로서 파악되는 잠재적 접속의 공간이다. 사실상 그러한 공간의 연결 고리의 불안정성, 이질성, 부재를 표명하는 것은, 말하자면 모든 현실화, 모든 결정의 사전 조건들인 잠재성 또는 특이성들에서의 풍부함이다. 이것이, 우리가 질 또는 권력 행동-이미지를 하나의 결정된 공간(사물들의 상태) 속에 현실화된 것으로 정의할 때, 질 또는 권력들을 그것들이 얼굴 위에서 취하는 현실화되기 이전 상태와 관계시키는 감정-이미지를 이 행동-이미지에 대립시키는 것만으로는 충분치 않은 이유이다. 우리는 이제 감정-이미지의 두 가지 종류의 기호들, 또는 일차성의 두 형상들이 존재한다고 말해야 한다 : 한편으로 얼굴 또는 등가물에 의해 표현되는 권력-질이 있고, 다른 한편으로 무규정적 공간 속에 제시되는 권력-질이 있다. 그리고 아마도 두 번째 것은 첫 번째 것보다 더 미묘하며, 정감의 탄생과 진전과 확산을 추출하는 데 보다 적합하다. 요점은, 얼굴은 그 운동이 데카르트가 언급했듯이 복잡하고 혼합된 감정을 표현하는 큰 단위로 남는다는 것이다. 유명한 쿨레쇼프 Kouleshov 효과는 가변적인 대상과 얼굴의 연합에 의해서보다는 상이한 정감들에 항상 어울리는 그 표정들의 모호성에 의해 설명된다. 반대로, 우리가 얼굴과 클로즈업을 떠나자마자, 우리가 클로즈업과 미디엄 쇼트와 롱 쇼트 간의 단순론적인 구별을 넘어서는 복합 쇼트들을 고려하자마자, 우리는 훨씬 더 미묘하고 분화되었으며, 확인하기 더 어렵고 비인간적인 정감을 유도할 수 있는 '감정들의 체계' 속으로 들어가는 듯하다.[10] 그러므로 감정-이미지는 지각-이미지와 같은 것이 될 것이다 : 그것 역시 두 가지 기호를 가질 것이다. 그중 하나는 단순히 양극 구성의 기호일 것이며, 다른 하나는 발생적 또는 차이적 기호일 것이다. 무규정적 공간은 감정-이미지의 발생적 요소일 것이다.

젊은 정신 분열증 환자는 두 가지 이미지 앞에서 자신의 '첫 번째 비현실의 느낌'을 가진다 : 가까이 다가오면서 그 얼굴이 과장스럽게 확대되는 동지의 이미지(사자처럼 말할 수도 있다) ; 무한하고, '눈부신 노란 광대함'이 되는 옥수수 밭의 이미지.[11] 퍼스의 용어를 사용한다면, 감정-이미지의 이 두 기호는 다음과 같이 지칭될 것이다. 즉, 얼굴에 의한 권력-질의 표현은 **도상**으로, 무규정적 공간에서의 권력-질의 제시는 **질기호** Qualisign (또는 능력 기호 Potisign)로 명명될 것이다. 호르헤 이벤 Jorge Iven 영화의 몇 작품들은 질기호란 무엇인가에 대한 생각을 우리에게 제공한다.

> <비 Rain>는 어딘가에 내린 결정된, 구체적인 비가 아니다. 이 시각적 인상들은 공간적 또는 시간적 표상들에 의해 통일되지 않는다. 여기서 가장 섬세한 감수성에 의해 지각되는 것은 비란 진짜 어떤 것인가 하는 것이 아니라, 비가 조용하고 지속적으로 잎에서 잎으로 떨어질 때, 물웅덩이의 거울이 닭살 돋는 피부가 되었을 때, 단 하나의 빗방울이 유리창 위에서 머뭇거리며 자기 갈 길을 찾고 있을 때, 도시의 삶이 물에 젖은 알파벳 위에 반사될 때 …… 비가 나타나는 방식

10) 이것은 보니체르의 책, *Le Champ aveugle*의 핵심적인 테제의 하나이다. 과도하게 단순한 구별이 초월되고 쇼트들이 '모호한' 쇼트 또는 심지어 '모순적'이기까지 한 쇼트가 되자마자(이는 드레이어에게서 이미 현저한 사례가 발견된다), 영화는 지각의 그것뿐만 아니라 감정의 새로운 체계 또한 정복한다.

11) M.-A Sechehaye, *Journal d'une schizophrène*, pp. 3-5.

인 것이다. 그리고 심지어 그것이 로테르담Rotterdam의 <다리 Bridge>처럼 독특한 대상의 문제일 때조차, 이 금속적 구성물은 수천 개의 상이한 방식으로 프레임화되는 비물질적인 이미지들 속에 용해된다. 이 다리가 다양한 방식으로 보여질 수 있다는 사실은 그것을, 말하자면 비현실적이 되게 한다. 그것은 일정한 목적을 겨냥하는 기술자의 창조로서가 아니라, 광학 효과들의 기묘한 연속 흐름처럼 우리에게 나타난다. 이것들은 그 위로 화물 열차가 운행하기 어려운 시각적 변주들이다.[12]

이것은 다리의 개념이 아니며, 그것의 형태, 금속성의 소재, 그것의 용도와 기능에 의해 정의되는 사물들의 개별적 상태도 아니다. 그것은 잠재력이다. 칠백 개 쇼트들의 빠른 몽타주는 상이한 조망들이 무한한 방식으로 함께 짜 맞추어질 수 있다는 것을 의미하며, 그것들이 서로에 대한 관계 속에 정향되지 않기 때문에 무규정적 공간 속에서 결합되는 일련의 특이성들을 구성하는바, 이 무규정적 공간 속에서 이 다리는 순수한 질로서, 이 금속은 순수한 권력으로서, 로테르담 자체는 정감으로서 나타난다. 그리고 비는 비의 개념도, 비오는 시간과 장소의 상태도 아니다. 그것은 비를 그것 자체로서, 모든 가능한 비들을 추상하지 않고 결합하며 그에 상응하는 무규정적 공간을 형성하는 순수 권력 또는 질로서 나타내는 일련의 특이성들이다. 그것은 정감으로서의 비이며, 그것이 비록 사물들의 개별적 상태 속에서 현실화되지 않는다 하더라도, 추상적이거나 일반적인 관념에 그보다 더 대립되는 것은 없다.

12) Balázs, *Le Cinéma*, p. 167(그리고 *L'Esprit du cinéma*, p. 205).

3. 무규정적 공간들의 구축

무규정적 공간은 어떻게 구축되는가(스튜디오에서 또는 야외 촬영에서)? 주어진 사물들의 상태로부터, 일정하게 한정된 공간으로부터 무규정적 공간은 어떻게 추출될 수 있는가? 첫 번째 방법은 그림자다. 그림자들, 그림자들로 가득 찬 공간 또는 그림자들로 덮인 공간은 무규정적 공간이 된다. 우리는 표현주의가 어떻게 어둠과 빛, 불투명한 검은 배경과 빛나는 원리를 가지고 작동하는가를 보았다. 그 두 권력들은 레슬러처럼 드잡이하며 함께 결합되어, 때로는 갖가지 정도의 명암 대조법의 형태로, 때로는 교호하고 대조되는 줄무늬의 형태로, 그림자들로 채워질 거대한 깊이와 돌출하고 왜곡된 원근법을 공간에 부여한다. 이 '고딕적인' 세계는 윤곽들을 익사시키고 깨뜨리며, 그 속에서 사물들이 자신들의 개별성을 잃어버리는 비유기적 생명을 사물들에게 부여하고, 공간을 제한되지 않은 어떤 것으로 만들면서 공간을 잠재화한다. 깊이는 투쟁의 장소다. 이 투쟁은 때로는 공간을 바닥 없는 검은 구멍 속으로 빨아들이고, 때로는 빛을 향해 그것을 끌어당긴다. 그리고 물론, 인물들은 또한 빛나는 원을 배경으로 기묘하게 그리고 무시무시하게 평평해지거나, 그의 그림자는 역광 contre-jour 에 의해 하얀 배경 위에서 그 모든 두께를 상실할 수도 있다 ; 그러나 그것은 '빛과 어둠이란 가치들의 전도' 에 의해, 최전방에 깊이를 갖다 놓는 원근법의 전도에 의해서다.[13)] 그림자는 그때 자신의 모든 예기적 기능을 수행하며, <타르투페 Tartuffe >의 그림자와 <노스페라투>의 그림자처럼, 또는 <타부 Tabu >에서 잠자는 연인들 위에 드리워진 목사의 그림자처럼 위협이라는 정감을 그 가장 순수한 상태에서 표현한다. 그림자는 무한성으로 확장된다. 이런

13) 부비에르 Bouvier 와 뢰트라 Leutrat 는 <노스페라투>에서 무르나우에 의해 사용된 이 상이한 절차들을 분석한 바 있다, pp. 56-8, 135-7, 149, 151. 표현주의에서의 그림자의 역할에 대해서는 Lotte Eisner, *The Haunted Screen*, Chap. Ⅷ 참조(그녀는 특히 <경고의 그림자>를 분석한다).

식으로 그것은 자신을 생산해 내는 사물들의 상태나 인물들의 위치와 일치하지 않는 잠재적인 접속을 결정한다. 아르투르 로비존 Arthur Robison 의 <경고의 그림자 Warning Shadows >에서, 두 손은 오직 그 그림자의 확장에 의해서만 뒤얽히며, 여인은 자기 몸의 그림자 위에 떨어지는 찬미자들의 손 그림자에 의해서 애무될 뿐이다. 이 영화는 질투-감정이 현실화될 때 만약 배역과 인물들 및 사물들의 상태가 녹아 없어지지 않는다면 무슨 일이 일어날 것인가를 보여 줌으로써 잠재적인 접속들을 발전시킨다. 그것은 정감을 사물들의 상태에 대해 더욱더 독립적인 것이 되게 한다. 공포 영화의 신고딕적 공간 속에서, 테렌스 피셔 Terence Fisher 는 드라큘라가 땅에 못 박혀 삭아 없어지게 만들 때 감정-이미지의 이러한 자율성을 멀리 가지고 나가지만, 그것은 고문의 정확한 장소에 십자가의 그림자를 투사하는 불타는 풍차 날개와의 잠재적인 접속 속에서 이루어진다(<드라큘라의 신부들 The Brides of Dracula >).

서정적 추상 lyrical abstraction 은 또 다른 방법이다. 우리는 그것이 백색에 대한 빛의 관계에 의해 규정되지만, 그림자가 — 표현주의에서의 역할과는 매우 다르지만 — 중요한 역할을 보유한다는 것을 본 바 있다. 요점은, 표현주의는 대립, 갈등의 원리, 또는 투쟁의 원리를 발전시킨다는 것이다. 즉, 그것은 어둠과 벌이는 정신의 투쟁을 발전시킨다. 반면에 서정적 추상을 고수하는 사람들에게 정신의 행위는 투쟁이 아닌 양자택일, 하나의 근본적인 '이것 아니면 저것'이다. 그림자는 그러므로 더 이상 무한성으로의 확장도, 극한으로의 역전도 아니다. 그것은 더 이상 사물들의 상태를 무한성으로 확장하지 않으며, 그보다는 오히려 사물들의 상태 그 자체와 그것을 넘어서는 가능성, 잠재성 사이의 양자택일을 표현할 것이다. 이렇게 해서 자크 투르뇌르 Jacques Tourneur 는 공포 영화의 고딕 전통과 단절한다. 그의 창백하고 빛나는 공간들, 빛을 배경으로 한 그의 밤은 그를 서정적 추상의 대표자로 만든다. <캣 피플 Cat People >의 수영장에서, 공격은 오직 하얀 벽의 그림자들 위에서만 보여질 뿐이다. 여인이 표범이 되었는가(잠재적인 접속) 아니면 단지 표범이 달아났을 뿐인가(실제적인 연결)? 그리고 <나는 좀비와 함께 걸었다I Walked with a Zombie>에서 여사제에 봉사하고 있는 것은 좀비인가 아니면 전도의 영향력 아래 있는 불쌍한 소녀인가?[14] 우리가 이 '서정적 추상'의 매우 다양한 대표자들을 인용하게 되는 것은 놀라운 일이 아니다. 그들은 표현주의자들보다 더 다양하지도 않으며, 추종자들의 다양성은 결코 그 개념이 일관적인 것이 되는 것을 방해하지는 못한다. 우리 눈에 서정적 추상에서 본질적인 것으로 보이는 것은 그 정신이 전투에 사로잡혀 있다는 점이 아니라 양자택일의 먹이가 되어 있다는 점이다. 이 양자택일은 미학적 또는 열정적 형태 속에 표현될 수도 있고(스턴버그), 윤리적(드레이어) 또는 종교적(브레송) 형태 속에 표현될 수도 있으며, 심지어 이 상이한 형태들 사이에서 유희할 수도 있다. 예를 들어 스턴버그에서는, 하얗거나 반짝이는 얼어붙은 남녀 양성 구유자와 사랑스럽거나 심지어 길들여진 여자 사이에서 여주인공이 해야만 하는 선택이 비록 어떤 경우에는 오직 명시적으로만 나타날 수 있을지라도(<모로코Morocco>, <금발의 비너스Blonde Venus>, <상하이 특급>), 그것은 그럼에도 불구하고 그의 작품 속에 처음부터 끝까지 현존한다. <진홍의 여제>는 그림자에 의해 분할된 단 하나의 클로즈업을 포함하고 있는데, 공주가 사랑을 포기하고 차가운 권력을 정복하기로 선택하는 것이 바로 여기서 이루어진다. 그와 반대로, <금발의 비너스>의 여주인공은 가정적이고 모성적인 사랑을 재발견하기 위해 하얀 턱시도를 포기한다. 그리고 비록 본질적으로 관능적일지라도, 스턴버그의 양자택일들은 드레이어나 브레송의 겉보기에 관능 초월적인 양자택일들보다 덜 정신적인 것이 아니다.[15] 어쨌든, 키에르케고르가 쓰

---

14) 이 점에 관해서 독자들은 사바티에르 J.-M Sabatier가 쓴 사전 『환상 영화의 고전들 Les Classiques du cinéma fantastique』에 실린 자크 투르뇌르에 관한 항목을 참조할 수 있다. 고딕 경향에 대립되는 것으로서 공포 영화의 이 '양자택일적' 경향은 제작자 뉴턴 Newton 및 RKO의 영향과 무관하지 않다(Sabatier 참조).

15) *Arts*, 30 December 1959에 실린 자신의 글에서, 루이 말 Louis Malle은 브

고 있듯이 신념이 여전히 열정의 문제, 정감의 문제이지 다른 것이 아닌 한, 양자택일은 열정이나 정감의 문제만은 아니다.

백색과의 그 본질적인 관계로부터, 서정적 추상은 표현주의와의 차이를 강조하는 두 가지 결과를 이끌어 낸다. 하나는 대립 대신에 항들의 교호 alternation 이고, 다른 하나는 투쟁 또는 싸움 대신에 양자택일, 정신적 선택이다. 한편으로 그것은 백-흑의 교호이다. 백색은 빛을 사로잡고, 흑색은 빛이 멈추는 지점에 있으며, 때때로 중간 톤인 회색이 판별 불가능성으로서 제3항을 형성한다. 교호들은 한 이미지와 다음 이미지 사이에, 혹은 동일한 이미지 속에 확립된다. 브레송에서 이것들은 <시골 사제의 일기>에서처럼 율동적인 교호이거나, 또는 <호수의 란슬롯>에서처럼 심지어 낮과 밤 사이의 교호이기도 하다. 드레이어에서는, '음조적 구축'과 공간의 모자이크처럼 교호들이 고도의 기하학적인 구성에 도달한다(<분노의 날 Day of Wrath >, <오데트>). 다른 한편, 정신적 양자택일은 선과 악 그리고 불확실성 또는 차이 없음 항들의 교호에 도달하지만, 그러나 매우 신비적인 방식으로 도달한다. 백을 선택'해야만' 하는가도 참으로 의심스럽다. 드레이어와 브레송에서, 세포 같고 임상적인 백색은 그 무시무시하고 괴물 같은 특성이 스턴버그의 얼어붙은 백색보다 덜 하지 않다. <진홍의 여제>가 선택하는 백은 친밀성의 가치들에 대한 잔인한 거절을 함축하지만, 금발의 비너스는 백을 단념함으로써 그 가치들을 다시 발견한다. 이것들은 <분노의 날>의 여주인공이 장로교적인 백색 대신에 앞을 내다볼 수 없는 그림자 속에서 잠깐 동안 발견하는 것과 동일한 친밀성의 가치들이다. 빛을 감금하는 백은 빛에 이질적인 것으로 남아 있는 흑과 마찬가지의 가치를 가질 뿐이다. 마지막으로, 비록 항들의 교호가 정신적 양자택일의 기초로서 봉사할지라도, 정신적 양자택일은 결코 항들의 교호에 직접 관련되지 않는다.[16] 파스

레송의 작품, 특히 <소매치기>에서의 관능적 요소들을 주장했다. 반대로, 스턴버그에게는 정신적인 해석이 주어질 수 있었는데, 특히 <상하이 특급>에 관해서 그러했다(위대한 기도 장면 참조).

칼에서 키에르케고르에 이르기까지 하나의 매혹적인 사상이 발전되었다: 양자택일은 항들 사이가 아니라 선택하는 사람의 실존 양식들 사이에 존재한다. 때로는 도덕적 필연성에 의해(선, 올바름), 때로는 물리적 필연성에 의해(사물들의 상태, 상황), 때로는 심리적 필연성에 의해(어떤 것에 대해 가지고 있는 욕망), 선택의 여지가 없다는 것을 스스로에게 설득한다는 조건 위에서만 이루어질 수 있을 뿐인 선택이 존재하는 것이다. 정신적 선택은, 이것을 모른다는 조건 위에서 선택하는 사람의 실존 양식과, 그것이 선택하기의 문제라는 것을 알고 있는 사람의 실존 양식, 그 사이에서 이루어진다. 그것은 마치 선택이냐 비선택이냐 라는 선택이 존재하는 것과 같다. 만약 내가 선택을 의식하고 있다면, 내가 더 이상 할 수 없는 선택과 내가 더 이상 따를 수 없는 실존의 양식이 이미 존재하는 것이다. — 이것이 '선택의 여지가 없다'는 것을 나 스스로에게 설득한다는 조건 위에서 내가 따랐던 모든 것이다. 이것이 파스칼의 내기꾼이 말하는 모든 것이다. 항들의 교호는 신의 존재에 대한 긍정, 그것의 부정, 그리고 그것의 유보(의심, 불확실성)이다. 그러나 정신적 양자택일은 다른 곳에 있다. 그것은 신이 존재하는 데 '내기 거는' 사람의 실존 양식과 비존재에 거는 사람 또는 내기 걸기를 원치 않는 사람의 실존 양식 사이에 있다. 파스칼에 따르면, 오직 첫 번째 사람만이 그것이 선택하기의 문제라는 것을 의식하고 있다. 다른 사람들은 오직 자기의 선택이 무엇에 관계되는 것인지 알지 못하는 조건에서만 자신들의 선택을 할 수 있을 뿐이다. 간단히 말해서, 정신적 결정으로서의 선택은 자기 자신 외에 어떤 다른 대상도 가지고 있지 않다. 나는 선택하기를 선택하며, 그럼으로써 나는 선택을 하지 않는 양식 위에서 이루어지는 모든 선택을 배제한다. 이것은 또한 키에르케고르가 '양자택일'이라고 불렀던 것, 그리고 사르트르가 제출한 무신론적 판본의 '선택'이 가진 본질

16) 교호에 관해서, 그리고 정신적 양자택일에 관해서, 우리는 드레이어와 관련해서는 필립 파렝에서(op. cit.), 브레송과 관련해서는 미셸 에스테브 Michel Estève 에서(*Robert Bresson*) 분석의 많은 요소들을 발견한다.

적인 점이기도 했다.

파스칼에서부터 브레송까지, 키에르케고르에서부터 드레이어까지 하나의 전체적인 영감의 선이 추적될 수 있다. 서정적 추상의 감독들에는, 그토록 많은 구체적 실존의 양식들 그 자체인 인물들이 풍부하게 존재한다. 거기에는 신의 백색 인간들, 선의, 미덕의 백색 인간들, 파스칼의 '헌신자들', 도덕적 또는 종교적 필연성의 이름으로 질서를 지키는 전제적인, 아마도 위선적인 수호자들이 있다. 그리고 불확실성의 회색 인간들이 있다(드레이어의 <흡혈귀 Vampyr >의 영웅이나 브레송의 란슬롯, 또는 사실 '불확실성'이란 제목을 붙일 수조차 있었던 영화 <소매치기>의 주인공처럼). 또 악의 피조물들이, 특히 브레송에서 수많이 존재한다(<공원의 숙녀 Ladies of the Park >에서의 헬렌의 복수, <발타자르 Balthazar >에서의 제라르의 사악함, <소매치기>의 절도들, <돈 L'Argent >에서의 이본의 범죄들). 그리고 그의 극단적 얀세니즘 Jansenism 속에서 브레송은 그 동일한 추악성을 작품들의 전망으로부터, 즉 선과 악의 전망으로부터 보여준다. <돈>에서 독실한 루시앙은 오직 거짓 증언과 그가 자기 자신에게 조건으로 설정했던 절도라는 견지에서만 자선을 실천할 것이고, 반면 이본은 타자라는 조건에서 범죄를 시작할 뿐이다. 선의 인간은 필연적으로 악의 인간이 종말을 맞는 장소에서 시작한다고 생각할 수도 있다. 그러나 왜 여전히 욕망되는 악이 선택되기보다는 사실들을 완전히 알면서 이루어지는 악을 '위한' 선택이 있어서는 안 되는가? 브레송의 대답은 괴테의 메피스토펠레스의 대답과 동일한 종류의 것이다. 즉, 다른 악마 또는 흡혈귀들인 우리들은 첫 번째 행위에 대해선 자유롭지만 두 번째 행위에 대해서는 이미 노예가 되어 있다. 이것이 양식이 (덜 잘) 말하는 것이다, <소매치기>의 감독관처럼 말이다 : "너는 멈출 수 없다", 너는 이미 더 이상 너 자신에게 선택을 허용하지 않는 상황을 선택해 버렸다. 앞선 세 가지 유형의 인물들이 거짓된 선택의 일부분이라는 것, 선택이 존재한다(또는 여전히 선택이 존재한다)는 사실을 부정한다는 조건에서만 이루어질 뿐인 그러한 선택의 일부분이라는 것은 바로 이런 의미에서다. 서정적 추상이라는 관점에서 우리는 마침내 선택이란 무엇인가 하는 것, 확고부동한 정신적인 결정으로서의 선택이라는 의식을 이해하게 된다. 그것은 악의 선택이 아닌 것과 마찬가지로 선의 선택도 아니다. 그것은 그것이 선택하는 것에 의해 규정되는 것이 아니라, 그것이 소유하고 있어서 각각의 모든 순간마다 새롭게 출발할 수 있게 되는 권력에 의해 규정되는 선택, 스스로를 새롭게 출발시키는 선택, 그리고 이런 방식으로 자기 자신에 의해, 매번 전체 판돈을 다시 유희시킴으로써 자기 자신을 확증하는 선택이다. 그리고 비록 이 선택이 사람의 희생을 내포한다 하더라도, 이것은 그가 자신이 희생을 매번 새롭게 시작할 것이고 항상 그것을 한다는 점을 알고 있다는 조건에서만 치르는 희생이다(여기서 다시 한 번, 이것은 표현주의의 그것과는 매우 다른 개념화인데, 표현주의에서 희생은 단 한 번만 치르는 것이다). 스턴버그 자신에 있어선, 진실된 선택은 <진홍의 여제>와 함께 있는 것도 아니고 <상하이 제스처>에서 복수를 선택했던 사람과 함께 이루어지는 것도 아니며, <상하이 특급>에서 자기 희생을 선택했던 사람과 함께 이루어진다. 그는 단 하나의 조건 위에서 선택했다. 즉, 설명하기 위해 자기 자신을 정당화하지 않는다는, 자기 자신을 정당화할 필요가 없다는 조건. 진실된 선택의 인물은 희생 속에서 발견되거나 브레송에서 부단히 다시 시작하는 희생 너머에서 재발견된다. 그것은 잔다르크이고, 사형 선고를 내린 사람, 즉 교구 사제이다. 드레이어에서는, 그것은 또 다시 잔다르크지만, 그것은 또한 위대한 삼부작, <분노의 날>의 안느, <오데트>의 잉게르, 마지막으로 <게르트루트>이기도 하다. 그러므로 네 번째 유형이 선행하는 세 가지 유형에 덧붙여져야 한다. 그것은 진정한 선택을 하는 인물, 또는 선택에 대한 의식을 가진 인물이다. 그것은 명확히 정감의 문제이다. 왜냐하면, 만약 다른 사람들이 정감을 확립된 질서 또는 무질서 속의 현실성으로서 유지한다면, 진실된 선택을 하는 인물은 란슬롯의 궁정식 사랑처럼 정감을 그 순수 권력 또는 잠재력으로까지 고양시키기 때문이고, 또한 정감이 스스로를 현실화되도록 하지 않는 것의 일부를, 모든 실행을 넘어서는 것(영원한 재탄생)의 일부를 그 인물 속에서 해방시킬 때 이 인물은 그 정감을 체현하고 그것이 더욱더 효과를 발휘하도록 하기 때문이다. 그리고 브레송은 또 다섯 번째 유형, 다섯 번째 인물을 첨가한다. 그것은 선택할 필요가 없는 자신의 순진무구성을 소유한, <발타자르>의 야수 혹은 당나귀이다. 실행을 넘어서는 것 또는 정신적 결정에 도달할 수 없으면서(그러나 드러내 보여줄 수도 없으면서), 그 당나귀는 인간의 비선택 또는 선택 효과, 즉 사건들이 신체들 속에서 완수되고 그것들에 상처 입히는 측면만을 알 뿐이다. 따라서 그 당나귀는 인간들의 사악함이 선호하는 대상이지만, 그러나 또한 그리스도 또는 선택의 인간이 가지는 특혜적인 합일이기도 하다.

도덕성에 대립되는 이 극단적인 도덕주의, 종교에 대립되는 이 신앙은 기묘한 사유 방식이다. 그것은 니체와는 아무런 상관이 없지만, 파스칼과 키에르케고르, 얀세니즘과 종교개혁(심지어 사르트르의 경우일지라도)과 많은 것을 공유한다. 그것은 철학과 영화 사이에 거대한 가치 관계들의 전체 세트를 짜 엮는다.[17] 로메르에게서도 역시 실존의 양식, 선택들, 거짓된 선

17) 19세기 후반에 철학은 매우 상이한 사상가들에게서 자신의 내용을 갱신하려 했을 뿐만 아니라 표현의 새로운 수단과 형식들을 정복하려 했는데, 그들의 유일한 공통의 특징은 그들이 자신을 미래의 철학의 첫 번째 대표자라고 느낀다는 점이다. 이것은 키에르케고르의 경우 분명한 사실이다(프랑스에서 이 새로운 형식에 대한 모색은 르누비에르 Renouvier 와 르퀴에르 Lequier 를 중심으로 나타났는데, 부당하게 잊혀진 이 집단의 주요한 테마 중 하나는 선택의 관념이다). 키에르케고르에 한정해서 보자면, 그의 특수한 방법들 중의 하나는 그의 명상 속에 독자가 형식적으로 확인하기 어려운 어떤 것을 도입하는 것이다. 이것은 예인가, 아니면 사사로운 일기의 단편인가, 아니면 이야기, 일화, 멜로드라마 등등인가? 예를 들면, 『두려움의 개념 The Concept of Dread』에서 그것은 자기 가족과 함께 아침 식사를 하고 신문을 읽다가 갑자기 창문으로 달려가서 "나는 가능태를 가져야만 한다, 그렇지 않다면 나는 숨이 막힐 것이다"라고 소리치는 부르주아의 이야기이다. 『삶의 여정 위의 무대들 Stages on Life's Way』에서 그것은 하루에 한 시간씩 미치며, 닮음을 계상하고 고정시킬 수 있을 법칙을 찾아 헤매는 회계사의 이야기이다. 어느 날 그는 창녀 집에 있었는데, 거기에서 있었던 일에 대해 아무 기억도 나지 않으며, 그것은 "그를 미치게 만드는 가능

택들, 그리고 선택에 대한 의식의 전체 이야기가 '도덕 이야기' 시리즈를 지배한다(특히 <모드의 집에서의 하룻밤 My Night at Maud's >). 그리고 보다 최근에 <좋은 결혼 Le Beau Mariage >은 동일한 파스칼적인 의식 또는 영원한 것, 무한한 것에 대한 동일한 주장을 지니고서, 자기가 다른 때에는 결혼하지 않기로 선택할 수도 있었을 그런 방식과 똑같은 방식으로 결혼하기를 선택했다는 바로 그 이유 때문에 결혼하기로 선택하고 그 소식을 널리 알리는 한 소녀를 우리에게 선사한다. 왜 이러한 테마들이 그토록 많은, 철학적이고 영화적인 중요성을 가지는가? 왜 이 모든 점들이 강조되어야만 하는가? 그것은 영화에서처럼 철학에서, 브레송에서처럼 파스칼에서, 드레이어에서처럼 키에르케고르에서, 진실된 선택, 즉 선택을 선택하는 데 존재하는 그 선택이 우리에게 모든 것을 복구시켜 주는 것으로 가정되기 때문이다. 그것은 희생에도 불구하고, 바로 그 희생의 순간에, 또는 심지어 그 희생이 수행되기 전에 우리로 하여금 모든 것을 재발견할 수 있게 해줄 것이다. 키에르케고르는 진실된 선택이란 신부를 포기함으로써 바로 그 행동에 의해 그녀가 우리에게 복구되어지는 것을 의미한다고, 자신의 아들을 희생시킴으로써 바로 그 행동을 통해 아브라함이 자신을 재발견하는 것을 의미한다고 말했다. 아가멤논은 자신의 딸 이피게니아를 희생시키지만, 의무에 의해서, 오직 의무 때문에, 그리고 선택의 여지가 없게 되기를 선택함으로써 그렇게 했다. 반대로 아브라함은 단지 선택을 통해서, 그리고 그를 신과 결합시키는 선택이라는 의식을 통해, 선과 악을 넘어, 자기 자신보다도 더 사랑하는 자기 아들을 희생시킨다. 이것이 서정적 추상의 역사이다.

우리는 백색-흑색-회색, 백색-흑색-회색 …… 의 교호로 이루어진, 사

성이다.……" 『공포와 전율 Fear and Trembling 』에서 그것은 동화 動畵 로서의 '아그네스와 트리톤 Agnes and triton ' 이야기인데, 키에르케고르는 이 이야기에 다수의 판본들을 부여한다. 다른 예들도 많이 있다. 그러나 현대의 독자들은 아마도 이 기괴한 구절들을 분류할 도구를 가지고 있을 것이다. 각각의 경우에 그것은 철학과 신학에서 처음으로 나타나는 일종의 대본, 진짜 시놉시스이다.

물들의 상태의 일정한 공간에서 시작했다. 그리고 우리는 백색은 우리의 의무 또는 우리의 권력을 표시하고, 흑색은 우리의 무능 또는 악에 대한 우리의 갈구를, 그리고 회색은 우리의 불확실성, 우리의 모색 또는 우리의 차이 없음을 표시한다고 말했다. 그리고 나서 우리는 우리 자신을 정신적 양자택일로 끌어 올렸고, 우리는 실존의 양식들 간에 선택을 해야 했다. 백색, 흑색 또는 회색의 어떤 것들은 우리가 선택의 여지를 가지고 있지 않다는 것(또는 우리가 더 이상 선택의 여지를 가지고 있지 않다는 것)을 함축했지만, 오직 단 하나의 다른 어떤 것이 우리가 선택하기로 선택한다는 것, 또는 우리가 선택에 대한 의식을 가지고 있다는 것을 함축한다.—그것은 백색, 흑색, 회색을 넘어선 순수한, 내재적 또는 정신적인 빛이다. 이 빛이 닿는 한, 그것은 우리에게 모든 것을 복구시켜 준다. 그것은 우리에게 백색, 그러나 더 이상 빛을 가두지 않는 백색을 복구해 준다. 그것은 최종적으로 우리에게 흑색을, 더 이상 빛의 정지가 아닌 흑색을 복구해 준다. 그것은 심지어 더 이상 불확실성이나 차이 없음이 아닌 회색을 우리에게 복구해 준다. 우리는 우리가 선택하는 것이 더 이상 선택 그 자체로부터 구별되지 않는 정신적 공간에 도달하였다. 서정적 추상은 빛과 백색의 모험에 의해 규정된다. 그러나 이 모험의 에피소드들은, 먼저 빛을 가두는 백색은 빛이 멈추는 흑색과 교호하고, 그리고 나서 그 빛은 양자택일 속에서 해방되며 이는 우리에게 백색과 흑색을 모두 복구시켜 준다는 것을 의미한다. 우리는 순식간에 한 공간에서 다른 공간으로, 물리적 공간으로부터 우리에게 물리학(또는 형이상학)을 복구시켜 주는 정신적 공간으로 이행하였다. 첫 번째 공간은 세포와 같고 폐쇄되어 있지만, 두 번째 공간도 다르지 않다. 그것이 단지 이론적 또는 실천적 탈피에 의해 자신의 모든 형식적 의무와 물질적 강제를 극복하는 정신적 열림만을 발견했을 뿐인 한, 그것은 동일하다. 이것이 브레송이 자신의 '파편화'의 원리에서 제안하고 있는 것이다. 즉 우리는 파편화된 닫힌 세트로부터 창조되거나 재창조되는 열린 정신적 전체로 이행한다. 혹은 드레이어를 예로 들자면, 거기서는 가능태가 정신의 차원(4차원 또는 5차원)으로서의 공간을 열어 젖혔다. 공간은 더 이상 규정되지 않으며, 그것은 정신의 권력과 동일한 무규정적 공간이 되었다. 즉 영구히 갱신되는 정신적 결정과 동일한 무규정적 공간이 되었다. 정감 또는 자기 감동을 구성하는 것, 그리고 부분들을 연결 지우는 것을 떠맡는 것은 바로 이 결정이다.

어둠과 정신의 투쟁, 백색과 정신의 양자택일은 공간이 무규정적 공간이 되고 발광태의 정신적 권력으로 고양되는 최초의 두 가지 절차이다. 이제 우리는 세 번째 절차, 즉 색채를 고찰해야만 한다. 이것은 더 이상 표현주의의 공간도 아니고 서정적 추상의 백색 공간도 아니다. 그것은 색채주의의 색채-공간이다. 회화에서처럼, 색채주의는 이미 그리피스나 에이젠슈테인에서 단지 채색된 이미지만을 만들어 내었을 뿐 색채-이미지에 선행했던 단색조나 다색조와는 구별된다.

어떤 측면에서는, 표현주의적 어둠과 서정적 백색 역시 색채 역할을 한다. 그러나 진정한 색채-이미지는 무규정적 공간의 세 번째 양식을 구성한다. 이 이미지의 주요한 형태 — 거대한 아플라grand aplats [균일 농담]의 표면 색채, 다른 모든 색채들에 스며드는 대기 같은 색채, 하나의 색조에서 또 다른 색조로 이행하는 운동-색채 — 는 아마도 뮤지컬 코미디와, 인습적인 사물들의 상태로부터 제한되지 않은 잠재적인 세계를 추출하는 그것의 능력에서 기원한다. 이 세 가지 형태들 중에서 영화에 속하는 것으로 보이는 것은 오직 운동-색채뿐이며, 다른 것들은 이미 완전히 회화의 권력의 일부가 되어 있다. 그럼에도 불구하고 우리가 보기에 영화의 색채-이미지는 또 다른 특징에 의해 규정되는 것으로 보이는데, 그 특징은 영화의 색채-이미지가 회화와 공유하지만 상이한 범위와 기능을 부여하는 특징이다. 이것은 **흡수적인** 특징이다. "그것은 피가 아니다, 그것은 빨강이다"라는 고다르의 공식은 색채주의의 공식 바로 그것이다. 단순히 채색된 이미지와는 반대로, 색채-이미지는 특정한 대상을 참조하지 않으며, 그것이 할 수 있는 모든 것을 흡수한다. 그것은 자기 영역 내에서 일어나는 모든 것을 붙잡는 권력, 또는 완전히 상이한 대상들에 공통적인 질이다. 거기에는 색채들의 상징주의가 존재하지만, 그러나 그것은 색채와 정감 사이의 대응(녹색과 희망 등 ……)에 존재하지 않는다. 색채는 반대로 정감 자체, 즉 그것이 집어내는 모든 대상들의 잠재적인 접속이다. 따라서 올리에르는 아그네스 바르다 Agnés Varda의 영화들, 특히 <행복Le Bonheur>은 "흡수한다"고, 그리고 관객뿐만 아니라 인물 자신들과 상황들도 상보적인 색채들에 의해 영향받는 복합적인 운동 속에 흡수된다고 말하게 된다.[18] 이것은 이미 <짧은 송곳 La Pointe courte>에서도 사실인데, 거기서 백색과 흑색은 상보적으로 다루어지고, 백색이 여성적 측면 — 하얀 일, 하얀 사랑과 죽음 — 을 포착하는 반면에 흑색은 남성적 측면을 포착하며, '추상적 커플'의 두 주인공들은 그들의 말 속에서 양자택일의 공간 또는 상보성의 공간의 흔적을 찾아낸다. <행복>에서 보라색, 자주색, 오렌지 빛의 금색이 서로 보충하고 색채들에 상응하는 불가사의한 공간 속에서 인물들이 잇따라 연속적으로 흡수되는 가운데 색채주의적 완벽함에 도달하는 것은 바로 이러한 구성이다. 이제 우리가 개념의 가능한 타당성을 보다 명확하게 탐구하기 위해서 매우 다양한 감독들을 계속 참조해야 한다면, 색채 영화를 통틀어 그 초기부터 미넬리 Vincent Minnelli는 흡수를 이미지가 가진 이 새로운 차원의 고유하게 영화적인 권력으로 만들었다고 말해야만 한다. 이것은 그의 작품 속에서 꿈이 하는 역할의 원천이다. 꿈은 단지 색채의 흡수적인 형식이다. 그의 뮤지컬 코미디 작품과, 그의 다른 장르들의 작품들 역시, 자기 꿈에 의해, 그리고 무엇보다도 타인들의 꿈과 타인들의 과거에 의해(<욜란다와 도둑 Yolanda and the Thief>, <해적 The Pirate>, <지지 Gigi>, <멜린다 Melinda>), 타자의 권력의 꿈에 의해(<마법사들 Les Ensorcelés>) 문자 그대로 흡수된 인물이라는 강박적인 테마를 뒤따른다. 그리고 미넬리는 <묵시록의 4기사 The Four Horsemen of the Apocalypse>에서 최고도의 수준에 도달하는데, 그때 존재자들은 전쟁의 악몽 속에 붙잡혀 있다. 그의 작품에서 처음부터

18) Ollier, *Souvenirs écran*, pp. 211-18(그리고 p. 217 : '색채에 의한 소외').

끝까지 꿈은 공간이 되는데, 그러나 그 공간은 꿈꾸는 사람 자신을 위해서보다는 그가 끌어당기는 살아 있는 먹이를 위해 만들어진 거미줄과 같다. 만약 사물들의 상태가 세계의 운동이 된다면, 그리고 인물들이 춤의 형상 figure 이 된다면, 이것은 색채들의 광휘로부터, 그리고 색채들이 가진 육식성의, 게걸스럽게 집어삼키는, 파괴적인, 흡수성의 기능으로부터 분리될 수 없다(<길고 긴 트레일러 The Long, Long Trailer>의 밝은 노란 색의 이동주택 행렬처럼). 미넬리가 이 돌아오지 않는 모험을 표현하는 데 이상적인 주제에 달려들었어야 했다는 말은 적절하다. 즉 반 고흐가 색채에 접근할 때의 주저와 두려움과 존경심, 그의 발견과 그의 창조의 광휘, 그가 창조한 것에의 그 자신의 흡수, 노란 색 속에의 그의 존재와 이성의 흡수라는 주제(<불꽃의 사람 고흐 Lust for Life>).[19]

가장 위대한 영화의 색채주의자 가운데 또 다른 한 사람인 안토니오니는 흡수 기능을 넘어서기 위해 그 충만함 또는 강렬화의 극한까지 밀어붙여진 차가운 색채들을 이용하는데, 이것들은 꿈 또는 악몽의 공간 속에 변형된 인물들과 상황들을 여전히 유지하고 있었다. 안토니오니에 있어서, 색채는 공간을 진공에 이르도록 운반해 가며, 자신이 흡수했던 것을 지워버린다. 보니체르는 이렇게 말한다.

> <정사 L'Avventura>이래로, 안토니오니의 거대한 프로젝트는 텅 빈 쇼트, 사람이 없는 deshabité 쇼트였다. <일식>의 끝 부분에서 그 커플이 통과해 지나가는 모든 쇼트들은 영화의 제목이 가리키듯이 진

---

19) 『도시에르 뒤 시네마 Dossiers du cinéma』에 실린 미넬리에 관한 글에서, 트리스탕 레노 Tristan Renaud 는 부단히 흡수 현상을 환기시킨다. "두 세계의 예기치 않은 충격, 그들의 투쟁과 승리, 또는 다른 세계에 의한 한 세계의 흡수 ……" 우리는 미넬리에서의 파괴와 포식이라는 테마를 분석하고 있는 장 뒤세 Jean Douchet 의 글을 참조할 수 있다. *Objectif,* 64, February 1964와 *Cahier du cinéma,* no. 150, January 1964 : "독성의, 또는 육식성의 꽃들……".

> 공에 의해 조사되고 정정된다…… 안토니오니는 사막을 찾아 헤맨다 : <붉은 사막Red Desert >, <자브리스키 포인트Zabriskie Point >, <승객 The Passenger >……. [이는] 비조형적인 것의 극한에서 무의미한 트랙들과 섞이면서, 텅 빈 시야 상에서 앞으로 나아가는 쇼트에 의해 완성된다……. 안토니오니 영화의 목표는 결국 얼굴의 일식, 인물들의 삭제로 끝나는 모험을 통해 비조형적인 것에 도달하는 것이다.[20]

영화가 하나의 공간에 대해서 한 번은 사람들이 있고 다른 때에는 텅 비어 있는 것으로 병치함으로써 오래 전에 거대한 공명 효과를 얻는 데 성공했다는 것은 확실히 사실이다(특히 스턴버그는 <푸른 천사>에서 예컨대 롤라의 극장 특등석이나 교실을 가지고서 이를 성취했다). 그러나 안토니오니에서는, 그러한 생각이 이전에는 몰랐던 범위를 획득하며, 바로 색채가 그 병치를 통제한다. 색채는 공간을 진공의 권력으로 고양시키며, 사건 속에서 실현될 수 있는 것이 그때 성취된다. 공간은 잠재력이 탈각된 그것으로부터가 아니라, 반대로 더욱더 잠재력으로 충만된 그것으로부터 출현한다. 베르히만과의 유사성 및 차이가 모두 여기에 존재한다. 베르히만은 행동 이미지를 넘어 클로즈업과 얼굴의 감정적 심급으로 나아가 진공과 대면하게 된다. 그러나 안토니오니에 있어서는, 인물과 행동, 그리고 감정적 심급이 무규정적 공간의 심급이 되는 동시에 얼굴은 사라지며, 안토니오니는 이 무규정적 공간을 진공에 이르도록 다시 밀어붙인다.

더구나 여기서 무규정적 공간은 새로운 본성을 획득하게 되는 듯하다. 그것은 예전처럼 그 연결과 정향이 미리 결정되지 않는 부분들에 의해 규정되고 무한한 수의 방식으로 규정될 수 있는 공간이 더 이상 아니다. 그것은 이제 그 속에서 일어나고 행위되는 것을 제거한 무정형의 세트이다. 그것은 소거 또는 사라짐이지만, 발생적 요소에 대립되지 않는 소거 또는 사라짐이다. 그 두 측면이 상보적이며, 상호적으로 서로를 전제한다는 것은

20) Bonitzer, *op. cit.*, p. 88(보니체르는 베르히만과의 비교를 설정하고 있다).

명백하다. 무정형적 세트는 사실상 한 부분에서 다른 부분으로 움직이는 시간적 질서와는 독립적으로, 그리고 사라지는 인물과 상황들이 그들에게 부여하는 연결과 정향들로부터도 독립적으로 공존하는 장소 또는 위치들의 모음이다. 그러므로 무규정적 공간의 두 가지 상태, 혹은 두 가지 종류의 '질기호', 즉 탈연결의 질기호와 텅 빔의 질기호가 존재하는 것이다. 이 두 상태는 항상 서로에게 함축되어 있으며, 우리는 하나는 '이전이고' 다른 하나는 '이후이다'라고 말할 수밖에 없다. 무규정적 공간은 하나의 동일한 본성을 보유한다. 즉, 그것은 더 이상 좌표를 가지지 않는다. 그것은 순수한 잠재태이며, 오직 순수한 권력과 질들을 보여 줄 뿐인데, 이것들은 자기들을 현실화하는(자기들을 현실화해 주었던 혹은 현실화해 줄, 또는 이것도 저것도 아닌 — 그건 별로 중요하지 않다) 사물들의 상태 또는 환경과는 독립되어 있다.

그러므로 무규정적 공간들, 즉 탈연결된 또는 텅 빈 공간들을 생산하고 구성할 수 있는 것은 그림자들, 백색들, 그리고 색채들이다. 그러나 이 모든 수단 및 여타 수단들을 통틀어 본다면, 전쟁 이후 영화의 세트들 décor 안팎에서 다양한 요인 아래 이러한 공간들이 증식되는 것을 볼 수 있었다. 첫째로 영화와는 독립적인 요인은 전후 상황이었다. 파괴되거나 재건되고 있는 도시와 마을들, 황폐한 땅, 판자촌. 그리고 전쟁이 휩쓸지 않은 곳에도 특징 없는 획일적인 도시 조직들, 광대한 유휴지, 선착장, 창고, 대들보와 고철 더미들이 있었다. 영화에 보다 고유한 또 다른 요인은 우리가 앞으로 보게 될 것처럼 행동-이미지의 위기에서 비롯된다. 즉, 인물들은 더욱더 감각-운동적인 '동기 부여적' 상황들 속에서 발견되지 않으며, 그보다는 순수한 시각적이고 청각적인 상황들을 규정하는 떠돌아다니고 어슬렁거리거나 방랑하는 상태 속에서 발견된다. 그때 행동-이미지는 흩어져 사라지는 경향이 있는 한편, 일정한 장소들이 흐릿해지며 무규정적 공간들이 홍기하도록 하는데, 이 공간들에서 현대적인 두려움, 초연함의 정감들이 발전되지만, 또한 참신함, 극단적인 속도와 끝없는 기다림 역시 발전하고 있었다.

우선, 이탈리아 네오-리얼리즘이 리얼리즘에 대립되었다면, 이는 그것이 공간적 좌표들과 단절하고, 장소들의 옛 리얼리즘과 단절했으며, 영화에 운동을 부여하던 준거들을 혼합하거나(로셀리니 Roberto Rosellini 의 <전화의 저편 Paisa >에 나오는 습지 또는 요새에서처럼), 일정하지 않은 월면 공간들 속에서 시각적 '추상태들'을 구성했기(<유럽 51년 Europa '51 >의 공장) 때문이다.[21] 프랑스 누벨바그 역시 쇼트들을 개방시키고 총체화할 수 없는 공간들을 선호하면서 쇼트들의 개별 공간적 규정을 제거하였다. 예를 들어 고다르의 미완성된 아파트들은 문짝 없는 문을 통과하는 모든 길들처럼 불협화음과 변주들을 허용하는바, 이 문은 거의 음악적 가치를 획득하며 정감에 대한 반주로서 봉사한다(<경멸 Le Mépris >). 스트라우브 Jean-Marie Straub 는 놀라운 무정형의 쇼트들, 황폐하고 모호한, 또는 심화된 지질학적 공간들, 거기서 벌어지는 모든 활동들이 비워진 극장들을 구축해 낸다.[22] 독일의 불안 유파 —— 특히 파스빈더 Rainer Werner Fassbinder 와 다니엘 슈미트 Daniel Schmid —— 는 자신의 외부를 도시-사막으로, 자신의 내부를 거울들에 의해 둘로 나뉘어진 것으로 묘사하는데, 준거점들이 극소화되며 시점들이 연결되지 않고 증식된다(슈미트의 <비올란타 Violanta >). 뉴욕 파는 땅 높이에서 찍은 도시의 수평 시점을 부과하는데, 거기서 사건들은 포장도로상에서 벌어지며 루멧 Sidney Lumet 에서처럼 사건들의 장소는 이제 특징 없는 획일적인 공간일 뿐이다. 카사베테스 John Cassavetes 는 훨씬 더 좋은 예를 제공한다. 그는 얼굴과 클로즈업에 의해 지배되는 영화(<그림자들 Shadows >, <얼굴 Faces >)로 시작해서 강한 감정적 음조를 갖춘 탈연결된 공간들을 구축했다(<중국인 마권 판매업자의 살해 The Killing of a

---

21) 네오 리얼리즘적 공간에 대해서는 *Cinématographe*, nos. 42 and 43, December 1978과 January 1979에 실린 실비 트로사 Sylvie Trosa 와 미셸 데빌레르 Michel Deviller 가 쓴 두 편의 중요한 글을 참조하라.

22) Jean Narboni, "La" ; Serge Daney, "Le plan straubien", *Cahier du cinéma*, no. 275, April 1977 and no. 305, November 1979.

Chinese Bookie >, <너무 늦은 블루스 Too Late Blues >). 그는 이렇게 감정-이미지의 한 유형에서 다른 유형으로 이행했다. 이는 그것이 시공간적 좌표들로부터 추상된 얼굴의 기능으로서라기보다는 모든 방식으로 자신의 현실화를 초과하는 사건의 기능으로서, 공간을 풀어 해체해 버리는 문제였기 때문이며, 때로는 그것이 꾸물거리고 용해되기 때문이고 때로는 반대로 그것이 너무 빨리 보이게 되기 때문이다.[23] <글로리아 Gloria >에서 여주인공은 오랫동안 기다려 왔지만, 또한 뒤돌아 볼 시간을 갖지 못했었는데, 그녀의 추종자들은 이미 거기에 있다. 마치 그들이 처음부터 내내 거기에 자리 잡고 있었던 양, 아니면 마치 장소 자체가 갑작스레 좌표들을 바꾸고 더 이상 동일한 장소가 아니지만 무규정적 공간으로서 동일한 곳에 있는 것인 양. 이번에는, 갑자기 채워지는 것은 텅 빈 공간이다.……

우리는 이 점들에 대해 다시 살펴 볼 기회를 가지게 될 것이다. 그러나 무규정적 공간들의 이러한 증식은 아마도 자신의 기원점들 중 하나를, 파스칼 오제가 말하듯이 행동들의 내레이션 및 한정된 일정한 장소들의 지각과 단절하는 실험 영화들에서 가질 것이다. 만약 실험 영화가 인간 이전(또는 이후)에 있었던 것으로서의 지각 작용을 향하는 경향이 있다면, 그것은 또한 이러한 경향의 상관물로 향하기도 한다. 즉 실험 영화는 인간적 좌표들로부터 떼어 낸 무규정적 공간을 향하는 경향이 있기도 한 것이다. 마이클 스노우의 <중심 지대>는 지각을 원래 그대로의 물질의 보편적인 변주로 끌어올리며, 또한 그때마다 그것으로부터 땅과 하늘, 수평적인 것과 수직적인 것이 서로 교환되는 준거점 없는 공간을 추출한다. 무 자체는 자

23) 카사베테스에서의 준거점이나 좌표 없는 공간에 대한 필립 드 라라 Phillipe de Lara 의 분석을 참조하라(*Cinématographe*, no. **38**, May **1978**). 일반적으로, 이 탈연결된 공간들의 발견과 분석을 연결되지 않고 정향되지 않은 부분들에까지 한층 더 밀고 간 사람들이 이 검토에 큰 도움을 주었다. 로셀리니, 카사베테스, 또한 루멧에 대해서는 Dominique Rinieri, no. **74**, 슈미트에 대해서는 Nadine Tasso, no. **43**을 볼 것. 『까이에르 뒤 시네마』는 다른 극, 즉 텅 빈 공간들의 분석을 더 선호한다.

신으로부터 나오거나 자신으로 되돌아오는 것, 발생적 요소, 신선하거나 사라지는 지각을 향해 방향이 돌려지는데, 이 지각은 인간적 사건들의 그림자 또는 풍문만을 보유함으로써 하나의 공간을 잠재화한다. <파장 Wavelength>에서 스노우는 한 끝에서 다른 끝까지, 바다 사진이 걸려 있는 벽에 이를 때까지, 한 방을 그것의 긴 변을 따라 탐구하기 위해서 **45**분 동안의 줌을 이용한다. 이 방으로부터 그는 하나의 잠재적 공간을 추출하는데, 그 공간의 권력과 질을 그는 점진적으로 고갈시킨다.[24] 몇 명의 소녀들이 라디오를 들으러 오는데, 그들은 한 남자가 계단을 올라가 마루로 떨어지는 소리를 듣는다. 그러나 줌은 이미 그를 지나쳐, 그 소녀들 중 전화로 사건을 묘사하고 있는 한 소녀에게로 다가간다. 음화 negative로 이중인화된 그 소녀의 환영은 그 장면을 재이중화하며, 그러는 동안 줌은 그것이 이제 다시 다다르게 된 벽 위의 마지막 바다 이미지에 도달할 때까지 계속 나아간다. 공간은 그 텅 빈 바다 속으로 다시 들어간다. 앞에서 논의되었던 무규정적 공간의 모든 요소들, 즉 그림자들, 백색들, 색채들, 무정한 전진, 무정한 환원, 상승 평면 épure [도식], 끊긴 부분들, 텅 빈 세트, 이 모든 것들이 여기에서, 스티니에 따르면, '구조적 영화'를 규정하는 것 속에서 활동하기 시작한다.

마르그리뜨 뒤라스 Marguerite Duras의 <아가사와 그녀의 한없는 독서 Agatha et ses lectures illimitées>는 설명 또는 그보다 읽기의 필요성을 부여함으로써(단순히 보기만 하는 것이 아니라 이미지를 읽는다) 비슷한 구조를 따른다. 그것은 마치 카메라가, 그 안에서는 두 명의 인물이 단지 그들 자신의 환영, 자신들의 그림자일 뿐인 크고 텅 빈, 사용하지 않는 방의 밑바닥에서부터 시작하는 듯하다. 반대쪽 끝에는 텅 빈 해변이 있는데, 창문이 그 쪽으로 나 있다. 카메라가 멈추기도 하고 되돌아오기도 하면서 방

24) 스티니 Stiney, *op. cit.*는 이 영화에 대해서 '구조적 영화'라고 묘사하고 언급한다. "공간과, 함축적으로 잠재성으로서의 영화에 대한 이 직관은 구조적 영화의 공리이다. 그 방은 항상 순수 가능태의 장소이다."(p. 342)

의 이쪽 끝에서 창문으로, 해변으로 나아가는 시간이 곧 설명의 시간이다. 그리고 설명 자체, 소리-이미지는 이후의 시간과 이전의 시간을 결합하고, 전자로부터 후자로 움직인다. 설명이 이미 과거의 것이 되어 버린 한 원형적 커플의 역사를 보고하는 인간 이후의 시간, 그리고 해변을 어지럽히는 것이 아무것도 보이지 않는 인간 이전의 시간. 전자로부터 후자로 움직이면서, 정감이 느리게 경축되고 있는데, 여기서 그것은 남매의 근친상간이다.

제8장

●●●●●●●●●●

정감에서 행동으로
충동-이미지

8. 정감에서 행동으로
충동-이미지

1. 자연주의

질과 권력들이 지리적 역사적으로 결정될 수 있는 사물들의 상태 및, 환경 속에 현실화 된 것으로서 포착될 때, 우리는 행동-이미지의 영역 속으로 들어가게 된다. 행동-이미지의 리얼리즘은 감정-이미지의 관념주의에 대립된다. 그렇지만 그 둘 사이에, 일차성과 이차성 사이에, '퇴화한' 정감, 또는 '배아적' 행동과 같은 어떤 것이 존재한다. 그것은 더 이상 감정-이미지가 아니지만, 아직은 행동-이미지도 아니다. 우리가 살펴 본 바와 같이, 전자는 무규정적 공간들/정감들의 쌍 속에서 발전된다. 후자는 **규정된 환경들/행태 양식들**의 쌍 속에서 발전될 것이다. 그 둘 사이에서, 우리는 하나의 기묘한 쌍과 마주치게 된다. 그것은 **원래적인 세계들/기본적 충동들**의 쌍이다. 원래적인 세계는 무규정적 공간이 아닌데(비록 그것이 닮았을 수는 있지만), 왜냐하면 그것은 규정된 환경의 깊은 곳에서만 출현하기 때문이다.

그러나 그것은 규정된 환경도 아닌바, 규정된 환경은 오직 원래적인 세계로부터만 파생할 뿐이다. 한편, 충동은 정감이 아니다. 왜냐하면 충동은 그 가장 강한 의미에서의 인상 impression 이지 표현이 아니기 때문이다. 그러나 그것은 행태를 규제하고 탈규제하는 느낌 또는 감동 emotion 과 같은 것도 아니다. 이제 우리는 이 새로운 세트가 단순한 매개물이나 이행의 장소가 아니며, 완벽한 일관성과 자율성을 소유하고 있고, 그 결과 행동-이미지는 그것을 재현하기에 무력하며 감정-이미지는 그것을 느끼게 하기에 무력하다는 것을 알아야만 한다.

한 채의 집이나 시골 또는 한 지역을 예로 들어보자. 이것들은 지리적이고 사회적인 현실화의 실제 환경이다. 그러나 마치 전체적으로나 부분적으로 그것들은 내부로부터 원래적인 세계들과 소통하는 것 같아 보인다. 원래적인 세계는 보존된 지대의 진정성(진짜 사막, 처녀림)에 의해서 표시될 수 있는 만큼이나 무대 세트의 인공성(희극적인 오페라 왕국, 스튜디오의 숲 또는 늪지)에 의해서도 표시될 수 있다. 그것은 그 무형적인 성격에 의해 인지될 수 있다. 그것은 형태화되지 않은 재료, 스케치들 또는 파편들에 의해 구성되고, 구성된 주체는 참조조차 하지 않는 비형식적인 기능이나 행위들 또는 에너지 동역학이 가로지르는 순수 배경 또는 배경 없음이다. 여기서 인물들은 동물과 같다. 옷을 잘 차려입은 신사는 맹금이고, 연인은 염소며, 가난한 남자는 하이에나이다. 이것은 그들이 그 동물들의 형태나 행태를 지니고 있기 때문이 아니라, 그들의 행위가 인간과 동물 사이의 모든 분화보다 앞서 있기 때문이다. 이들은 인간적 동물들이다. 그리고 이것은 참으로 충동, 즉 원래적인 세계에서 파편들을 붙드는 에너지이다. 엄격하게 말해서, 충동들과 파편들은 상관적인 것들이다. 물론 충동들은 지성을 결여하고 있지 않다. 그것들은 각각 자신의 부분을 선택하고, 자신의 순간을 기다리고, 자신의 몸짓을 연기하며, 자신의 행동을 가장 잘 수행하게 해줄 수 있는 형태의 윤곽을 빌리도록 인도하는 악마적 지성을 가지고 있기조차 하다. 원래적인 세계는 자신에게 일관성을 부여하는 법칙을 결여하고 있지 않다. 그것은 무엇보다도, 윤곽들과 파편들, 목 없는 머리들, 얼굴 없는 눈들, 어깨 없는 팔들, 형태 없는 몸짓들로 구성된 엠페도클레스의 세계이다. 그러나 그것은 모든 것을 조직체 속에서 결합시키는 것이 아니라, 모든 부분들이 광대한 쓰레기장 또는 늪 속에 수렴하게 만들고, 모든 충동들을 거대한 죽음의 충동 속에 수렴시키면서 모든 것들을 결합시키는 세트이기도 하다. 그러므로 원래적인 세계는 근본적인 시작이자 절대적인 종말이다. 그리고 마지막으로 그것은 가장 비탈진 경사면의 법칙에 따라 하나를 다른 것에 연결시키고 그 속으로 집어넣는다. 그것은 따라서 매우 특별한 종류의 폭력(어떤 측면에서는, 그것은 근본적인 악이다)의 세계이지만, 그러나 그것은 시작과 끝과 경사면, 크로노스의 모든 잔혹성을 갖추고서 시간의 원래적인 이미지가 떠오르게 하는 장점을 가지고 있다.

이것은 자연주의이다. 그것은 리얼리즘에 대립되는 것이 아니라, 반대로 리얼리즘의 특징들을 특이질의 초현실주의 속에서 확장함으로써 그것들을 강조한다. 본질적으로 문학에서 자연주의는 졸라 Emile Zola 이다. 그는 실제의 환경이 원래적인 세계들과 평행을 달리게끔 만든다는 생각을 가지고 있었다. 그가 쓴 책들 속에서, 졸라는 정확한 주위 환경을 묘사하지만, 그는 또한 그것을 고갈시키고, 그것을 원래적인 세계로 복귀시키기도 한다. 리얼리즘적인 묘사의 힘이 파생하는 것은 이 더 고차적인 원천으로부터이다. 실제적, 현실적 환경은 근본적인 시작, 절대적 종말, 가장 비탈진 경사면의 선에 의해 규정되는 세계의 매개체이다.

문제의 요점은 이것이다. 즉, 이 둘이 서로 분리되지도 않고 서로 구별되는 형태를 취하지도 않을 것이라는 점이다. 원래적인 세계는 자신의 매개체로서 봉사하는 지리적 역사적 환경과 독립된 존재치를 가지지 않는다. 또, 시작과 종말, 그리고 무엇보다도 경사면을 받아들이는 것은 환경이다. 이것이 충동들이 일정한 환경 속에서 일어나는 실제의 행태 양식들로부터, 이 환경 속에서 실제 인간들이 경험하는 열정과 느낌과 감동들로부터 추출되는 이유이다. 그리고 그 파편들은 환경 속에서 효과적으로 형성되어 온 대상들로부터 뜯어내어진다. 원래적인 세계는 오직, 실재계를 분할하고 행태 양식들과 대상들을 탈구시키는 보이지 않는 선들이 과급되고 채워지고 확장될 때에만 나타난다고도 말할 수 있다. 행동들은 자신들을 넘어서 자신들의 구성 요소들이 아닌 원형적 행위들을 향해 나아가고, 대상들은 자신들을 구성하지 않는 파편들을 향해 나아가며, 사람들은 그들을 '조직'하지 않는 에너지들을 향해 나아간다. 원래적인 세계는 오직 실제 환경의 깊이 속에서 존재하고 작동할 뿐이며, 그 속에서 그것이 자신의 격렬함과 잔혹함을 드러내는 이 환경 속에 내재함을 통해서만 타당할 뿐이다. 그러나 동시에, 이 환경은 원래적인 세계 속에 내재하는 자신을 실제적인 것으로서 제시하며, 원래적인 세계로부터 시간성을 운명으로 받아들이는 '파생' 환경이라는 지위를 가진다. 행동들 또는 행태 양식들, 사람들 및 대상들은 파생 환경을 점유해야 하고 거기서 발전되어야 하는 반면, 충동들과 파편들은 전체를 실어 오는 원래적인 세계에 거주한다. 이런 이유 때문에 자연주의적 작가들은 '문명의 내과 의사'라는 니체적인 이름을 받을 만하다. 그들은 문명을 진단한다. 자연주의적 이미지, 즉 충동-이미지는 사실상 두 가지 기호를 가진다. 징후들과 우상 또는 물신들이 그것이다. 징후들은 파생된 세계 내에서 충동들의 현전이고, 우상들과 물신들은 파편들의 재현이다. 이것은 카인의 세계, 카인의 기호들이다. 간단히 말해서, 자연주의는 동시에 네 가지 좌표들에 준거한다 : 원래적인 세계/파생된 환경 ; 충동들/행태 양식들. 파생된 환경과 원래적인 세계가 정말로 구별되고 잘 분리되는 작품을 상상해 보자. 비록 그것들이 온갖 종류의 상응하는 점들을 가진다 할지라도, 그것은 자연주의적인 작품이 아닐 것이다.[1)]

---

1) 예를 들어, 파졸리니의 <돼지우리 Pig Pen >는 원래적인 식인적 세계와 돼지우리라는 파생된 환경을 두 개의 명확히 규정된 부분들로 분리시킨다. 그러한 작품은 자연주의적인 것이 아니다(그리고 파졸리니는 자연주의를 싫어하는데, 그는 자연주의에 대해 매우 따분한 개념을 가지고 있다). 한편, 다른 곳에서와 마찬가지로 영화 분야에서 원래적인 세계는 혼자서도 실제적이라 가정되는 파생된 환경을 구성할 수 있다. 이것은 아노 Jean-Jacques Annaud 의 <불을 찾아서 La

영화에서는 두 명의 위대한 자연주의의 거장이 있었다. 스트로하임과 부뉘엘 Luis Buñuel 이 그들이다. 그들의 영화에서 원래적인 세계들의 창안은 매우 다변화된, 인공적이거나 자연적인 국지화된 형태 속에서 나타날 수 있다. 스트로하임에게서는 <눈먼 남편들 Blind Husbands >에 나오는 산꼭대기, <어리석은 아내들 Foolish Wives >에서의 마녀의 오두막, <여왕 켈리 Queen Kelly >의 궁전, 같은 영화의 아프리카 에피소드에 나오는 늪, <탐욕 Greed >의 끝 부분에 나오는 사막이 그것이다. 부뉘엘에서는 <정원의 죽음 Deathe in the Garden >에서의 스튜디오 정글, <사라져 가는 천사 The Exterminating Angel >에서의 객실, <사막의 시몬 Simon of the Desert >에서의 원주 圓柱 들의 사막, <황금 시대 The Golden Age >의 암석 정원이 있다. 비록 국지화되더라도, 원래적인 세계는 여전히 한 편의 영화 전체가 일어나는 넘쳐 나는 장소, 즉 그렇게도 힘있게 묘사되는 너무나 강력한 사회적 환경의 근저에서 드러나는 세계이다. 스트로하임과 부뉘엘은 리얼리스트들이기 때문에, 환경은 결코 그렇게 많은 폭력이나 잔혹함에 의해서나, '가난-부유함', '좋은 사람들-악을 행하는 사람들'이라는 이원적인 사회적 분할에 의해 묘사되지 않았다. 그러나 그들의 묘사에 그러한 힘을 주는 것은 실로 원래적인 세계에 그 특색을 관계 지우는 그들의 방식인데, 그 원래적인 세계는 모든 환경들의 깊숙한 곳에서 우르릉거리고 그것들 밑에서 내달린다. 이 세계는 일정한 환경들과 독립적으로 존재하는 것이 아니라, 반대로 이 환경들이 위로부터 오거나 훨씬 더 가공할 깊이로부터 오는 특징과 특색들을 갖추고서 존재하도록 만든다. 원래적인 세계는 세계의 시작이지만 또한 세계의 종말이기도 하고, 한 세계에서 다른 세계로 미끄러지는 저항할 수 없는 경사면이기도 하다. 그것은 환경을 실어 나르며, 또한 환경을 닫힌 세

Guerre du feu >와 같은 선사 시대 영화 및 많은 공포 영화나 SF 영화들의 경우에 해당된다. 그런 영화들은 자연주의의 일부분이다. 문학에서 자연주의를 선사 시대 소설과 SF 소설 두 가지 방향으로 열었던 사람은 바로 <불을 찾아서>의 원작자인 로스니 the elder Rosny 이다.

계, 절대적으로 폐쇄된 세계로 만들거나, 아니면 불확실한 희망을 향해 그 환경을 열어 젖힌다. 시체가 내던져지게 될 쓰레기 더미는 <어리석은 아내들>과 <청춘과 저주 The Young and the Damned>에 공통적인 이미지이다. 환경들은 부단히 원래적인 세계로부터 출현해 나오고 그것 속으로 퇴각해 들어간다. 한층 더 명확하게 원래적인 것으로 돌아가도록 이미 운명지어져 있고 이미 휘갈겨진 스케치들처럼, 환경들은 이 기원으로의 회귀로부터만 올 수 있는 구원을 획득하지 못한다면 원래적인 세계로부터 거의 출현해 나오지 못한다. 이러한 것이 <여왕 켈리>의 아프리카 에피소드에 나오는 늪이며, 무엇보다도 영화 소설 cine-novel 『포토 포토 Poto-Poto』의 늪인데, 거기서 공중에 매달린 연인들은 얼굴과 얼굴을 맞대고 결박당한 채 악어가 오기만을 기다린다. "여기는 …… 위도 0이다 ……. 여기는 …… 전통도 없고, 선례도 없다 ……. 여기서는 …… 각자는 순간의 충동에 따라 행동하고 …… 포토 포토가 그에게 재촉한 것을 한다 ……. 포토 포토는 우리의 유일한 법이다.…… 그리고 그는 우리의 사형 집행인이기도 하다 ……. 우리는 모두 죽을 운명에 처해 있다."[2] 위도선 0도는 또한 <사라져 가는 천사>의 원형적 장소이기도 하다. 이것은 원래 신비스럽게 닫힌 부르주아 객실 속에 체현되었다. 그리고 그 객실이 좀처럼 다시 열리지 않았을 때, 그것은 성당에서 재확립되었는데, 그 곳에서 생존자들은 다시 한 번 결합된다. 그것은 또 <부르주아지의 사려 깊은 매력 Discreet Charm of the Bourgeoisie>의 원형적 장소인바, 이 장소는 거기서 예상되는 사건을 막기 위해, 연속하는 모든 파생된 장소들 속에서 재구성된다. 이것은 이미, 인간

---

2) Erich von Stroheim, *Poto-Poto*, p. 132. 우리는 스트로하임이 자기가 영화 만들기 불가능한 위치에 처했던 것을 조금이나마 보상하기 위해서 세 권의 영화-소설과, 그것에 덧붙여 대본 및 정확히 말해 소설이 아닌 작품들을 출간했다는 것을 알고 있다. 그것이 『포토 포토』, 『파프리카 Paprika』, 『장의 불 Les Feux de Saint-Jean』이다. 『포토 포토』는 <여왕 켈리> 시리즈, 즉 스트로하임이 시작했던 아프리카 시리즈가 될 예정이었던 것이 독자적으로 발전되어 나온 것인 듯하다(그것은 <여왕 켈리>의 '열 한 번째 릴'이다).

의 모든 발전들에 구두점을 찍고 그것들이 가까스로 나타났을 때 그것들을 재흡수해 버리는 <황금 시대>의 모태였다.

자연주의와 더불어, 시간이 영화적 이미지 속에서 매우 현저하게 나타난다. <탐욕>은 인물들의 진화 또는 존재 발생으로서의 '심리적 지속'을 입증하는 최초의 영화라고 말한 미트리 Jean Mitry 는 옳았다. 그리고 스트로하임에 못지 않게 부뉘엘에 있어서도 시간은 현전적인데, 그러나 이번에는 계통 발생, 인간 시대들의 시대 구분으로서이다(<황금시대>에서처럼 두드러지게 명확한 경우뿐만 아니라, 순서를 철저히 파괴하면서 모든 시대들로부터 갖가지 요소들을 빌려 오는 <은하수 The Milky Way >에서도).[3] 그러나 우선, 자연주의적 시간은 뗄 수 없는 저주 아래 있는 듯 보인다. 우리는 티보데 Thibaudet 가 플로베르 Flaubert 에 대해 말했던 것을 스트로하임에 대해서도 말할 수 있을 듯하다. 그에게 지속이란 자신을 형성하는 se fait 것이라기보다는 자신을 풀어헤치는 se défait 것이고, 자신을 풀어헤치는 중에 가속되는 것이다. 그것은 따라서 엔트로피, 퇴락 degradation 과 분리할 수 없다. 그리고 스트로하임이 표현주의와 자신의 관계를 청산하는 것은 참으로 이런 방식으로써이다. 우리가 살펴 본 바 있듯이, 그가 표현주의와 공유하는 것은 그를 랑이나 무르나우와 동등한 지위에 갖다 놓는 빛과 그늘을 다루는 방식이다. 그러나 랑과 무르나우에 있어서 시간은 오직 빛과 그늘과의 관계 속에서만 존재하며, 따라서 인물의 퇴락은 오로지 어둠 속으로의 추락, 블랙홀 속으로의 추락을 표현할 뿐이었다(무르나우의 <마지막 웃음>이 그러하다. 하지만 파브스트의 <루루>, 심지어 표현주의자들을 모방하는 연습을 해 본 스턴버그의 <푸른 천사> 또한 그러하다). 반면에 스트로하임에서는 정반대이다. 그는 자신을 매혹시킨 퇴락이라는 무대 위에서 계속 빛과 그늘의 형을 뜨며, 엔트로피로서 이해되는 시간에 빛을 종속시킨다.

---

3) 우리는 Maurice Drouzy, *Louis Buñuel, architecte du rêve*에서 이루어진 이 두 영화들에 대한 분석을 참조할 수 있다.

부뉘엘에서, 퇴락이라는 현상은 자율성을 덜 취하지는 않는다. — 아마도 훨씬 더 자율성을 취할 것이다. 왜냐하면 퇴락은 명백히 인간이라는 종 전체로 확장되기 때문이다. <사라져 가는 천사>는 적어도 <탐욕>에 나오는 인물들의 그것과 동등한 퇴행을 보여 준다. 그러나 스트로하임과 부뉘엘의 차이는, 부뉘엘에게서 퇴락은 가속화된 엔트로피라기보다는 재촉되는 반복, 영원 회귀로 이해된다는 점이다. 원래적인 세계는 이렇게 연속하는 환경들에게 반드시 경사면을 부과하는 것이 아니라 만곡 또는 순환을 부과한다. 순환은 — 하강과는 달리 — 완전히 '나쁜' 것일 수 없다는 점은 진실이다. 엠페도클레스에서처럼, 그것은 선과 악, 사랑과 증오를 교대시키며, 부뉘엘에게서는 참으로 연인과 선인 및 심지어 성인까지도 스트로하임에게서는 결여하고 있는 중요성을 가지게 된다. 그러나 어떤 면에서 이것은 부차적인 것으로 남는데, 왜냐하면 남자 또는 여자 연인, 성스러운 인간 자신도 — 부뉘엘에 따르면 — 성도착자나 타락한 자보다 덜 해로운 존재가 아니기 때문이다(<나자린 Nazarin >). 엔트로피의 시간이든 영원 회귀의 시간이든, 두 경우 모두에서 시간은 자신의 원천을 원래적인 세계에서 발견하며, 원래적인 세계는 시간에게 속죄될 수 없는 운명의 역할을 부여한다. 시간의 시작과 종말과도 같은 원래적인 세계 속에 말려 올라간 시간은 파생된 환경 속에서 풀어진다. 이것은 거의 시간의 신플라톤주의이다. 그리고 시간-이미지에 그토록 가깝게 다가갔던 것은 의심할 바 없이 자연주의 영화의 위대한 업적 중의 하나이다. 그렇지만 자연주의적 좌표들에 대한 시간의 종속을 유지시켜야 한다는, 시간이 충동에 의존하도록 만들어야 한다는 자연주의 영화의 의무가 그것이 순수 형식으로서의 시간에 도달하는 것을 방해하였다. 결과적으로, 자연주의는 시간의 부정적 효과들만을, 즉 마멸, 타락, 소모, 파괴, 상실, 또는 단순히 망각만을 포착할 수 있었을 뿐이다.[4](우리는

4) 망각은 부뉘엘에게서 자주 나타난다. 가장 충격적인 예의 하나는 <수산나 Susana>의 끝 부분인데, 거기서 모든 캐릭터들에게는 마치 아무 일도 일어나지 않았던 듯하다. 이렇게 망각은 꿈이나 환각의 인상을 강화한다. 그러나 내게는 그것

영화가 시간의 형식을 직접 대면하게 될 때, 원래적인 세계와 그 세계의 충동에 대한 자연주의적 관심과 단절함으로써만 시간의 이미지를 구축할 수 있다는 것을 보게 될 것이다.)

사실 자연주의의 가장 중요한 요소는 충동-이미지이다. 이것은 시간을 얼싸안는다. 그러나 오직 충동의 운명 및 충동 대상의 생성으로서만 그것을 포함한다. 그 첫 번째 측면은 충동들의 본성과 관련된 것이다. 왜냐하면, 만약 충동들이 원래적인 세계에 준거한다는 의미에서 '기본적'이거나 '가공되지 않은' 것이라면, 그것들이 자기들이 나타나는 파생 환경들과 관련하여 매우 복잡하고 기괴하며 유별난 배열을 취할 수 있기 때문이다. 확실히 그것들은 종종 상대적으로 단순하다. — 배고픔의 충동, 영양 섭취의 충동, 성적 충동, 또는 심지어 <탐욕>에서의 금에 대한 충동처럼. 그러나 이미 그것들은 그것들이 만들어 내고 생기를 불어넣는 도착적인 행태 양식들 — 식인적 행태, 새도-매저키즘적 행태, 시체 성애적 행태 등등 …… — 로부터 떼어낼 수가 없다. 부뉘엘은 훨씬 더 복잡하고 아주 정신적인 충동들과 도착들을 고려함으로써 그 목록을 확장할 수 있었다. 그리고 이 생체 심리적 통로들에는 한계가 없다. 마르코 페레리 Marco Ferreri 는 의심의 여지 없이 진정한 자연주의적인 영감과 리얼리즘적인 환경들의 심장부에서 원래적인 세계를 불러내는 예술을 상속한 몇 안 되는 최근의 감독들 중의 한 사람이다(위대한 현대적 발전의 자리에 누워 있는 킹 콩의 거대한 시체 또는 <원숭이의 꿈 Rêve de singe >의 극장-박물관). 거기에서 그는 <원숭이의 꿈>에서의 남성의 모성적 충동이나 심지어는 <분쇄 Break Up >에서의 기구氣求 속에서 휘파람을 불려는 저항할 수 없는 충동 같은 기묘한 충동들을

이 더 중요한 기능, 즉 주기적 순환의 끝을 표시하는 기능을 하는 듯 보이는데, 그후에 순환은 다시 시작할 수 있다(망각 덕분에). 사바티에르 Sabatier 는 테렌스 피셔에게는 거짓 해피 엔딩이 존재함을 강조했는데, 그 거짓 해피 엔딩 속에서 점잖은 캐릭터들은 자기들이 겪었던 모든 공포를 잊어버린다(*Les Classiques du cinéma fantastique*, p. 144).

심는다.

두 번째 측면은 충동의 대상, 즉 원래적인 세계에 속하는 동시에 파생 환경의 실제 대상으로부터 뜯어내어지는 파편이다. 충동의 대상은 항상 '부분적 대상' 또는 물신이다 : 허리 부분 살코기 한 덩이, 날음식 한입, 음식 찌꺼기, 여인의 브리프(짧은 팬티), 신발 한 짝. 성적 물신으로서의 신발은 스트로하임과 부뉘엘을 대립시키는데, 특히 전자의 <즐거운 과부 The Merry Widow >와 후자의 <하녀의 일기 Diary of a Chambermaid >가 그러하다. 그러므로 충동-이미지는 의심할 바 없이 클로즈업이 효과적으로 부분적 대상이 되는 유일한 경우이다. 그러나 이는 클로즈업이 부분적 대상'이기' 때문이 아니라, 충동의 대상이 되는 부분적 대상이 그때 예외적으로 클로즈업이 되기 때문이다. 충동은 뜯어내고, 파열시키고, 탈구시키는 행위이다. 도착은 그러므로 충동의 일탈이 아니라 충동의 파생(물)이며, 파생 환경 속에서의 충동의 정상적인 표현이다. 그것은 항상적인 포식자-먹이 관계이다. 불구자는 먹이 그 자체이다. 우리는 그에게서 무엇이 파편인지 — 없는 부분이 파편인가, 아니면 그의 나머지 신체가 파편인가 — 더 이상 알 수 없기 때문이다. 그러나 그는 또한 포식자이기도 한데, 무엇을 파편으로 산산조각 내는 데에 있어서는 충동의 불만족, 빈자의 배고픔은 부자의 포만감보다 결코 덜하지 않다. <여왕 켈리>에서의 여왕은 쓰레기통을 뒤지는 거지처럼 초콜릿 상자를 뒤적인다. 불구자와 괴물은 충동의 행위가 점유하는 기형화된 대상인 동시에 이 행위의 주체로서 봉사하는 조악하게 형태 지워진 스케치이기 때문에 자연주의에서 그러한 풍채를 얻는다.

세 번째로, 충동의 법칙 또는 운명이란 주어진 환경에서 그것이 할 수 있는 모든 것을 간계를 통해, 그러나 폭력적으로 점유하는 것이고, 만약 할 수 있다면 한 환경으로부터 또 다른 환경으로 넘어 가는 것이다. 이 탐험, 이 환경의 고갈은 부단히 계속된다. 매번, 충동은 주어진 환경에서 자신의 파편을 선별해 내지만 자신을 선별해 내지는 않으며, 계속해서 더 멀리 나아가기를 의도한다 할지라도 환경이 자신에게 제공하는 것과 구별되지 않게 된다. 테렌스 피셔의 <드라큘라의 신부들>의 한 장면은 흡혈귀가 자신이 선택했던 희생자를 추적하지만 그녀를 찾아내는 데 실패하자 다른 사람을 희생시키는 것을 보여준다. 피에 대한 그의 충동은 충족되어야만 하기 때문이다. 이것은 중요한 장면인데, 왜냐하면 그것은 공포 영화 내에서 고딕으로부터 신고딕으로의 진화, 표현주의로부터 자연주의로의 진화를 보여주기 때문이다. 우리는 더 이상 정감의 요소들 속에 있는 것이 아니라, 충동들의 환경 속으로 넘어 온 것이다(충동들은 또 다른 방식으로 마리오 바바 Mario Bava의 탁월한 작품에 생기를 불어넣기도 한다). 스트로하임의 <어리석은 아내들>에서 유혹자인 주인공은 포식자적인 충동의 기본적인 힘에 의해 추동되면서 하녀에게서 상류 사회의 숙녀에게로 이동하며 결국 병약한 지체 부자유자에게 이르게 되는데, 이 포식자적 충동은 그로 하여금 모든 환경들을 탐험하고 각각의 환경이 제공하는 것을 떼어 내도록 유도한다. 부뉘엘의 <수산나 Susana> 역시 환경 — 어머니, 하인, 아들, 그리고 아버지 — 의 완전한 고갈을 성취한다.[5] 충동은 고갈적이어야만 한다. 충동은 환경이 자기에게 주는 것 또는 자기에게 남겨 두는 것에 만족한다고 말하는 것조차 충분하지 않다. 이 만족은 체념이 아니라 충동이 자신의 선택하는 힘을 재발견하는 거대한 기쁨이다. 왜냐하면 충동이란 아무리 저급하고 불쾌하거나 혐오스러울지라도, 그 가장 심오한 수준에 있어서는 환경을 변화시키려는 욕망이며, 새로운 환경을 찾고 이 환경이 제공하는 것을 더욱 더 향유하면서 그것을 탐험하고 탈구시키려는 욕망이기 때문이다. 충동의

5) 여기서 다시 파졸리니와의 대비가 가능하다. 영화 <테오레마 Theorem> 역시 외부 인물이 도착함으로써 문자 그대로 고갈되어 버리는 가족 환경을 보여 주기 때문이다. 그러나 파졸리니에서는, 그것은 예컨대 논증이 비유의 가능한 사례들 일습을 고갈시킨다는 의미에서 일차적으로 논리의 '고갈'의 한 사례이다. 이것이야말로 참으로 파졸리니의 독창성이다. 그렇기 때문에 제목이 <테오레마(정리, 이론)>이며 외부 인물의 역할은 초자연적인 작인 agent 또는 정신적인 논증자이다. 다른 한편 부뉘엘에 있어서, 그리고 자연주의에서, 외부 인물은 해당 환경의 물리적 고갈을 향해 나아가는 충동들의 대표자이다(그래서 <수산나>이다).

기쁨은 정감에 대비해서, 즉 가능한 대상의 내재적인 질에 대비해서 측정될 수 없다.

스트로하임에게서 명확하게 볼 수 있고 부뉘엘에게서 훨씬 더 분명하게 볼 수 있듯이, 원래적인 세계는 서로 구별되는 실제 환경들의 공존과 연속을 항상 포함하고 있다. 그리고 여기서 우리는 부자의 상황과 빈자의 그것, 주인의 상황과 하인의 상황을 구별해야만 한다. 가난한 하인이 부유한 환경을 탐험하고 고갈시키는 것은 부유한 사람 — 진짜든 가짜든 — 이 낮은 환경을 관통하고 빈자들 가운데서 자기 먹이를 붙잡는 것보다 더 어렵다. 그럼에도 불구하고 우리는 그 증거를 주의하여 다루어야만 한다. 스트로하임은 일차적으로 자신의 환경 속에서의 부자의 진화와 더 낮은 깊이 속으로의 그의 하강을 따라가며 여기서 벗어나지 않는다. 부뉘엘은(뒤에 로지 Joseph Losey 처럼) 정반대의 현상을 고찰하는데, 이것은 보다 더 미묘하고, 보다 더 은근하고 암시적이며, 기다리는 법을 아는 하이에나나 독수리에 보다 더 가깝기 때문에 아마도 더 무시무시할 것이다. — 가난한 사람 또는 하인의 침입, 부유한 환경에 대한 그의 집중과 그가 그것을 고갈시키는 특별한 방법. <수산나>뿐 아니라, <비리디아나 Viridiana >의 거지들과 하녀들 역시 그렇다. 빈자나 부자에게 있어 충동들은 동일한 목표와 동일한 운명을 가진다. 파편들로 분쇄되고, 파편들을 잡아떼며, 찌꺼기들을 끌어 모으고, 거대한 쓰레기 더미를 형성하며 단 하나의 동일한 죽음의 충동 속에 모든 것들을 한데 모으는 것이 그것이다. 죽음, 죽음의 충동 — 자연주의는 이것으로 흠뻑 적셔 있다. 여기서 그것은 저열함의 극단치를 획득한다. 비록 이것이 그것의 결정판은 아니라 하더라도 말이다. 그리고 — 예상만큼 그렇게 절망적이지는 않은 — 마지막 결정판에 도달하기 전에 부뉘엘은 또한 다음을 덧붙인다 : 그 동일한 퇴락의 작업에 참여하는 것은 빈자와 부자만이 아니며, 선한 인간과 성스러운 인간들도 참여한다. 그들 역시 찌꺼기를 먹고 자라며 그들이 휩쓸어 가 버린 파편들에 집착하기 때문이다. 이것이 스트로하임의 엔트로피가 그러는 만큼이나 부뉘엘의 순환들이 수많은 일반화된 퇴락을 형성하는 이유이다. 맹수이거나 아니면 기생충 — 모든 사람은 동시에 둘 다이다. 악마적 목소리는 성스러운 인간 나자린에게 말을 걸 수 있고, 나자린의 선한 작업은 항상 세계의 퇴락을 재촉한다. "너는 나만큼이나 쓸모 없는 존재야." 너는 기생충일 뿐이다. 부유하고 아름다우며 선한 비리디아나는 오직 그녀 자신의 무용성과 기생성에 대해 그녀가 획득하는 의식을 통해서만 발전할 뿐이며, 이 무용성과 기생성은 선의 충동 속에 내재한다. **모든 곳에 하나의 동일한 기생적 충동이 존재한다.** 이것이 진단이다. 이렇게 물신의 두 극, 선의 물신들과 악의 물신들, 성스러운 물신들과 범죄 및 성의 물신들 역시 부뉘엘의 그로테스크한 그리스도 시리즈나 <비리디아나>의 단검-십자가처럼 서로 만나고 교환된다. 전자는 성물聖物이라 불릴 수 있고, 후자는 마법의 어휘로 '벌츠 vults' 또는 부두교의 주물呪物이다. 그것들은 동일한 징후의 두 측면이다. <황금시대>의 두 연인들조차 세계의 상향 경로를 따르기보다는, 서로 소유하고자 다투는 물신들에 애착하며 각자 상대방에게서 시간의 마멸 또는 우연적이고 이미 갈라진 미래를 예견하면서 세계의 하향하는 경사면을 따른다. 드루지가 말하듯이, 초현실주의자들이 그것을 미친 사랑의 예라고 생각했던 것은 이상하다.[6] 처음부터 초현실주의에 대한 부뉘엘의 관계는 거의 표현주의에 대한 스트로하임의 관계만큼 애매한 것이었다. 그는 초현실주의를 이용하지만, 그러나 참으로 상이한 목적, 즉 전능한 자연주의의 목적들을 위해 그랬던 것이다.

2. 부뉘엘 작품의 특징 : 이미지 속의 반복의 권력

그럼에도 불구하고 스트로하임의 자연주의와 부뉘엘의 그것 사이에는 커다란 차이가 있다. 문학에서는 아마도 졸라와 위스망 Huysmans 의 관계에

6) Drouzy, *op. cit.*, pp. 74-5.

서 그와 유사한 어떤 것이 있을 것이다. 위스망은 졸라는 오직 스테레오타입화된 사회적 환경 속에 있는 육체의 충동들만 상상할 뿐이며, 거기서 인간은 오직 동물들의 원래적인 세계와 재결합될 뿐이라고 말했다. 위스망은 도착의 인위적 구성을 더 잘 인지하지만 아마도 신앙의 초자연적 우주 또한 잘 인지하는 영혼의 자연주의를 원했다. 이와 비슷하게, 부뉘엘에 있어 영혼에 고유한 충동들 — 배고픔과 성만큼 강하고 그것들로 구성된 — 의 발견이란 스트로하임에게서는 가지고 있지 못한 정신적 역할을 도착에게 부여하는 것이었다. 그리고 무엇보다도 종교에 대한 급진적인 비판은 가능한 신앙의 원천들로부터 영양을 섭취할 것이며, 제도로서의 기독교에 대한 격렬한 비판은 인간으로서의 그리스도에게 기회를 줄 것이었다. 부뉘엘의 작품 속에서 기독교적 충동과의 내적인 논쟁을 보았던 사람들은 틀린 것이 아니다. 도착자와, 무엇보다도 그리스도는 내부 a within 보다는 저 너머 a beyond 의 윤곽을 그리며 구원의 문제로서 표현되는 물음에 공명한다. 비록 부뉘엘이 혁명, 사랑, 신앙이라는 이 구원의 수단들 각각에 관해 강한 회의를 가지고 있음에도 불구하고 말이다.

우리는 스트로하임의 작품이 어떤 방향으로 발전할 수 있었을까 예단할 수는 없다.[7] 그러나 현재 존재하는 작품들에서 볼 때 근본적인 운동은

---

7) <여왕 켈리> 이후 스트로하임은 자신의 유일한 유성 영화 한 편을 더 만들었는데, 그 영화의 제목은 <브로드웨이를 걸어 내려가 Walking down Broadway >가 될 예정이었다. 그러나 그 영화는 알아볼 수 없을 정도로 바뀌었고 다른 감독의 이름으로 <헬로 시스터 Hello Sister >란 다른 제목을 달고 세상에 나타났다. 미셸 시망 Michel Ciment 은 증인들의 설명과 기록을 이용하여, 스트로하임이 만든 것으로 생각되는 장면들을 자세하게 분석한 바 있다(*Les Conquérants d'un nouveau monde*, pp. 78-94). 그러나 진짜로 그가 만든 것으로 추정되는 에피소드들과 스트로하임의 시놉시스 자체는 그의 초기작의 연장선에 남아 있는 것으로 보인다. 한 가지 가능한 진화의 요소들은 아마도 <허니문 Honeymoon >에서 더 잘 나타나는데, 이 영화는 스트로하임의 이름이 삭제된 <결혼 행진곡 The Wedding March >의 속편이다. 여기에는 의심할 바 없이 스트로하임에게 열려 있는 새로운 지평이었던 여주인공의 정신적인 전환이 존재했을 것이다. 진

원래적인 세계가 환경에 부과하는 운동, 즉 퇴락, 하강 또는 엔트로피이다. 결과적으로 구원의 문제는 오직 엔트로피의 국지적인 증가라는 형태로만 제기될 수 있을 뿐이며, 이 엔트로피의 국지적인 증가는 환경을 닫는 것이 아니라 환경을 열 수 있는 원래적인 세계의 능력을 표시할 것이다. <결혼 행진곡The Wedding March>에서 꽃이 활짝 핀 사과 나무들 사이에서의 순수한 사랑을 보여주는 유명한 첫 장면과, 아마도 정신적 삶을 일깨우는 것이었을 제2부 <허니문The Honeymoon>은 이런 것이다. 그러나 부뉘엘에서는, 우리가 이미 본 바 있듯이 엔트로피는 순환 또는 영원 회귀에 의해 대체되었다. 마치 순환이 그 모든 부분들에서 저급화가 되는 데 실패했던 것과 꼭 마찬가지로, 이제 영원 회귀는 엔트로피만큼 파국적인 것이 되는 데 실패했다. 그러나 그것들은 그럼에도 불구하고 반복의 정신적 권력을 추출하는데, 이것은 가능한 구원의 문제를 새로운 방식으로 제기한다. 선인과 성인은 흉악한 인간과 악을 행하는 인간 못지 않게 순환 속에 갇혀 있다. 그러나 반복은 그 자신의 순환을 탈출하고 선과 악을 '뛰어 넘을' 수 있지 않은가? 우리를 파괴하고 타락시키는 것은 반복이지만, 우리를 구원하고 우리가 다른 반복으로부터 탈출할 수 있게 해 주는 것 역시 반복이다. 키에르케고르는 이미 속박하고 타락시키는 과거의 반복을 미래로 지향된 믿음의 반복에 대립시킨 바 있는데, 후자는 선의 권력이 아니라 부조리의 권력 속에서 우리에게 모든 것을 복구시켜 준다. 항상 이미 성취된 어떤 것의 재생산으로서의 영원 회귀에는 부활로서의 영원 회귀, 새로운 것, 가능한 것의 새로운 선물로서의 영원 회귀가 대립된다. 누구보다도 부뉘엘에 더 가깝고 초현실주의자들과 친한 작가 레이몽 루셀Raymond Roussel은 두 번 거듭 말해진 '장면들' 또는 반복들을 발전시켰다 : 『혼자의 장소Locus solus』에서, 유리로 된 우리 속의 여덟 구의 시체들은 자신들의 삶의 사건을 재연한

화의 다른 요소들은 그것이 『포토 포토』의 아프리카 에피소드 속에서 두 연인이 사랑에 의해 구원되는 방식이든, 『파프리카』의 집시 세계 속에서 나타나고 꽃들의 평원에서 맞는 연인들의 죽음이든, 영화 소설들 속에서 나타난다.

다 ; 그리고 자기 딸을 살해하고 미쳐 버린 천재적인 예술가이자 학자인 루시우스 에그로이자르 Lucius Egroizard 는 가수의 목소리를 녹음하고 변형시키는 기계를 발명하여 자기 자식의 목소리를 정확히 재생함으로써 모든 것을, 즉 딸과 행복을 다시 얻게 될 때까지 살인의 정황들을 불명확하게 반복한다. 그것은 불명확한 반복으로부터 결정적인 찰나로서의 반복으로, 닫힌 반복으로부터 열린 반복으로, 실패할 뿐만 아니라 실패를 포함하는 반복으로부터 성공할 뿐 아니라 모델 또는 원래적인 것을 재창조하는 반복으로 움직인다.[8] 우리는 그것을 부뉘엘의 대본 중의 하나로 오해할 수도 있다. 사실, 사건이 실패한다는 단순한 이유 때문에 나쁜 반복이란 일어나지 않는다. 그것은 <부르주아지의 사려 깊은 매력>에서처럼 사건이 실패토록 만드는 것인데, 그 영화에서 점심 식사의 반복은 그것이 스스로에 대해 닫아 버리는 모든 환경들(교회, 군대, 외교 ……)을 통해 자신의 타락의 작업을 추구한다. 그리고 <사라져 가는 천사>에서는, 나쁜 반복의 법칙이 경계선를 건널 수 없는 방에 손님들을 가두어 놓는 한편, 좋은 반복은 그 한계들을 폐지하고 세상에 대해 열어 놓는 듯이 보인다.

루셀에게서처럼 부뉘엘에게서 나쁜 반복은 부정확함 또는 불완전함이라는 형태로 나타난다. <사라져 가는 천사>에서 동일한 두 손님을 소개하는 것은 어떤 경우에는 따스하고 다른 경우에는 쌀쌀하다. 또는 한 번은 무관심의 분위기 속에서, 다른 때는 모두 주목시킨 가운데 이루어지는 주인의 축배를 예로 들 수도 있다. 그렇지만 구원하는 반복은 정확한 것으로 나타나며, 정확한 것은 그것뿐이다. 손님들이 정확히 자신들의 최초의 위치를 재발견하고 마침내 자유로움을 발견하는 것은 처녀가 신-주인에게 자신을 제공하는 그 때이다. 그러나 정확함은 다른 어떤 것을 내리하는 거짓 기준이다. 과거의 반복이란 시간의 이름으로 물질적으로는 가능하지만 정신적으로는 불가능하다. 그와 반대로, 미래로 지향된 믿음의 반복은 물질적으로는

8) 미셸 부토르 Michel Butor 는 키에르케고르와 루셀에서의 반복의 테마를 분석하고 비교하고 있다 : *Répertoire I*.

불가능하지만 정신적으로는 가능한데, 왜냐하면 그것이 시간의 창조적인 찰나에 의해 모든 것을 다시 시작하는 것, 순환에 의해 감금된 과거를 거슬러 오르는 것에 존재하기 때문이다. 그렇다면, 죽음의 충동과 생의 충동처럼, 서로 대면하고 있는 두 가지 반복이 있는 것인가? 부뉘엘은 두 가지 반복의 구별 또는 혼동으로 시작하는 가장 거대한 불확실성의 상태 속에 우리를 남겨 둔다. 천사의 손님들은 기념하기를, 즉 그들을 구원했던 반복을 반복하기를 원한다. 그러나 이런 방식으로 그들은 자신들을 파괴하는 반복으로 다시 떨어진다. 감사의 예식 Te Deum 을 위해 교회에 함께 모인 그들은 혁명이 우르릉거릴 때 자신들이 더 깊고 거대한 방식으로 다시 죄수임을 발견한다. <은하수>에서 인간으로서의 그리스도는 순례자들이 통과하는 각양각색의 환경들을 통해 세상을 열 기회를 오랫동안 유지했다. 그러나 결국 모든 것이 다시 닫히고 그리스도는 그 자신이 지평이라기보다 막힌 울타리가 되는 듯하다.[9] 선과 악을 넘어서 구원하는 반복, 또는 삶을 변화시키는 반복에 도달하려면, 충동들의 질서와 단절하고, 시간의 순환들을 해체하며, 진실한 '욕망'이나 부단히 다시 시작할 수 있는 선택과 같은 것이 될 하나의 요소에 도달하는 것이 필요하지 않겠는가(우리는 서정적 추상의 측면에서 이미 이것을 보았다)?

부뉘엘은 그럼에도 불구하고 엔트로피, 즉 세계의 법칙을 만들기보다는 반복을 만듦으로써 무언가를 획득했다. 그는 영화적 이미지 속에 반복의 권력을 주입한다. 이런 식으로 그는 이미 충동들의 세계를 넘어서 시간의 문들을 노크하며, 여전히 시간을 내용에 종속시키는 경사면 또는 순환으로부터 그것을 해방시킨다. 부뉘엘은 징후와 물신들에 매달리지 않으며, '장면 scene'이라 불릴 수 있고 아마도 우리에게 직접적인 시간-이미지를 선사하는 또 다른 유형의 기호를 정교하게 다듬는다. 그의 직업이 가진 이 측

9) 모리스 드루지 Maurice Drouzy 는 <은하수>의 쇼트들을 분석하는데, 거기서는 그리스도가 나타나서, 부뉘엘이 가능한 해방에 대해 생각하는 방식의 문제를 제기한다(*La Voie lactée*, pp. 174 ff).

면을 우리는 뒤에 다시 만나게 될 것인데, 왜냐하면 그것이 자연주의를 넘어서기 때문이다. 그러나 부뉘엘이 자연주의를 결코 포기하지 않으면서도 자연주의를 넘어서는 것은 그 내부로부터이다.

3. 자연주의자가 되는 것의 어려움

당분간 우리의 흥미를 끄는 것은 자연주의의 한계를 벗어나는 길이 아니라, 몇몇의 위대한 감독들이 반복된 시도에도 불구하고 자연주의의 경계 내로 들어오는 데 실패하는 방식이다. 이것은 그들이 충동들의 원래적인 세계에 강박적으로 집착하면서도, 그들의 특별한 재능이 그들을 다른 문제들로 향하게끔 하기 때문이다. 예컨대 비스콘티 Luchino Visconti 는 자신의 첫 번째 영화에서부터 마지막 영화에 이르기까지(<강박관념 Obsession >과 <무죄 The Innocent >) 가공되지 않은 원시적 충동들에 도달하려 노력했다. 그러나 그는 너무 '귀족적'이기 때문에 성공하지 못하는데, 그의 진짜 테마는 다른 곳에 있기 때문이며, 그는 곧 시간에 관심을 쏟는다. 르느와르의 경우 역시 다르지만 유사하다. 르느와르는 종종 도착적이고 잔인한 충동들로 인도되지만(특히 <나나 Nana >, <하녀의 일기 The Diary of a Chambermaid >와 <인간 야수>에서), 그러나 그는 자연주의보다는 모파상에게 무한히 가깝게 남아 있다. 실제로 모파상에서 이미 자연주의는 파사드 façade 일 뿐이다. 사물들은 마치 창유리를 통해서나 극장 무대 위에 있는 것처럼 보여지며, 지속이 퇴락의 과정에서 거친 실체를 형성하는 것을 방해한다. 그리고 그 창유리는 녹을 때 물이 되어 흘러내리는데, 이 흐르는 물은 원래적인 세계들, 그것들의 충동들, 그것들의 파편들 및 그 윤곽들과는 한층 더 화해될 수 없다. 이렇게, 르느와르에게 영감을 주는 모든 것들은 —그럼에도 불구하고 계속 그를 괴롭히는—자연주의로부터 그를 돌아서게 만든다.

마지막으로 미국 감독들을 보자. 그들 중의 몇몇 — 특히 풀러 Samuel Fuller — 은 자연주의와 카인의 세계에 강박적으로 깊이 집착한다.[10] 그러나 그들은 이것을 성취하는 데 실패하는데, 그 이유는 그들이 리얼리즘 속에, 즉 환경들과 행태 양식들 간의 배타적인 관계 속에서 직접 이해되어야 하는 순수한 행동-이미지의 구축에 사로잡혀 있기 때문이다(자연주의적인 폭력과는 완전히 다른 폭력 유형). 행동-이미지는 충동-이미지를 억압하는데, 후자는 그 잔인성, 그것의 바로 그 억제, 리얼리즘의 결핍 때문에 너무 상스럽다. 만약 미국 영화 속에 자연주의적인 압력들이 존재한다면, 그것들은 아마도 어떤 여성 역할들 속에서, 그리고 어떤 여배우들의 중개를 통해서 발견될 수 있을 것이다. 참으로, 원래적인 여인이란 관념은 자연주의의 다른 어떤 요소들보다도 소화하기 쉬우며, 미국인들에게는 특히 그러하다. 졸라는 나나를 '제1의 살', '효소', '황금 파리'로서, 근본적으로 좋은 소녀이지만 그녀가 손대는 모든 것들을 자기에게 되튀어 오게 될 저항할 수 없는 퇴락 속으로 끌어넣음으로써 그것들을 부패시키는 소녀로서 도입한다. 여제女帝적이고 강건한 또 다른 유형의 원래적 여인은 종종 에바 가드너 Ava Gardner에 의해 그려진다. 충동은 세 번에 걸쳐 그녀로 하여금 불가항력적으로 죽은 남자 또는 무능한 남자와 결혼하도록 끌어당긴다(루인 Albert Lewin의 <판도라 Pandora>, 맨키위츠 Joseph Mankiewicz의 <맨발의 백작 부인 The Barefoot Contessa>, 헨리 킹 Henry King의 <태양은 다시 떠오른다 The Sun Also Rises>). 그러나 여주인공 주위에 격렬한 충동들로 끓어오르는 전체적인 원래적인 세계를 발전시키는 방법을 알았던 유일한 미국인 감독은 전쟁 직후 할리우드와 리얼리즘으로부터 거리를 두었던

10) Pierre Domeyne, *Dossiers du cinéma*: "그가 가장 깊이 가슴 속에 품은 프로젝트들 중의 하나인 <카인과 아벨 Cain and Abel>에서 풀러는 감정 emotion 들의 탄생을 열거하고 싶어하며(최초의 거짓말, 질투심의 최초의 공격 등), 거기에다 자연적인 완성, 즉 악의 탄생을 덧붙인다. 이 프로젝트는 대부분의 그의 영화들처럼 본능의 영화 작가, 자연적이고 기본적인 요소들로의 회귀의 영화 작가, 물리적 폭력의 영화 작가인 풀러의 작품의 시원적인 뿌리들을 드러낸다.

킹 비더 King Vidor 였다. <루비 신사 Ruby Gentry >에서 늪지의 소녀(제니퍼 존스 Jennifer Jones)는 복수를 꾀하고, 도시와 남자들의 이미 고갈된 환경을 파괴하게 되며, 늪을 늪으로 돌아가게 만든다. 그것은 스튜디오에서 만들어진 가장 훌륭한 늪의 하나였다. 이것은 자연주의적인 서부극<백주의 결투 Duel in the Sun >와 <숲 저 너머 Beyond the Forest > 역시 마찬가지인데, 거기서 인물들은 '비밀스럽고 아직 확인할 수 없는 힘에 복종하는 듯 보인다.'[11)]

충동-이미지를 그토록 도달하기 어렵고 심지어 정의하거나 확인하기조차 어렵게 만드는 것은 그것이 어쨌든 감정-이미지와 행동-이미지 사이에 '찔러 넣어져' 있다는 점이다. 니콜라스 레이 Nicholas Ray 의 진화는 이 사실에 대한 좋은 예가 될 것이다. 그의 영감이 종종 '서정적'이라고 묘사되어 왔다는 것은 사실이다. 그는 서정적 추상에 속한다. 색채들에 — 미넬리에 있어서만큼이나 — 극대치의 흡수력을 부여하는 그의 색채주의는 백과 흑을 삭제하지 않으며, 그것들을 진짜 색채로서 다룬다. 그리고 이런 관점에서, 어둠은 원리가 아니라 색채 및 백색과 맺는 빛의 관계에서 나오는 결과이다. 그리스도의 그림자조차도 <왕 중 왕 King of Kings >의 빛을 발하는 외관 속에서 어둠을 쫓아 버리며 뻗어 나간다. 그리고 <야만의 무구자들 The Savage Innocents >에서 부동 쇼트들은 빛나는 백색을 끄집어내는데, 이것은 다시 백인 문명의 어둠을 지시한다(이탈리아 판의 제목은 <하얀 그림자 White Shadow >이다). 그것은 마치 폭력을 넘어선 듯하다. 이 니콜

---

11) Christian Viviani, "La garce ou le côté pile", *Positif*, no. 163, November 1974. 이 호에는 1947-53년 동안의 비더의 작품을 분석하는 미셸 앙리 Michel Henry 의 글도 실려 있다("Le blé, l'acier et la dynamite"). 그는 미국적 리얼리즘의 행동-이미지에 중심적인 것인 집합성과 갱생의 테마를 버림으로써 비더의 '절제의 결핍'이 어떻게 방향을 변화시키는지 보여준다. 그리고 비더에게 친숙한 시골 소녀와 도시 소녀 간의 대립은 새로운 측면을 획득하는데, 전자는 격렬하고 탐욕스러운 여인이 되고 후자는 약하고 고갈된 여인이 된다.

라스 레이의 마지막 시기에서 인물들은 그들이 선택하는 것을 더 허용하고, 그들로 하여금 세계를 받아들이는 동시에 부단히 똑같은 선택을 갱신하고 재창조할 수 있게 해주는 측면을 필연적으로 선택하도록 하는 정신적 결정, 추상과 평온함의 수준을 통달했다. <자니 기타 Johnny Guitar>의 커플이나 <도주 Run for Cover>의 커플이 추구했던 것과 그들이 얻기 시작했던 것은 <파티 걸 Party Girl>의 커플에 의해 완전히 성취된다. 이 모든 의미에서, 서정적 추상은 레이가 항상 도달하기 원했던 순수한 요소로서 나타난다. 밤이 현저히 두드러지는 그의 초기 영화에서조차 주인공들의 야행성 생활은 이것의 결과일 뿐이고, 젊은 남자는 반작용으로서의 그늘 속에서 피난처를 구할 뿐이다. <위험한 땅 On Dangerous Ground>에서 눈먼 소녀와 무고한 살인자를 숨겨 주는 집은 그림자를 드리우는 린치 군중에 의해 어두워지게 될 하얀 눈 덮인 경치의 역과도 같다.

레이는 그럼에도 불구하고 이 서정적 추상의 요소에 통달하기 위해 느린 진화 과정을 통과해야 했다.[12] 그는 자신의 첫 번째 영화들을 행동-이미지의 미국적인 모델에 따라 만들었는데, 이것은 그를 카잔 Elia Kazan에게 가깝게 데려 갔다. 젊은 남자의 폭력은 능동적인 폭력, 환경에 대한, 사회에 대한, 아버지에 대한, 가난과 부정의에 대한, 고독에 대한 반작용의 폭력이다. 젊은이는 한 사람의 남자가 되기를 격렬하게 원하지만, 그의 유일한 선택으로서 그에게 죽음을 부여하든지 아니면 아이로 남아 있게 하는

12) François Truchaud, *Nicholas Ray* 참조. 이 책은 한 감독의 진화에 대한 모범적인 분석이다. 트뤼쇼는 폭력과 관련하여, 그리고 각각이 제시하는 '선택' 개념의 기능에 따라 그가 규정하는 세 개의 시기를 구별한다. (1) 첫 번째 영화들에서는, 젊은 폭력과 그것이 함축하는 모순적인 선택. (2) <자니 기타>에서 시작하는 두 번째 시기에서는 본능적이고 내적인 폭력, 그리고 악의 선택과 폭력을 넘어서려는 노력 간의 양자택일. (3) 마지막으로, 그의 마지막 영화들에서의 극복된 폭력, 그리고 사랑과 수용의 선택. 트뤼쇼는 종종 레이 속에서 랭보의 그것에 가까운 영감을 지적하는데, 레이는 한 영화를 랭보에게 바치고 싶어 했다 : 아름다움과 '격동'의 어떤 특정한 관계.

것은 바로 이 폭력이다. 그가 더욱더 폭력적일수록, 그는 더욱더 아이가 된다(이것은 <이유 없는 반항Rebel Without a Cause >의 테마로 남아 있다 ; 주인공이 '단 하루만에 어른이 되려는' 내기에 성공하는 듯 보일지라도, 그는 너무 빨리 그렇게 함으로써 그 성공에 의해 평온을 얻을 수가 없다). 두 번째 시기의 많은 요소들은 첫 번째 시기에 맹아적으로 존재하고 있었는데, 이 두 번째 시기는 폭력과 속도의 이미지를 깊이 변형시키게 되었다. 그것들은 상황에 연계된 반작용이기를 그친다. 그것들은 인물에 내재적이고 자연적인 것, 타고난 것이 된다. 반항아는 정확히 악을 선택한 것이 아니라 악'의 추구'를 선택하였다. 그는 영구적인 격동을 통해서 그리고 그 속에서 일종의 아름다움을 얻는다고 말할 수도 있다. 이것은 더 이상 행위된 폭력이 아니라 압축된 폭력이며, 이것으로부터는 있는 그대로의 충동을 보여주는 갑작스럽고, 효과적이며, 정확한, 종종 가공스러운 행위들만이 파생될 뿐이다. <파티 걸>에서 그것은 갱스터 친구의 삶과 죽음 속에 표현되지만, 또한 그 커플의 맹렬한 사랑, 여인의 춤의 강도 속에서도 표현된다. 그리고 그것은 무엇보다도 <에버글레이즈에 부는 바람Wind Across the Everglades >의 새로운 폭력이며, 이 폭력은 이 영화를 자연주의의 걸작으로 만든다 : 원래적인 세계, 에버글레이즈의 소택지, 그것의 영롱한 녹지대, 거대한 흰 새들, '신의 얼굴을 정면으로 쏘고' 싶어하는 충동들의 인간, 그의 '카인의 형제들' 무리, 새 사냥꾼들. 그리고 그들의 술취함이 허리케인과 폭풍우에 반응한다. 그러나 이미 이 이미지들은 극복되어야만 한다. 이미 내기꾼은, 죽음을 대가로 치르더라도, 수용과 화해의 가능성을 드러내면서 소택지로부터 나가는 길과 관계를 갖는다. 마지막으로, 극복된 폭력과 확립된 평온은, 첫 번째 시기의 리얼리즘과 두 번째 시기의 자연주의가 천천히 정교화했던 서정적 추상의 모든 요소들을 마지막 시기에서 한데 모음으로써, 자기 자신을 선택하고 끝없이 스스로를 다시 시작하는 선택의 궁극적인 형태를 구성할 것이다.

충동-이미지의 순수성에 도달하는 것과 특히 거기에 머무는 것, 그 속에서 충분한 열림과 창조성을 발견하는 것은 어렵다. 우리가 자연주의자들이라고 부르는 위대한 감독들은 바로 그것을 해낸 사람들이다. 로지 Joseph Losey (미국인, 그러나 약간만 그런 ……)는 사실상 스트로하임 및 부뉘엘과 동등한 제3의 감독이다. 그의 작품 전체는 자연주의적 좌표 속에 위치하는 한편, 그는 자신의 두 선배들이 그랬듯이 자기 나름의 방식으로 그 좌표들을 갱신한다. 로지에게서 먼저 나타나는 것은 인물들을 관통하거나 집어삼키고 어떤 행위에도 선행하는 매우 특별한 폭력이다(스탠리 베이커 Stanley Baker 같은 배우는 로지를 위해 그를 발탁한 이 폭력을 타고난 듯하다). 그것은 행동의 리얼리즘적인 폭력의 반대물이다. 그것은 행동 속에 들어오기 이전의, 행위 속의 en acte 폭력이다. 그것은 장면의 재현보다는 행동의 이미지에 더 연계된 것도 아니다. 그것은 내적 또는 내재적일 뿐만 아니라 정적이기도 한 폭력으로서, 그것의 유일한 등가물은 회화에서 움직이지 않는 인물로부터 일어나는 '방사'를 불러일으킬 때의 베이컨 Francis Bacon 의 폭력이거나, 또는 문학에서 정지하여 움직임 없는 손에 담길 수 있는 특출한 폭력을 묘사할 때의 장 쥬네 Jean Genêt 의 그것이다.[13] <동정 없는 시간 Time without Pity >은 그가 결백할 뿐만 아니라 짐잖고 다성하다는 말을 우리가 듣게 되는 한 젊은 피고를 보여준다. 그리고 인물 자신이 폭력으로 몸을 떠는 만큼이나 관객은 자기 자신의 억제된 폭력의 영향 아래 몸을 떤다.

두 번째로, 이 원래적인 폭력, 이 충동의 폭력은 점차 주어진 환경, 파생된 환경을 관통하며 타락의 긴 과정 속에서 문자 그대로 그것을 고갈시킨다. 이런 면에서 로지는 '빅토리아적' 환경, 빅토리아 풍의 도시나 주택을 애호하는데, 그곳은 드라마가 벌어지는 곳이며, 거기서 계단은 가장 가파른 경사면의 선을 그리는 한, 근본적인 중요성을 떠맡는다. 충동은 환경을 문질러 윤을 내며, 자기에게 닫혀 있고, 정당하게 또 다른 환경, 더 높은 수

13) Francis Bacon, *L'art de l'impossible*, pp. 30-2 ; Jean Genêt, *Journal du voleur*, pp. 14ff.

준에 속하는 듯이 보이는 그 환경을 점유하는 것 외에는 다른 만족을 알지 못한다. 따라서 로지에게는 도착이 있다. 도착은 이 타락의 번식과 획득하기 가장 어려운 '파편'의 선발 또는 선택, 이 양자 속에 존재한다. <하인 The Servant>은 주인과 집에 대한 하인의 이 집중을 보여준다. 그것은 포식자들의 세계이다. <비밀 의식>은 포식자의 몇 가지 유형들을 대결시킨다. 비천하고 다정하고 복수심에 불타는 사자, 두 마리의 맹금, 하이에나. <중매인 The Go-Between>은 이 과정을 증식시키는데, 농부가 매춘굴의 딸을 소유할 뿐만 아니라 두 연인들 역시 어색하고 매료된 어린이를 점령하기 때문이다. 그들은 그 아이를 중매인으로서의 자기 역할 속에 망연자실하게 만들고, 자신들의 쾌락을 배가하는 기묘한 위반에 그를 종속시킨다. 로지의 충동들의 세계에서 아마도 가장 중요한 것 중 하나는 진정한 기본적인 인간적 충동의 상태로 끌어올려진 '노예 근성'이다. 하인 속에서 '행위되고 있는' en acte, 그러나 주인, 연인들과 어린 아이 속에 잠재하고 분출하는 노예 근성(<돈 지오바니 Don Giovanni>조차 이것으로부터 면제되지 않는다).[14] 부뉘엘에서의 기생성처럼, 노예 근성은 하인뿐 아니라 주인의 특징이기도 하다. 타락은 이 보편적인 노예 근성에의 충동의 징후이며, 이 충동에는 많은 물신들처럼 함정에 빠뜨리는 거울들과 주문을 거는 조상彫像들이 대응된다. 물신들은 심지어 <클라인 씨 Mr Klein>의 카발라 Kabbala[15], 또는 무엇보다도 <중매인>의 벨라도나 Belladonna[16]처럼 '벌츠'의 교란적인

14) <하인>에 관해 말하면서, 로지는 이렇게 단언했다. "나에게 그 영화는 노예 근성에 관한 영화일 뿐이다. 우리 사회의 노예 근성, 주인의 노예 근성, 하인의 노예 근성, 그리고 상이한 계급과 위치들에 있는 모든 종류의 사람들의 태도 속에 있는 노예 근성 말이다.……그것은 두려움의 사회이고, 두려움의 얼굴에 나타난 반응은 대부분의 경우 저항과 싸움이 아니라 노예 근성이며, 노예 근성은 마음의 상태이다."(*Présence du cinéma*, no. 20, March 1964) 또한 Michel Ciment, *Le Livre de Losey*, pp. 275 ff 역시 참조. 그리고 <돈 지오바니>에 대해서는 pp. 408 ff.

15) 유태교의 신비 철학, 비법. (역자)

16) 가지 꽃의 유독 식물, 아름다운 여인이란 뜻을 가지고 있다. (역자)

형태로도 나타난다.

자연주의적인 타락이 스트로하임에게서는 엔트로피를 통과하고 부뉘엘에게서는 순환 또는 반복을 거친다면, 이제 그것은 또 다른 배열을 취한다. 이것은 — 세 번째로 — 자기에 대한 반전이라 부를 수 있는 것이다. 여기서 이 관념은 로지에게 특유한 단순한 의미를 획득한다. 충동들의 원래적인 폭력은 항상 '행위되고' 있지만, 그것은 행동에게는 너무 거대하다. 우리는 파생된 환경 속에서 그것의 등가물이 될 만큼 충분히 큰 행동은 존재하지 않는다고 말할 수도 있다. 그 자신이 곧 충동의 폭력의 먹이인 인물은 자기 자신에게 몸을 떨고, 이런 의미에서 그는 먹이, 자신의 충동의 먹이가 된다. 로지는 이렇게 그의 작품에 대한 그토록 많은 심리학적 오해들을 가져 온 함정을 설치한다. 인물은 자신의 약함을 외관상의 잔인함으로써 보상하는 약골이라는 인상을 줄 수도 있는데, 그는 더 이상 무엇을 해야 할지 알 수 없을 때, 비록 그가 그후에 곧바로 무너져 버린다 하더라도 이 외관상의 잔인함에 자신을 내맡긴다. 이것은 이미 <동정 없는 시간>에 해당되는 경우인 듯하며, 보다 최근에는 <송어 The Trout >에서 나타난다. 매번 어른은 무능함의 위치에서 살해하며 어린아이처럼 무너져 내린다. 그러나 실제로는, 로지는 어떤 심리적 메커니즘도 묘사하고 있지 않다. 그는 극단적인 충동의 논리를 창안하고 있다. 매저키즘에 대해서 말하는 것은 요점을 빗나간 것이다. 근본적으로 거기에는 충동이 존재하는데, 이 충동은 본성상 그의 인성이 어떠하든 간에 인물에게는 너무 강하다. 이 폭력은 그의 내부에 있으며 외양이 되는 것과는 거리가 멀지만, 인물을 단 일격에 산산이 부수거나 그 자신의 타락과 죽음 바로 그것인 생성 속에 그를 말아 넣지 않고는 깨워질 — 즉, 파생된 환경 속에 자신을 드러낼 — 수 없다. 로지의 인물들은 가짜 강건한 인간들이 아니라 가짜 약골들이다. 그들은 자기들 속에 거주하면서 충동이 탐험하는 환경의 한계까지 가 보도록 그들을 몰아대는, 그러나 환경과 함께 그들 자신이 사라지게 만드는 대가를 요구하는 폭력에 의해 미리 운명지어져 있다. <클라인 씨>는 로지의 어떤 다른 영화들보다도 심리적 또는 정신 분석적 함정을 설치하는 그러한 생성의 첫째가는 예이다. 주인공은 우리가 로지에게서 항상 발견하는 폭력의 그런 통 keg 이다(알랭 들롱 Alain Delon 은 로지의 배우들이 요구하는 그러한 정적인 폭력을 가지고 있다). 그러나 <클라인 씨>에 특유한 것은 그에게 깃들어 있는 충동들의 폭력이 그를 가장 기묘한 생성 속으로 끌어넣는다는 점이다. 유태인으로 간주된, 즉 나치 점령 하에서 유태인으로 오해된 그는 항의로 시작하여 자신의 음울한 폭력을 모두 법정 심문에 쏟아 붓는데, 거기서 그는 그러한 동화의 부당함을 비난하려 한다. 그러나 그가 점차 결정적인 발견을 하게 되는 것은 법이나 보다 근본적인 정의의 인정이라는 이름으로가 아니라 순전히 그의 내부에 있는 폭력의 이름으로써이다. 설사 그가 실제로 유태인이라 하더라도, 그의 모든 충동들은 자신들의 것이 아니라 지배 체제의 사회적 질서인 하나의 질서가 가진 파생된 폭력에 대립될 것이다. 그래서 인물은 자신의 것이 아닌 유태인이라는 상태를 떠맡기 시작하고 죽음으로 인도되는 유태인 무리 속에 사라지는 것에 동의한다. 그것은 정확히 비유태인의 유태인-됨이다.[17] <클라인 씨>에서의 이중체와 법정 심문의 역할은 널리 언급된 바 있다. 우리에게는 이런 테마들은 부차적이며, 충동-이미지에, 즉 인물의 정적인 폭력에 종속된 것으로 나타나는데, 파생된 환경 속에서 이 인물의 유일한 배출구는 자신에 대한 반전, 즉 압도적으로 책임을 떠맡게 하는 것과 마찬가지로 그로 하여금 사라지게 이끄는 생성일 뿐이다.

스트로하임이나 부뉘엘에서처럼 모호한 것일지라도, 로지에게 있어서도 구원이란 것이 존재하는가? 만약 구원이 존재한다면, 우리는 그것을 여

---

17) 이것은 아서 밀러 Arthur Miller 의 최고의 소설 중 하나인 『초점 Focus』의 테마이기도 하다. 한 평균적인 미국인이 유태인이라고 오해되어 KKK단의 박해를 받고 아내와 친구들의 버림을 받은 후, 항의를 하고 자신이 순수 아리안 인임을 증명하려 노력하기 시작한다. 그리고 나서 그는 점차 자신이 만약 진짜 유태인이라 하더라도 이러한 박해는 전혀 덜 가증스러운 것이 되지 못한다는 것을 깨닫게 되고, 그는 결국 자기 자신이 아닌 유태인과 자신을 자발적으로 동일시하게 된다. 로지의 영화는 그 정신에 있어 밀러의 소설에 매우 가까운 듯하다.

인들에게서 찾아야 할 것이다. 충동들의 세계와 징후들의 환경은 남자들을 연금술적으로 에워싸고, 그들이 빠져 나올 수 없는 일종의 남성 동성애적 게임에게 그들을 넘겨주는 듯하다. 다른 한편, 로지의 자연주의에는 원래적인 여인이 없다(충동들과 물신들의 여인이지만 패러디로서 제시되는 <정숙한 블레즈 Modesty Blaise >를 제외한다면). 종종 로지에게서 여인들은 환경에 앞서고 그것들에 반역하며 남자들의 원래적 — 그녀들은 오직 이 세계의 희생자거나 사용자가 될 뿐일 것이다 — 세계 바깥에 있는 듯 보인다. 출구의 선의 흔적을 더듬고, 창조적이고 예술적인, 혹은 단순히 실용적인 자유를 획득하는 것은 그녀들이다. 그녀들은 수치심도 죄책감도 없으며, 그녀들에게 자신을 대립시킬 정적인 폭력도 없다. 이것은 <저주받은 자 The Damned >의 여류 조각가에 해당되는 것이지만, <이브 Eve >와, 로지가 <송어>에서 발견하는 새로운 이브에게도 해당된다. 그녀들은 자연주의가 서정적 추상에 도달하도록 한다. 이 앞선 여인들은 유사한 기능을 가진 토마스 하디 Thomas Hardy 의 여인들과 다소 비슷하다.

파생된 환경들로부터 분리될 수 없는 로지의 원래적인 세계들은 그의 스타일에 속하는 특수한 모습을 가진다. 이것들은 항상 그런 것은 아니지만 종종 쑥 나와 있고, 바위나 자갈 투성이고, 수평적인 미로를 형성하는 운하, 회랑, 도랑, 터널들이 가로지르는 기묘하고 평평한 공간들이다 : <저주받은 자>의 절벽, <풍경 속의 형상들 Figures in a Landscape >의 고원들, <붐! Boom! >의 높은 테라스. 그러나 보다 낮은 수준에서는, 그것들은 '거의 역사 이전적인' 유령 마을, <이브>의 베니스, 세계의 가장 바깥쪽 끝머리를 닮은 반도, <중매인>의 노포크 마을, <돈 지오바니>를 위한 이탈리아식 정원, <동정 없는 시간>의 주인공이 사업을 벌이고 경주 트랙을 설치했던 장소와 같은 한때 공원이었던 곳, <하인>에서처럼 단순한 자갈 깔린 광장, 크리켓 경기장(로지는 크리켓 경기를 좋아하지 않지만 이것을 찍기를 좋아한다), <클라인 씨>에서의 터널이 있는 겨울의 사이클 경주 트랙 등이 될 수 있다. 원래적인 세계는 동굴과 새들로 가득하지만, 또한 성채, 헬리콥터, 조각, 조상들로도 가득 차 있다. 그리고 우리는 그것의 운하들이 인공적인 것인지 자연적인 것인지, 아니면 달에 있는 것인지 알지 못한다. 이렇게 원래적인 세계는 인간의 건축물에 자연을 대립시키지 않는다. 그것은 이 구별을 잊어버리며, 이런 구별은 오로지 파생된 환경에서만 타당할 뿐이다. 그러나 죽어 완료되지 않은 환경과 태어나는 데 성공하지 못한 또 다른 환경 사이에서 솟아오름으로써, 그것은 전자의 잔해와 후자의 윤곽을 모두 전유하며, 그람시 Gramsci 가 <돈 지오바니>의 각명으로서 봉사하는 공식으로 정식화한 것처럼 그것들을 자신의 '병적인 징후'로 만든다. 원래적인 세계는 미래주의와 의고주의를 감싸 안는다. 충동의 행위나 몸짓인 것은 모두 절벽의 미친 주인에 속하듯이 원래적인 세계에 속한다. 그리고 원래적인 세계는 이번에는 수직적인 경사로를 따라 높은 곳에서 깊은 곳으로, 또는 바깥에서 안으로, 파생된 환경들과 소통한다. 거기에서 자신의 먹이를 선택하는 포식자로서, 또 자신의 타락을 재촉하는 기생충으로서. 환경은 빅토리아 풍의 집이다. 원래적인 세계가 그것 위에 돌출해서 그것을 둘러싸고 있는 황무지인 것과 꼭 마찬가지로.

이것이 자연주의의 네 가지 좌표들이 로지에게서 조직되는 방식이다. 그는 <저주받은 자>와 관련하여 이중의 병치를 정의함으로써 자신이 직접 그것을 명확히 보여준다. 한편으로는 포틀랜드 절벽들, '그것들의 원시적인 풍경과 군사 시설', 방사능에 오염된 돌연변이 아이들(원래적인 세계)과, 또한 '베이머스의 작은 휴일 리조트의 감상적인 빅토리아 풍 스타일'(파생된 환경)이 있다. 그리고 다른 한편으로는, 새들과 헬리콥터들과 조각들의 거대한 형상들(충동들의 이미지와 행위들)과 날개처럼 생긴 오토바이 손잡이를 가진 모터바이크 갱(파생된 환경에서의 도착적인 행동들)이 있다.[18] 이 네 가지 차원들은 영화에 따라 변화하면서, 로지가 무엇을 말하고 보여주고 싶어하는가에 따라 대립과 상보성의 다양한 관계 속으로 들어간다.

18) Pierre Rissient, *Losey*, pp. 122-3에서 인용.

제9장

●●●●●●●●●●●

행동-이미지
큰 형식

9. 행동-이미지
큰 형식

1. 상황에서 행동으로 : '이차성'

우리는 이제 보다 정의하기 쉬운 영역에 접근하고 있다. 파생된 환경들은 자신들의 독립성을 주장하고 자신들만으로도 타당한 것이 되기 시작한다. 질들과 권력들은 더 이상 무규정적인 공간들 속에서 보여지지 않고, 더 이상 원래적인 세계들에 거주하지도 않으며, 지리적 역사적이고 사회적인 일정한 공간-시간들 속에서 직접 현실화된다. 정감들과 충동들은 이제 행태를 질서 짓고 어지럽히는 감동 또는 열정의 형태로 행태 속에 체현된 것으로서만 나타날 뿐이다. 이것은 리얼리즘이다. 물론, 온갖 종류의 가능한 이행들이 존재한다는 것은 사실이다. 독일 표현주의에서는 이미 그림자와 명암 대조법을 물리적이고 사회적으로 규정된 공간들 속에 설치하려는 경향이 있었다(랑, 파브스트). 역으로, 규정된 일정한 환경 역시 그 자체로 원래적인 세계나 무규정적인 공간으로서 타당해질 만큼 많은 권력을 현실화시킬 수 있다. 우리는 이것을 스웨덴적 서정주의에서 볼 수 있다. 그럼에도 불구하고 리얼리즘은 자신의 특정한 수준에 의해 정의된다는 것은 사실이다. 이 수준에서, 그것은 허구나 심지어 꿈조차도 배제하지 않는다. 그것은 환상적인 것, 비범한 것, 영웅적인 것과 무엇보다도 멜로드라마를 포함할 수 있다. 리얼리즘은 자기 유형의 것인 한, 과장과 절제의 결핍도 포함할 수 있다. 리얼리즘을 구성하는 것은 간단히 말해 이런 것이다 : 환경들과 행태 양식들, 즉 현실화하는 환경들과 체현하는 행태 양식들. 행동-이미지란 이 둘 사이의 관계 및 이 관계의 모든 변이태들이다. 미국 영화의 보편적인 승리를 만들어 낸 것은 바로 이 모델인바, 그것은 미국 영화의 형성에 기여했던 외국 감독들에게 여권으로서 작용할 정도였다.

환경은 항상 다수의 질과 권력들을 현실화한다. 그것은 질과 권력들의 총체적인 종합을 실행하며, 그것은 그 자체로서 분위기 또는 포괄체 Englobant 이다. 한편, 질들과 권력들은 환경 속에서 힘들이 되었다. 환경과 그것의 힘들은 스스로에게 만곡해 들어가며, 인물에게 작용하고, 도전을 던지고, 인물이 붙잡혀 있는 상황을 구성한다. 그러면 이번에는 인물이 상황에 반응하기 위해, 환경이나 자신이 환경, 상황, 다른 인물들과 맺는 관계를 변경시키기 위해 반작용한다(엄밀히 말했을 때의 행동). 그는 새로운 존재 양식(아비튀스 habitus)을 획득하거나 자신의 존재 양식을 환경과 상황의 요구에 맞게 끌어 올려야 한다. 이로부터 복구된 또는 변경된 상황, 새로운 상황이 나타난다. 모든 것이 개별화된다. 즉, 특수한 공간-시간으로서의 환경, 규정하고 규정된 것으로서의 상황, 집합적 및 개별적인 인물. 그리고 우리가 본 바 있듯이, 퍼스의 이미지 분류에 따르면 이것은 '이차성'의 통치권이다. 여기서 모든 것은 그 자체로 둘이다. 환경 속에서 이미 우리는 권력-질들과 그것들을 현실화하는 사물들의 상태를 구별한다. 상황, 그리고 인물 또는 행동은 상관적인 동시에 적대적인 두 항들과 같다. 행동 그 자체는 힘들의 결투, 결투들의 한 계열이다 : 환경과의 결투, 타자들과의 결투, 자신과의 결투. 마지막으로, 행동으로부터 생겨나는 새로운 상황은 처음의 상황과 한 쌍을 이룬다. 이것은 행동-이미지의 세트, 또는 적어도 그것의 첫 번째 형식이다. 그것은 숨결 또는 호흡을 부여받은 듯 보이는 유기적 재현을 구성한다. 왜냐하면 그것은 환경을 향해 확장되거나 행동으로부터 수축되기 때문이다. 보다 정확히 말해서, 그것은 상황의 상태들과 행동의 요구에 따라 어느 한 편에서 확장되거나 수축된다.

그럼에도 불구하고 세트 속에는, 말하자면 하나는 행동을 향해 좁아지고 다른 하나는 새로운 상황을 향해 넓어지는 두 개의 역방향의 나선들이 존재한다고 말할 수 있다. 그것은 공간과 시간 양자를 모두 포함하는 모래시계 또는 에그-타이머와 같은 형태이다. 이 유기적이고 나선형적인 재현은 SAS′ (상황으로부터 행동의 중개를 경유하여 변형된 상황으로 이르는 것)를 자신의 공식으로서 가진다. 이 공식은 우리가 보기에는 버치가 말했던 '큰 형식 the large form'에 해당하는 듯하다.[1] 이 행동-이미지 또는 유기적 재현은 두 개의 극, 또는 두 가지 기호들을 가지는바, 그중 하나는 일차적으로 유기적인 것을, 다른 하나는 능동적인 것 또는 기능적인 것을 지시한다. 우리는 첫 번째 것을, 부분적으로 퍼스를 따라 **종합 기호** synsign 라 부른다. 종합 기호는 환경 속에, 사물들의 상태 또는 일정한 시간 공간 속에 현실화된 것으로서의 권력-질들의 한 세트이다.[2] 그리고 우리는 다른 하나를 모든 결투, 즉 행동-이미지 속에 있는 엄밀히 능동적인 것을 가리키기 위해 **이항식** binominal 이라 부르고 싶다. 하나의 힘의 상태가 하나의 적대적인 힘에 되돌이켜 관계되자마자, 특히 — 힘들 중의 하나(또는 둘 다)가 자

1) 노엘 버치 Noel Burch 는 프리츠 랑의 <엠 M >의 구조를 특징짓기 위해 이 용어를 제시한다 : "Le travail de Fritz Lang", *Cinéma, théorie, lectures.*

2) 퍼스는 사물들의 상태의 개별성을 강조하기 위해 '종합 기호'를 이야기하고 있다. 그러나 사물들의 상태와 작인의 개별성은 이미 순수한 권력들과 질들에 속하는 단수성(특이성)과 혼동되어서는 안 된다. 이것이 우리가, 퍼스의 분석에 따라서 사물들의 상태 속에는 항상 다수의 질들 또는 권력들이 현실화된다는 점을 가리키는 접두사 'syn'을 선호하는 이유이다. 우리는 그래서 'synsign'이라고 쓴다.

생적이어서 — 그 힘이 자신이 행사되는 바로 그 속에 다른 힘의 행사를 예견하려는 노력을 포함할 때, 이항식이 존재하게 된다. 작인은 타인이 할 거라고 자신이 생각하는 것의 함수로서 행위하는 것이다. 속이기, 받아넘기기, 함정에 빠뜨리기는 그러므로 이항식의 훌륭한 예시이다. 서부극에서 결투의 순간 — 거리가 텅 비고, 타인이 어디에 있으며 그가 어떤 행동을 할 것인가 추측하면서 주인공이 뚜벅뚜벅 걸어 나올 때 — 은 뛰어난 이항식이다.

시외스트룀 Victor Sjöström 의 <바람 The Wind >(그가 만든 첫 번째 미국 영화)를 예로 들어보자. 바람은 결코 멈추지 않고 계속해서 평원을 가로질러 불어온다. 그것은 거의 원래적인 자연주의적 세계에 가까우며, 심지어 표현주의적인 무규정적 공간, 정감으로서의 바람의 공간에 가깝기조차 하다. 그러나 거기에는 아리조나라는 일정한 공간 속에 이 권력을 현실화하고, 그것을 대초원의 권력과 결합시키는 사물들의 전체적 상태가 또한 존재한다. 그것은 리얼리즘적 환경이다. 남부에서 온 한 여인이 낯선 이 마을에 도착하고, 그녀는 결투들의 계열 속에, 즉 환경과의 물리적인 결투, 그녀가 묵는 집의 적대적인 가족과의 심리적인 결투, 그녀와 사랑에 빠지는 거친 카우보이와의 정서적인 결투, 그녀를 강간하려 하는 가축 상인과의 육체적인 결투 속에 붙잡혀 있는 자신을 발견한다. 그 상인을 살해한 후 그녀는 절망적으로 그를 모래 속에 묻으려 하지만, 바람은 매번 그 시체를 드러낸다. 이것은 환경이 그녀에게 가장 강력한 도전을 던지는 순간이며, 거기서 그녀는 결투의 본질에 도달한다. 그리고 나서 화해가 시작된다. 그녀를 이해하고 돕는 카우보이와의 화해, 그녀가 자기 내부에서 자라나는 새로운 존재 양식을 느끼게 될 때 그 권력을 이해하게 되는 바람과의 화해.

많은 위대한 영화의 장르들을 통해 행동-이미지의 이 유형은 어떻게 발전되는가? 우선, 다큐멘터리가 있다. 토인비 Arnold Toynbee 는 문명이란 환경이 던지는 도전에 대한 응답이라는 실용주의적인 역사 철학을 발전시킨 바 있다.[3] 정상적이거나 다소 규범적인 경우는 거대한, 그러나 인간의 모든 능력을 다 흡수할 정도로 크지는 않은 환경의 도전들에 직면하고 있는 공동체의 경우인데, 여기에는 두 가지 다른 사례들을 생각해 볼 수 있다. 하나는 환경의 도전들이 너무 강해서 인간은 오직 자신의 모든 에너지를 다 사용해야만 그것들에 대응할 수 있거나 그것들을 겨우 피할 수 있는 경우이다(생존의 문명). 그리고 다른 경우에는 환경이 우호적이어서 인간은 생활에 전념할 수 있다(여가의 문명). 플래허티 Robert J. Flaherty 의 다큐멘터리들은 이런 경우들을 고려하며, 이 극단적인 문명들의 고귀함을 발견한다. 그러므로 플래허티는 그가 루소주의자라는 비판, 그리고 그가 원시 사회들에 의해 제기되는 정치적 문제들 및 이 사회들을 탐험함에 있어 백인들이 저지르는 역할을 무시한다는 비판에 개의치 않는다. 이것은 제3항, 플래허티에 의해 고정된 조건들과는 아무런 상관이 없는 삼차성을 도입하게 될 것이다. 즉, 가공되지 않은 그대로의 것 속에서 환경과 단둘이 마주한 내밀함 a tête-à-tête 을 포착하는 것 말이다(민족학 ethnology 이라기보다는 인성학 ethology). <북극의 나누크 Nanook of the North >는 에스키모가 자신의 가족에게 다가갈 때 환경에 대한 설명으로 시작한다. 나누크가 적대적인 환경과 벌이는 생존을 위한 투쟁에서 승리하는 곳인 불투명한 하늘과 얼음 경사면의 광대한 종합 기호 : 이글루를 짓기 위한 얼음과의 결투, 그리고 무엇보다 그 유명한 바다 표범과의 결투. 여기서 우리는 장엄한 SAS′ 구조, 또는 오히려 SAS 구조를 가지게 되는데, 나누크의 행동의 장엄함은 환경을 변경시키는 데 있다기보다는 손상되지 않는 환경 속에서 살아남는 데 있기 때문이다. 역으로, <모아나 Moana >는 우리에게 자연으로부터의 도전이 없는 문명을 보여준다. 그러나 마치 인간이란 노력과 고통에의 저항을 통해서만 인간이 될 수 있을 뿐이라는 듯이, 그는 스스로 문신 그리기를 발명함으로써 과도하게 호의적인 환경에 대해 보상해야만 하며, 이 문신 그리기는 그로 하여금 자기 자신과의 근본적인 결투 속에 몰두할 수 있게 한다.

두 번째로, 심리-사회적인 영화를 고찰해 보자. 자기 작품의 리얼리즘

3) A. J. Toynbee, *A Study of History*(1962) 참조.

적인 부분 전체에서 킹 비더는 집합체로부터 개인으로, 개인으로부터 집합체로 움직이는 거대한 총체적인 합을 확립할 수 있었다. 그러한 형식은 '윤리적'이라고 부를 수 있다. 더욱이 그 에토스가 동시에 장소나 환경, 환경 속에 머묾, 그리고 관습 또는 아비튀스, 즉 존재 양식 등을 모두 가리키는 한, 그 형식은 모든 장르 속에 자신을 부과한다. 꿈을 배제하는 것과는 거리가 먼 이 윤리적 또는 리얼리즘적인 형식은 아메리칸 드림의 두 극을 얼싸 안는다. 즉, 한편으로는 만장일치적인 공동체 또는 국민-환경, 모든 소수 집단들의 도가니이며 융합이라는 관념과(<군중 The Crowd >의 마지막 장면에서 모두 한꺼번에 웃음을 터뜨리는 것, 또는 <거리 장면 Street Scene >에서 중국인, 흑인, 백인의 얼굴에 피어나는 똑같은 표정), 다른 한편으로 지도자, 다시 말해 이 국민 중에서 상황의 어려움들에 대해서와 마찬가지로 환경의 도전들에 대해 어떻게 대응해야 하는지 아는 인간이라는 관념(<우리의 일용할 양식 Our Daily Bread >, <아메리칸 로맨스 An American Romance >)이 그것이다. 이 잘 지도된 만장일치주의는 심지어 가장 심각한 위기들도 통과하면서 순환되고, 오로지 다른 곳에서 다시 형성될 뿐인 하나의 장소를 남겨 둔다. 즉 도시에서 상실되면, 그것은 농촌 공동체 속으로 이동하고, 그리고는 '곡물에서 강철로', 대규모 산업으로 도약한다. 그럼에도 불구하고 만장일치성은 거짓일 수 있으며 개인은 자기 멋대로 하도록 방치될 수 있다. 이것은 정확히, 마을은 인간적이고 인공적이며 무관심한 집단성일 뿐이고 개인은 자원과 반작용이 박탈된 버려진 존재일 뿐인 <군중>의 경우가 아니었던가? 개인이 상황을 변경시키는 SAS′ 형상은 자신과 반대되는 상황인 SAS를 가지게 되며, 그리하여 개인은 더 이상 무엇을 해야 할지 알지 못하며 기껏해야 다시 한 번 똑같은 상황에 처한 자신을 발견하게 된다 : <군중>에서의 아메리칸 나이트메어.

심지어 상황이 더 악화되고 하강하는 나선형 속에서 개인이 더욱더 낮게 추락할 수도 있다 : SAS″. 미국 영화는 하워드 혹스 Howard Hawks의 알코올 중독자처럼 이미 전락한 인물도 기꺼이 보여주는데, 이 경우 다시 일어서려는 그의 투쟁이 이야기를 형성할 것이다. 그러나 전락의 과정을 보여 줄 때조차도, 그 접근은 명백히 표현주의나 자연주의의 그것과는 완전히 다르다. 그것은 이제 블랙홀 속으로의 추락의 문제도 아니고 충동 속에서의 쇠퇴로서의 엔트로피의 문제도 아니다(비록 킹 비더가 이러한 자연주의적인 관점에 가깝게 다가갔다고 하더라도). 리얼리즘적 전락 — 미국적 방식의 — 은 환경-행태, 상황-행동, 주형 속으로 미끄러져 들어가는 것이었다. 그것은 정감의 운명 또는 충동들의 운명을 표현하는 것이 아니라 환경의 병리와 행태적 혼란을 표현한다. 그것은 피츠제랄드 Fitzgerald 나 잭 런던 Jack London 의 그것과 같은 현혹적인 문학 전통의 상속자다. "음주는 내가 이끌고 있었던 실존의 양식들 중의 하나, 내가 섞여 살았던 인간들의 습관이었다.…… " 전락은 법 없는 환경, 거짓 만장일치성 또는 거짓 공동체의 환경을 자주 드나드는 인간, 그리고 오직 거짓 통합된 행동 형태들과 자신의 단편들을 더 이상 성공적으로 조직할 수 없는 금이 간 행동 양식만을 유지할 수 있는 인간을 특징짓는다. 이러한 인간은 '타고난 패자'이며, '비관하고 기죽는다.' 그것은 와일더 Billy Wilder 의 <잃어버린 주말 Lost Weekend >에서의 바의 세계, 로센 Robert Rossen 의 <허슬러 The Hustler >에서의 당구의 세계이며, 무엇보다도 그것은 필름 느와르라는 위대한 장르를 구성하게 된, 금지와 연계된 범죄의 세계이다. 이런 관점에서 볼 때, 필름 느와르는 환경을 묘사하고, 상황을 설정하며, 행동을 위한 준비와 정확히 조직되고 최종적으로는 새로운 상황, 즉 통상 대부분 재확립된 질서 속으로 출현해 들어가는 행동 속에 자신을 한정한다. 그러나 사실상 갱스터들이 — 그들의 환경의 권력과 그들의 행동의 유효성에도 불구하고 — 타고난 패자라면, 그것은 무언가가 나선형을 그들의 대가로 반전시키면서 양자를 모두 먹어 치우기 때문이다. 한편으로 '환경'은 거짓 공동체이고, 사실상 모든 동맹이 불확실하고 뒤집힐 수 있는 정글이다. 다른 한편, 아무리 연구되더라도 행태 양식들은 진실한 습관이나 환경에 대한 진실한 반응이 아니며, 그것들의 해체를 야기하는 결점이나 균열들을 은폐한다. 이것은 바로 혹스의 <스카페이스 Scarface>의 스토리이다. 그 영화에서 주인공의 모든 균열들, 그를 비관하게 만드는 모든 작은 결점들은 누이의 죽음으로 그가 굴복하게 되는 섬뜩한 위기로 수렴된다. 또는, 다른 방식으로 휴스턴 John Huston의 <아스팔트 정글 Asphalt Jungle>에서 미세한 부분에 대한 의사의 극단적인 주의력과 킬러의 기술은, 전자에게서는 에로티시즘의 작은 틈을 열어 젖히고 후자에게서는 그의 고향에 대한 향수를 열어 젖히면서 그들 둘 다를 실패나 죽음으로 이끄는, 비중이 작은 하찮은 인물의 배신에 저항할 수 없다. 우리는 사회란 그 범죄의 이미지 속에서 만들어진다고, 모든 환경들은 다 병리적이고 모든 행태 양식들은 다 금이 가 있다고 결론지을 수 있을 것인가? 이런 결론은 랑이나 파브스트에게 가까울 것이다. 그러나 미국 영화는 악몽들을 통과함으로써 자신의 꿈을 구해 낼 수단을 가지고 있다.

서부극은 네 번째의 위대한 장르이며, 그 혼자만이 환경에 정박되어 있다. 인스 Thomas Harper Ince 이래로, 그리고 SAS´ 공식에 따라(우리는 이것만이 서부극의 유일한 공식은 아니라는 것을 보게 될 것이다), 환경은 분위기 또는 포괄체이다. 여기서 이미지의 주요한 질은 숨결, 호흡이다. 그것은 주인공을 고무할 뿐만 아니라, 사물들을 유기적 재현의 전체 속에 한데 모으며 정황에 따라 수축하거나 팽창한다. 색채는 이 세계를 점유할 때 색채 반음계를 따르는데, 거기서는 색채가 퍼지고 포화된 것 saturé이 희미한 것 lavé과 공명한다(우리는 포드 John Ford의 <나의 계곡은 푸르렀다 How Green Was My Valley>의 인공적인 세트들 décors 속에서 이 양면적인 색채를 다시 발견할 것이다). 포드에게서뿐만 아니라 혹스에게서도 궁극적인 포괄체는 하늘 및 하늘의 맥박이다. 혹스는 <거대한 하늘 Big Sky>에 나오는 인물들 중 한 사람으로 하여금 다음과 같이 말하게 한다. "그것은 거대한 나라다. 유일하게 그것보다 더 큰 것은 하늘뿐이다……" 하늘에 의해 둘러싸인 환경은 다시 집합체를 둘러싼다. 주인공이 자신을 환경과 대등하게 만들어 주고 우발적으로 또는 주기적으로 변하는 그것의 질서를 재확립하는 행동을 할 수 있게 되는 것은 바로 집합체의 대표자로서이다. 지도자를 형성하고 개인이 그러한 위대한 행동을 할 수 있게 하기 위해서는 공동체와 땅 land[4]의 매개가 필요하다. 우리는 강렬한 집합적 계기들(결혼, 축제, 춤과 노래)과 항상적인 땅의 현전, 그리고 하늘의 내재성으로 인해 포드의 세계를 알아본다. 이것으로부터 어떤 사람들은 포드에게는 진정한 운동이나 시간이란 없으며 닫힌 공간만이 존재한다고 결론지었다.[5] 그러나 우리가 보기에는, 운동은 실재한다. 하지만 운동은 부분에서 부분으로 일어나거나 자신이 그 변화를 표현하는 전체와의 관계 속에서 일어나는 대신에, 포괄체 속에서 일어나며 포괄체의 호흡을 표현하는 것으로 보인다. 안의 근면함이 바깥으로부터 보이는 근면함과 교대하는 <역마차 Stagecoach>의 이미지에서처럼, 바깥은 안을 감싸고, 양자는 소통하며, 우리는 하나로부터 다른 하나로 통과함으로써 양 방향으로 전진한다. <포장마차 Wagonmaster>에서처럼 알려진 점으로부터 알려지지 않은 점, 약속된 땅으로 나아갈 수도 있다. 본질적인 점은 양자를 모두 포함하면서 고통스럽게 전진함에 따라 팽창하며, 멈추고 쉴 때 수축하는 포괄체로 남는다. 포드의 독창성은 오직 포괄체만이 운동 또는 유기적 리듬에 척도를 제공한다는 사실에 있다. 이렇게 그것은 소수 집단들의 도가니, 즉 그들을 한데 모아 주는 것, 그들이 대립된 것으로 나타날 때조차도 그들의 합치성을 드러내는 것, 국가의 탄생에 필요한 그들 사이의 융합을 이미 보여주는 것이다. 예를 들자면, <포장마차>에서 만나는 박해받는 사람들의 세 집단 — 모르몬 교도들, 여행 중의 도박꾼들, 인디언들 — 이 그렇다.

만약 이 첫 번째 근사치에 남아 있다면, 우주적 또는 서사시적이 된

---

4) 들뢰즈가 원래부터 영어로 표기하였다.

5) 미트리(『포드 Ford』)에 따르면 포드는 서사시적이라기보다는 훨씬 더 비극적이고, 진정한 시간이나 운동이 없는 닫힌 공간을 구축하는 경향이 있다. 그것은 정적이고 느린 이미지들에 의해 제안되는 '운동의 관념'과 같다. 앙리 아젤 Henri Agel은 그의 '닫힌-열린', '팽창된-수축된'의 양자택일에 따라 이 관점을 다시 채택한다(*L'Espace cinématographique*, pp. 50-1, 139-41).

SAS 구조 속에 있는 것이다. — 주인공은 공동체의 매개를 경유하여 환경과 대등하게 되고, 환경을 변경시키지는 않지만 그 속에 순환적인 질서를 재확립한다.[6] 그렇지만, 비극적인 또는 심지어 낭만적이기조차 한 서부극의 발명을 보다 최근의 다른 감독들의 공으로 돌리면서 인스와 포드를 서사시적 천재로 간주하는 것은 위험한 일이다. 이 장르들의 계승에 대한 헤겔과 루카치의 공식을 서부극에 적용하는 것은 나쁜 결과를 가져온다. 미트리가 보여주었던 것처럼, 이미 향수적이고, 고독하고, 나이가 들었으며, 심지어 타고난 패자, 혹은 복권된 인디언들인 카우보이들과 함께, 서부극은 처음부터 모든 방향 — 서사시적, 비극적, 낭만적 방향들 — 을 탐험한다.[7] 그의 작품들을 통해 포드는 완벽하게 실제의 시간을 도입하는 상황의 진화를 부단히 포착한다. 확실히 서부극과 네오 서부극 사이에는 큰 차이가 있다. 그러나 그것은 장르의 계승이나 공간적으로 닫힌 것에서 열린 것으로의 이행에 의해서는 설명되지 않는다. 포드에 있어서 영웅은 에피소드적으로 위협받은 질서를 재확립하는 데 만족하지 않는다. 영화의 조직화, 유기적 재현은 원환이 아니라, 도착의 상황이 출발의 상황과 다른 나선이다 : SAS´. 그것은 서사시적인 형식이라기보다는 윤리적인 형식이다. <리버티 밸런스를 쏜 사나이 The Man Who Shot Liberty Valance>에서 강도는 살해당하고 질서는 재확립된다. 그러나 실제로 그를 죽였던 카우보이는 우리로 하여금 그 강도를 죽인 자가 미래의 상원 의원이라고 생각하도록 허용하며, 이렇게 산업 문명의 성문적인 또는 소설적인 법이 되기 위해 서부의 묵시적인 서사시적 법이 되기를 그만두는 법의 변형을 받아들인다. 이와 비슷하게 <말 위의 두 사람 Two Rode Together>에서는, 이번에는 보안관이 자신의 직무를 포

---

6) Bernard Dort, *Le Western* 참조. (목가적) 서사시는 영혼과 세계, 영웅과 환경의 등가성에 의해 정의된다. 인디언들이 악한 권력들일 뿐일 때조차도, 그들은 불이나 홍수 같은 재난이 그러는 것보다 더 우주와 그 질서를 의문시하지는 않는다. 그리고 영웅의 작업은 환경을 변경시키지 않으며, 차라리 길을 알아내야 하는 것처럼 그것을 재확립한다.

7) J. Mitry, *Cahiers du cinéma*, nos. 19-21, January-March 1953.

기하고 작은 마을의 진화를 받아들이기를 거부한다.[8] 이 두 경우에서 포드는 하나의 흥미로운 진행 과정을 발명하는바, 그것은 변경된 이미지이다. 하나의 이미지가 두 번 보여지지만, 두 번째에 그것은 우리가 S와 S´ 간의 차이를 느끼게 만드는 방식으로 변형되거나 완성된다. <리버티 밸런스를 쏜 사나이>에서 마지막 부분은 강도의 죽음의 진상과 총을 쏘는 카우보이를 보여주는데, 우리는 그전에 공식적인 해석이 계속 고수하게 될 생략된 이미지(그 강도를 죽인 사람은 미래의 상원 의원이다)를 보았었다. <말 위의 두 사람>에서 우리는 똑같은 자세로 있는 보안관의 동일한 실루엣을 보게 되는데, 그러나 그것은 더 이상 동일한 보안관이 아니다. 둘 사이에, S와 S´ 사이에 많은 모호성과 위선이 있다는 것은 사실이다. <리버티 밸런스를 쏜 사나이>에서 주인공은 존경할 만한 상원 의원이 되기 위해서 스스로에게서 범죄를 씻어 내는 데 온 힘을 기울이는 한편, 기자는 그의 전설을 남겨 두는 데 열중한다. 그 전설이 없다면 그는 아무것도 아니게 될 것이다. 그리고 로이가 보여주었듯이, <말 위의 두 사람>은 처음부터 공동체를 잠식하고 계속해서 자신의 제국을 확대하는 돈의 나선형이라는 주제를 가지고 있다.

그러나 두 경우 모두에서 포드에게 중요한 것은 공동체가 스스로에 관한 어떤 환상을 발전시킬 수 있다는 것이라고 말할 수도 있을 것이다. 이것은 건강한 환경과 질병 발생적인 환경 간의 큰 차이가 될 것이다. 잭 런던은 궁극적으로 알코올 중독적인 공동체는 스스로에 관해 아무런 환상도 가지지 않는다는 것을 보여주기 위해 훌륭한 구절들을 썼다. 꿈을 생산하는 것과는 거리가 먼 알코올은 '몽상가로 하여금 꿈을 꾸게 하기를 거부하며', 우리에게 삶은 가면무도회이고, 공동체는 정글이며, 삶이란 좌절이라는 것

8) <말 위의 두 사람>에 대한 꼼꼼한 분석은 Jean Roy, *Pour John Ford*에서 발견할 수 있다. 그는 이 영화의 '나선형적' 특성을 강조하며, 이 나선형의 형식이 포드에게서 흔한 것임을 보여 준다(p. 120). <포장마차>에 대한 그의 뛰어난 분석도 볼 것, pp. 56-9.

을 확신시키는 '순수 이성'으로서 작용한다(따라서 알코올의 냉소). 범죄적 공동체들에 대해서도 똑같이 말할 수 있을 것이다. 반대로, 일종의 합의가 통치하는 한, 공동체로 하여금 스스로에 관해서, 자신의 동기들에 관해서, 자신의 욕망들과 물욕에 관해서, 자신의 가치들과 이상들에 관해서 환상들을 발전시키도록 허용하는 합의가 통치하는 한, 하나의 공동체는 건강하다. 이것은 순수한 진실보다 더 진실인 '중추적' 환상, 리얼리즘적인 환상들이다.[9] 포드 역시 이런 관점을 택하며, <밀고자 The Informer >에서 밀고자가 더 이상 어떤 환상도 가질 수 없게 되는 한 반역적인 밀고자에 대한 거의 표현주의적인 전략을 보여주었다. 그러므로 아메리칸 드림을 단지 꿈이라는 이유만으로 비판할 수는 없다. 이것은 아메리칸 드림이 되기를 바라는 바로 그것이며, 그것은 자신의 모든 힘을 그것이 꿈이라는 사실에서 끌어낸다. 비더에게서와 마찬가지로 포드에게서도 사회는 변하며 변하기를 멈추지 않지만, 그 변화들은 자신들을 덮어 버리고 국민의 공동체라는 건강한 환상을 가지고 자신들을 축복하는 포괄체 안에서 일어난다.

마지막으로, 미국 영화는 단 하나의 기본적인 영화를 부단히 찍고 또 찍는데, 그것은 국가-문명의 탄생이며, 그 최초의 판은 그리피스에 의해 제공되었다. 그것은 보편사의 완료에 대한 믿음을 소비에트 영화와 공유한다. 여기서는 미국 국가의 개화이고, 저기서는 프롤레타리아의 강림이다. 그러나 미국인들과 함께 할 때 유기적 재현은 명백히 변증법적 발전을 알지 못한다. 그것은, 그리고 그것만이 역사 전체이며, 그것은 자신으로부터 각각의 국가-문명들이 유기체로서 떨어져 나와 아메리카를 미리 형상 짓게 되는 발아하는 줄기이다. 네 가지 시대를 살포하는 그리피스의 <편협>이나, 두 시기를 평행 시키며 두 번째 시기가 아메리카가 되는 세실 B. 드 밀 Cecli B. De Mille 의 <십계 The Ten Commandments >의 첫 번째 판에서 발견되

9) Jack London, *Le Cabaret de la dernière chance* 10-18, pp. 283 ff. 그리고 존 포드의 "I believe in the American Dream"(Andrew Sinclair, *John Ford*, p. 124).

는 것처럼, 이것이 이러한 역사 개념이 가진 뿌리 깊은 유비적 또는 병행 진화적인 특성의 기원이다. 그리피스의 바빌론이나 드 밀의 로마처럼, 퇴폐적인 국가는 병든 유기체이다. 만약 성서가 그들에게 근본적인 것이라면, 그것은 헤브루 인들과 그 뒤에는 기독교인들이 소수 민족들이 용해되는 도가니와 모든 상황에 대응할 능력이 있는 지도자를 창출하는 효소라는 아메리칸 드림의 두 가지 특징을 미리 과시하는 건강한 국가-문명을 성서가 탄생시키기 때문이다. 역으로, 포드의 링컨은 솔로몬만큼 완벽하게 판단하고, 모세처럼 유목민적 법으로부터 성문법으로, 노모스nomos로부터 로고스logos로의 이행을 가져오고, 그리스도처럼 당나귀를 타고 도시로 들어옴으로써 성서적 역사를 요약 반복한다(<젊은 날의 링컨 Young Mr Lincoln>). 그리고 만약 사극 영화가 미국 영화의 위대한 한 장르를 형성한다면, 그것은 아마도 미국에 특유한 조건 속에서 다른 장르들이 모두 그들의 허구성의 정도가 어떠하든 간에 이미 역사적인 것이었다는 이유 때문일 것이다. 즉 범죄는 갱스터주의gangsterism에 의해서, 모험은 서부극에 의해서 병인적이거나 모범적인 역사적 구조들이라는 지위를 가지게 되었다.

할리우드의 역사 개념을 놀려대기는 쉽다. 그러나 우리에게는 반대로 그것이 19세기가 보여준 역사의 가장 진지한 국면들을 한데 모으는 것처럼 보인다. 니체는 이 국면들 중에서 '기념비적 역사', '골동품 애호적 역사' 그리고 '비판적' 또는 윤리적 역사라는 세 가지를 구별했다.[10] 기념비적 국면은 물리적이고 인간적인 포괄체, 자연적이고 건축학적인 환경에 관여한다. 그리피스에게서 보여지는 바빌론과 그것의 패퇴, 열어 젖히는 헤브루인, 사막 그리고 바다. 또는 세실 B. 드 밀에게서 보여지는 팔레스타인 인들, 다

10) F. Nietzsche, *Untimely Meditations*(trans. R. J. Hollingdale, 1983), "On the Uses and Disadvantages of History for Life", 2와 3을 볼 것. 19세기 독일의 역사에 기반한 이 텍스트는 오늘날에도 여전히 타당한 것으로 보이며, 특히 이탈리아의 고대를 배경으로 한 영화에서부터 미국 영화에 이르기까지 역사 영화의 전 범주에 적용된다.

곤의 신전, 그리고 삼손에 의한 그 신전의 파괴. 이것들은 이미지 그 자체를 기념비적으로 만드는 거대한 종합 기호들이다. 그 처리 방식은 매우 상이할 수 있다. 하지만 <십계>의 거대한 프레스코화이든 <삼손과 데릴라 Samson and Delilah >에서의 일련의 조각들이든 이미지는 숭고하게 남아있으며, 비록 다곤의 신전이 우리들의 웃음을 터뜨리게 할 수 있다 하더라도 그것은 관객을 휘어잡는 올림푸스적인 웃음이다. 니체의 분석에 따르면 역사의 그러한 국면은 한 문명과 다른 문명 간의 유비나 병행을 선호한다. 인간성의 위대한 계기들은, 그것들이 아무리 멀리 떨어져 있을지라도 정점들을 경유해 소통하는 것으로 가정되며, 현대 관객들의 마음속에서 보다 쉽게 이해될 수 있고 훨씬 더 강력하게 작용할 수 있는 '결과 그 자체들의 수집품'을 형성한다. 이렇게 기념비적 역사는 자연스럽게 보편적인 것을 지향하는 경향이 있으며 <편협>에서 그 최고 걸작을 발견하는데, 여기서는 상이한 시대들이 단순히 서로를 뒤따르는 것이 아니라 비상하게 리듬적인 몽타주를 통해 교차하기 때문이다(버스터 키튼 Buster Keaton 은 <세 시대 Three Ages >에서 이것의 희극 판을 선사한다). 그리고, 어떤 방식으로 진행되든 시대들을 대면시키는 것은 에이젠슈테인에게서조차도 계속 기념비적인 사극 영화의 꿈으로서 남아 있다.[11] 이 역사 개념은 그러나 커다란 약점을 가지고 있다. 즉 현상들을 어떤 원인으로부터 분리된 결과 그 자체로서 다룬다는 약점이 그것이다. 니체는 이미 이 점을 지적했으며, 그것은 에이젠슈테인이 미국의 사극 영화와 사회 영화에 대해 비판한 점이기도 하다. 문명들은 평행적인 것으로 간주될 뿐 아니라, 한 문명의 주요 현상들 역시, 예컨대 부자와 빈사라는 현상 역시 '두 개의 병행하는 독립적인 현상'으로서, 필요하다면 유감을 표명하지만 그것에 어떤 원인도 돌리지 않으면서 관찰되는 순수한 결과로서 다루어진다. 그래서, 또 다른 시각에서 원인들이

11) '물을 위한 인간의 투쟁 삼부작'(타메를란-짜리즘-콜호츠)을 위한 계획에 대해서는 Eisenstein, *La non-indifférente Nature*, I, p. 325 참조. [타메를란 Tamburlane 은 '절름발이 티무르'란 뜻으로 티무르 인들의 별칭이다.-역자]

기각되고 오직, 때로는 빈자들의 대표와 부자들의 대표를, 때로는 퇴폐적인 인간과 미래의 인간을, 또 때로는 정의로운 인간과 배반자 등등을 대립시킬 뿐인 개인적 결투의 형태로서만 나타나는 것은 불가피하다. 따라서 에이젠슈테인의 강점은 그리피스이래 미국적인 몽타주 — 상황을 형성하는 교호적인 평행적 몽타주, 그리고 결투로 이르게 되는 교호적인 동시 발생적 몽타주 — 의 주요한 기술적 측면들이 이 사회적이고 부르주아적인 역사 개념에 연관된다는 점을 보여주는 데 있다. 에이젠슈테인이 교정하기를 원하는 것이 바로 이러한 본질적인 결함이다. 그는 진정한 원인들의 제시를 요구하는데, 이는 기념비적 구성을 '변증법적' 구성에 종속시킬 것이다(어떤 경우든 배반자, 퇴폐자 또는 악인의 투쟁 대신에 계급들의 투쟁).[12)]

기념비적 역사가 결과들 자체만을 고려하며 그것이 이해하는 유일한 원인이란 개인들을 대립시키는 단순한 결투들이라면, 골동품 애호적인 역사 또한 이것들에 관여하며 그것들이 가진 그 시대에 관습적인 형식들을 재구성해야만 한다. 그것들은 전쟁과 대결, 검투사의 격투, 전차 경주, 마상 시합 등이다. 그리고 골동품 애호적 역사는 엄밀한 의미에서 결투들에 만족하지 않으며, 외적 상황을 향해서 확장되어 나가며 행동의 수단들과 친교의 풍습들, 광대한 테피스트리들, 옷들, 장신구들, 기계들, 무기 또는 도구들, 보석들, 사사로운 물건들로 수축해 들어간다. 주신제 orgy 는 거인증 gigantism

---

12) Eisenstein, *Film Form*, p.235. "자연히, 일차적으로 평행적인 몽타주로서의 그리피스의 몽타주 개념은 빈자와 부자가 어떤 가설적인 '화해'를 향해 평행선을 그리며 달리는 그의 이원적인 세계상의 복사본으로서 나타난다.……따라서 우리의 몽타주 개념은 일원론적이고 변증법적인 세계관에 의해 우리에게 열려지는, 현상들에 대한 이해의 완전히 다른 '이미지'로부터 태어나야만 한다는 점이 기대되어야 했다." 이것은 보편사를 위한 계획에도 똑같이 타당하다. 에이젠슈테인의 3부작은 사회 구성체들의 변증법에 기초해야만 하는데, 에이젠슈테인은 이를 3단계 로켓에 비유한다. 세 단계들이 전제정적인 구성체-자본주의-사회주의여야 했던 것처럼 그 프로젝트가 중단되었다는 것은 이해할 만한 일이다(스탈린은 역사적으로 전제정적인 구성체들 despotic formations 에 준거하는 것은 모두 싫어했다).

과 친밀성의 공존을 허용한다. 골동품 애호적인 것은 기념비적인 것에 대해 평행선을 달린다. 여기서 다시 할리우드적인 재구성들과 소도구들의 '신품적인' 외양에 관해 손쉬운 아이러니컬한 단평이 만들어진다 : 새로운 것이란 골동품 애호적인 것에서처럼 그 시대의 현실화의 기호이다. <삼손과 데릴라>에서처럼, 특히 색채-이미지와 함께 직물은 사극 영화의 근본적인 요소가 되는데, 그 영화에서, 상인이 옷을 전시하는 것과 삼손이 30벌의 튜닉을 훔치는 것은 색채의 두 정점을 구성한다. 기계들 또한, 그것들이 한 국가-문명을 탄생시키든 반대로 그 국가-문명의 몰락이나 소멸을 고지하든, 하나의 정점을 형성한다. 엄격하게 말해서 그가 만든 유일한 사극 영화인 <파라오의 땅 Land of the Pharaos >에서 혹스는 다만 하나의 순간, 즉 총체적 종결에만 관심이 있는 듯 보일 뿐이다. 그 영화에서는 건축 기사가 또한 기술자가 되었고, 파라오를 위해 모래를 흘려 보내고 돌을 내림으로써 모래와 돌을 결합하는 특출한 새 기계를 만들어 냈으며, 그리하여 피라미드의 현실 funeral chamber 은 절대적이고 연금술적으로 닫힐 수 있다.

마지막으로, 역사에 대한 기념비적 개념화와 골동품 애호적 개념화는 그것들 양자를 측정하고 조직하는 윤리적인 이미지가 없다면 서로 그렇게 잘 어울리지는 못할 거라는 점은 사실이다. 세실 B. 드 밀이 말하듯이, 그것은 모든 유혹과 악의 공포(야만인, 이교도, 불관용자, 방탕자 등등)가 함께 하는 선과 악의 문제이다. 퇴폐를 만들어 내는 것이 무엇이며 새로운 삶을 만들어 내는 것이 무엇인가를 드러내 보여주기 위하여 고대의 또는 최근의 과거는 심판 받아야 하고 법정에 서야 한다 : 퇴폐의 촉진제인 것과 새 삶의 배종인 것, 주신제와 십자가의 기호, 부자의 전능함과 빈자의 불행. 강력한 윤리적 판단이 '사물들'의 부정의를 비난하고, 동정심을 가져오며, 행진하고 있는 새로운 문명을 알려야만 한다. 간단히 말해서, 부단히 미국을 재발견해야 한다.…… 특히 원인들의 검토란 처음부터 아예 없어도 되는 듯이 말이다. 미국 영화는 환경 속에서의 문명의 약화와 행동 속에서의 배반자의 간섭을 예시하는 데 만족한다. 그러나 경이로운 것은 이 모든 한계에도 불구하고 미국 영화가 기념비적, 골동품 애호적, 그리고 윤리적인 보편사에 대한 강력하고 정합적인 개념화를 제시하는 데 성공했다는 사실이다.[13)]

2. 유기적 구성의 법칙들

이 모든 장르들을 가로지르는 행동-이미지의 법칙들은 무엇인가? 그 첫째는 전체적으로 유기적 재현으로서의 행동-이미지와 관련된다. 그것은 장소들과 계기들이 그들간의 대립과 상보성 속에서 잘 규정되기 때문에 구조적이다. 상황(S)의 관점, 공간과 프레임 및 쇼트의 관점에서 볼 때 그것은 환경이 다수의 권력들을 실현시키고 각각의 권력에 비중이 주어지는 방식을 조직한다. 예를 들면, 포드의 하늘들에서의 이 권력들의 충돌이나 일치, 다른 권력들 가운데의 한 권력이자 그 권력들 모두의 대결이나 화해의 장소인 대지, 땅의 특수한 역할. 뿐만 아니라 그로부터 적대적인 힘이나 우호적인 힘이 떨어져 나오는 포괄체를 구성하면서 선제가 집단과 인물 또는 가정 둘레로 만곡하는 방식, 언덕 꼭대기에서, 즉 대지와 하늘 사이의 경계에서 인디언들이 나타나는 방식 …… 그리고, 시간의 관점 또는 쇼트들의 연속이라는 관점에서 볼 때 그것은 S에서 S´로의 이행, 거대한 호흡, 수축과 팽창의 계기들의 교호, 바깥과 안의 교호, 마치 전체적인 임무 내부에

13) 우리는 역사 영화의 거대한 흐름들 각각에 대해서 똑같은 질문을 던져 볼 필요가 있다.-함축된 역사 개념은 어떤 것인가? 영화-역사 관계의 분석은 마르크 페로 Marc Ferro(*Cinéma et Histoire*)와 『까이에르 뒤 시네마』(nos. 254, 257, 277, 278, 특히 Jean-Louis Comolli의 글들)의 연구들 덕택에 이미 많은 진전을 이루었다. 그러나 지금 제기된 문제는 우리가 여기서 지적한 것보다 더 근본적인 것이고, 한편으로는 역사적 발화와 진술들 간의 관계, 그리고 다른 한편으로는 영화적 발화와 이미지들 간의 관계에 관련된 것이다. 우리의 질문은 단지 이 후자의 문제의 일부분일 뿐이다.

있는 그토록 많은 작은 국부적인 임무들과 같은 부차적인 상황들로의 주요 상황의 분할 등을 조직한다. 이 모든 측면에서, 유기적 재현은 공간적 휴지부들과 시간적 휴지부들을 포함하는 발전의 나선이다. 우리는 비록 그가 나선상에서의 벡터들의 배분과 연속을 완전히 다르게 이해하고 있다 하더라도 에이젠슈테인에게서 이 개념을 재발견한다. 그리피스와 미국 영화에게는, 교호적인 평행적 몽타주로도 벡터들 사이의 상호 연계를 경험적으로 조직하기에 충분하다.

교호적 몽타주는 더 이상 평행적이지 않지만 동시 발생적이고 수렴적인 또 다른 형상을 포함한다. S에서 S´로의 이행은 A, 즉 종종 S´에 매우 가깝게 자리잡는 결정적인 행동의 중개를 통해 일어난다. 종합 기호가 현실화하는 권력들이 새로운 방식으로 재배분되고, 진정되거나, 또는 그 권력들이 그것들 중 하나의 승리를 인정하기 위해서는, 종합 기호가 이항식 또는 결투 속으로 수축되어야만 한다. 그러므로 두 번째 법칙은 S에서 A로의 이행을 다스린다. 이제 결정적인 행동 또는 결투는, 개인들간의 최후의 대결이나 상황을 변경시키는 반작용을 가능케 하기 위하여 이 경우에 집중되면서 행동의 선들이 포괄체의 다양한 점들로부터 방사되어 나올 때에야 일어날 수 있다. 이것들은 그리피스에게 존재하는 몽타주의 두 번째 형상인 교호적인 수렴적 몽타주의 대상인 행동의 선들이다. 그러나 그것의 완성은 아마도 <M>에서 프리츠 랑에 의해 성취되었을 것이다(이 영화는 사실상 랑의 미국 진출을 준비하였다). 노엘 버치가 '큰 형식'이라는 개념을 발전시킨 것은 바로 이 영화의 수렴적 몽타주를 분석하면서였다. 실제로, 전체적인 상황은 무엇보다 먼저 규정되고 개별화된 공간-시간 속에서 보여진다 : 도시에 있는 건물의 안마당, 카메라가 착륙하고 이어서 건물 안 아파트의 부엌, 아파트에서 학교로 이동하는 카메라의 여행, 벽에 붙은 포스터들, 사람들의 흥분.…… 그러나 매우 재빨리 이 환경으로부터 두 개의 점들이 출현하고, 그 다음에는 수렴하는 가운데 하나에서 다른 하나로 오가는 계속적인 압운과 함께 서로 교호하며 범인을 붙잡는 집게발을 형성하게 될 두 개의 행동선들이 출현한다 : 경찰의 선과 (어린이 살해범이 자신들의 활동에 해를 끼칠 것이라는 점을 우려하는) 지하 세계(암흑가)의 선. 유기적 재현의 강한 구조적인 성격에 의해, 부정적이거나 긍정적인 영웅의 자리는 그가 그 자리를 점유하게 되기 전에, 심지어는 자신이 그것을 점유하게 될 거라는 것을 그가 알게 되기도 전에 이미 마련되었다는 점을 주목하게 될 것이다. 이로부터 살인자의 점진적인 폭로가 이루어진다. 그리고 우리가 실제 행동을 목격하고 정말로 살인자를 알게 되는 것은 지하 세계가 그에게 손을 얹을 때이다. 그것은 갱과 거지들의 법정에 대결하여 벌이는 M의 결투이다. 자신의 휴지부와 압운을 지닌 이중적인 선은 우리를 결투의 상황으로, 종합 기호로부터 이항식으로 인도한다. 이 유기적 재현이 자신의 최종적인 모호성을 유지한다는 것은 사실이다. 왜냐하면 경찰이 지하 세계를 덮쳐, 합법적인 법정 앞으로 데려가기 위해 살해범을 낚아채 갈 때, 우리는 그로부터 변경되고 재확립되며 범죄가 일소된 상황이 출현할 것인지, 전에 그랬듯이 아무 일도 일어나지 않을 것이고 범죄는 항상 새로운 형태를 취하게 될 것인지("이제, 우리는 작은 것에도 더 눈을 떼지 말아야 할 것이다") 알지 못하기 때문이다 : S´인가 S인가?

세 번째 법칙은 두 번째의 역과 같다. 사실, 상황으로부터 행동으로의 이행에는 교호적 몽타주가 반드시 필요한 한편, 이렇게 압축되는 행동 속에, 결투의 바로 그 뿌리에는, 어떤 몽타주에도 반항하는 무언가가 존재하는 듯하다. 우리는 이 세 번째 법칙을 바쟁의 법칙 또는 '금지된 몽타주'의 법칙이라 부를 수도 있을 것이다. 앙드레 바쟁 André Bazin 은 만약 결과의 산출에서 일치하는 두 개의 독립적인 행동들이 몽타주에 순종한다면, 산출된 그 결과 속에는 두 항들이 몽타주에 의지할 가능성이나 심지어 쇼트-역쇼트에 의지할 가능성도 없이 서로 얼굴을 맞대고 대치하며, 환원 불가능한 동시성 속에서 포착되어야만 하는 그런 계기가 존재함에 틀림없다는 것을 보여 주었다. 바쟁은 한 예로 채플린의 <서커스 The Circus >를 든다. 모든 트릭 쇼트들이 허용되지만, 찰리는 진짜로 사자 우리 속에 들어가서 하나의 단일 쇼트에서 사자와 함께 있어야만 한다. 나누크와 바다표범 역시 동일한 쇼트 안에서 서로 대면해야만 한다.[14] 이 이항식의 법칙은 더 이상 SS´에 관한 것도 SA에 관한 것도 아니며, 오로지 A 그 자체에 관련된 것이다.

더구나 결투는 행동-이미지의 독특하고 국지화된 계기가 아니다. 결투는 항상 필연적인 동시성들에 표시를 함으로써 행동의 선들에 경계 표시를 한다. 상황으로부터 행동으로의 이행에는 이렇게 서로의 속에서 맞물리는 결투들의 열장이음이 동반한다. 이항식은 다항식이다. 결투를 그 순수한 상태로 제시하는 서부극에서조차 최종 심급에서 결투의 경계들을 획정하는 것은 어렵다. 결투는 산적들이나 인디언들과 벌이는 카우보이의 결투인가? 아니면 여자와의 결투, 남자 친구와의 결투, 그를 밀어내고 대신할 새로운 남자와의 결투(<리버티 밸런스를 쏜 사나이>에서처럼)인가? <M>에서 진짜 결투는 M과 경찰 또는 사회 사이에서 벌어지는가, 아니면 M과 그를 원하지 않는 지하 세계 사이에서 벌어지는가? 진짜 결투는 다른 곳에 있는 것은 아닌가? 마지막으로, 그것은 영화 일반 cinema에 내적임에도 불구하고 개별 영화 film에는 외적일 수도 있다. 지하 세계의 법정 장면에서 갱들과 거지들은 범죄적 아비튀스 또는 행태 양식의 권리들 및 합리적인 조직으로서의 범죄를 옹호하며, 열정을 통해 행동한다고 M을 비판한다. 여기에 대해 M은 이것이야말로 자신을 무죄로 만드는 것이라고 대답한다 : 그는 다르게 할 수가 없다, 그는 오직 충동과 정감을 통해서만 행동할 뿐이다. 그리고 정확히 이 순간에, 오로지 이 순간에만 배우는 표현주의적 방식으로 연기한다. 최종적으로, <M>에서 진짜 결투는 랑 자신과 표현주의 간에 벌어지는 것이 아닐까? 그 영화는 표현주의에 고하는 그의 작별 인사이며, <마부스 박사의 유언 The Testament of Dr Mabuse>이 확증해 줄 것처럼 그의 리얼리즘으로의 진입이다(이 영화에서 엄격한 리얼리즘적 조직화에 양보하면서 마부스는 사라진다).

그러나 만약 이런 식으로 결투들의 전체적인 열장이음이 존재한다면,

---

14) Bazin, *Qu'est-ce que le cinéma?*, p. 59.

그것은 다섯 번째 법칙 때문이다. 즉, 포괄체와 영웅, 환경과 그것을 변경시키는 행태, 상황과 행동 사이에는 필연적으로 커다란 간극이 있으며, 이 간극은 영화 전체를 통해 점차적으로만 메워질 수 있다. 즉석에서 결투로 전환되는 상황을 상상해 볼 수 있는데, 이것은 '어릿광대극 burlesque'일 것이다. 한 단편 걸작(<치명적인 맥주 한 잔 The Fatal Glass of Beer>)에서 필즈 C. W. Fields가 정기적인 간격을 두고 "개를 밖에 두는 것은 합당치 않다"고 항의하면서 얼어붙은 북극 지방에 있는 자기 오두막의 문을 열면, 즉시 두 개의 익명적인 눈덩이를 얼굴에 정면으로 맞는다. 그러나 보통, 환경으로부터 마지막 결투로 이어지는 길은 긴 것이다. 이것은 영웅이 아직 행동하기에 맞게 즉각 성숙해 있지 않기 때문이다. 햄릿처럼, 수행되어야 하는 행동은 그에게는 너무 크다. 이것은 그가 약하다는 것이 아니다. 그는 반대로 포괄체와 대등하다. 그러나 오직 잠재적으로만 그러할 뿐이다. 그의 장엄함과 그의 권력은 현실화되어야 한다. 그는 자신의 위축과 내적 평화를 포기하거나, 또는 상황이 그에게서 박탈해 버린 강함을 다시 회복하거나, 또는 그가 공동체와 팀으로부터 필요한 지지를 얻게 될 우호적인 순간을 기다려야 한다. 실로, 영웅은 그에게 축복을 줄 한 사람, 한 근본 집단을 필요로 하지만, 그를 돕는 너 삭고 이질적인 임시 변통적인 집단 또한 필요로 한다. 그는 타자의 침략에 대해서처럼 실패와 일자의 배반에도 대처해야 한다. 이런 것들은 서부극에서뿐만 아니라 사극 영화에서도 발견되는 변수들이다. 에이젠슈테인에서조차, 소비에트 비평가들이 인정하지 않은 것은 <폭군 이반>의 햄릿적인 성격이었다 : 영화의 두 휴지부처럼 그가 통과하는 두 개의 거대한 의심의 계기 ; 또 인민들은 그에게 근본 집단으로서 봉사할 수 없으며 오직 그가 도구로 사용하는 임시 변통적인 집단으로 봉사할 뿐이라는 것을 의미하는 그의 귀족적인 본성. 일반적으로 영웅은 내적이거나 외적인 무능함의 계기들을 통과해야만 한다. 세실 B. 드 밀의 <삼손과 데릴라>가 가진 그 강렬함을 생산하는 것은 눈이 먼 채 맷돌을 돌리고, 쇠사슬에 억눌리고, 그로테스크한 난쟁이들이 흥분시키고 있는 고양이들의 이를 가는 아가리들 아래서 절름거리며 길을 더듬어 사원 속으로 내몰리는 삼손을 보여주는 이미지들이다. 마침내, 맷돌을 돌릴 때의 그의 극단적인 무력함의 이미지와 '운을 맞추는' 이미지 속에서 그는 자신의 모든 힘을 다시 얻어 사원의 거대한 원주를 대좌 위에 넘어뜨린다. 역으로, 힘없는 삼손을 물어뜯는 고양이들의 아가리들은 힘에 넘치는 삼손이 공격자들을 쓰러뜨리기 시작할 때 사용했던 당나귀 턱뼈와 운을 맞춘다. 간단히 말해서, 전체적인 시공간적 진전은 영웅이 행동'할 수 있게' 되는 현실화 과정과 얽히는 것이다. 그리고 그의 힘은 포괄체의 그것과 대등하게 된다. 때로는 두 인물들 간의 릴레이를 보기까지 하는데, 사물들의 상태가 전개됨에 따라 한 인물은 자신의 능력을 상실하는 한편 다른 인물은 그 능력을 얻는다 : 모세에게서 여호수아로. 포드는 또 다른 이항식을 가리키는 이러한 이원적 구조를 좋아한다 : <리버티 밸런스를 쏜 사나이>에서 서부의 사나이로부터 인수받는 법의 사나이 ; 또는 <분노의 포도>에서 농촌 가족의 모권제적 어머니는 집단이 몰락함에 따라 '명석하게 보기'를 그치는 반면, 아들은 그가 새로운 싸움의 의미와 중요성을 이해함에 따라 명석하게 보기 시작한다. 이 모든 관점에서 볼 때, 유기적 재현은 다음과 같은 최종적인 발전 법칙에 의해 지배된다 : 상황과 다가올 행동 간에는 커다란 간극이 있음에 틀림없지만, 이 간극은 채워지기 위해 존재할 뿐이다. 그렇게나 많은 후퇴 및 전진과 같은 휴지부들에 의해 표시되는 하나의 과정에 의해 채워지기 위해서.

3. 감각-운동 고리

행동-이미지는 행태의 영화를 고취시킨다(행태주의). 행태란 하나의 상황으로부터 또 다른 상황으로 넘어 가는 행동, 상황을 변경하거나 새로운 상황을 세우기 위해 한 상황에 반응하는 행동이기 때문이다. 메를로-뽕띠는 행태의 이 일어남 속에서 현대 소설과 현대 심리학 및 영화의 정신에 공통적인 기호를 보았다.[15] 그러나 이런 시각에서 볼 때는, 감각-운동 고리 the sensory-motor link 는 매우 강해야 하며, 행태는 진실로 구조화되어야 한다. 거대한 유기적 재현, SAS´는 구성되어야 할 뿐 아니라 발생되어야 한다. 한편으로 상황은 인물에게 깊게 그리고 지속적으로 삼투되어야 하고, 다른 한편으로 이렇게 삼투된 인물은 불연속적인 간격들을 두고 행동을 터뜨려야 한다. 이것은 자연주의적 폭력과는 완전히 다른 리얼리즘적 폭력의 공식이다. 그 구조는 달걀의 구조이다 : 식물성 또는 식물 같이 단조로운 극(삼투)과 동물적인 극(행동해 내기). 우리는 이런 의미에서 행동-이미지는 액터즈 스튜디오 the Actors Studio 와 카잔 Elia Kazan 의 영화에서 자신의 체계화를 발견했다는 것을 알고 있다. 감각-운동 도식이 이미지를 소유하고 발생적 요소가 출현하는 경향이 생기는 것은 여기에서이다. 처음부터 액터즈 스튜디오의 규칙들은 배우의 연기뿐만 아니라 영화의 구상과 전개, 프레임화, 커팅, 몽타주에도 적용되었다. 우리는 이것들을 서로로부터, 즉 배우의 연기로부터 영화의 리얼리즘적 본성을 추론해 내고 또 역방향으로도 추론해 내야 한다. 이제 배우가 결코 중립적이 아니라는 것, 그리고 결코 고정적이지도 않다는 것이 명백하다. 그가 폭발하고 있지 않을 때에도 그는 삼투되고 있으며 결코 고요히 가라앉아 있지 않는다. 인물에게 그런 것과 마찬가지로 배우에게도 기초적인 신경증은 히스테리이다. 제자리에서 일어나는 식물적인 극의 운동은 사실 동물적인 극의 폭력적인 운동과 꼭 마찬가지로 거대하다. 해면질의 삼투는 연기해 내기만큼이나, 갑작스런 확장만큼이나 많은 강도를 가진다. 바로 이러한 이유 때문에 행동-이미지의 이 구조적이고 발생적인 재현은 진실로 무한하게 적용할 수 있는 공식을 탄생시킨다. 카잔은 갈등하는 사람들은 서로 잡아먹게 만들어져야 한다고 충고했다 : 공통적인 흡수는 결투들의 분출을 훨씬 더 강력하게 만들 것이다. 메소드 the Method 또는 시스템 the System 을 적용하고 있는 최근의 영화인 아

15) M. Merlau-Ponty, *Sense and non-Sense*, trans. Hubert and Patricia Dreyfus (1964), "Cinema and the new psychology".

서 펜 Arthur Penn 의 <조지아 Georgia >를 고찰해 보자. 영화의 한 장면은 소녀의 백만장자 아버지와 이민 온 프롤레타리아 약혼자가 함께 앉아 있는 저녁 식사를 보여준다. 우리는 주인공들에게 내재화되어 있는 긴장을 본다. 그리고 나서 아버지가 "나는 내게 속하는 것을 남에게 주는 데는 익숙지 못하다네"라고 말하는데, 이 말은 아버지와 딸 사이의 근친 상간적인 관계라는 새로운 요소를 도입하기 때문에 상황을 변경시키는 폭발과 같다. 뒤에 약혼 파티장에서는, 커다란 창문 뒤에서 거의 알아차릴 수 없을 만큼 흐릿하게 보이는 아버지는 독을 품은 식물처럼 상황에 삼투되어진 듯이 보인다. 오직 작은 아이만이 그를 알아보고 기다린다. 그리고 아버지는 돌진해 나와 자신의 딸을 죽이고 약혼자에게 깊은 상처를 입히며, 이 동물적인 행동해내기에 의해 상황을 다시 변경시킨다.

이것은 베르그송에 따른 생의 구분과 비슷하다 : 식물 또는 식물적인 것은 제자리에서 폭발성의 것들을 축적하는 일을 수행하는 반면, 동물은 갑작스런 운동 속에서 자신의 작렬하는 폭발을 수행한다.[16] 풀러 Samuel Fuller 의 독창성은 아마도, 이 구분이 설사 정지와 출발에 의해 진행됨과 시퀀스들을 파열시킴을 의미하게 될지라도 이 구분을 할 수 있는 한 멀리까지 가져갔다는 것이었을 것이다. 한편으로 끝없는 기다림과 분위기의 삼투가, 다른 한편으로 가차없는 폭발과 행동을 터뜨림이 있는 전쟁 영화는 이것을 좋아한다. 극한적으로 풀러는 복도에 식물처럼 서 있는, <충격의 복도 Corridor Shock >에 나오는 식물적인 미친 사람들과 공격하는 중에 폭발하는 <하얀 개 White Dog >의 인종주의적인 개에게서 그의 폭력의 형상들을 발견할 수 있었다. 광인들에게는 그들 자신의 예견할 수 없는 폭발이 있다는 것, 개에게는 긴 불가사의한 삼투의 시기가 있다는 것은 사실이다. "나는 그 개에게 너는 배우라고 설명했다.…… " 그러나 풀러는 또한 식물에게 그것을 설명하는 법도 알고 있다. 그에게 중요한 것은 폭력의 두 국면을 각각 갱신하고 증대시키며, 때때로 양 극들의 전도를 실행하는 이 극단

16) *CE*, Chap. II.

적인 분리이다 : 그때 음울한 자연주의를 획득하는 것은 상황이다.

카잔 역시 극들을 분리할 수 있으며, <베이비 돌Baby Doll >은 가장 훌륭한 식물적인 영화의 하나로서 남부의 느리고 독성 있는 삶과 요람에 누운 젊은 여인의 식물성적인 존재를 표현하고 있다. 그러나 카잔의 흥미를 끄는 것, 그리고 그의 작품의 진화를 결정하는 것은 두 극을 가진 구조보다는 지속적인 구조화를 획득하기 위해서 삼투와 폭발을 연결하는 것이다. 시네마스코프의 옆으로 길어진 포맷은 이러한 경향을 강화한다. 그리고 이것은 바로 액터즈 스튜디오의 정통 교리이다 : 거대한 '총체적인 임무', SAS´는 계승적이고 연속적인 '국지적인 임무들'로 분할된다(s1, a1, s2, a2, s3…). <아메리카, 아메리카America, America >에서 각각의 시퀀스는 자신의 지리학, 자신의 사회학, 자신의 심리학, 자신의 조성 tonality 을 가지며, 선행하는 행동에 의존하고, 최후의 폭발에 이를 때까지 매번 삼투와 폭발에 의해 연속되는 상황 속으로 영웅을 끌어넣으면서 새로운 행동을 낳는 자신의 상황을 가진다(뉴욕의 부두를 포함하여). 약탈당한 자, 매춘을 강요받은 자, 살인자, 약혼자, 배신자, 영웅은 처음부터 끝까지 현전하는 임무, 뉴욕(S´)에 도달하기 위해 아나톨리아(S)에서 달아나야 한다는 거대한 임무 속에 모두 둘러싸여 있는 이 시퀀스들을 통해 움직인다. 그리고 포괄체, 거대한 임무는 영웅을 신성하게 만들거나 적어도 그가 여기와 저기 모두에서 해야 하는 모든 것을 그에게서 면제시켜 준다 : 외면적으로 불명예를 당하면서, 그는 자신의 내면적인 명예, 마음의 순수성, 자기 가족의 미래를 구해 냈다. 그가 평화를 발견한다는 것이 아니다. 그것은 평화를 모르며 결백과 죄, 수치와 명예가 히스테리적인 신경증 속에 서로 조응하도록 만드는 카인의 세계, 카인의 기호이다 : 특수한 국지적 상황에서는 굴욕이거나 굴욕으로 남는 것은 또한 거대한 총체적인 상황에 의해 요구되는 영웅주의, 치러야 하는 대가이기도 하다. <워터프론트On the Waterfront >는 이러한 신학을 풍부하게 발전시킨다 : 만약 내가 타인들을 배반하지 않는다면, 나는 나 자신을 배반하고 정의를 배반하게 된다. 우리를 정결하게 하는 인상의 번뜩임과 우리를 구원하고 용서하는 작렬하는 폭발을 포착해 내기 위해서는, 수많은 더러운 삼투적인 상황과 수많은 굴욕적인 폭발들을 겪어야만 한다. <에덴의 동쪽East of Eden>은 위대한 성서 영화, 상이한 방식으로 니콜라스 레이와 사무엘 풀러의 강박 관념으로 들러붙었던 카인과 배반의 이야기이다.[17] 이 테마는 성스러운 형태로든 세속적인 형태로든 미국 영화와 그 역사 개념에서 항상 존재해 왔다. 그러나 이제 그것은 본질적인 점이 되었다. 즉, 카인은 리얼리스트로 전향한 것이다. 카잔에게서 모호한 것은 아메리칸 드림과 행동-이미지가 함께 터프해지는 방식이다. 아메리칸 드림은 꿈이라는 것, 사실과 상충되는 단지 꿈 이상의 아무것도 아니라는 것이 더욱더 확인된다. 그러나 그것은 이로부터 증대된 권력의 갑작스러운 돌발을 이끌어 내는데, 왜냐하면 그것은 이제 배반과 중상 모략과 같은 행동들을 둘러싸기 때문이다(이 행동들은 포드에 따르면 그 꿈이 배제하려 했던 바로 그 행동들이다). 그리고 그 꿈이 자신의 가장 비옥한 형태를 발견하고, 행동이 자신의 가장 격렬한, 가장 폭발적인 도식들을 발견하는 것은 전쟁 이후 — 앞으로 우리가 보게 될 것처럼 아메리칸 드림이 붕괴되고 있는 바로 그 순간, 그리고 행동-이미지가 명확한 위기에 들어가고 있는 바로 그 순간 — 이다. 이것이 액션 영화의 최종적인 고뇌이다. 이런 종류의 영화가 아직도 오랫동안 계속 만들어지고 있을지라도 말이다.

행태의 영화는 단순한 감각-운동 공식에 만족하지 않는다, 그것이 조건 반사적인 원호arc 유형이라 하더라도. 훨씬 더 복잡한 행태주의는 내면적인 요인들도 본질적으로 고려하였다.[18] 실로, 삼투하는 상황과 폭발하게

---

17) 카잔과 관련된 이 모든 논점들(구조화라는 미학적 문제, 작품에 반작용하는 고소라는 개인적 문제)에 대해서 우리는 로제 테이유Roger Tailleur의 분석, 『카잔Kazan』을 참조한다. 우리는 어떻게 미국 영화, 특히 역사 영화가 배반자라는 테마를 크게 부각시켰는지 살펴 본 바 있다. 그러나 전후에, 그리고 매카시즘과 함께 그것은 훨씬 더 큰 중요성을 획득하였다. 우리는 풀러에게서 이 배반자 테마의 독창적인 취급을 발견한다 : Jacques Courcelles, "Théme du traitre et du Héros", *Présence du cinéma*, no. 20, March 1964 참조.

되는 행동이 교차할 때, 인물 안에서 일어나는 것이 바깥에 나타나야만 한다. 이것이 액터즈 스튜디오의 규칙이다 : **오직 내면만이 중요하다.** 그러나 이 내면은 저 너머에 있거나 숨겨진 것이 아니다. 그것은 보여져야만 하는, 행태의 발생적 요소와 같은 것이 아니다. 이것은 행동의 완성이 아니라, 행동-이미지 발전의 절대적인 필요 조건이다. 이 리얼리즘적 이미지는 그것이 정의상 허구적인 상황과 가짜 행동을 제시하고 있다는 것을 결코 잊지 않는다. 사람은 '정말로' 절망적인 상황에 처한 자신을 발견하는 것이 아니며, 죽이거나 '정말로' 술 마시지는 않는 것이다. 그것은 단지 연극 또는 영화일 뿐이다. 위대한 리얼리즘 배우들은 이것을 완벽히 의식하고 있으며 액터즈 스튜디오는 그들에게 방법을 제공한다. 한편으로는 상황에 인접한 대상들과 지각 감각적인 접촉이 확립되어야 한다. 재료, 즉 유리잔, 특정한 종류의 유리잔, 또는 직물, 옷, 기구, 얼마간의 츄잉껌 등과의 상상적인 접촉일지라도. 다른 한편 그 대상은 이런 방식으로 감정적인 affective 기억을 깨우고, 반드시 동일하지는 않지만 배역이 불러내는 것과 유사한 하나의 정동 emotion 을 재현실화해야 한다.[19] 인접해 있는 대상을 다루기, 상황에 조응하는 정동을 일깨우기 — 대상과 정동 간의 바로 이 내면적인 연결 고리에 의해서 허구적인 상황과 가짜 행동의 외면적인 연결이 일어날 것이다. 액터즈 스튜디오는 배우가 자기 배역과 자신을 동일시할 것을 다른 방법보다 더 요구하지는 않는다. 그것을 특징짓는 것은 그 반대 작용인데, 이것에 의해 리얼리즘 배우는 자기가 소유하고 있고 그가 자기 안에서 선별해 내는 특정한 내면적 요소들에 의해서 배역과 동일시하도록 기대되는 것이다.

그러나 내면적 요소는 단순히 배우의 훈련이기만 한 것이 아니라, 이

---

18) 내면적인 행태 요인들을 점점 더 많이 고려하는 행태주의 심리학의 발전에 대해서는 Tilquin, *Le Behaviorisme* 참조.

19) 내면, 접촉, 감정적인 기억에 대해서는 Stanislavsky, *The Actor Prepares*, trans. E. R. Hapgood(1967) ; Lee Strasberg, *Le travail à l'Actors Studio*, Gallimard, pp. 96-142 참조. 액터즈 스튜디오와 그 계승자들에 대해서는 Odette Aslan, *L'Acteur au XX<p>e</p> siècle*, pp. 258 ff 참조.

미지 속에서 나타난다. — 따라서 배우는 부단히 심하게 움직인다. 그것은 그 자체로, 그리고 직접적으로 행태의 한 요소, 감각-운동 훈련의 한 요소이다. 그것은 삼투와 폭발을 서로에게 맞춘다. 대상과 정동의 짝은 이렇게 행동-이미지 속에 그것의 발생적 기호로서 나타난다. 대상은 조응하는, 현실화된 정동으로서 포착되는 동시에 자신의 모든 잠재성들 속에서(사용된, 팔린, 구입된, 교환된, 부러진, 수용된, 거부된 ……) 포착될 것이다. 예를 들면 <아메리카, 아메리카>에서 할머니가 준 칼, 버려진 신발, S와 S´에 조응하는 터키 모자와 밀짚모자. 이 모든 사례들에는 리얼리즘에만 속하지만 나름의 방식으로 충동과 물신의 짝이나 정감과 얼굴의 짝과 등가를 이루는 정동/대상 짝이 존재한다. 행태의 영화는 반드시 클로즈업을 피하는 것이 아니다(Tailleur는 <베이비 돌 Baby Doll >에서의 한 멋진 이미지를 분석하는데, 거기서 남자는; 그의 손이 얼굴을 가로지르며 모험하고 그의 입술이 머리카락의 가장자리를 배회하면서 젊은 여자의 클로즈업 속으로 글자 그대로 '들어간다').[20] 그럼에도 불구하고 대상의 정동적인 다루기, 대상과 관련된 정동의 행위가 행동-이미지 속에서의 클로즈업보다 더 큰 효과를 가질 수 있다는 것은 사실이다. <워터프론트>에서, 여자가 반대 감정이 교차하면서 행동하고 남자는 두려움과 죄의식을 느끼는 한 상황에서 그는 그녀가 떨어뜨린 장갑을 집어들고, 그것을 계속 만지작거리며 장난치고는 마침내 자기 손에 낀다.[21] 그것은 행동-이미지를 위한 하나의 발생적 또는 배아적 기호와 같으며, 인상(정동적 대상)이라 불릴 수 있을 것이며, 행태의 영역에서 이미 하나의 '상징'으로서 기능한다. 그것은 기묘한 방식으로 배우의 무의식, 감독의 개인적인 죄의식, 이미지의 히스테리를 동시에 한데 모은다. 예를 들면, 불탄 손과 같이 드미트릭 Edward Dmytryk 의 영화에서

---

20) Tailleur, *op. cit.,* p. 94.

21) 미셸 시망 Michel Ciment 은 카잔에게 질문함으로써, 클로즈업을 대체하는 경향이 있는 이런 유형의 이미지를 분명히 하고 있다 : *Kazan par Kazan*, pp. 74 ff.

부단히 일어나는 인상이 그것이다. 가장 일반적으로 정의할 때, 인상이란 삼투하는 상황과 폭발성의 행동 사이의 내면적인, 그러나 눈에 보이는 연결 고리이다.

제10장

●●●●●●●●●●

행동-이미지
작은 형식

10. 행동-이미지
작은 형식

1. 행동에서 상황으로

우리는 이제 행동-이미지의 완전히 다른 국면을 고찰해야 한다. 행동-이미지는 자신의 모든 수준에서 항상 '둘'을 한데 모으기 때문에, 행동-이미지가 그 자신 두개의 상이한 국면들을 가져야 한다는 것은 놀라운 일이 아니다. 큰 형식 ─SAS´ ─은 상황으로부터 그 상황을 변경시키는 행동으로 운동했다. 그러나 반대로, 행동으로부터 상황으로, 새로운 행동을 향해서 운동하는 또 다른 형식이 있다 : ASA´. 이번에는 행동이 상황을, 상황의 한 파편이나 국면을 들추어내며, 후자는 다시 새로운 행동을 촉발한다. 행동은 맹목적으로 전진하며 상황은 어둠 속에서, 또는 모호함 속에서 드러난다. 행동에서 행동으로 가면서, 상황이 점차 출현하고 변화하며 마침내 명확해지거나 아니면 자신의 미스터리를 유지한다. 우리는 포괄체(종합 기호)로서의 상황으로부터 결투(이항식)로서의 행동으로 운동하는 행동-이미지를 '큰 형식'이라 불렀었다. 편의상 우리는 행동, 행태 양식, 또는 '아비투스'로부터 부분적으로 드러난 상황으로 운동하는 행동-이미지에 '작은 형식 small form'이라는 이름을 부여할 것이다. 그것은 역전된 감각-운동 도식이다. 이와 같은 재현은 더 이상 총체적인 것이 아니라 국지적이다. 그것은 더 이상 나선형적이 아니라 타원형적이다. 그것은 더 이상 구조적이지 않으며 사건들을 둘러싸고 구성된다(événementielle ; 사건 기록적). 그것은 더 이상 윤리적이지 않으며, 오히려 희극적이다(우리는 이 재현이 반드시 우습지는 않다 하더라도 희극 comedy 을 발생시키며 극적 dramatic 일 수 있기 때문에 '희극적 comedic'이라고 말한다). 이 새로운 행동-이미지를 구성하는 기호는 지표 index 이다.

이 행동-이미지는 채플린이 감독했지만 출연하지는 않았던 영화 <여론 Public Opinion>과 루비치의 작품들 전체에서 특별히 자의식적으로 되었던 듯하다. 피상적인 분석 수준에서조차 우리는 지표의 두 가지 종류 또는 두 가지 극이 존재함을 볼 수 있다. 첫 번째 경우에, 행동(또는 행동의 등가물, 단순한 몸짓)은 주어지지 않은 상황을 들추어낸다. 상황은 이렇게 직접적인 추정에 의해, 또는 상대적으로 복합적인 추론에 의해 행동으로부터 연역된다. 상황이 그 자체로 주어져 있지는 않기 때문에, 여기서 지표는 결핍의 지표이다. 그것은 내러티브 속의 간극을 함의하며, 프랑스어 'ellipse'의 첫 번째 의미[1]에 상응한다. 예를 들어, <여론>에서 채플린은 일 년의 간극을 강조하는데, 이 간극은 어떤 것에 의해서도 메워지지 않지만 우리는 부자의 정부가 된 여주인공의 새로운 행태와 옷을 보고 추정할 수 있다. 이와 비슷하게 얼굴들은 자율적인 표현적 가치나 감정적 가치를 가지지 않을 뿐 아니라 단순히 스크린 바깥에서 계속되고 있는 것을 가리키지도 않는다. 그것들은 실제로 전체적인 상황의 지표들로서 기능했다. 여인의 얼굴을 가로

1) 프랑스어 'ellipse'는 두 가지 의미를 가지고 있다 ; 하나는 수사학적인 '생략'에 해당하고, 다른 하나는 기하학적 형상('타원')에 해당한다. 이 장에서 들뢰즈는 이 단어의 두 가지 의미를 가지고 유희한다.

질러 가는 빛에 의해서만 기차가 도착하는 것을 알 수 있는 그 유명한 기차의 이미지, 또는 우리가 관객들로부터 추정할 수 있을 뿐인 에로틱한 이미지들이 이런 것이다. 지표가 아무리 재빨리 지나가는 것일지라도 그것이 추론의 과정을 포함하고 있을 때는 훨씬 더 충격적이다 : 하녀가 장롱을 열자 남자 컬러가 우연히 마루 바닥에 떨어져 에드나의 간통을 누설한다.[2] 루비치에게서 우리는 이미지 자체 속으로 도입된 이 재빠른 추론 과정들을 항상 발견하는데, 이 추론 과정들은 그때 지표로서 기능한다. 여주인공이 두 명의 연인들과 함께 생활하고 동거할 권리를 솔직하게 또는 꾸밈없이 주장했기 때문에 굉장한 대담무쌍함을 가지고 있었던 영화인 <인생 설계 Design for Living >에서, 그 두 연인 중 한 사람은 이른 아침 야회복을 입은 다른 연인을 보게 된다. 그는 이 지표로부터 그의 친구가 젊은 여인과 함께 밤을 보냈다고 결론짓는다(그리고 관객들도 그렇게 한다). 지표는 그러므로 다음과 같은 데에 있는 것이다 : 인물들 중의 하나가 '너무' 정장을 했고, 야회복으로 너무 잘 차려 입었기 때문에 보이지 않았던 매우 친밀한 상황에서 그가 밤을 보내지 않았을 리가 없다는 것. 이것은 추론-이미지이다.

보다 복합적인 유형의 두 번째 지표, 즉 다의성의 지표가 있는데, 이것은 단어 'ellipse'의 두 번째(기하학적인) 의미에 상응한다. <여론>에서 많은 첫 번째 유형의 지표들은 우리로 하여금 여주인공이 자기를 사랑하는 남자에게 별로 애착을 가지지 않는다고 생각하게 한다(그녀의 수수께끼 같은 작은 미소). 다른 한편, 그녀는 자신의 부유한 연인과 보다 다의적인 관계를 가지는데, 이는 관객으로 하여금 그녀가 재산, 화려한 생활, 그리고 어떤 공모에 의해 그에게 애착을 가지는지, 아니면 그녀가 훨씬 더 심오하고 모든 것을 감싸는 사랑을 지니고서 그를 사랑하고 있는 것인지 항상 어리

2) Charles Chaplin, *My Autobiography*(1964)(또한 *Cinématographe*, no. 64, January 1981의 <여론>에 대한 특집, 특히 그 영화의 동시대인인 Jean Tedesco의 글과 Jacques Fieschi에 의한 분석을 볼 것).

등절하게 한다. 똑같은 의문이 루비치의 <푸른 수염의 여덟 번째 아내 Bluebeard's Eighth Wife >에서도 일어난다. 이 경우들에 있어 우리는 세부적인 것들의 전체 세계, 또 다른 유형의 지표들에 의해 머뭇거리게 된다. 결핍되어 있는 것이거나 주어져 있지 않은 어떤 것 때문이 아니라 완전하게 지표에 속하는 다의성 때문에 머뭇거리게 되는 것이다(<여론>에서 벗어던지고는 다시 목에 거는 목걸이 장면). 그것은 마치 행동, 행태 양식이 근소한 차이지만 그럼에도 불구하고 꽤 거리가 있는 두 개의 상황들, 즉 따로 떨어진 세계로서의 상황들에 동시적으로 관계되기에 충분한 차이를 은폐하는 듯하다. 또는 마치 두 개의 행동, 두 개의 몸짓들이 매우 근소하게 차이나며, 그럼에도 불구하고 자신들의 무한히 작은 차이 속에서 두 개의 대립될 수 있거나 대립하는 상황들을 지시하고 있는 듯하다. 두 개의 상황들은 하나는 실재하는 것이고 다른 하나는 현상적이거나 가상적인 그러한 것들일 수도 있지만, 그것들은 둘 다 실재하는 상황들일 수도 있고, 마지막으로 하나가 실재하는 것이 되고 다른 하나는 현상적인 것이 되는 동시에 그 역이 되기도 할 정도로 상호 교환될 수 있다. 이 경우들 중의 몇 가지는 어떤 종류의 영화에서도 흔하게 나타난다. 예를 들면 유죄 혐의를 쓰게 된 결백한 남자(시체 옆에서 칼을 들고 있는 남자 : 그것은 그가 그 사람을 죽였기 때문인가, 아니면 그가 다만 칼을 뽑아 들고 있기 때문인가?)가 그런 것이다. 우리가 방금 언급했던 보다 복합적인 경우들은 더욱 흥미롭다. 그것들은 우리가 새로운 지표의 법칙을 확인할 수 있게 해준다. 행동 속의 매우 근소한 차이, 또는 두 행동들 간의 매우 근소한 차이는 두 상황들 간의 매우 큰 거리에 이르게 된다. 이것은 그 단어의 두 번째 의미에서의 타원 — 기하학적 형상 — 인데, 거리가 떨어진 상황들이란 두 개의 중심과 같기 때문이다. 그것은 결핍의 지표라기보다는 다의성의 지표, 또는 거리의 지표이다. 이 상황들 중의 하나가 모순되거나 부정되는 것은 거의 중요하지 않은데, 왜냐하면 이것이 오직 그 기능이 고갈되고 난 후에야 일어나며, 지표의 다의성과 환기되는 상황들 간의 거리를 제거할 정도에는 결코 이르지 않기 때문이다. <사느냐 죽느냐 To Be Or Not To Be>에서 루비치는 의심할 바 없이 이 복합적인 지표들을 완벽하게 처리하게 된다. 때로는, 예컨대 배우가 그의 독백을 시작하자마자 관객이 자기 자리를 떠날 때와 같이 분리할 수 없는 이미지들 속에서 : 그가 충분히 보았기 때문인가, 아니면 그가 그 배우의 아내와 만나기 때문인가? 때로는, 모든 몽타주를 작동시키는 플롯 전체와의 관계 속에서 : 몸짓에 있어서의 매우 근소한 차이, 또한 두 상황 간의 거리의 막대함. 후자의 여부는 극단 배우들이 극장의 관객들 앞에서 독일인 역할을 연기하고 있는가, 아니면 반대로 독일인들 앞에서 독일인들을 '연기하고' 있고 결과적으로 앞에 앉아 있는 독일인들이 그들 자신의 역할들을 연기하고 있는 듯 보이게 되는가에 달려 있다. 삶이냐 죽음이냐의 문제인 것이다 : 상황들 간의 거리는 모든 것이 행태 속의 매우 작은 차이들에 달려 있다는 것을 인물이 얼마나 아느냐 하는 정도에 비례한다.

어쨌든, 작은 형식에서 우리는 행동으로부터 상황 또는 상황들을 연역한다. 이 형식은 원리상 비용이 덜 들고 보다 경제적인 것으로 보인다. 그래서 채플린은 실제 프랑스 기차를 직접 보여줄 수 없었기 때문에 기차에서 반사된 빛과 그림자가 얼굴에 비치도록 했다고 설명한다…… 이 아이러니컬한 언급은 일반적인 문제를 제기하기 때문에 중요하다. 그것은 B급 영화 또는 저예산 영화들이 영화에서의 이미지의 발명들에 끼친 효과라는 문제이다. 경제적 제약들은 의심의 여지없이 영감의 번뜩임을 낳았고 경제학에서 눈 떼지 않는 꿈으로 창작해 낸 이미지들은 보편적인 반향을 얻을 수 있었다. 네오-리얼리즘과 누벨 바그에는 이러한 사실의 많은 예들이 있었지만, 이것은 모든 시기에 다 적용되며, 우리는 종종 B급 영화를 실험과 창조의 능동적인 중심으로 볼 수 있다. 그렇지만 '작은 형식'은 반드시 저예산 영화들에서 자신의 기원을 가지며 자신의 완전한 표현을 발견하는 것은 아니다. 그것은 큰 형식 자체에 못지 않게 시네마스코프와 색채에서 그리고 돈을 아끼지 않은 무대 장치와 세트들에서도 많은 표현 인자들을 발견한다. 비록 우리가 그것을 작은 형식이라 부를 수 있을지라도, 이것은 그 자체로는 부적절한 이름이다. 우리는 단지 행동-이미지의 두 가지 형식 — SAS´와 ASA´ — 을 대조하기 위해 그렇게 부를 뿐이다. 달리 말하자면, 기관들과 기능들을 포괄하는 일의적인 큰 유기체를 다의적인 조직화 속에서 점차적으로 형성되는 행동들과 기관들에 대조시키기 위해 그렇게 부르는 것이다.

그러므로 어떤 장르와 장르의 어떤 단계들이 행동-이미지의 두 공식들에 상응하며 그것에 의해 영감을 받았는지 밝혀 내기란 쉬운 일이다. 우리가 지금까지 보았던 것은 큰 형식 SAS의 심리-사회적인 영화와 구별된다고 생각되는 작은 형식 ASA의 풍속 희극이다. 그러나 유사한 구별이나 대립은 다양한 영역들에서 적용될 수 있다. 먼저 거대한 SAS 사극 영화, 즉 기념비적 역사의 영화와 골동품 애호적 역사의 영화로 돌아가자. 이것에는 결코 덜 역사적이지 않은 유형의 영화 — ASA 영화 — 가 대립되는데, 이 영화는 적절하게 '시대극 영화'라고 불려져 왔다. 이 경우에는 복식, 의상, 심지어 직물까지도 행태 양식 또는 '아비튀스'로서 기능하며 그것들이 드러내는 상황의 지표들이 된다. 이것은 사극 영화와는 참으로 다른데, 사극 영화에서는 — 우리가 보았듯이 — 직물과 복식이 큰 중요성을 가지지만, 그것들이 기념비적이고 골동품 애호적인 개념화 속에 통합되는 한에서만 중요하다. 여기서 그것은 의상 제작자나 디자이너가 건축가와 골동품 수집가의 위치를 갖는다 하더라도 양식주의적이거나 모범주의적인 개념화이다. 풍속 희극에서처럼 시대극 영화에서는 '아비튀스'가 의복habits과 분리될 수 없고, 행동들이 그들의 형태를 구성하는 복식들의 상태로부터 분리될 수 없으며, 이로부터 나오는 상황이 직물 및 벽걸이 천과 분리될 수 없다. 루비치가 그의 가장 초기 작품 — 그의 독일 표현주의 시기 — 에서 이미 그의 특수한 천재성의 각인 — 그가 흐리거나 윤이 나는 결을 이미지 속에서 재생할 수 있었던, 또한 지표들로서 기능했던 직물, 의복, 의상의 상태들 — 을 지니고 있는 시대극 영화들을 만들었어야 했다는 것은 놀라운 일이 아니다(<앤 볼린Anne Boleyn>, <뒤바리 부인Madame Dubarry>, 그리고

무엇보다도 동양적 팬터지 <수머런 Sumurun >).[3]

다큐멘터리 영역에서는 1930년대 영국 유파가 위대한 플래허티 다큐멘터리에 대립된다. 그리어슨 John Grierson 과 로사 Paul Rotha 는 플래허티의 사회적 정치적 무관심을 비판하였다. 포괄체로부터, 인간들의 행태가 자연스럽게 연역되어 나오는 환경으로부터 시작하는 대신에, 행태의 양식들로부터 시작하고, 그 자체로서 주어진 것이 아니라 항상 행동 속에 있거나 변형 중에 있는 투쟁과 행태 양식들을 돌이켜 지시하는 사회적 상황을 행태 양식들로부터 추리해 내는 것이 필요했다. '아비튀스'는 이렇게 문명의 차이들과 하나의 문명 속에 있는 차이들을 가리키게 된다. 이렇게 해서 하나에서 다른 하나로 넘어 감에 따라 '실재에 대한 창조적 해석'의 가능성이 존재하게 되는 방식으로, 행태로부터 상황으로 움직였던 것이다. 이 움직임은 다른 조건 속에서 다이렉트 시네마 direct cinema 와 시네마 베리떼 cinéma-vérité 에 의해 다시 채택될 것이었다.

또 범죄 영화와 구별되는 것으로서 탐정 영화가 있다. 물론 범죄 영화에도 탐정들이 등장할 수 있으며, 꼭 마찬가지로 탐정 영화에 탐정이 없을 수도 있다. 이 두 유형을 구별해 주는 것은, 범죄 공식 — SAS — 에서는 상황 또는 환경으로부터 결투로서의 행동을 향해 움직이는 반면에, 탐정 공식 — ASA — 에서는 지표들로서의 맹목적인 행동들로부터 지표에서의 아주 작은 변주에 따라 전체적으로 변화하거나 완전히 파동하는 불명료한 상황으로 움직인다는 점이다. '작품 속에 스패너 spanner 를 놓기'라는 소설가

---

3) 루비치는 레이스와 신사용 장신구와 관련해서 스턴버그가 가지고 있었던 것만큼이나 많은, 옷과 '재봉업'에 대한 전문가적인 지식을 가지고 있었다. 로테 아이스너 Lotte Eisner 는 루비치의 시대극 영화들에 대한 그녀의 가혹한 태도에도 불구하고, 그가 표현주의 및 깊이에 대한 표현주의의 사랑에 새로운 요소, 즉 직물 위에서의 이미지의 표면 위에서의 빛의 유희라는 요소를 도입하고 있다는 점을 인정했다. 이것은 뒤에 <위선자들 Tartuffe >에서 무르나우가 거둔 눈부신 성공의 하나이기도 하다. *The Haunted Screen* 참조.

해밋 Dashiell Hammett의 공식은 이 이미지 유형을 정확하게 표현한다. 완전히 암흑의 상황을 흩뜨리고 상황의 작은 조각들을 잡아 떼어 내는 것은 바로 눈먼 몸짓이다. 몇몇의 멋진 영화들은 이로부터 생겨났다 : 혹스의 <빅 슬립 The Big Sleep>, 휴스턴의 <말타의 매 The Maltese Falcon>(범죄의 큰 형식에서도 뛰어났던 바로 그 동일한 감독들). 아마도 프리츠 랑이 <이성적인 의혹 너머 Beyond a Reasonable Doubt>에서 이 장르의 걸작을 만들어 냈을 것이다 : 사법적 오류에 반대하는 캠페인의 맥락 속에서 주인공은 그를 범죄 혐의로 고소하는 가짜 지표들을 위조하지만, 위조의 증거가 사라졌기 때문에 그는 체포되고 형의 선고를 받는 상황에 빠진 자신을 발견한다. 그렇지만 바야흐로 구제되기 직전, 그의 약혼녀가 마지막으로 방문한 동안 그는 정체를 드러내고 그녀로 하여금 그가 유죄이며 정말로 살인을 저질렀음을 깨닫게 하는 지표를 무심코 흘린다. 가짜 지표들의 위조는 진짜 지표들을 말살하는 방법이었지만, 우회로를 통해 진짜 지표들과 동일한 상황을 초래하였다. 거리가 떨어진 채 대립하고 있는 상황들의 그러한 유동성과 전환 가능성을 갖춘 지표들의 춤 속에 이 영화만큼 자신을 내맡긴 영화는 아무것도 없다.

2. 혹스에서의 서부극 : 기능주의

마지막으로 서부극 역시 특별히 비옥한 조건 속에서 똑같은 문제를 제기한다. 우리는 큰 '호흡'의 형식은 서사시적인 것에 만족하지 않고 자신의 변이태들을 통해서, 나중에는 자기가 내부로부터 상황을 변경시킬 수 있게 되는 행동을 발생시키게 될 에워싸는 환경, 하나의 총체적인 상황을 유지했다는 것을 본 바 있다. 이 거대한 유기적 재현 — 예를 들면 포드 — 은 적확한 특징들을 가지고 있었다 : 그것은 잘 규정되고 동질적이며 자신의 장소와 내부와 관습을 가진 하나 또는 다수의 근본 집단들을 포함하고 있었다(<포장 마차>에는 다섯 집단들이 있다) ; 그것은 또한 우연이나 상황에 의해 만나게 된, 보다 이질적이고 조화되지 않지만 기능적인 임시 변통적인 집단들도 포함한다. 마지막으로, 상황과 수행되어야 하는 행동 간에는 커다란 간극이 있지만, 이 간극은 채워지기 위해 존재할 뿐이다. 영웅은 그를 상황과 대등하게 만드는 권력을 현실화해야 했고, 행동을 수행할 능력을 갖추어야 했으며, 그가 '선한' 근본 집단을 대표하는 한 점차적으로 그렇게 되었으며 임시 변통적 집단(알코올 중독의 의사, 부드러운 마음을 지닌 매춘부 등이 효과적인 것으로 입증되었다)에서 필요한 지원을 발견했다. 그리고 혹스는 이 유기적 재현에 이름이 올라 있지만, 그것에 손질을 가함으로써 유기적 재현이 깊게 영향을 받고 변형되어 나타난다는 점은 언급할 만하다. <붉은 강 Red River >이 시작할 때 하늘을 배경으로 윤곽 그려진 커플이 자연 전체와 동등한 것처럼 완전히 표현될 때, 이미지는 너무 강해서 지속될 수 없다. 그리고 그것이 지속될 때는 또 다른 분위기 속에서이다 : <붉은 강>과 <빅 스카이 The Big Sky >에서처럼 이미지는 유동적이 될 필요가 있고, 지평선은 강과 결합한다. 우리는 혹스에 있어서 지상적인 earthly 유기적 재현은 전면에 나오는 거의 추상적이고 유동적인 기능들 외에는 아무것도 남겨 두지 않고 스스로를 텅 비우는 경향이 있다고 말할 수 있다.

무엇보다 먼저, 장소들은 그들을 에워싸고 횡단하며 세트 속에 상황 지우는 유기적인 삶을 상실한다 : <리오 브라보 Rio Bravo >에서 순수하게 기능적인 감옥은 우리에게 죄수를 보여줄 필요조차 없다 ; <엘도라도 El Dorado >에서의 교회는 버려진 기능 외에는 어떤 것도 입증하지 않는다 ; <리오 로보 Rio Robo >의 마을은 '이제 기능들만을 보여 주기만 하는 다이어그램, 과거의 무게에 의해 저주받은 핏기 없는 마을'로 축소된다. 동시에, 근본 집단은 매우 모호해지며, 여전히 잘 규정된 유일한 공동체만이 조화되지 않는 임시 변통적 집단이다(알코올 중독자, 늙은이, 어린 소년 ……) ; 그것은 더 이상 유기적인 것 속에 자신의 기초를 가지지 않는 기능적인 집단이다. 이 기능적인 집단은 자신의 동기 부여를 갚아야 하는 빚, 만회해야 하는 실수, 다시 올라가야 할 전략으로의 내리막에서 발견하며, 자신의 힘 또는 수단들을 집합체의 재현에서보다는 독창적인 기계의 발명에서 찾는다 (<빅 스카이>에서의 쇠뇌 발사기 나무, <리오 브라보>에서의 최후의 불꽃놀이, 그리고 서부극을 떠난다면 <불의 공 Ball of Fire>에 나오는 과학자들의 기계에서부터 <파라오의 땅>에서의 위대한 발명에 이르기까지).[4] 혹스에게서는 순수한 기능주의가 포괄체의 구조를 대체하는 경향이 있다. 혹스의 어떤 영화들이 가진 밀실 애호증은 자주 주목받아 왔다 : 특히 <파라오의 땅>에서 발명은 안에서 피라미드의 현실을 잠그는 데 있고, 뿐만 아니라 '실내 서부극 chamber Western'이라 부를 수 있는 <리오 브라보> 역시 사정은 마찬가지다. 이것은 포괄체를 제거함에 있어 유기적으로 상황 지워진 내부와 그것을 포위하고 있는 바깥 사이에 더 이상 (포드에서와 같은) 소통이 없으며, 그것을 공격의 원천인 만큼 원조의 원천인 살아 있는 환경에게 부여하기 때문이다. 여기에서는 반대로 바깥과 안의 모호한 역전 속에서 외부가 관습적이거나 선매개된 행동의 장소인 반면에, 예기치 않은 것, 폭력적인 것, 사건은 내부로부터 온다.[5] 모든 사람들이 마치 공적인 장소라도 되는 것처럼 보안관이 목욕하고 있는 방을 통해 드나든다(<엘도라도>). 외적 환경은 자신의 곡선을 잃어버리고 한 점 또는 내부성으로서 기능하는 원호로부터 나오는 접선의 형상을 띤다. 바깥과 안은 이렇게 서로에게 외적으로 되며, 그것들은 순수하게 직선적인 관계 속에 들어가는데, 이 직선적 관계는 대립항들의 기능적인 치환을 가능케 한다. 따라서 혹스에게서 항상

---

4) 앞의 두 점에 대해서는 *Cinématographe*, no. 36, March 1978에 실린 미셸 드빌레르 Michel Deviller의 글을 참조 : "Quatre études sur Howard Hawks".

5) *Positif*, no. 195, July 1977 : 혹스에서의 바깥과 안의 테마에 대해서는 Eyquem, Legrand, Masson과 Ciment의 글, 그리고 이 동일한 테마에 다양한 뉘앙스를 도입하는 Bourget의 글을 참조하라. *Cinématographe*에서 Emmanuel Decaux와 Jacques Fueschi는 혹스에서의 일반적인 역전 메커니즘에 커다란 강조점을 둔다.

적인 역전 메커니즘은 상징적 배경과 독립적으로, 심지어 역전들이 바깥과 안하고만 관계를 맺는 것이 아니라 코미디에서처럼 모든 이항적 관계들에 다 관여할 때조차도 참으로 열린 방식으로 작동한다. 바깥과 안이 순수한 기능들이라면, 안은 바깥의 기능을 취할 수 있다. 그러나 유혹의 관계에서 여성은 또한 남성의 기능을 취할 수도 있고, 남성은 여성의 기능을 취할 수 있다(<아기 키우기 Bringing up Baby>, <병사의 현지 남편 I Was a Male War Bride>, 그리고 혹스의 서부극들에서의 여성의 역할). 어른이나 늙은이들은 어린이의 기능을 가지며, 어린아이는 성숙한 어른의 괴물 같은 기능을 가진다(<불의 공>, <신사는 금발을 좋아한다 Gentlemen Prefer Blondes>). 동일한 메커니즘이 사랑과 돈, 고귀한 언어와 슬랭 사이에서 작동할 수 있다. 우리가 뒤에 보게 될 것처럼, 기능적 치환으로서의 이 역전들은 형식의 변형을 보증하는 참된 형상들을 형성한다.

혹스는 큰 형식의 위상학적 변형 deformation topologique에 골몰한다. 이것이 왜 혹스의 영화들이 거대한 '호흡'(리베트가 부르듯이)을 보존하고 있는가 하는 이유이다. 비록 그 호흡이 유기적 형식의 통일성보다는 기능들의 연속성과 치환을 표현하는 가운데 유동적으로 되었음에도 불구하고 말이다.[6] 그러나 혹스에게 빚지고 있음에도 불구하고 네오 웨스턴은 또 다른 방향을 취한다. 그것은 큰 스크린 상에서도 '작은 형식'을 직접 빌려 온다. 타원이 지배하고 나선과 그 투사들을 대체한다. 그것은 더 이상 총체적 또는 통합적인 법칙 SA의 문제가 아니라, 미분 법칙 AS의 문제이다. 오직 증대하기 위해서만, 매우 거리가 멀거나 대립할 수 있는 상황들을 발생시키기 위해서만 존재하는 최소 거리. 먼저, 인디언들은 더 이상 하늘을 배경으로 윤곽을 그리는 언덕 꼭대기에서 나타나지 않고, 그들이 식별되지 않는 키 큰 풀숲에서 튀어 오른다. 인디언은 자기가 뒤에 잠복하고 있는 바위 속으로 섞여 들어가며(마틴 리트 Martin Ritt의 <옴버 Hombre>), 카우보이는 그

6) Jacques Rivette, "Génie de Howard Hawks", *Cahiers du cinéma*, no. 23, May 1953.

를 풍경 속으로 섞여 들게 만드는 광물적인 어떤 것을 가지고 있다(안소니 만 Anthony Mann 의 <서부의 사나이 Man of the West >).[7] 폭력은 주된 충동이 되며, 이로부터 폭력은 의외성만큼이나 강도도 증대된다. 보티처 Budd Boetticher 의 <세미놀 Seminole >에서, 사람들은 늪지에 숨은 보이지 않는 적의 급습으로 죽어 간다. 점점 더 부조화스럽고 혼합된 임시 변통적 집단을 선호하면서 근본 집단이 사라질 뿐만 아니라, 임시 변통적 집단들 역시 증식하는 과정에서 혹스에게서는 여전히 가지고 있었던 명확한 구별을 상실하였다 : 동일 집단 내의 사람들 사이에, 그리고 상이한 집단들 내의 사람들 사이에 수많은 관계들과 복잡한 동맹들이 존재하기 때문에 집단들은 좀처럼 구별될 수 없고 그것들의 대립점들은 부단히 이동한다(페킨파 Sam Peckinpah 의 <던디 소령 Major Dundee >과 <와일드 번치 The Wild Bunch >). 사냥꾼과 사냥감 사이의 차이뿐 아니라 백인과 인디언 사이의 차이 역시 더욱더 작아진다 : 안소니 만의 <벌거벗은 박차 The Naked Spur >에서 현상금 사냥꾼과 그의 먹이감은 그리 달라 보이지 않는다 ; 그리고 아서 펜의 <작은 거인 Little Big Man >에서 주인공은 항상, 백인들과 함께 있을 때는 백인이고 인디언들과 함께 있을 때는 인디언이며, 서로 거의 구별되지 않는 행동들을 촉발하면서 미미한 경계선을 양 방향으로 건너간다. 이것은 행동이 결코 선행하는 상황에 의해, 그리고 그 속에서 결정되지 않기 때문이다. — 반대로 상황이 행동으로부터 점진적으로 흘러나온다. 보티처는 자신의 인물들은 '원인'에 의해 규정되는 것이 아니라 그것을 방어하기 위해 그들이 행하는 것에 의해 규정된다고 말하곤 했다. 그리고 고다르가 안소니 만에 있어서의 형식을 분석했을 때, 그는 그가 큰 형식 SAS´에 대립시킨 ASA´ 공식을 추출하였다. 미장센은 "상세히 지정하는 것과 동시에 발견하는 데에 존재하였다. 반면에 고전적인 서부극에서 미장센은 발견하는 데에, 그리고 나서 상세히 지정하는 데에 존재한다." 그러나 만약 상황 자체

---

7) <서부의 사나이>와 관련된 식물적인 것과 광물적인 것에 대해서는 *Jean Luc-Godard par Jean Luc-Godard*, pp. 199-200 참조.

가 이런 식으로 행동에 의존한다면, 행동이 이번에는 반드시 그 탄생의 순간에, 그 찰나에, 그 눈 깜짝할 사이에, 그것의 충동으로서 봉사하는 미분으로서의 그 최소 간격에 관계되어야만 한다.

두 번째로, 이 근소한 차이의 법칙은 오직 그것이 논리적으로 매우 거리가 떨어진 상황들을 생산하는 한에서만 타당할 뿐이다. <작은 거인>의 상황은 실제로 그것이 인디언들에 의해 추동되느냐 아니면 백인에 의해 추동되느냐에 따라 완전히 변한다. 그리고 찰나instant가 행동의 미분이라면, 이 찰나들 각각에서 행동은 완전히 상이하거나 대립되는 상황들 속으로 회전해 들어갈 수 있다. 결코 아무것도 쟁취되지 않는다. 따라서 실패, 의심, 두려움은 더 이상 유기적 재현에서와 같은 의미를 가지지 않는다 : 그것들은 더 이상 간극을 채우는 발걸음 — 심지어 고통스러운 발걸음 — 이 아니며, 영웅이 총체적인 상황의 요구에 대처하고 자기 자신의 권력을 현실화하며 그러한 위대한 행동을 할 수 있게 되는 발걸음이 아니다. 설사 영웅이 비상한 기술적인 질들을 보유한다 하더라도, 더 이상 어떤 웅장한 행동도 존재하지 않기 때문이다. 그 극한에서, 그는 '패자들' 중의 한 사람이다. 페킨파가 그들을 표현하듯이 말이다 : "그들은 외관이 없으며, 그들은 난 하나의 환상도 남겨 두지 않는다 : 따라서 그들은 살아 남는다는 것의 순수한 충족 이외에는 어떤 이점도 얻을 수 없는 무관심한 모험을 표상한다." 그들은 아메리칸 드림이라고는 아무것도 간직하지 않으며, 단지 자기들의 목숨을 부지하는 데 급급할 뿐이다. 그러나 각각의 결정적인 찰나에서, 그들의 행동이 야기하는 상황은 그들이 남겨 놓은 마지막 하나마저 상실케 하면서 그들에게 되튈 수 있다. 간단히 말해서, 행동-이미지는 지표로서의 기호들을 가지며, 이 지표들은 — 이야기 속에서의 잔인한 생략에 의해 예시되는 — 결핍의 지표들이자 — 상황의 갑작스런 역전의 가능성과 그것의 실재함에 의해 예시되는 — 거리 또는 다의성의 지표들이다.

그것은 거리가 떨어져 있거나 대립되는 두 상황들 사이에서의 머뭇거림의 경우일 뿐만 아니라 동시적인 두 상황들 사이에서의 그것이기도 하다.

그 각각이 이미 그 자체로서 다의적인 연속적인 상황들은 이번에는 다시 서로 함께, 그리고 그것들을 야기하는 결정적인 찰나들과 더불어, 필연적이고 엄격하다 할지라도 예측 불가능한 경로를 가진 꺾어진 선을 형성할 것이다. 이것은 사건들뿐 아니라 장소들에 대해서도 진실이다. 페킨파에 있어서는 더 이상 환경이나 서부란 존재하지 않으며, 서부들만 있을 뿐이다. 낙타가 있는 서부들, 중국인들이 있는 서부들을 포함한 서부들, 즉 동일한 영화들 속에서 '변화하고 제거되는' 장소들, 인간들, 풍속들의 앙상블들을 포함한 서부들.[8] 안소니 만과 또한 데이브스 Delmer Daves 에게는, 직선이 아니지만 그 각각이 자신의 독립성을 보유하는 이질적인 결정적 찰나, '자신의 극단점에 이를 만큼 날카로워진 현재'인 행동들 또는 부분들, 즉 A와 A´를 한데 모으는 '더 짧은 길'이 존재한다.[9] 그것은 각 장면마다, 각 행동마다, 각 사건마다 비꼬여진, 매듭 지은 밧줄과 같다. 이렇게 해서 유기적 형식의 호흡-공간과 상반되는 참으로 상이한 공간이 형성된다. 잃어버린 매개물들을 가진, 하나에서 다른 하나로 뛰어넘거나 직접적으로 상호 연결되는 이질적인 요소들을 가진 뼈대-공간이 그것이다. 그것은 더 이상 분위기적인 공간이 아니라, 시간적인 거리들을 가진 벡터적 공간, 벡터-공간이다. 그것은 더 이상 거대한 윤곽의 둘러싸는 획이 아니라 구멍들을 가로지르는 우주의 선의 꺾어진 획이다. 벡터는 그러한 선의 기호이다. 지표가 행동-이미지의 구성의 기호인 반면에, 그것은 새로운 행동-이미지의 발생적 기호이다.

---

8) Benayoun, *Peckinpah*, Dossiers du cinéma.

9) Philippe Demonsablon, "Le plus court chemin", *Cahiers du cinéma*, no. 48, June 1955, pp. 52-3. 이 짧은 세미나 텍스트에서 저자는 만의 <머나먼 대지 *The Far Country*>를 분석하고 있다. 이런 측면에서 만과 데이브스에 대한 더 충분한 분석으로는 Claude-Jean Philippe과 Christian Ledieu가 쓴 텍스트 *Etudes cinématographiques, le Western*을 참조할 수 있다.

3. 작은 형식의 법칙과 익살 광대극

우리는 영화의 고전적인 장르들이 개략적으로 볼 때 행동-이미지의 두 형식들 중의 하나에 어떻게 할당될 수 있는지 보았다. 작은 형식을 창조했다고까지 할 수 있을 정도로, 그리고 풍속 희극의 조건으로 기여했다고 할 정도로, 배타적으로 작은 형식에 헌신적인 듯 보이는 한 장르가 있다. — 익살 광대극 burlesque 이 그것이다. 이 장르에서 형식 AS의 공식은 거의 완전하게 발전되었다 : 행동 속의 또는 두 행동 간의 아주 근소한 차이가 두 상황들 간의 무한한 거리를 가져오며, 오직 그러한 거리를 가져오기 위해서만 존재한다. 찰리 채플린 시리즈에서 몇 가지 유명한 예들을 들어보자. 자기 아내에게 버림받은 찰리는 뒤에서 보았을 때 흐느낌으로 몸이 들썩이는 것처럼 보이지만, 그가 돌아서자마자 우리는 그가 사실은 칵테일을 흔들고 있음을 알게 된다. 이와 비슷하게, 전투 중에 찰리는 총을 쏠 때마다 점수를 셈한다. 그러나 그 뒤에 적의 총탄이 응사하고, 그는 점수를 뺀다. 중요한 요소, 익살 광대극의 과정 자체는 바로 여기에 있다 : 행동은 또 다른 행동과의 최소 차이라는 각도에서 촬영되지만(총을 쏘기 — 사격 연습), 이런 방식으로 그것은 두 상황들 간의 차이의 막대함을 드러낸다(당구 게임 — 전쟁). 찰리가 정육점에 매달린 소시지를 붙잡고 늘어질 때, 그는 마찬가지로 정육점을 시가 전차로부터 분리시키는 모든 거리를 환기시키는 유비를 이끌어 낸다. 이것이 일상적인 대상들의 전용 대부분에서 우리가 발견하는 것이다 : 대상 속에 도입된 매우 근소한 차이는 대립 가능한 기능들 또는 대립된 상황들을 유발할 것이다. 이것은 연장 tool 들의 잠재력이다. 그리고 찰리가 기계들과 얼굴을 마주하게 될 때조차 그는 대립하는 상황으로 자동적으로 전환되는 거대한 연장이라는 관념을 고수한다. 그러므로 채플린의 휴머니즘은 '단지 아무것도 아닌 것'이 가장 기본적인 욕구의 수준에서 기계를 인간에게 대항해서 설정하고 그것을 감금, 부동화, 좌절의 도구, 심지어 고문의 도구로 만들기에 충분하다는 것을 증명해 보여준다(극복할 수 없는 어려움을 설정함으로써 인간의 단순한 먹으려는 욕구에 대치하는 <모던 타임즈Modern Times>의 거대한 두 기계들). 찰리 시리즈에서 우리는 단지 작은 형식의 법칙들을 발견할 뿐만 아니라 환경과의 혼동, 환경과의 동일시라는 원천에서 그 법칙들을 포착한다(맥베스의 예언을 재육화하는 모래 속의 찰리, 찰리-조상彫像, 찰리-나무 ……); <황금광 시대Gold Rush>나 <시티 라이트City Lights>에서의 주요 인물의 인격 분열과 같이, 상황을 파동하게 만드는 근소한 차이 ; 대립 가능한 상황들의 결정적인 순간으로서의 찰나. 하나의 찰나로부터 다른 찰나로 움직이면서 각각 그의 즉흥 연기의 충만한 권력을 요구하는 그 찰나 속에 붙잡혀 있는 찰리. 마지막으로, 이런 식으로 그가 묘사하는 우주의 선, 뒷모습의 찰리가 전신주와 앙상한 나무들 사이로 왔다갔다하는 길다란 길 위에 절편들과 방향들을 배치함으로써 그것들을 최종적으로만 결합하는 그의 걸음걸이의 각이 진 벗어남 속에서조차 자신을 느껴지도록 만드는 꺾어진 획. 아니면 경찰이 지켜보고 있는 미국과 산적들이 기다리고 있는 멕시코 사이의 국경선을 따라 걷는 갈짓자 걸음걸이. 익살 광대극의 기호는 이렇게 지표들과 벡터들의 전체 유희에 의해 구성된다. 그것은 두 가지 의미에서의 '타원'이다.

참으로, 지표의 법칙은 — 두 상황들 간의 무한한 거리를 가져오는 행동의 근소한 차이 — 익살 광대극 일반 어디에나 있는 듯하다. 해롤드 로이드Harold Lloyd는 특히 그 과정을 행동-이미지로부터 순수한 지각-이미지로 움직이게 하는 변이형을 발전시킨다. 첫 번째 지각은 우리에게 주어져 있다. 예를 들면 정지 신호에 멈추어 선 화려한 자동차 안에 있는 해롤드. 그리고 나서 자동차가 출발하고 값싼 자전거에 타고 있는 해롤드가 드러날 때 두 번째 지각이 출현한다. 그는 단지 자동차 유리창의 틀 속에서 보여졌을 뿐이며, 두 지각 간의 무한히 작은 차이는 우리에게 부유함-빈곤함이라는 두 상황들 간의 무한한 거리를 훨씬 더 절실하게 느끼게 한다. 이와 비슷하게 <최후의 안전Safety Last>의 한 뛰어난 장면에서 첫 번째 지각은 우리에게 자리에 앉아 등을 구부리고 있는 남자, 바, 매달려 있는 풀 매듭, 울고 있는 여자, 탄원하는 사제를 제공한다. 반면에 두 번째 지각은 그것이 단지 정거장 플랫폼에서의 작별일 뿐이라는 것을 보여주며, 거기서 각각의 요소들은 자기 자리를 찾는다.

우리가 채플린의 독창성을 규정하고 싶다면, 그에게 익살 광대극에서의 견줄 데 없는 자리를 부여하는 것을 규정하기 원한다면, 우리는 다른 곳을 살펴보아야만 한다. 왜냐하면 채플린은 서로 가깝고, 각각 멀리 떨어진 상황들에 조응하는 몸짓들을 골라내는 법을 알고 있었고, 그리하여 그것들의 관계가 웃음과 동시에 특히 강렬한 감동emotion을 생산하게 만들고 이 감동을 통해 웃음을 배가하는 법을 알고 있었기 때문이다. 만약 행동에서의 근소한 차이가 매우 거리가 멀거나 대립시킬 수 있는 상황들 — S와 S´ — 을 유발하고 그것들을 교호하게 만든다면, 이 상황들 중 하나는 '정말로' 감동적이고 무서우며 비극적인 것(그리고 해롤드 로이드에서처럼 단순히 시각적 환상을 통한 것만이 아닌 것)이 될 것이다. 앞에 나왔던 <어깨총Shoulder Arms>의 예에서, 전쟁은 실재하는 현재 상황인 반면 당구 게임은 무한으로 퇴각한다. 그렇지만 그것은 우리가 웃음을 그치도록 할 만큼 충분히 퇴각하지는 않는다. 반대로 우리의 웃음은 자신을 부과하고 심지어 물에 잠긴 참호 속으로까지 전개되는 전쟁의 이미지 앞에서 감동의 길을 가로막지 않는다. 간단히 말해서, S´와 S″(전쟁과 당구 게임) 사이의 무한한 거리는 두 행동들의 수렴, 행동에서의 근소한 차이가 우리를 더 웃게 만드는 것보다 훨씬 더 우리를 감동시킨다. 채플린은 잘 선택된 두 행동 사이의 극소 차이를 창안해 내는 법을 알기 때문에, 그는 또한 하나는 감동을 성취하고 다른 하나는 순수한 코미디에 도달하는, 조응하는 상황들 간의 극대 차이 역시 창조할 수 있다. 그것은 웃음-감동 회로로서, 그 안에서 하나는 근소한 차이를 지시하고 다른 하나는 거대한 거리를 지시하며, 하나가 다른 하나를 삭제하거나 축소하는 것이 아니라 양자가 서로 교환되면서 다시 서로를 촉발한다. 비극적인 채플린에 대한 사례란 예를 들 수가 없다.

확실히 우리가 울어야 하는 데 비해 웃는다고 말할 수 있는 사례란 없다. 채플린의 천재성은 이 두 가지를 한꺼번에 한다는 것, 우리를 감동시키는 만큼 웃게 만든다는 데 있다. <시티 라이트>에서 장님 소녀와 찰리는 그들 사이에 배역을 나누지 않는다. 얽힌 실타래가 풀리는 장면 — 한 실과 다른 실 간의 어떤 차이도 근절하는 경향이 있는 앞 못보는 행동과, 부자라고 생각되고 있는 찰리가 실타래를 쥐고 있느냐 아니면 가난에 시달리는 찰리가 자신의 누더기 옷을 잊어버리고 있느냐에 따라 완전히 변형되는 눈에 보이는 상황 사이 — 에서 그 두 인물들은 동일한 회로 상에 있으며, 거기서 그들은 둘 다 희극적이며 감동적이다.

채플린의 마지막 영화들은 사운드를 발견하며 또 찰리를 죽음에 처하게 한다(죽음을 맞게 될 때 베르두는 찰리가 될 뿐만 아니라, 연단으로 올라가는 독재자 또한 사형대로 올라가는 찰리 속으로 융합된다). 여기서 동일한 원리들은 새로운 권력을 획득하는 듯하다. 바쟁은 히틀러가 실제로 찰리의 콧수염을 전유하고 훔치지 않았더라면 <위대한 독재자 The Great Dictator >는 가능하지 않았을 것이라고 주장하였다.[10] 조그마한 유태인 이발사와 독재자 간의 차이는 그들의 두 콧수염 간의 그것만큼이나 작은 것이다. 그렇지만 이로부터 희생자와 집행자라는 상황들만큼이나 대립 가능한, 무한히 멀리 떨어진 두 상황들이 생겨난다. <살인광 시대 Monsieur Verdoux >에서와 마찬가지로 동일한 남자들의 두 측면들 또는 두 행태 양식들 간의 차이 — 여성 살인자와 법적인 효력이 없는 사랑스러운 남편 — 는 너무도 빈약하여 그가 '변했을' 때 그 사실을 감지하려면 그의 아내는 자기가 가지고 있는 모든 직관을 다 동원하는 것이 필요하다. 미레이유 라틸이 말하듯이, 채플린이 "베르두 씨의 두 측면을 표현함에 있어 인물의 겉모습에 거의 변화를 주지 않고 자신의 연기 스타일을 결코 바꾸지 않은 것은" 무능해서가 아니라 행운이었다.[11] 대립하는 상황들 간의 커다란

---

10) A. Bazin and E. Rohmer, *Charlie Chaplin*, pp. 28-32.
11) Mireille Latil le Dantec, "Chaplin, ou le poids d'un mythe", *Cinéma-*

거리가, 가짜 집과 진짜 집 사이를 왔다갔다하는 발광자에 의해 예시되는 작고 사라져 가는 차이로부터 나온다. 이 두 영화에서 채플린은 우리들 각자 속에 히틀러가 있고 잠재적인 살인자가 있다고 말하고 싶어하는 것인가? 그리고 우리를 선하거나 악하게, 희생자거나 집행자로, 사랑할 수 있는 존재거나 파괴할 수 있는 존재로 만드는 것은 단지 상황일 뿐인가? 그러한 생각들이 심오한 것이든 진부한 것이든, 이는 매우 부차적인 방식으로가 아니라면 채플린이 사물을 바라보는 방식과는 일치하지 않는 듯하다. 선과 악의 두 대립하는 상황들보다 훨씬 더 중요한 것은 이 영화들의 말미에서 표현되는 그런 것과 같은 저변에 깔린 담론들이기 때문이다. 바로 이런 이유 때문에 이 영화들은 토키의 점진적인 정복으로 나아가는 동시에 찰리의 점진적인 제거로 나아가는 것이다. <위대한 독재자>와 <살인광 시대>에서 담론들이 말하는 것은, 사회가 자유와 인간애가 우리의 이해 관계나 우리의 존재 이유와 결부되는 상황들을 낳는 대신 악하게 될 수 있는 너무도 많은 유인을 우리에게 제공하기 때문에, 사회는 어떤 힘있는 사람도 피에 굶주린 독재자로 만들고 어떤 사업가도 살인자, 문자 그대로의 살인자로 만드는 상황에 처하게 된다는 것이다. 이것은 루소에 가까운, 그의 사회 분석이 근본적으로 리얼리즘적이었던 루소에 가까운 생각이다. 결과적으로 우리는 채플린의 마지막 영화들에서 무엇이 변했는가를 보게 된다. 담론은 그 영화들에게 완전히 새로운 차원을 가져다주었고, '담론적' 이미지들을 구성하였다.

우리는 더 이상 단순히 행동들 간의, 사람들 간의, 또는 동일한 사람 내에서의 아주 작은 차이들로부터 태어나는 것으로 나타나는 대립적인 두 상황들을 다루고 있는 것이 아니다. 그것은 사회의 두 상태들, 대립할 수

---

tographe, no. 35, February 1978 : "사기꾼 베르두는 그가 저지른 범죄의 흔적인 연기가 바로 조금 전에 피어오르고 있었던 장미꽃이 만발한 정원을 가만히 바라보면서 자기 아내가 앓았던 최후의 병에 대해 슬퍼함으로써 부유한 여인을 감동시킨다. 그러나 이 지어낸 결혼 이야기는 진짜 아내에 대한 그의 사랑과 그의 집의 꽃으로 가득한 배경이라는 실재를 혐오스러운 방식으로 상기시킨다."

있는 두 사회들의 경우, 즉 한 사회는 사람들 간의 근소한 차이를 상황들 간의 무한한 거리의 도구로 만들고(전제정) 다른 사회는 사람들 간의 근소한 차이를 공동체와 공동성이라는 거대한 상황의 변수로 만드는(민주주의) 그런 경우이다.[12] 무성 영화 찰리 시리즈에서 채플린은 목가적 이미지들이나 꿈 이미지들을 통해 이 주제에 도달했을 뿐이다(<편안한 거리 Easy Street >에서의 거대한 꿈이나 <모던 타임즈>의 목가적인 이미지). 그러나 이 주제에 리얼리즘적인 힘을 부여할 수 있었던 것은 담론 형태로서의 토키이다. 우리는 채플린이 한때 토키를 가장 불신한 감독들 중의 한 사람이며, 또한 그것을 급진적이고 독창적으로 사용한 감독들 중의 한 사람이라고 말할 수 있다. 채플린은 영화 속에 담론의 형상을 도입하며, 그리하여 행동-이미지의 초기의 문제들을 변형한다. 그래서 <위대한 독재자>는 특별히 중요한데, 그 영화에서 마지막 담론(그것의 내재적 가치가 무엇이든 간에)은 모든 인간적인 언어와 동일시되며, 채플린이 천재적으로 발명하고 폭군의 입 속에 집어넣었던 난센스와 테러, 소리와 격정의 거짓 언어에 비해서 인간이 말할 수 있는 모든 것을 표상한다. 작은 익살 광대극 형식은 아무것도 결핍하지 않았다. 그러나 그의 마지막 영화들에서 채플린은 더 이상 익살 광대극을 필요로 하지 않지만 그것의 권력과 기호들을 보유하는 큰 형식과 그 형식을 다시 연결시키는 극한으로 그것을 밀어붙인다. 참으로, 통약 불가능한 또는 대립하는 두 상황들 속에서 나타나는 것은 항상 근소한 차이이다(이것은 <라임라이트>의 통렬한 질문을 낳는다 : 이 '단지 아무것도 아닌 것', 이 나이의 좌절, 한 뛰어난 광대의 연기를 슬픈 스펙터클로 변질시키는 마멸과 소모의 이 근소한 차이는 무엇인가?) 그러나 마지막 영화들에서, 그리고 다시 특히 <라임라이트>에서, 인간들 간의 근소한 차이들이나 동일한 인간 내의 근소한 차이들은 독자적으로 삶의 상태들이 되고, 가장 낮은 수준에서조차 그것들은 광대가 흉내낼 수 있는 생명력의 변주들

12) <위대한 독재자>의 마지막 연설을 참조하라. 그 연설의 일부는 Bazin and Rohmer, *op. cit.*에 실려 있다.

이 되는 반면, 대립될 수 있는 상황들은 사회의 두 상태, 하나는 동정심 없고 삶을 부정하며 다른 하나는 죽어 가는 광대가 여전히 예견할 수 있고 완치된 여인에게 소통할 수 있는 그런 두 가지 상태들이 된다. 그리고 다시 <라임라이트>에서는 모든 것이 담론의 도입을 통해 운반된다. 그것도 세익스피어적인 양식으로, 채플린의 세 담론들 중에서 가장 세익스피어적인 방식으로. 채플린은 <뉴욕의 왕 A King in New York >이 햄릿의 담론을 시작할 때 이를 되살릴 수 있었는데, 이 햄릿의 담론은 미국 사회의 전도 또는 정반대와도 같다(미국이 선전과 경찰의 사회가 되었기 때문에 민주주의는 '왕국'이 되었다).

그렇지만 버스터 키튼의 위치는 매우 다르다. 키튼의 역설은 익살 광대극을 큰 형식 속에 직접 끼워 넣는다는 역설이다. 익살 광대극이 본질적으로 큰 형식에 속한다는 것은 진실이지만, 키튼에게는 비견할 수 없는 어떤 것, 심지어는 오직 담론의 형상과 익살 광대극적인 특성의 상대적 삭제를 통해서만 큰 형식을 정복할 수 있었던 채플린과도 비교할 수 없는 어떤 것이 있다. 버스터 키튼의 독창성은 큰 형식에게 바로 그것이 도전하고 있는 것으로 보이는 익살 광대극적인 내용을 부여하는 데에, 익살 광대극과 큰 형식을 — 곤란에 맞서 — 화해시키는 데에 있다. 주인공은 변형 속의 공간espace à transformation — 광대한, 변화하는 풍경들과 변형 가능한 기하학적 구조들, 급류들과 폭포들, 바다에 떠 있는 거대한 배, 폭풍우가 쓸고 지나가는 마을, 납작해진 평행사변형처럼 붕괴되는 다리 …… — 안에서 거대하고 파국적인 환경에 의해 에워싸인 아주 작은 점과 같다. 베나이웅이 묘사했듯이 있는 대로 크게 뜬 눈으로 또는 옆모습으로 보여지는 키튼의 시선은 때로는 잠망경 위치에서 모든 것을 보고, 때로는 보초 위치에서 멀리 본다.[13] 그것은 거대한 내적 또는 외적 공간을 위해 만들어진 시선이다. 동시에, 익살 광대극에서는 기대되지 않는 유형의 이미지들이 바로 우리 눈앞에 떠오른다. 예를 들면 한밤중에 폭풍우가 몰아치고 번개가 번쩍이며 이

13) Benayoun, *Le regard de Buster Keaton.*

중 살인과 공포에 떠는 여인을 보여주는 <우리의 환대 Our Hospitality>의 오프닝 시퀀스 : 이건 순전히 그리피스이다. 또한 <증기선 빌 쥬니어 Steamboat Bill Junior>에서의 태풍, <항해자 The Navigator>에서 바다 밑바닥에서의 잠수부의 숨막힘, <제너럴 The General>에서 박살나는 기차와 홍수, <싸우는 집사 Battling Butler>에서의 터무니없는 권투 시합. 가끔 그것은 특히 이미지의 한 요소이기도 하다 : <제너럴>에서 막 적의 등을 찌를 참인 기병도의 날, 또는 <카메라맨 The Cameraman>이 중국인 시위자의 손에 살짝 쥐어 주는 칼. 모든 익살 광대극들이 이 테마를 사용했으므로 권투 시합을 예로 들어보자. 찰리 채플린의 시합들은 근소한 차이의 법칙에 잘 들어맞는다 : 발레-시합, 하인-시합 상대. 그러나 <싸우는 집사>에는 세 가지 싸움이 존재한다 : 그것의 모든 폭력 속에 지각되는, 진짜인 것으로 나타나는 시합 ; 흥분한 어린애처럼 뛰어 다니고 아버지-트레이너에게 야단맞는 키튼을 보여주는, 전통적인 익살 광대극의 방식으로 처리되는 훈련 기간 ; 그리고 마지막으로, 아주 추하게 키튼과 챔피언 간에 묵은 셈을 치르기 : 뒤척거리는 신체들, 주먹에 맞은 살의 일그러짐과 구겨짐, 그들 얼굴에 나타나는 증오. 그것은 권투에 대한 가장 위대한 고발장의 하나이다. 키튼의 일화들 중의 하나가 이렇게 해서 더욱 명백해진다. 영화에 홍수를 포함시키기를 원했던 그는 그런 것은 사람들을 웃게 만들지 못한다는 제작자의 반대에 부딪쳤다. 그는 채플린은 1차 세계대전으로부터도 웃음을 끌어낸 바 있다고 대답했지만, 제작자는 완고했으며 태풍만을 받아들였을 뿐이었다(그는 태풍이 야기할 수 있는 죽음의 숫자는 깨닫지 못했던 듯하다).[14] 이 제작자의 직관은 옳았다. 왜냐하면, 채플린이 1차 세계대전으로부터 웃음을 가져 올 수 있었다면 그것은 우리가 보았던 것처럼 그가 무시무시한 상황을 그 자체로 익살스러운 근소한 차이에 관계시켰기 때문이다. 그렇지만 키튼

---

14) David Robinson, "Buster Keaton", *La Revue du cinéma*, no. 234, December 1969에서 인용 ; <증기선 빌 쥬니어>에 대해서는 p. 74를 보라.

은 스스로에게 익살 광대극 바깥의 한 장면 또는 상황, 한계-이미지를 준다. 격투에서만큼이나 태풍에서 말이다. 그것은 더 이상 대립될 수 있는 상황을 가져오는 근소한 차이의 사례가 아니다. 그것은 주어진 상황과 기대된 희극적인 행동 사이의 커다란 간극의 사례이다(큰 형식의 법칙). 희극적인 행동이 '우연하게' 생산되도록 할 뿐 아니라 그것이 상황을 온전히 지배하고 실어 가며 상황과 일치하도록, 그 간극은 어떻게 깨뜨려질 것인가? 누구도 채플린보다 키튼에 대해서 그가 비극적이라고 말하지는 않을 것이다. 그러나 두 감독들에 있어서 문제는 참으로 상이하다.

버스터 키튼에게 독특한 것은 그가 익살 광대극을 곧바로 큰 형식으로 끌어올리는 방식이다. 그러나 그는 여러 가지 방법을 사용한다. 첫째는 데이빗 로빈슨 David Robinson 이 '궤도 개그'라고 부른 것으로, 이것은 신속한 몽타주의 기예 전체를 작동시킨다. 이렇게 해서, 이미 <세 시대 The Three Ages >에서만큼이나 일찍이 주인공(고대 로마인으로서)은 지하 감옥에서 탈출하여 방패를 움켜쥐고 계단을 뛰어 올라가며, 창을 잡아채고는 말 위로 뛰어 오르고, 높은 창문을 통해 뛰어 내리며, 두 기둥을 밀어 쓰러뜨려 지붕을 무너뜨리고, 여자를 낚아채 창을 타고 미끄러져 막 떠니는 가마 속으로 뛰어 들어간다. 아니면, 현대의 주인공은 이 집 지붕에서 저 집 지붕으로 건너뛰고, 떨어져도 차양을 붙잡아 자신을 구하며, 느슨해진 파이프를 타고 뒹굴어 떨어져 이층 밑의 소방서로 자신을 내던지고, 거기서는 막대기를 타고 미끄러져 내려와 이제 막 출발하려 하는 불자동차 뒤꽁무니에 뛰어 오른다. 채플린의 익살극들을 포함해 다른 익살 광대극들에도 다양성 속에 연속성을 가진 아주 빠른 추격과 경주들이 나오지만, 버스터 키튼은 아마도 순수하게 연속적인 궤도를 실행한 유일한 사람일 것이다. 그러한 궤도 중 가장 빠른 것은 <카메라맨>에서 성취되는데, 그 영화에서는 여자가 주인공에게 전화를 하고, 그는 뉴욕으로 달려들어가 그녀가 수화기를 내려놓을 때는 이미 그녀가 있는 곳에 도착해 있다. 또는, <셜록 2세 Sherlock Junior >에서는 몽타주 없이 단일 쇼트 안에서 키튼이 천장에 뚫린 작은 문을 통해 기차 지붕으로 올라가 한 객차에서 다음 객차로 건너뛰고, 우리가 처음에 보았던 물탱크의 줄을 잡아 당겨 그가 쏟아 버린 급류를 타고 선로 위로 내려가 멀리 도망가며, 바로 그때 두 남자가 그 장면에 도착해서 물에 흠뻑 젖어 버린다. 아니면 다시 한 번, 배우는 움직이지 않는 가운데 쇼트의 변화에 의해 궤도 개그가 성취된다. <셜록 2세>에서의 그 유명한 꿈 시퀀스가 그러한데, 거기서 커팅은 우리에게 잇달아서 정원, 거리, 절벽, 모래언덕, 바닷물에 씻기는 모래톱, 눈 덮인 평원, 그리고 마지막으로 다시 한 번 정원을 보여준다(장면의 변화를 통해 멈추어 서 있는 자동차 안으로 통과해 들어가는 것 역시 마찬가지다).[15]

또 다른 방법은 기계 개그라 불릴 수 있다. 키튼의 전기 작가들과 주석가들은 그의 기계 애호를 강조해 왔으며, 이런 면에서 초현실주의보다는 다다이즘과 그의 친화성을 강조해 왔다 : 집-기계, 배-기계, 기차-기계, 영화-기계 …… 기계들이지 연장이 아니다. 이것은 채플린과 그가 서로 달라지는 첫 번째의 중요한 측면인바, 채플린은 연장을 수단으로 해서 전진하며, 기계와 대립한다. 그러나 두 번째로, 키튼은 기계들을 자신의 가장 귀중한 동맹자로 만드는데, 이는 그의 인물이 그것들을 발명하고 그것들의 일부가, 피카비아 Picabia 의 그것들처럼 '어머니 없는' 기계들의 일부가 되기 때문이다. 그것들은 통제에서 벗어날 수도 있으고, 불합리해지거나 처음부터 불합리할 수도 있으며, 간단한 것을 복잡하게 만들 수도 있다. 그러나 그것들은 키튼의 작품들의 심장부에 존재하는 비밀스러운 더 고차적인 최종성에 봉사하기를 결코 그치지 않는다. <어느 한 주 One Week >에서의 모델 하우스는 그 부분들이 무질서하게 모여 있으며 큰 소용돌이가 된다. <허수아비

15) 종종 쇼트별로 편집되어 제시되는 데이빗 로빈슨의 분석들(바로 앞의 각주를 보라)을 참조하라. <세 시대>와 <셜록 2세>에 대해서뿐만 아니라, <우리의 환대>에 나오는 위대한 급류와 폭포 장면에 대해서도(pp. 46-8). (투명도 처리의 부재 속에서의) 장면의 변화와 반대되는 캐릭터의 고정된 위치 및 이것이 제기하는 기하학적 문제와 관련해서도 마찬가지이다, p. 53을 볼 것.

Scarecrow >에서는 방 한 개로 이루어진 집이 '어머니 없이' 각각의 잠재적인 방들을 서로 뒤섞고 톱니바퀴들을 서로 뒤섞으며, 난로와 축음기를, 욕조와 소파를, 침대와 오르간을 뒤섞는다. 이것들은 뛰어난 다다이스트 건축가 키튼이 설계하는 집-기계들이다. 그러나 세 번째로 그것들은 그 자체로서 우리를 다음과 같은 질문들로 인도한다 : 키튼에게서 불합리한 기계의 이 최종성, 이 다른 것과 구별되는 이 독특한 형태의 난센스는 무엇인가? 그것들은 기하학적 구조들이자 물리적 인과성들이다. 그러나 키튼 작품들 전체에서 그것들의 특수성은 그것들이 '소형화(마이너화)' 기능을 가진 기하학적 구조들 또는 '회귀' 함수를 가진 물리적 인과성들이라는 점이다.

<항해자>에서 기계는 그 자체만으로도 단순히 거대한 증기선에 그치는 것이 아니다. 그것은 '소형화' 기능 속에 파악되는 증기선인데, 그 안에서는 수백 만의 사람들을 위해 설계된 증기선의 요소들 각각이 단 한 쌍의 불쌍한 커플에 맞추어 조절되게 된다. 한계, 한계-이미지는 따라서 그것을 깨뜨리거나 심지어 도달하기 시작하는 것이 아니라 그것을 끌어당기고 양극화하기 시작하는 한 계열의 대상이다. 어떤 시스템에 의해 작은 계란이 거대한 포트 안에서 요리될 수 있는가? 키튼에게서 기계는 거대함에 의해 정의되지 않는다. 그것은 거대함을 함축하지만, 그 자체가 기계적이며, 도르레와 와이어, 레버들의 집괴에 기초한 독창적인 시스템에 의해, 자신을 변형하는 '소형화' 기능을 창안하는 속에서 거대함을 함축한다.[16] 마찬가지로 <제너럴>에서, 작은 나뭇가지들을 가지고 기차 보일러에 불을 때는 소녀가 서투르고 부적절한 방식으로 행동하고 있다고만 생각해서는 안 된다. 물론 이것은 사실이지만, 그녀는 또한 세계에서 가장 큰 기계를 손에 넣고 가장

---

16) Robinson, *op. cit.* : "자기 힘으로 헤쳐 나가는 법을 결코 배우지 못한 젊고 부유한 한 쌍은 버려진 증기선에 탄 채 표류하게 된다. 생존의 통상적인 어려움들은 배의 모든 설비들이 개인들이 아니라 수천 명의 사람들에게 맞추어져 있다는 사실에 의해 증대된다.……그들은 수백 명의 사람들에 의해 일반적으로 사용되는 가정용품과 맞서야만 한다(pp. 54-6)."

자그마한 요소들을 가지고서 그것을 작동하게 만들며, 그럼으로써 그것을 우리들 각자를 위한 것으로 변환시키고 그것을 모든 사람들의 재산으로 만든다는 키튼의 꿈을 실현시키고 있는 것이기도 하다. 키튼은 때때로, 예컨대 <대장장이 The Blacksmith>의 끝 부분에서 거대한 실제 기계로부터 그것이 장난감으로서 재생되는 것으로 바로 넘어가기도 한다. <서부로 가자 Go West>는 아주 작은 리볼버 권총에서부터 광대한 무리를 몰아서 한데 모으는 직무를 가진 작은 송아지에 이르기까지 매우 다채로운 '소형화'를 실현한다. 이것은 기계 자체의 최종성이다. 그것은 단지 자신의 주요 부분들과 메커니즘들로만 이루어져 있지 않다. 그것은 축소형으로의 그것의 변환, 기술과 전문화를 넘어서 한 사람의 외톨이 남자에게, 잃어버린 커플에게 그것을 맞추는 변형의 메커니즘으로 이루어져 있다. 이것은 기계의 부분을 형성해야만 한다. 이런 면에서 우리는 채플린에게는 반대로 현존하고 있는 정치적 비전을 키튼이 결핍하고 있다고 확신할 수가 없다. 오히려 두 가지의 매우 상이한 '사회주의적인' 비전이 있다고 할 수 있는데, 하나는 채플린에게 존재하는 공산주의적-인간주의적인 비전이고, 다른 하나는 키튼에게 존재하는 무정부주의적-기계적인 비전이다(다소, 사용할 권리 혹은 큰 기계들의 '소형화'를 주장할 수 있었던 일리치 Illich 같은).

이 '소형화들'은 오직, 기계에 불가결한 불합리한 요소를 제공하면서 우회로들, 연장선들, 간접적인 경로들, 이질적 요소들 간의 연락점들을 통과하는 물리적 인과성을 통해서만 일어날 수 있다. 이미 '말렉 Malec' 시리즈에서, <하이 사인 The High Sign>은 인과 계열의 현란한 단축을 제시한다 : 사격 기계 안에서 주인공이 숨겨진 레버를 발로 누르면 와이어와 도르레들의 시스템이 뼈를 떨어뜨리고, 개가 그것에 다가가려고 하면 줄을 당기게 됨으로써 타겟 위의 종이 울린다(이 메커니즘이 어긋나 뒤죽박죽이 되게 하는 데는 고양이 한 마리로 충분하다). 우리는 그 경이로운 인과 계열을 보면 루브 골드버그 Rube Goldberg ― 또한 다다이스트 ― 의 데생들을 기억하게 된다. 거기서 예컨대 '편지 부치기'는 각각 다른 것들과 맞물린 상이한 메커니즘들의 기나긴 연속을 통과하는데, 이것은 럭비공을 통속에 차 넣는 장화발로 시작하여, 서로 맞물린 메커니즘들을 통과해서, 보내는 사람의 눈앞에 다음과 같이 쓰여진 스크린이 펼쳐짐으로서 완료된다. "얼간아 편지 보냈다 You Sap Mail that Letter." 그 계열의 각 요소들은 아무런 기능도 가지지 않으며 목표에 대한 아무런 관계도 가지지 않지만, 그 자체 기능이나 관계를 가지지 않는 또 다른 요소와의 관계 속에서 그런 것들을 획득한다…… 이 인과성들은 절연들의 계열을 통해 작동한다. 키튼의 것과 같이, 팅글리 Tinguely 의 몇 가지 기계들도 여러 개의 구조들을 연결시키는데, 이 구조들 각각은, 기능적이지 않지만 뒤따르는 요소 속에서 기능적이 되는 요소를 포함하고 있다(자동차 안에서 페달을 밟는 할머니는 탈것을 앞으로 움직이게 하는 것이 아니라, 나무를 톱질하는 장치를 작동시킨다……). 이 회귀적 인과성들은 큰 기하학적 구조들의 전유와 거대한 궤도들의 발전을 가능케 한다. 구조는 궤도의 스케치이지만, 궤도는 기계의 윤곽 바로 그것이다. 각각의 궤도는 그 자체 하나의 기계를 구성하며, 그 기계 안에서 인간은 요소들 사이에 끼여 있는 톱니바퀴의 이다. 그 움직이지 않는 신체를 원호들의 계열 속에 끌어넣는 기관차의 구동축 위에 앉아 있는 정비공처럼. 키튼에서의 개그의 두 가지 본질적인 형식들 ― 궤도-개그와 기계-개그 ― 은 동일한 실재, 즉 '어머니 없는' 인간 또는 미래의 인간을 생산하는 기계의 두 가지 측면이다. 크고 광대한 상황과 작고 하찮은 주인공 사이의 커다란 간극은 주인공을 상황과 대등하게 만드는 이 '소형화' 기능들과 이 회귀적 계열들에 의해 메워질 것이다. 이런 식으로, 키튼은 장르의 모든 외견적인 조건들에 도전하고 자연히 큰 형식을 자신의 얼개로 취하는 익살 광대극을 창안한다.

제11장

●●●●●●●●●●●

형상들, 또는 형식들의 변형

11. 형상들, 또는 형식들의 변형

1. 에이젠슈테인에서의 한 형식에서 다른 형식으로의 이행

행동의 두 형식들 간의 구별은 그 자체로는 명백하고 단순하지만, 그것의 적용은 더 복잡하다. 우리가 보았듯이 재정적인 고려가 개입할 수 있었지만 결정적인 것은 아니었는데, 왜냐하면 작은 형식도 — 큰 형식 못지않게 — 자신을 표현하고 발전시키기 위해 큰 스크린, 돈을 아끼지 않는 세트와 색채들을 필요로 하기 때문이다. 여기서 작은 것과 큰 것이란 플라톤이 말한 의미에서 사용되고 있다는 점을 염두에 두어야 한다. 그는 그것들에게 상응하는 두 가지 이데아들을 만들었다. 그리고 실로 이데아란 무엇보다도 먼저 행동의 형식이다. 이는 영화에서도 어떤 결과들을 갖는다. 어떤 감독들은 두 형식들 중의 이것 또는 저것을 더 좋아하거나 그것에 대한 적성을 갖고 있다. 그럼에도 불구하고, 때때로 그들은 다른 형식을 빌려 온다 : 새로운 요구 조건에 대응하기 위해서거나 변화하기 위해서, 아니면 단절을 하기 위해서, 혹은 또 다른 방식으로 자신을 시험하기 위해서, 또는 어떤 것을 시도하기 위해서. 예를 들어 포드는 종합 기호와 이항식들을 구사하는 큰 형식의 거장이지만, 그럼에도 불구하고 지표들을 이용하여 작은 형식의 걸작들을 창조하였다(<기나긴 귀향 항해 The Long Voyage Home>의 경우처럼 말이다. 이 영화에서 비행기의 공격은 소리에 의해서만 표현되며, 바다의 광란은 배의 앞 갑판을 계속해서 덮쳐 오는 파도에 의해 보여진다). 다른 감독들은 마치 그들이 아무런 편애도 가지지 않는다는 듯이 한 형식에서 다른 형식으로 수월하게 옮겨간다. 우리는 혹스의 필름 느와르에서 이것을 보았다. 그러나 이는 그의 서부극이 예증하듯이, 그가 다른 두 형식들을 가지고 유희할 수 있는 독창적인 형식, 데포르마시옹 형식을 발명해 내는 법을 알았기 때문이다. 우리는 그러한 데포르마시옹, 변형 transformation 또는 변용 transmutation의 기호를 **형상** Figure 이라고 부른다. 여기에는 행동-이미지의 문제를 넘어서고, 명백히 미국 영화의 맥락에서만 발생하는 것이 아니라 보편적인 영화의 모든 시대들에 관여하는, 모든 종류의 미학적이고 창조적인 평가가 존재한다.

요점은, 큰 것과 작은 것은 단순히 행동의 형식들만을 지칭하는 것이 아니라 구상, 즉 '주제'와 스토리 또는 대본을 생각하고 보는 방식을 가리킨다는 점이다. 이데아의 이 두 번째 의미, 즉 구상은 일반적으로 대본에 선행하고 대본을 결정하지만 그와 마찬가지로 대본의 뒤에 올 수도 있다는 점에서 영화에는 훨씬 더 본질적인 것이다(혹스는 이 점을 강조한다. 즉, 그는 자기가 이미 만들어져 있는 것을 입수할 수 있었던 대본의 중립성을 강조하였다). 구상은 단순히 대본에 의존하지만은 않는 미장센과 커팅, 그리고 몽타주를 무장시킨다. 미하일 롬 Mikhail Romm 은 그가 모파상의 단편에 기초한 <비계 덩어리 Boule de suif>를 만들고 있었을 때 에이젠슈테인과 나누었던 대화를 기록하고 있다.[1] 에이젠슈테인은 먼저 롬이 그 이야기의 두 가지 부분 중에서 어느 것을 가져 왔는지 질문함으로써 시작하였다. 즉, 독

1) Mikhail Romm in *Cahiers du cinéma*, no. 219, April 1970.

일 점령지 르왕과 등장 인물들 전체를 먼저 가져왔는가 아니면 승합 마차의 이야기인가? 롬은 자기가 승합 마차, 즉 '작은 이야기'를 가져오고 있다고 대답했다. 에이젠슈테인은 자기라면 개인적으로 전자, 즉 큰 이야기를 취했을 것이라고 말했다. 이것은 행동-이미지의 두 형식들, SAS´와 ASA´사이의 완벽한 양자택일이다. 그 다음에 에이젠슈테인은 롬에게 그의 '미장센에 대한 설명'을 부탁했다. 롬은 대본을 설명함으로써 대답했지만, 에이젠슈테인은 자기가 뜻했던 것은 전혀 이런 설명이 아니었다고 말했다. 그 질문은 롬이 대본을 어떻게 이해하고 있는지, 예를 들면 그가 첫 번째 이미지를 어떤 방식으로 보았는지 하는 것이었다. "복도, 문, 클로즈업, 문 옆의 장화" 하고 그가 말했다. 에이젠슈테인은 이렇게 결론지었다. "글쎄 최소한 장화를, 당신이 다른 아무것도 안할지라도 그것이 충격적인 이미지를 만들도록 그렇게 찍으시오……" 이 말은 우리에게는 이렇게 말하는 것처럼 들린다 : 당신이 작은 형식 ASA´를 선택한다면, 정말로 지표인 이미지, 지표로서 기능하는 이미지를 만들어라. 아마도 에이젠슈테인은 그 장르의 성공적인 한 보기를 회상하고 있었을 것이다. 그것은 <아시아의 폭풍 Storm over Asia>에서 나오는 푸도프킨의 신발이다. 푸도프킨 자신이 이것에 대해 설명하고 있다 : 그는 자기 영화에 대해 '아이디어를 가지고' 있고, 대본으로부터 영화를 구상한 것이 아니라, 평소에는 길을 걸을 때 자기 신발이 더러워지지 않도록 신경 쓰지만 영화의 후반부에서 전혀 개의치 않으면서 진창을 철벅거리며 바로 그 길을 걸어 내려가는 강직하고 단정한 영국 병사를 상상할 때 정말로 그 영화를 구상했었다.[2] 이것이 '미장센에 대한 설명'이다. 두 행태 양식, A와 A´사이에 무언가가 일어났다. 그 병사는 A´가 지표인 혼란스러운, 거의 불명예스러운 상황(몽골의 형집행)에 처한 자신을 발견했음에 틀림없다. 그리고 이것은 푸도프킨의 작품 속에 있는 가장 일반적인 절차이다. 환경이 얼마나 거대하게 제시되든, 그것이 성 페테스부

2) George Sadoul, *Histoire générale du cinéma*, Ⅵ, p. 487에서 인용한 푸도프킨의 말.

르크든 몽고의 초원이든, 성취되어야 하는 혁명적 행동의 장엄함이 어떤 것이든, 우리는 행태 양식이 상황의 한 국면을 드러내는 장면으로부터, 각 개인이 의식의 한정된 계기를 표시하고 드러난 상황의 총체와 동등해지는 의식의 진보를 형성하기 위해 타인들과 연결되는 장면으로 움직인다. 롬은 그가 생각하는 것보다도 훨씬 푸도프킨의 제자이다(큰 형식이 종종 단지 유물일 뿐이거나 스탈린에 의해 부과된 구속일 뿐인 세대에서). 롬의 <어느 해의 아홉 날Nine Days of One Year>은 분명하게 구별되는 날들에 의해 진행되는데, 각각의 날들은 자신의 지표를 가지며, 그것들 전체는 시간 속의 진보이다. 그리고 다시 한 번, <일상적인 파시즘Ordinary Fascism>에서 그가 원했던 것은 파시즘의 역사나 거대 사건들의 재구성을 피할 수 있는 기록물들의 몽타주였다 : 파시즘은 그 심리적 내용 속에 파악되는 평범한 행동들과 매일의 사건들 및 사람들의 태도나 지도자의 제스처를 통해 스스로를 드러내는 상황으로서, 소외된 의식의 계기들로서 보여질 필요가 있을 것이다.

우리는 소비에트 영화 작가들은 몽타주의 변증법적 개념화에 의해 정의된다는 것을 본 바 있다. 그렇지만 이것은 명목상의 정의로서, 영화에서의 다른 거대한 경향들로부터 그들을 구별하는 데는 충분하지만, 그들이 서로간에 심대한 차이를 가지며 심지어 대립적인 입장을 가지는 것을 막지는 못하는데, 이는 이들 각자가 변증법의 특수한 측면 또는 특별한 '법칙'에 관심을 두었기 때문이다. 그들에게 변증법은 구실이 아니었고 이론적이고 사후적인 반성도 아니었다. 그것은 일차적으로 이미지들과 그것들의 몽타주에 대한 개념화였다. 푸도프킨의 흥미를 끄는 것은 양과 질의 법칙, 양적인 과정과 질적인 도약의 법칙이다. 그의 모든 영화들이 우리에게 보여주는 것은 의식의 계기들과 의식의 여명의 불연속적인 도약들이다. 그것들이 연속적인 선형적 발전과 시간 속의 진보의 모습을 띨 뿐 아니라 그러한 발전과 진보에 반작용하기도 하는 한 말이다. 이것은 지표들과 벡터들, 골격들을 지닌, 그러나 변증법으로 가득 찬 작은 형식 — ASA´ — 이다. 꺾어진 선은 예측 불가능하기를 멈추었고, 정치적이고 혁명적인 '선'이 된다. 도브첸코가 전체와 세트, 그리고 부분들의 법칙이라는 변증법의 또 다른 양상을 머리 속에 그리고 있다는 것은 명백하다 : 즉, 전체가 어떻게 이미 부분들 속에 현존하며, 그렇지만 어떻게 즉자적인 것에서 대자적인 것으로, 잠재적인 것에서 현실적인 것으로, 낡은 것에서 새로운 것으로, 전설에서 역사로, 꿈에서 현실로, 자연에서 인간으로 움직여야만 하는가 하는 것. 그것은 온갖 인간적인 노래들 — 가장 슬픈 노래라 하더라도 — 을 통해 전달되며 그 후렴이 위대한 혁명 찬가 속에 되돌아오는 대지의 노래이다. 도브첸코와 함께, 큰 형식 — SAS´ — 은 변증법으로부터 '호흡'을, 유기적인 것을 넘쳐 흐르는 꿈꾸는 듯하고 교향악적인 권력을 받게 된다.

에이젠슈테인으로 말하자면, 그는 스스로를 그들 중의 가장 대가라고 간주하는데, 왜냐하면 그는 제3의 법칙, 즉 발전되고 극복되는 대립의 법칙(일자가 어떻게 새로운 통일을 산출하기 위해 둘이 되는가)에 관심을 가지기 때문이다. 물론 다른 두 사람이 그의 제자인 것은 아니다. 그러나 에이젠슈테인은 정당하게, 자기 자신이 SAS´로부터 ASA´로 넘어 갈 수 있는 변형 형식을 창조했다고 생각한다. 롬과 그의 대화가 우리에게 상기시키듯이, 참으로 그는 '크게 본다'. 그러나 큰 유기적 재현으로부터, 그것의 나선형 또는 호흡으로부터 출발함에도 불구하고, 그는 그 나선형을 '성장'의 원인 또는 법칙에 관계시키고(황금 분할) 그럼으로써 호흡의 간격들만큼이나 많은 유기적 재현 내의 휴지부들을 결정하는 처리법에 그것들을 종속시킨다. 그리고 우리는 이 휴지부들이 어떻게 벡터들에 따라 서로와의 관계 속으로 들어가는 위기들 또는 특권화된 찰나들을 독자적인 힘으로 표시하는가 볼 수 있다. 이것은 정점에 이르게 된 두 계기들 사이의 질적인 도약을 실행함으로써 '발전'을 이루는 정서적인 것이다. 이 정서적인 것과 유기적인 것 사이의 연계, 에이젠슈테인이 그것을 표현하는 말인 이 '정서화'는 마치 작은 형식이 스스로를 안으로부터 큰 형식에 접목시키는 듯하다. 작은 형식의 법칙(질적 도약)은 부단히 큰 형식(하나의 원인과 관계 맺어진 전체)과 결합한다. 결과적으로 우리는 거대한 결투-종합 기호들로부터 벡터-지표들로 넘어 간다 : <전함 포템킨>에서 전망과 안개 속에 보이는 배의 실루엣은 종합 기호들이지만, 밧줄에 감겨 흔들리는 선장의 외알 안경은 지표이다.

에이젠슈테인의 변형 형식은 종종 더 복잡한 회로를 요구한다 : 변형은 간접적이고 따라서 훨씬 더 효과적이다. 여기서 우리는 '견인의 몽타주'라는 어려운 문제에 관여하게 된다. 우리는 이미 그것을 특별한 이미지들의 삽입으로 분석하고 정의했다. 그 특별한 이미지는 때로는 연극적이거나 원근법적인 재현들이고, 때로는 조각적이거나 조형적인 재현들인데, 이들은 행동의 경로를 가로막는 듯이 보인다. <폭군 이반>의 2부에서는 두 번에 걸쳐, 행동을 대체하거나 다가올 행동을 미리 나타내는 연극적 재현에 의해 상황이 접수된다. 그 한 번은 자기 동료들을 축성祝聖한 귀족들이 참수되는 사건이고, 다른 한 번은 이반이 그의 다음 희생자에게 광대와 서커스가 펼치는 지옥 같은 공연을 제공하는 상황이다. 역으로, 행동은 조형적이고 조각적인 재현 속에서 확장될 수 있는데, 이 재현은 눈앞에 보이는 상황과 우리를 떨어뜨린다. 그 명백한 예는 <전함 포템킨>에서의 돌사자이지만, <10월 October >의 조각적인 계열도 있다(예를 들어 반혁명 세력들이 종교에 호소하는 행동은 아프리카 물신들, 힌두 신들과 중국의 부처들의 계열 속으로 확장된다). <전선>에서는 이 두 번째 측면이 완전한 중요성을 띠게 된다 : 행동은 일시 중지된다 — 크림 분리기는 작동할 것인가? 방울이 하나 떨어지고, 그 다음에는 우유의 홍수가 물의 흐름과 또 그것을 대체하는 불의 흐름을 보여 주는 이미지 속에서 확장된다(우유의 샘, 우유의 폭발). 정신 분석학은 이 유명한 크림 분리기의 이미지들과 그것을 뒤따르는 것들을 미숙한 처리로 간주했기 때문에 그 이미지들의 단순한 아름다움을 재발견하는 것이 어렵게 되었다. 에이젠슈테인 자신이 제공하는 기술적인 설명이 그것보다 더 나은 가이드이다. 에이젠슈테인은 그것이 변변찮고 일상적인 어떤 것을 '정서화하는' 사례라고 말한다 : 그것은 더 이상 그 자체로 정서적인 것이었던 <전함 포템킨>의 상황이 아니다. 그러므로 질적 도약이 더 이상 내용과 관련되는 순수하게 물질적인 것이 되어서는 안 되며, 오히려 형식적인 것이 되어야 하고 하나의 이미지로부터 초기 이미지와는 간접적인 반영적 관계만을 가질 뿐인 전혀 다른 이미지 양식으로 넘어가는 것이 필요하다. 거기다 에이젠슈테인은 자기가 이 다른 양식을 위해 연극적 재현과 조형적 재현 사이에서 선택을 했다고 덧붙인다. 그러나 민둥산에서 춤추는 농민들 같은 연극적 재현은 우스꽝스러운 것이 되었을 것이고, 더구나 그는 같은 영화에서 그 장면보다 더 앞에 나오는 한 장면에서 이미 연극적인 양식을 이용했었다. 그러므로 이제 그는 행동으로의 우회로를 통해 귀환할 수 있을 정도로 충분히 강력한 조형적 재현이 필요했다. 이것이 물과 불의 역할이었다.[3)]

우리는 이 두 경우들에 대해 다시 숙고해 보아야 한다. 한편으로, 연극적 재현에서 실제 상황은 그에 상응하는 행동을 직접적으로 일으키지는 않으며, 단지 하나의 기획이나 다가올 실제 행동의 모습을 미리 나타내게 될 뿐인 하나의 허구적인 행동 속에서 표현된다. S→A 대신에 우리는 S→A´(허구적인 연극적 행동)을 가지는 것이며, 결과적으로 A´는 준비되고 있는 실세 행동 A(범죄)에 대해서 지표로서 봉사한다. 다른 한편, 조형적 재현에서는 행동이 그것이 감싸고 있는 상황을 직접적으로 드러내지 않으며, 함축된 상황을 둘러싸고 있는 장엄한 상황들 속에서 행동 자신이 발전된다. 우리는 A→S 대신 A→S´(조형적 형상화)를 가지게 되며, S´는 실제 상황 S의 종합 기호 또는 포괄체로서 봉사하고, 후자는 오직 중개(마을의 기쁨)를 통해서 발견될 뿐이다. 어떤 경우에 상황은 그것이 가리키는 상황의 이미지보다는 다른 이미지에 다시 준거한다. 따라서 첫 번째 경우에서는 작은 형식이 말하자면 연극적 재현의 중개를 통해 큰 형식 속으로 주입되고, 두 번째 경우에는 큰 형식이 조각적 또는 조형적 재현의 중개를 통해

---

3) 에이젠슈테인의 보다 자세한 언급은 *La non-indifférente Nature*, Ⅰ, "La centrifugeuse et le Graal" 장에서 발견될 수 있다.

작은 형식 속으로 주입되는 것이다. 어떤 경우든, 하나의 상황과 하나의 행동, 하나의 행동과 하나의 상황 사이의 직접적인 관계란 더 이상 존재하지 않는다. 두 개의 이미지들 사이, 또는 이미지의 두 요소들 사이에 제3항이 형식들의 변환을 보증하기 위해 개입한다. 행동-이미지를 특징지었던 근본적인 이원성이 자기 자신을 넘어서, 이미지들과 그것들의 요소들을 변환시킬 수 있는 '삼차성'으로서의 더 높은 심급을 향하여 나아가는 경향이 있다고 말할 수 있을 것이다. 칸트에게서 한 예를 빌려 오자. 전제 국가는 노예에 기초하고 기계적인 노동 조직과 같은 특정한 행동 속에서 직접적으로 표현될 수 있다. 그러나 '풍차'는 그 속에서 그런 국가가 반영되는 간접적인 형상화일 것이다.[4] <파업 Strike>에서 에이젠슈테인이 사용하는 방법은 정확히 이것과 똑같은 것이다. 짜르 체제의 국가는 시위자들에 대한 발포 속에서 직접적으로 표현되지만, 도살장은 그런 국가를 반영하는 동시에 이러한 행동을 표상하는 간접적인 이미지이다. 그것들이 연극적이든 조형적이든, 에이젠슈테인의 견인들은 단순히 하나의 형태에서 다른 형태로의 행동의 변환을 보증하는 것에 그치는 것이 아니다 : 견인들은 상황들과 행동들을 극한으로 운반한다 ; 견인들은 그것들을 그들의 구성적 이원성을 넘어서는 제3항으로 끌어올린다. 소비에트 영화를 통제하는 당국들은 필연적으로 이 간접적인 이미지들을 받아들일 수 없었으며 심지어 그것들을 위험스럽고 일탈주의적인 방법이라고 볼 수 있었다. 그렇기 때문에 에이젠슈테인이 연극적 재현과 조형적 재현들의 자유로운 발전을 성취할 수 있었던 것은 <멕시코 만세 Que viva Mexico>에서였다. 이 영화에서 연극적 재현과 조형적 재현은 무대들과 프레스코 벽화들을, 조각들과 극적 효과들을, 피라미드들과 신들을 결합하면서 멕시코에서의 삶과 죽음이라는 관념을 반영한다 : 십자가에 못 박힘, 투우, 박해받는 황소, 거대한 죽음의 춤 …… .

형상이란 행동-이미지를 통해 순환하는 이 새로운 매력적인, 견인적인

---

4) I. Kant, *Critique of Judgement*, para 59. (이것이 칸트가 '상징'이라고 부르는 것이다.)

이미지들이다. 실로, 퐁타니에르 Fontanier 가 19세기 초에 자신의 위대한 '담론의 형상들'의 분류를 시도할 때, 이 형상들은 네 가지 형태로 제시되고 있다. 첫 번째 경우는 엄밀한 의미에서의 수사 어구 trope 들로서, 여기서는 구상적인 figuratif 의미에서 취해진 한 단어가 다른 단어를 대체한다(은유, 환유, 제유). 두 번째 경우인 불완전한 수사 어구들이란 비유적인 의미를 가지는 단어들, 명제들의 집단이다(알레고리, 의인화 등). 세 번째로는 대체 substitution 가 있다. 그러나 단어들이 교환과 변형들에 종속되는 것은 그것들의 엄격한 축자적인 의미에서이다(반전은 이런 절차들의 하나이다). 마지막의 것은 단어들의 어떤 변경도 겪지 않는 사유의 형상들 figures de pensée 이다(숙고, 양보, 지지, 활유 등).[5] 분석의 이 수준에서, 우리는 영화와 언어, 이미지와 단어의 관계에 관해 어떤 일반적인 문제도 제기하고 있지 않다. 우리는 다만 영화적 이미지들이 나름의 방식으로 퐁타니에르의 네 가지 유형에 상응하는, 그들에게 고유한 형상들을 가진다는 것에 주목하고 있을 뿐이다. 에이젠슈테인의 조각적 또는 조형적 재현들은 또 다른 이미지를 재현하는 이미지들이며, 그것들이 계열 속에서 취해질 때에라도 각각 하나의 가치를 가진다. 그러나 연극적인 재현들은 시퀀스 속에서 진행되며, 형상적인 figuré 역할을 하는 것은 이미지들의 시퀀스이다. 우리는 위의 네 가지 경우들 중 처음 두 가지를 인지할 수 있다. 다른 경우들은 상이한 본성을 가지고 있다. 축자적 형상들 — 예컨대 반전을 통해 작동하는 — 은 영화 속에서 항상, 특히 익살 광대극적인 패러디 속에서 널리 발전되어 왔다. 그러나 우리가 보았던 것처럼, 반전의 메커니즘이 자율적이고 일반화된 형상의 상태에 도달하는 것은 혹스에게서이다. 사유의 형상들 — 채플린의 토키에서 이미 현존하고 있는 — 에 대해 말하자면, 우리는 마지막 장이 될 때까지는 그것들의 본성과 기능을 발견할 수 없을 것이다. 왜냐하면 사유의 형상들은 더 이상 행동-이미지의 한계 상에서 유희하는 데 만족하지 않고, 선행하는 형상들에 의해서는 오직 약속되기만 할 뿐인 새로운 유형의 이미

---

5) P. Fontanier, *Les Figures du discours*(1968).

지 속에서 전개되기 때문이다.

2. 헤어조크에서의 큰 것과 작은 것의 형상들

이데아로서 작은 것과 큰 것은 두 가지 형식들과 두 가지 개념화들을 모두 가리킨다. 이것들은 구별되는 것이지만, 서로 상대방으로 변할 수 있다. 그것들은 게다가 제3의 의미를 가지며, 훨씬 더 이데아라고 불릴 만한 비전들을 가리킨다. 그리고, 이런 사실이 우리가 연구하고 있는 모든 감독들에게 다 해당되는 진실이라 하더라도, 우리는 헤어조크 Werner Herzog 의 액션 영화들을 이런 면에서의 극단적인 사례로 간주하고 싶다. 그의 작업은 시각적 모티프 및 음악적 모티프와 같은 두 가지 강박적인 테마들에 따라 나누어지기 때문이다.[6] 한 테마에서는, 삶보다 더 큰 한 사람이 그 자체 삶보다 더 큰 환경을 자주 찾으면서 그 환경만큼이나 거대한 행동을 꿈꾼다. 그것은 SAS´ 형식이지만, 매우 특별한 것이다 : 행동은 사실 상황에 의해 요구되지 않는다 ; 그것은 한 몽상가의 머리 속에서 태어났고, 환경 전체와 경쟁할 수 있는 유일한 것인 듯 보이는 하나의 미치광이적인 기획이다. 또는 행동이 둘로 나뉜다 : 항상 저 너머로 초월하지만 스스로 또 다른 행동을 발생시키는 숭고한 행동과, 꿰뚫을 수 없는 것을 꿰뚫고 깨뜨릴 수 없는 것을 깨뜨리면서 자신의 힘만으로 환경과 대결하는 영웅적인 행동이 있다. 따라서, 행동하는 정신이 스스로를 자연 속의 무제한성으로 고양시키는 환각적인 차원과, 정신이 자연이 자신에게 대립시키는 한계들과 충돌하는 최면적인 차원이 존재하는 것이다. 그리고 그 둘은 서로 다르며, 그것들은 형상적인 관계를 가진다. <아귀레, 신의 분노 Aguirre, Wrath of God >에서 급

6) M.-L. Potrel-Dorget, "Dialectique du surhomme et du sous-homme dans quelques films d'Herzog", *Revue du cinéma*, no. 342.

류를 타고 내려가는 영웅적인 행동은 숭고한 행동, 광대한 처녀림과 동등한 유일한 행동에 종속된다 : 자신의 딸과의 근친 상간적인 결합 속에서 순수한 인종을 창시하기 위해 유일무이한 역적이 되려는, 모든 이들 — 신, 국왕, 인간들 — 을 동시에 배반하려는 아귀레의 계획. 그 속에서 역사는 자연의 '오페라'가 될 것이다. 그리고 <피츠카랄도 Fitzcarraldo >에서 영웅적인 행동은 훨씬 더 직접적으로, 숭고한 행동(무거운 배를 타고 산을 넘는 것)의 수단이다. 처녀림 전체는 베르디의 오페라와 카루소의 목소리가 된다. 마지막으로 <유리의 심장 Heart of Glass >에서 바바리아의 풍경은 유리 루비의 최면적인 창조를 품고 있지만, 스스로를 한층 더 넘어서 거대한 우주의 심연의 탐색으로 불러내는 환각적인 풍경들 속으로 들어간다. 이리하여 큰 것은 풍경들과 행동들의 이중적인 본성 속에서 순수 이데아로서 실현된다.

그러나 다른 테마 속에서는, 또는 헤어조크 작품의 다른 일면을 따라가 보면, 이데아가 되는 것은 작은 것이다. 작은 것은 처음에 '그 역시 작게 출발했던' 난쟁이들 속에서 실현되며, 그들과 비슷하게 난쟁이 되기를 그치지 않았던 사람들 속에서 확장된다. 그들은 더 이상 '무용한 것의 정복자'가 아니라 이용될 수 있는 존재들이다. 그들은 더 이상 몽상가가 아니라 약골이고 백치들이다. 풍경들은 왜소해지거나 평평해지며, 그것들은 슬프고 음침해지고 심지어 사라지는 경향까지 보인다. 그 풍경들을 자주 찾는 존재들은 더 이상 자기 마음대로 할 수 있는 어떤 비전을 가지고 있지 않으며, 대신에 <침묵과 어둠의 땅 Land of Silence and Darkness >의 귀먹은 벙어리처럼 촉각이라는 기본적인 감각으로 축소되는 듯하고, 자기들에게 단지 한숨 돌림을, 두 가지 고통들 사이에 위치한 비전의 찌꺼기를 허용할 뿐인 불확실한 선을 따라가면서 자신들의 걸음걸이의 리듬이나 자신들의 괴물 같은 키에 맞추어 지상에 가깝게 걷는다. 이것은 교수의 정원에서 카스퍼 하우저가 걷던 발걸음이다. 이것은 그의 난쟁이와 그의 매춘부, 그리고 독일로부터 가련한 미국으로 달아나는 그의 탈주의 선 ligne de fuite 을 가진

<스트로체크 Stroszek >이다. 이것은 무르나우의 인물과는 정반대로 다루어져서, 자궁 속으로의 퇴행에 붙잡혀 있는, 자신의 연약한 신체와 자신이 손대고 빨아들이는 것에로 축소된 태아이고, 우주 속에서 자신의 계승자라는 형태로만 스스로를 번식시킬 뿐일, 평평한 대지의 지평선을 향해 떠다니는 티끌같이 작은 점인 <노스페라투 Nosferatu>이다. 이것은 항상 그 자신의 열정으로 축소되어 버린 <보이체크 Woyzeck >이며, 거기서는 지구, 빨간 달, 검은 물웅덩이가 이제 장대한 종합 기호 대신 단음적인 staccato 지표들로부터만 추론된다.[7] 따라서 이 경우에 그것은 작은 형식 ASA´, 그러나 자신의 가장 연약한 측면으로 축소된 그것이다. 왜냐하면 두 경우 — 큰 형식의 승화 sublimation 와 작은 형식의 쇠약 enfeeblement — 모두에 있어서 헤어조크는 형이상학자이기 때문이다. 그는 가장 형이상학적인 영화감독이다(비록 독일 표현주의가 이미 형이상학에 물들어 있었다 하더라도, 그것은 헤어조크가 무관심했던 선과 악의 문제의 테두리 안에 머물러 있었다). 브루노가 "더 이상 쓸모가 없어졌을 때 대상들은 어디로 가는가?" 하는 질문을 했을 때, 우리는 그것들은 정상적으로는 쓰레기통으로 간다고 대답할 수도 있지만, 그 질문이 형이상학적이기 때문에 그런 대답은 부적절한 것이 될 것이다. 베르그송은 똑같은 질문을 했고 형이상학적으로 대답했다. 즉, 쓸모 있기를 그친 것은 단순히 존재하기 시작한다. 그리고 헤어조크가 "걸어가는 그 남자는 무방비이다"라고 언급했을 때, 우리는 그 보행자가 자동차와 비행기에 비교해서 어떤 힘도 결핍하고 있다고 말할 수도 있다. 그러나 또다시, 그 언급은 형이상학적인 것이었다.[8] "절대적으로 무방비적인"이란

---

7) 매우 멋진 책 『베르너 헤어조크 *Werner Herzog*』에서 엠마뉴엘 카레레 Emmanuel Carrère 는 그가 다른 사례에서 거대한 비전들의 존재를 분석했던 것과 꼭 마찬가지로 <보이체크>에서 나타나는 이 풍경의 부재에 대해서 분석하였다.

8) 헤어조크는 그의 보행자의 일기의 끝 부분에서 완곡한 표현으로 이러한 생각을 자명한 것으로서 제시한다, *Sur le Chemin des glaces*, Hachette, p. 114 : "……그리고, 그녀는 내가 걸어가는 사람들 중의 한 사람이고,

브루노가 그 자신에게 부여한 정의이다. 보행자는 자신이 존재하기 시작하는 그이기 때문에, 작은 존재이기를 결코 그쳐 본 적이 없기 때문에 무방비이다. 그것은 카스퍼의 발걸음, 이름 붙일 수 없는 것의 발걸음이다. 우리는 어떻게 작은 것이 큰 것과의 관계 속에 들어가 두 이데아들이 소통하고 상호 교환 속에서 형상들을 형성하는지 알 수 있다. 몽상가의 숭고한 계획은 큰 형식 속에서 실패하고 그의 실재 전체는 쇠약해진다 : 아귀레는 자신의 진흙투성이 뗏목 위에 혼자 남겨진 채 종말을 맞는데, 그때 그에게는 다만 그의 인종으로서의 원숭이들의 식민지만이 함께 있을 뿐이다 ; 그의 마지막 공연으로서, 피츠카랄도는 드문드문한 관객과 검은 돼지 한 마리 앞에 2류 가수단을 제공했다 ; 그리고 유리 공장의 붉은 직공들이 유리 조각들을 줍는 결말을 가질 뿐이었다. 그러나 역으로 작은 형식 속에서 걷고 있는 약골들은 세계와 촉각적인 관계를 가짐으로써 그 이미지 자체를 팽창시키고 고무시킨다. 귀 먼 벙어리 아이가 나무나 선인장에 손댈 때나, 아니면 보이체크가 그가 베고 있는 나무의 감촉에서 일어나는 대지의 힘들을 느낄 때처럼. 그리고 이 촉각적 가치들의 해방은 단순히 이미지를 고무시키는 데 그치는 것이 아니다. <침묵과 어둠의 땅>에서 중간 정도의 점프를 하는 빨간 옷의 스키어나 <카스퍼 하우저의 신비 The Enigma of Kasper Hauser >에서의 세 가지 거대한 풍경의 꿈들처럼, 그것은 부분적으로 이미지를 열고 탈주, 상승 또는 통과의 광대한 환각적인 비전들을 삽입한다. 그러므로 여기서 다시 우리는 숭고의 그것과 유사한 둘로의 분할을 목격한다 ; 그리고 전체적인 숭고는 작은 것 편에서 재발견된다. 이 후자는 플라톤에서처럼 큰 것이 그런 것 못지 않게 이데아이다. 두 가지 의미 모두에서, 헤어조크는 신천옹 albatross 의 커다란 발과 거대한 하얀 날개는 동일한 것임을 보여 주었을 것이다.

떠나고 있고 무방비라는 것을 알고 있었기 때문에, 나를 이해하였다."

3. 두 개의 공간들 : 숨결-포괄체, 그리고 우주의 선

마지막으로, 작은 형식과 큰 형식이 그들의 실제 구별과 가능한 모든 변형들을 명백히 드러내는 기초적인 영역들이 결정되어야만 한다. 우선, 환경의 관념에 상응하는 물리-생물학적인 영역이 있다. 이것은 일차적인 의미에서는 두 신체들 간의 간격, 또는 더 정확히 말해서 그 간격을 점거하는 것, 한 신체의 행동을 떨어져 있는 다른 신체에게 전달하는 유동체를 나타낸다(접촉의 행동은 따라서 무한히 작은 거리를 함축한다). 그러므로 우리는 특징적인 ASA´ 형식 속에 처해 있음을 발견한다. 그러나 그때 환경은 신체를 포위하고 있고 그것에 작용을 가하는 분위기 또는 포괄체를 나타낸다. 그 신체가 환경에 반작용한다 하더라도 말이다. 이것은 SAS´ 형식이다. 우리는 쉽게 한 의미에서 다른 의미로 이동하지만, 그것의 조합이 두 관념의 구별되는 기원을 삭제하지는 않는바, 그 관념 중 하나는 유동체의 역학에 속하고 다른 하나는 생물 인류학적인 분야에 속한다.[9]

공간의 관념에 상응하는 수학적 영역 또한 두 가지 구별되는 개념화가 생겨나게 한다. 구조가 주어져 있는 세트로부터 출발해서 그 세트에 속하는 요소들의 일의적인 장소와 기능을 결정하려 하는(세트의 본성이 알려지기 전이라 할지라도) 개념화는 '총괄적 global'이라고 불리게 될 것이다. 자기 속에 잠기는 형상들과의 관계 속에서 특정한 변형을 겪을 수 있는 것은 분위기-공간이다 : SAS´. 다른 한편으로 '국부적인 local' 개념화는 자신의 직접적인 주위와 더불어 공간의 파편을 형성하는 무한소적인 요소로부터 출발한다 ; 그러나 이 요소들, 또는 이 파편들은 접선의 벡터들에 의한 연결의 선이 결정되어 있지 않는 한 서로 연결되지 않는다(ASA´). 이 두 개념

9) Georges Canguilhem, *La Connaissance de la vie*, "Le vivant et son milieu".

화는 전체와 부분처럼 대립되는 것이 아니라 전체와 부분의 관계를 구성하는 두 가지 방식이라는 점이 주목될 것이다.[10] 그것은 본성에 있어 상이하고 동일한 한계를 가지지 않는 두 공간의 사례이다. 첫 번째 것의 한계는 텅 빈 공간일 것이지만, 두 번째 것의 한계는 그 부분들이 무한한 방식으로 서로 연결될 수 있는 절연된 공간이 될 것이다. 그럼에도 불구하고 한 공간으로부터 다른 공간으로 이동하고 두 한계들이 무규정적 공간이란 관념 속에서 재경합되는 조건들이 존재한다. 그러나 이것들은 기원과 개념화에 있어 매우 상이한 공간들이다. 서부극이 순수 기하학적인 재현을 가진다면, 우리가 분석했던 두 양상들은 이 두 가지 공간적 형식들에 상응할 것이다.

세 번째로 우리는 풍경의 관념에 상응하는 미학적 영역을 고찰할 것이다. 중국과 일본의 회화는 두 가지 근본적인 원리들을 환기시킨다. 한편으로는 시원적인 진공과, 일자 속의 모든 사물들에 삼투하며 그것들을 전체 속에 통일시키고 거대한 순환이나 유기적 나선의 운동에 따라 변형시키는 삶의 숨결, 그리고 다른 한편으로는 중간적인 진공과 골격, 접합, 이음촉들, 주름, 또는 우주의 선을 쫓으면서 그것들의 현전의 정상에서 그것들을 손에 넣는 꺾여진 획이 그것이다. 앞의 경우에 중요한 것은 결합이고 확장과 수축이지만, 뒤의 경우 그것은 자율적인 사건들로의 분리이며 이 사건들은 모두 결정적인 것들이다. 전자의 경우 사물들의 현전은 그것들의 '나타남'에 있지만, 후자의 경우에는 그 꼭대기가 하늘 속에 사라지고 그것의 기초가 보이지 않는 탑이나 구름 속에 숨겨진 용처럼 현전 자체가 '사라짐' 속에 놓여 있다.[11] 이 두 원리들은 확실히 분리 불가능하며 전자가 지배적인 것이다. "호흡함이 없이 획이 중단되어야 하고, 정신이 존재하지 않으면서 형

10) 이 두 개념화에 대해서는 Albert Lautman, *5Essai sur les notions de structure et d'existence en mathématiques I*, Chaps I and II 참조. 로망은 두 가지 플라톤적인 이데아들을 그것들에 대응시킨다.

11) Henri Maldiney, *Regard, parole, espace*, pp. 167 ff. 그리고 Francis Cheng, *Vide et plein, le langage pictural chinois*(우리는 중국인 화가들로부터 가져온 이하의 두 인용문을 이 책에서 빌린다).

태들이 불연속적이어야 한다고 권고할 수 있다." "총체적인 결과를 성취하는 것이 목표라 할지라도 모든 실행의 예술은 파편적인 표기법과 중단 속에 있다.…… " 깊은 물 속에서 그것이 스치고 지나가는 바위에, 그리고 그것이 숨어 있는 강둑 갈대 숲에 창꼬치를 연결시키는 우주의 꺾어진 선을 발견하지 않고서 어떻게 창꼬치를 그릴 수 있겠는가? 그러나 또한 창꼬치가 그 한 부분, 그것의 한 인상일 뿐인 우주적 숨결로써 그것에 생기를 불어넣지 않으면서 어떻게 그 창꼬치를 그릴 수 있는가? 설사 그럴 수 있다 하더라도, 양 원리들 아래서는, 사물들이 동일한 기호를 가지지 않으며, 공간들은 똑같은 형식을 가지지 않는다 : 숨결 또는 나선에는 종합 기호, 우주의 선들에는 벡터들 : '단 한번의 획'과 '주름잡힌 획'.

에이젠슈테인은 중국과 일본의 풍경화에 매료되었는데, 거기서 영화의 예시豫示를 보았기 때문이다.[12] 그러나 일본 영화 자체에서는 우리에게 가장 가까운 두 명의 위대한 감독들이 각각 두 행동 공간들 중의 하나에 우선성을 부여하였다. 구로자와 Akira Kurosawa의 작품은 결투와 전투들을 채우는 숨결에 의해 생기가 불어넣어진다. 이 숨결은 작품의 종합 기호이자 구로자와의 개인적인 서명으로서의 단 하나의 획에 의해 표상된다. 스크린의 꼭대기에서 밑바닥으로 내달리는 두꺼운 수직선을 상상해 보라. 이 선은 오른쪽에서 왼쪽으로 왼쪽에서 오른쪽으로 내달리는, 보다 가느다란 수평선들에 의해 가로질러진다. <영무자 Kagemusha>에서 이것은 왼쪽 오른쪽으

12) 특히 *La non-indifférente Nature*, II, pp. 71-107. 그렇지만 에이젠슈테인은 상이한 공간들보다는 그가 팬 쇼트에 비유하는 '두루말이 그림 rolling pictures' 형식에 더 흥미를 보인다. 그러나 그는 첫 번째 두루말이 그림들은 선형적인 공간을 구성하며, 숨에 의해 생기가 불어넣어진, 표면의 색조적인 조직화의 방향으로 전개된다는 점에 주목한다. 심지어는 말려 올라간 것이 표면이 아니라, 이미지가 전체를 구성하는 그런 방식으로 표면으로 도도히 흘러드는 형식마저 존재한다. 따라서 우리는 두 가지 공간들을 재발견하는 것이다. 그리고 에이젠슈테인은 영화를 두 형식들의 종합이라고 표현한다.

로 부단히 방향을 바꾸면서 내려오는 외교 사절의 장려한 하강이다. 구로자와는 비를 그리는 가장 위대한 영화 작가의 한 사람이다. <7인의 사무라이 The Seven Samurai >에서는 함정에 빠진 도적들이 마을의 한 끝에서 다른 끝으로 왔다갔다하며 말을 질주하는 동안 굵은 비가 내린다. 카메라 앵글은 종종, 부단한 측면 운동들을 나타내는 평평해진 이미지를 형성한다. 우리가 일본적인 지세학을 참조한다면 이 거대한 숨결-공간 — 팽창되든 수축되든 — 을 이해할 수 있다. 그것은 개인에게서 시작하여 계속해서 수, 거리, 장소, 마을을 가리키며 진행되는 그런 것이 아니다. 반대로 그것은 벽들, 마을에서 출발하며, 그 다음에 큰 블록을, 그리고 나서 장소를, 그리고 마지막에 미지의 여인을 찾게 되는 공간을 명시한다.[13] 그것은 미지의 여인으로부터 그녀를 결정할 수 있는 주어진 소여所與들로 운동하지 않는다. 모든 주어진 것들에서 출발하며, 그것들로부터 움직여 내려가 미지의 여인이 담겨 있는 한계들을 표시한다. 이것은 극단적으로 순수한 SA 공식으로 보일 듯하다. 행동 이전에 그리고 행위하기 위해서는 주어진 것들을 모두 알아야만 한다. 구로자와는 그에게 가장 어려운 시간은 "인물이 행동하기 시작하기 전이다. 그 지점에 도달하기 위해서 나는 몇 달 동안이나 생각하는 것이 필요하다"[14]고 말한다. 그러나 실로 이것은 인물 자신에게 어렵기 때문에 어려운 것일 뿐이다 : 그는 먼저 주어진 소여들을 모두 가져야 한다. 이것이 구로자와의 영화들이 종종 두 개의 명백히 구별되는 부분들을 가지는 이유이다. 그 첫 번째 부분은 긴 서설적인 설명부이고, 두 번째 부분에서 무감각하고 잔인한 행동이 시작된다(<길 잃은 개 Stray Dog >, <천국과 지옥 Heaven and Hell >). 이것은 또한 구로자와의 공간이, 주인공이 거기에서 자기 앞에 주어진 소여들을 모두 가지며 행동하기 위해 그것들을 계속 시

13) Akira Mizubayashi, "Autour du bain", *Critique*, no. 418, January 1983, p. 5.

14) Kurosawa, "Entretien avec Shimizu", *Etudes cinématographiques Kurosawa*, p. 7.

야 속에 유지하는 축소된 연극적인 공간일 수 있는 이유이기도 하다(<요진보 The Bodyguard>).[15] 이것은 마지막으로, 그 공간이 팽창하고 부자들의 세계와 빈자들의 세계, 높은 곳과 밑바닥, 천국과 지옥을 결합하는 거대한 원환을 형성하는 이유이다. 그 속에서 주인공이 존재하고 움직이는 직경에 의해 옆으로 가로질러지는 큰 형식의 이 원을 추적하기 위해서는, 높은 곳에 대한 설명과 동시에 더 낮은 밑바닥에 대한 탐험이 있어야만 한다(<천국과 지옥>).

그러나 다른 어떤 것이 또 있지 않았다면, 구로자와는 단순히 큰 형식을 발전시켰고 고전적인 것이 된 서부극의 기준에 따라 이해될 수 있는 한 명의 출중한 감독에 불과했을 것이다. 그의 더 낮은 밑바닥 탐험은 범죄 영화나 '불행한 사람들을 묘사하는' 영화('miserabilist' film)에 부합했을 것이다. 빈자들의 세계와 부자들의 세계가 이루는 그의 거대한 원환은 그리피스가 우주의 소여로서 또 몽타주의 기초로서 부과할 수 있었던 자유주의적인 휴머니즘적 개념화를 반영했을 것이다 — 그리고 이 그리피스적인 해석은 구로자와에게도 존재한다 : 부자와 빈자가 있고 그들은 서로를 이해해야 하며 상호 협정에 도달한다…… . 간단히 말해서, 행동 전에 설명이라는 요건은 SA 공식에 정확히 부합한다 : 상황에서 행동으로. 그렇지만 이 큰 형식의 맥락 속에는, 틀림없이 일본적인 전통에 연결될 수 있지만 또한 구로자와 자신의 천재성에도 돌려질 수 있을 심오한 독창성을 증명하는 몇 가지 측면들이 있다. 우선, 완전한 설명이 있어야만 하는 소여들이란 상황이 주어진 것이 아니다. 그것들은 상황 속에 숨겨져 있고 상황 속에 싸여져 있으며, 주인공이 행동할 수 있으려면, 상황에 대해 반응할 수 있으려면 반드

15) Luigi Martelli, p. 112 : "모든 에피소드들은 주인공 캐릭터의 시야 속에 위치한다.…… [구로자와는] 이미지를 평평하게 하는 데 기여하는 카메라 앵글에, 그리고 시야 심도의 부재 속에 횡단 운동의 인상을 유발하는 것에 우선성을 부여하려 했다. 이런 기술적인 과정들은 그것들이 비판적인 판단을, 우리가 동일시하는 눈을 통해 역사를 뒤쫓는 주인공의 그것을 재현하는 경향을 띨 정도로 근본적으로 중요한 역할을 한다.

시 추출해 내야만 하는 질문의 소여들이다. '반응'은 상황에 대한 행동의 반응일 뿐만 아니라, 보다 심오하게는 질문에 대한 반응, 또는 상황만으로는 드러내기에 충분하지 않았던 문제에 대한 반응이다. 만약 구로자와와 도스토예프스키 사이에 어떤 친화성이 존재한다면, 그것은 정확히 이 점에서이다. 도스토예프스키에서 상황의 긴급성은 그것이 아무리 크다 하더라도 주인공에 의해 사려 깊게 무시되는데, 그는 훨씬 더 절박한 질문을 먼저 찾고 싶어한다. 이것이 러시아 문학에서 구로자와가 사랑하는 것, 그가 러시아와 일본 사이에 확립하는 연결이다. 상황으로부터 그것이 담고 있는 질문을 떼어 내야만 하고, 그것만이 상황에 대한 반응을 허용하며 그것 없이는 행동도 반응이 될 수 없을 그 비밀스러운 질문의 소여들을 발견해야만 한다. 구로자와는 이렇듯 나름의 방식으로 형이상학자이며, 큰 형식의 팽창을 발명해 낸다 : 그는 상황을 넘어 질문으로 나아가며, 주어진 소여들을 더 이상 상황의 소여들이 아니라 질문의 소여들로 끌어올린다. 따라서 그 질문이 때때로 실망스럽고, 부르주아적이며, 공허한 휴머니즘에서 태어난 것으로 나타난다는 사실은 별로 중요하지 않다. 중요한 것은 이 무규정적인 질문 an any-question-whatever 의 추출 형식이고, 그것의 내용보다는 그것의 강도, 그것의 대상보다는 그것의 소여들이며, 이것들은 어떤 경우든 그것을 스핑크스의 질문, 마녀의 질문으로 만드는 것이다.

이해하지 못하는 자, 자기가 상황의 모든 주어진 소여들을 소유한다고 믿고 이에 만족하기 때문에 급히 행동하는 자는 비참한 죽음으로 멸망할 것이다. <거미줄의 성 The Castle of the Spider's Web >에서 마녀만이 그 비밀을 간직하고 있었던 질문을 맥베스가 이해하지 못했기 때문에 숨결-공간은 맥베스를 함정에 빠뜨린 거미줄로 변형된다. 두 번째 경우, 인물은 상황의 소여들을 파악하는 것으로 충분하다고 믿는다. 그는 심지어 그것들이 야기하는 모든 결과들을 이끌어 내는 데까지 나아간다. 그러나 그는 숨겨진 질문이 존재한다는 것을 알아채며, 그는 이 질문을 갑자기 이해하게 되고 질문은 그의 결정을 바꾼다. 이와 같이, <붉은 수염 Red Beard >의 대리인은 병든 사람들의 상황과 광기의 소여들을 과학적으로 이해한다. 그는 권위주의적이고 의고적이며 별로 과학적이지 못한 듯 보이는 의료 행위를 하는 자기 스승을 떠날 준비를 한다. 그러나 그는 한 미친 여인을 만나고 그녀의 병 속에서 다른 모든 미친 여인들 속에 이미 현존하고 있는 것, 어떤 객관적인 질문이나 객관화할 수 있는 질문도 무한히 넘어서는 미친, 깊이를 헤아릴 수 없는 질문의 메아리를 이해하게 된다. 그는 갑자기 스승은 그 질문을 '이해했다'는 것, 스승의 의료 행위는 질문의 기초를 탐험했다는 것을 이해한다. 그는 그러므로 붉은 수염과 함께 있을 것이다(어떤 경우든, 구로자와의 공간에는 탈주가 가능하지 않다). 여기서 특히 분명한 것은, 상황의 소여들은 단지 질문과 그 반응들 양자 모두를 담지하는 이 거대한 숨결을 일소함으로써만 맞서 싸울 수 있는 원인과 결과들을 담고 있을 뿐인 반면에, 질문의 소여들 자체는 그것에 연루된 주체들의 꿈과 악몽들, 이념과 비전들, 추진력과 행동들을 함축한다. 실제로, 만약 질문이 그것이 표현되는 소름끼치고 무감각하며 미숙한 이미지들 속에서조차 보존되고 존중되지 않는다면 어떤 반응도 존재하지 않을 것이다. 이것이 구로자와의 해몽주의 oneirism의 기원인바, 환각적인 비전들은 단순히 주관적인 이미지들이 아니라, 초월적인 질문의 소여들이 세계에 속하고 세계의 가장 깊은 부분들에 속하는 한에서 그것들을 발견하게 되는 사유의 형상들이다(<백치 The Idiot>). 구로자와 영화들에서 호흡은 서사시적인 장면과 친밀한 장면들, 강렬함과 유예, 트래킹 쇼트와 클로즈업, 리얼리즘적인 시퀀스와 비리얼리즘적인 시퀀스들의 교호에만 있는 것이 아니라, 인물이 사실적인 상황으로부터 이 상황에 붙어 다니는 질문의 필연적으로 비사실적인 소여들로 들어 올려지는 방식에 훨씬 더 많이 존재한다.[16)]

---

16) Michel Estève, pp. 52-3와 Alain Jourdat(*Cinématographe*, no. 67, May 1981) 참조. 후자는 이 점에 대해서 <백치>의 위대한 장면들 몇 가지를 분석하고 있다 : 눈 雪, 스케이터들의 사육제, 눈 眼과 얼음. 거기서 해몽주의는 상황의 사실주의와 교호하지 않고 그것으로부터 추출

세 번째 경우에는 인물이 모든 소여들을 흡수해야 한다는 것이 분명히 필요하다. 그러나 그것은 상황보다는 질문을 지시하기 때문에 이 호흡-흡수는 액터즈 스튜디오의 그것과는 크게 다르다. 단지 폭발적인 행동일 뿐인 반응을 생산하기 위해 상황을 흡수하는 대신, 진정으로 충분히 고려된 반응이 될 행동을 생산하기 위해 질문을 흡수하는 것이 필요한 것이다. 결과적으로 인상의 기호는 전례 없는 발전을 이루었다. <영무자>에서 이중체(대역)는 주인을 둘러싼 모든 것을 흡수해야만 하며, 그는 그 자신이 인상이 되어 다양한 상황들(여인들, 작은 아이, 그리고 무엇보다도 말馬)을 통과해야 한다. 서부극 영화들도 똑같은 테마를 채택했었다고 말할 수도 있을 것이다. 그러나 이 경우에서는, 이중체는 오직 주인만이 알고 있는 질문, "바람처럼 빠르고, 숲처럼 조용하며, 불처럼 무섭고, 산처럼 움직이지 않는"이라는 문제의 소여들을 모두 흡수해야만 한다. 이것은 주인의 묘사가 아니다. 그것은 주인이 그 답을 소유하고 채어 가는 수수께끼이다. 이것은 그를 흉내내는 것을 더 쉽게 하는 것과는 거리가 멀다. 오히려 그를 초인으로 만들거나 그를 위해 우주론적인 연관성을 확보하는 것이 바로 이것이다. 여기서 우리는 새로운 한계와 부딪치는 듯하다 : 모든 주어진 소여들을 흡수하는 자는 단지 하나의 이중체, 주인 또는 세계에 봉사하는 하나의 그림자가 될 것이다. 숲의 인상들의 주인 <데루스 우잘라Dersu Uzala>는 그가 시력을 잃고 더 이상 숲이 자기에게 묻는 숭고한 질문을 들을 수 없을 때 그 자신 그림자 상태로 미끄러져 들어간다. 편안한 '위치'가 그를 위해 마련되었음에도 불구하고 그는 죽을 것이다. 그리고 <7인의 사무라이>가 있다. 그들이 그토록 오랫동안 상황에 대한 정보를 모으는 데에만 전념한다면, 그들이 마을의 물리적 소여들뿐만 아니라 주민들의 심리적 소여들도 흡수한다면, 그것은 모든 상황들로부터 점차적으로 추출될 수 있을 뿐인 더 고차적인 질문이 존재하기 때문이다. 이 질문은 "마을을 방어할 수 있는가?"가 아니라 "오늘날, 역사의 이 특정한 순간에 사무라이란 무엇인가?"이다. 그

된다.

리고 질문과 함께 오는 답, 마침내 도달되는 그 답은 사무라이는 부자와도 빈자와도 함께 할 수 없는, 더 이상 자리가 없는 그림자가 되었다가 될 것이다(농부들이 진짜 승리자들이었다).

그러나 바로 그 죽음들 속에, 보다 완전한 답이 예시豫示되는 것을 허용하는, 진정된 어떤 것이 존재한다. 사실, 네 번째 경우는 우리가 전체를 개괄하는 것을 허용한다. 구로자와의 가장 멋진 영화 중 하나인 <이키루 To Live>는 다음과 같은 질문을 던진다. "자신에게 단지 한두 달만 삶이 더 허용되어 있을 뿐이라는 것을 알고 있는 남자가 무엇을 할 것인가?" 모든 것은 주어진 것들에 달려 있다. "궁극적인 쾌락을 알기 위해서는 무엇을 해야 하는가?" 놀라고 어리석은 남자는 지체없이 쾌락의 소굴, 술집과 스트립 클럽들을 일주한다. 이것은 질문에 대한 진짜 소여를 주는가? 그것은 오히려 질문을 모호하게 하고 숨기는 들뜬 상태는 아닌가? 한 여자에게 강한 애정을 느낌으로써, 남자는 그녀에게서 그것이 최후 순간의 정사라는 문제도 아니라는 것을 배우게 된다. 그녀는 그녀 자신의 예를 들면서, 자기가 공장에서 작은 장난감 토끼를 만들고 있으며, 그것들이 자기가 알지 못하는 어린이들의 손에 들어갈 것이고 이런 식으로 도시를 차례로 돌게 될 것이라는 사실을 알기 때문에 자기는 행복하다고 설명한다. 그리고 남자는 "무엇을 할 것인가?"라는 질문의 소여들이란 곧 수행해야 할 유용한 일이라는 소여들이라는 것을 이해하게 된다. 그리하여 그는 자신의 시민 공원 계획을 다시 추진하고 죽기 전에 그것에 대한 모든 장애물을 극복한다. 여기서 다시, 구로자와가 우리에게 아주 평범한 휴머니즘적인 메시지를 주고 있다고 말할 수도 있을 것이다. 그러나 그 영화는 참으로 다른 어떤 것이다. 그것은 상황들을 통해 질문과 그것의 소여들을 끈질기게 찾는 탐색이다. 그리고 탐색이 진전됨에 따라 점차적으로 답이 발견된다. 유일한 답은 소여들을 다시 제공하는 데에, 세계에 소여들을 다시 공급하는 데에, 아무리 작은 것일지라도 가능한 한 많이 무언가를 순환시키는 데에 있다. 이 새롭거나 갱신된 소여들을 통해서 보다 덜 잔혹한 질문들이, 보다 더 즐겁고 자연과 삶에 보다 가까운 질문들이 생겨나고 산포되는 방식으로 말이다. 이것은 작은 산막이 준비되고 약간의 음식이 마련되어서 다음 여행자들이 살아 남아 자신들의 길을 갈 수 있게 되기를 바라면서 데루스 우잘라가 하고 있었던 일이기도 하다. 그래서 어떤 이는 그림자가 될 수도 있고, 어떤 이는 죽을 수도 있다 : 그러나 어떤 이는 공간에 얼마간의 숨결을 되돌려 주었을 것이고, 어떤 이는 숨결-공간을 다시 얻었을 것이며, 어떤 이는 공원이나 숲, 또는 장난감 토끼가 되었을 것이다. 헨리 밀러 Henry Miller 가 만약 다시 태어난다면 자기는 공원으로 환생할 거라고 말했던 것과 같은 의미에서 말이다.

구로자와와 미조구찌 Kenji Mizoguchi 사이의 대비는 꼬르네이유 Corneille 와 라신느 Racine 사이의 그것만큼이나 잘 알려져 있다(연대기적 순서는 반대이지만). 구로자와의 거의 배타적으로 남성적인 세계는 미조구찌의 여성적인 우주와 대조된다. 구로자와의 영화가 큰 형식에 속하는 만큼, 미조구찌의 작품은 작은 형식에 속한다. 미조구찌의 서명은 단 한번의 획이 아니라, 물의 주름살이 이미지 전체를 차지해 버리는 <5월 비의 연대기 Chronicle of the May Rain >의 호수 위에서처럼 주름잡힌 획이다. 이 두 감독은 한 형식을 다른 형식으로 전환시키는 징보성보다는 두 형식들 간의 명백한 구별에 대한 증거를 제공한다. 그러나 구로자와는 그의 기법과 그의 형이상학을 통해 큰 형식을 즉석에서의 변형으로서 작동하는 넓히기에 종속시킨다. 다른 한편, 미조구찌는 그 자체로서 작은 형식을 변형시키는 늘리기, 끌어내기에 작은 형식을 종속시킨다. 미조구찌가 두 번째 원리에서 출발한다는 것은 몇 가지 관점에서 볼 때 명백하다. 그것은 더 이상 숨결이 아니라 골격이며, 다음 파편에 연결되어야만 하는 공간의 작은 파편이다. 모든 것은 자신의 섬세한 뼈대와 베일을 지닌 채, '배경', 즉 여인들을 위해 마련된 공간의 파편, '집의 가장 뒤에 있는 부분'에서 출발한다. <찌까마쯔 이야기 A Story from Chikamatsu >에서 행동 — 즉, 아내의 도망 — 은 여인들의 방들에서 일어난 사건에 의해 시작된다. 실로, 집안에서도 연결들의 전체 체계는 이동식 미닫이 칸막이 벽들 덕택에 작동하게 된다. 그러나 공간의 한 파편을 다른 파편에 연결시키는 문제가 처음 확립되는 것은 길거리에 대한 관계에서이다. 그리고 보다 일반적으로는, 인물이 프레임을 떠났거나 아니면 카메라가 인물을 내버린 많은 중간의 진공들이 공간의 파편들 사이에 끼워진다. <우게쯔 이야기 Ugetsu Monagatari>에서 안개에 덮인 호수의 눈에 보이는 부분처럼 쇼트가 제한된 영역을 규정하거나, 아니면 언덕이 지평선을 가로막고, 한 쇼트에서 다음 쇼트로의 이행은 연속성에 대립되는 인접성 contiguité 을 긍정하면서 화면의 페이딩 fading 을 배제한다. 그것이 항상적인 분리의 문제라 하더라도, 우리는 그것이 파편화된 공간이라고 말하지는 않을 것이다. 그러나 각각의 장면, 각각의 쇼트는 인물과 사건을 인물의 자율성, 그의 강렬한 현전의 정점으로 가져가야 한다. 이 강렬함은 유지되어야만 하고, 심지어 그것의 추락 지점=0에까지 연장되어야 하는데, 이 지점 역시 이 강도에 속하며 그것을 다른 강도와 혼동하지 않기 때문에 진공은 각 강도의 구성 요소이고 '사라짐'처럼 각 현전에 내재적인 양식이다(우리가 보게 될 것처럼 이것은 오즈 Ysasujiro Ozu 에게서 일어나는 것과는 참으로 다른 것이다).[17] 이렇게 정의된 파편들이 공간 구성의 과정일수록 그것은 더욱 덜 파편화된 공간이다. 공간은 비전이 아니라 전진 progression 에 의해 구성되며, 그 전진의 단위는 구역 또는 파편이다. 구로자와 — 그에게서 측면 운동이 가진 모든 중요성은 그 운동이 그것의 직경이 되는 더 크거나 작은 원의 한계들과 양 방향에서 만난다는 사실에 기인했다 — 와는 대조적으로 미조구찌의 측면 운동은 확정되었지만 제한되지 않은 방향으로 조금씩 움직이며, 공간을 전제하는 것이 아니라 공간을 창조한다. 그리고 확정된 방향은 결코 방향의 통일성을 함축하지 않는데, 왜냐하면 방향은 그 각각에 벡터가 부착되는 각각의 파편과 함께 변이하기 때문이다(이 방향의 변이는 <불경한 영웅 Le Héros sacrilège>(1955)에서 정

---

17) 미조구찌에서의 강도 및 그것이 진공의 가장자리로까지 연장되는 것에 대해서는 Hélène Bokanowski, "L'espace de Mizoguchi", *Cinématographe*, no. **41**, November **1948** 참조.

점에 도달한다). 이것은 단순한 장소의 변화가 아니다. 그것은 공간으로서의 연속적인 공간이 가진 역설인데, 거기서 시간은 완전히 긍정되지만 그 공간의 변수들의 함수라는 형태로서 긍정된다. 따라서 <우게쯔 이야기>에서 우리는 주인공이 요정과 함께 목욕하는 것을 보는데, 그 다음에는 물이 넘쳐 들의 냇물을 형성하는 것을 보게 되며, 그 다음에는 들과 평야, 그리고 마지막으로 정원이 보여지며, 우리가 거기에서 다시 발견하게 되는 그 커플은 이제 '몇 달 뒤에' 저녁을 들고 있다.[18]

마지막 문제는 단계적인 연결을 넘어선, 공간의 파편들의 일반화된 연결의 문제이다. 다시 한 번 기법만큼이나 형이상학을 정의하면서, 네 가지 절차들이 이 효과로 수렴한다. 첫째, 상대적으로 높은 카메라 위치는 좁은 구역 안에서 장면이 전개되는 것을 보증하면서 조망에 있어선 부감 쇼트 효과를 생산한다. 둘째, 인접 쇼트들에 대한 동일 앵글의 유지는 컷들을 덮어씌우는 미끄러지는 효과를 생산한다. 셋째, 미디엄 쇼트를 넘어서기를 거부하며 카메라의 원환적 운동을 허용하는 거리 두기의 원칙은 장면을 중립화하는 것이 아니라, 반대로 공간 속에서 끝까지 장면의 강도를 유지하고 연장한다(예를 들면, <마지막 국화 이야기 The Story of the Last Chrysanthemums>에서의 여인의 고뇌). 마지막으로 가장 중요한 것으로서, 노엘 버치가 분석했던 것처럼 미조구찌에게서 특수한 형식, 즉 진짜 '회전 쇼트 rolling shot'의 형식을 취하는 시퀀스-쇼트는 연속적인 공간의 파편들을 풀어놓는데, 그럼에도 불구하고 이 파편들에게는 상이한 방향의 벡터들이 부착된다(버치에 따르면 그 가장 훌륭한 예는 <기온의 자매들 Sisters of the Gion>과 <마지막 국화 이야기>에 등장한다).[19] 그리고 우리가 보기에

---

18) 고다르가 이 시퀀스를 분석한 것을 참조하라. *Jean-Luc Godard par Jean-Luc Godard*, pp. 113-14.

19) 노엘 버치(*Pour un Observateur lointain*, pp. 223-50)는 이 측면들을 모두 분석하고 어떻게 회전 쇼트가 이것들 모두를 통합하는지 보여준다. 버치는 이 시퀀스-쇼트 유형의 특이성을 강조한다. 그리고 실제로 상이한 감독들에게는 서로 환원할 수 없는 많은 종류의 시퀀스-쇼트들

는 이것이 미조구찌에서의 지나친 카메라 움직임이라 불리는 것의 본질적인 요소인 듯하다 : 시퀀스-쇼트는 벡터들과 상이한 정향들의 일종의 병행론을 보증하며, 이렇게 해서 공간의 이질적인 파편들의 연결을 구성하고, 이렇게 구성된 공간에 매우 특별한 동질성을 부여한다. 이 제한되지 않은 늘이기 또는 끌어내기 속에서, 우리는 작은 형식의 공간이 가지는 궁극적인 본성과 접촉하게 된다 : 이제 참으로 그것은 더 이상 큰 형식의 그것보다 더 작지가 않다. 그것은 자신의 과정은 '작지만', 그것을 구성하는 파편들의 연결로부터, 상이한 벡터들(자신들의 차이들을 보유하는)의 평행 속에 위치함으로부터, 오직 점차적으로 형성되는 동질성으로부터 그것의 막대함이 도출된다. 이것이 그의 생애 말년에 시네마스코프에 대해 가졌던 미조구찌의 흥미, 시네마스코프로부터 자기가 가지고 있는 공간 개념의 함수로서 새로운 자원들을 끌어낼 수 있을 거라는 그의 직관이 연원하는 기원이다. 이 개념은 그러므로 '주름잡힌 획' 또는 꺾어진 획의 개념이다. 그리고 주름잡히거나 꺾어진 획은 우주의 한 선 또는 다수의 선의 기호이고, 공간의 이 경사면이 가진 궁극적인 본성이다. 우주의 선들, 우주의 섬유들을 획득했고, 자신의 모든 영화들 속에서 항상 그것들을 추적한 사람이 바로 미조구찌였다. 이런 방식으로, 그는 작은 형식에 비할 바 없는 범위를 부여하였다.

선은 전체 속으로 결합해 들어가는 것이 아니라, 이질적인 요소들을 연결하거나 이으면서 그것들을 이질적인 것으로서 계속 유지시킨다. 우주의

이 존재한다. 미조구찌에 의해 만들어진 영화들을 매우 엄격하게 선택하면서, 버치는 전쟁이 끝난 후 대략 1948년을 전후해서 미조구찌의 작품이 쇠퇴하기 시작하고 '고전적인 코드 classical code'와 '와일러의 시퀀스-쇼트 sequence-shot à la Wyler'(p. 249)로 돌아간다고 생각한다. 그렇지만 내가 보기에는 미조구찌의 시퀀스-쇼트는 우주의 선들을 추적하는 그 특정한 기능을 계속 가지고 있는 듯하다. 이것의 반향-그리고 그것에서 멀리 떨어져 있을 뿐인 것-은 아메리칸 네오-웨스턴의 어떤 특정한 예들에서만 발견될 뿐이다.

선은 뒷방을 거리에, 거리를 호수나 산, 숲에 잇는다. 그것은 남자와 여자와 코스모스 cosmos 를 잇는다. 그것은 욕망들, 고통, 실수들, 시련들, 승리들, 진정들을 연결한다. 그것은 강렬함의 순간들을, 그것이 통과하는 그 많은 점들처럼 연결한다. <양귀비 Yang Kwei Fei >에서 늙은 황제를 살해당한 황후에게 묶어 주는 시각적이고 청각적인 우주의 선처럼, <우게쯔 이야기>에서 그녀의 '사라짐'이 현전의 순수 강렬함이 되었던 죽은 아내를 한 번 더 발견하기 위해서 유혹적인 요정을 통과하는 도공의 우주의 선처럼, 그것은 산 자들과 죽은 자들을 연결한다. 주인공은 집의 모든 방들을 탐험하고, 그것들에서 나와서, 그 동안에 유령이 나타났었던 현관으로 돌아간다. 우리들 각자는 발견해야 할 자기 자신의 우주의 선을 가지고 있지만, 그러나 그것은 그것을 추적함으로써만, 그것의 주름잡힌 획을 추적함으로써만 발견될 뿐이다. 우주의 선들은 물리학 — 이것은 시퀀스 쇼트와 트래킹 쇼트에서 그 정점에 도달한다 — 과 미조구찌의 테마들에 의해 구성된 형이상학을 모두 가지고 있다. 그러나 우리가 최악의 장애물과 부딪치게 되는 것은 여기, 정확히 형이상학이 사회학과 마주치게 되는 지점에서이다. 이 대면은 이론적인 것이 아니다. 그것은 뒷방이 정면의 위계 서열에 종속되어 있는 일본식 집에서, 파편들의 연결이 위계적인 체계의 요구에 따라 결정되어야만 하는 일본적인 공간에서 일어난다. 이런 면에서 미조구찌의 사회학적인 생각은 단순하면서도 극단적으로 강력하다. 그에게는 여자들을 통과하지 않는 우주의 선은 존재하지 않으며, 또는 여자들로부터 나오지 않는 우주의 선이란 존재조차 하지 않는다. 하지만 사회 체계는 여자들을 억압받는 상태로 떨어뜨리고, 종종 위장되거나 공공연한 매춘으로 떨어뜨린다. 우주의 선들은 여성적이지만, 사회적 상태는 매춘적이다. 중심 핵이 위협받는다면, 어떻게 그것들이 살아남고 지속되거나 심지어 자신들을 추출할 수가 있을 것인가? <마지막 국화 이야기>에서 남자를 우주의 선으로 이끌고, 저주할 만한 행위자를 위대한 주인으로 변형시키는 것은 실로 여자이다. 그러나 그녀는 바로 그 성공이 그녀에게 오직 외로운 죽음만을 줌으로써 그 선을 산산이 부술 것이라는 것을 알고 있다. <찌까마쯔 이야기>에서 자신들의 사랑을 알지 못하는 그 커플은 오직 그들이 도망쳐야 하는 때에서야 그 사랑을 발견하며, 따라서 그들의 우주의 선은 이미 필연적으로 실패할 운명인 탈주의 선에 다름 아니다. 매 순간 자기 자신의 잔인한 종말에 강박되어 있는 선의 탄생에 우리가 임석해 있는 이 곳에서, 이 이미지들은 얼마나 눈부신 것인가. <오하루의 삶 The Life of Oharu >에서 사정은 훨씬 더 나쁜데, 그 영화에서 어머니로부터 아들에게로 나아가는 우주의 선은 그녀가 낳은 젊은 왕자로부터 이 불행한 여인을 몇 번씩이나 분리시키는 호위병들에 의해 결정적으로 가로막힌다. 그리고 미조구찌의 '게이샤' 영화들이 항상적으로 우주의 선들을 그려낸다면, 심지어 그것은 더 이상, 여전히 그것들의 현존 양식일 수 있을 사라짐 속에서 그러는 것도 아니며, 오직 그것들이 마지막 도피처로서 한 매춘부가 가진 고래의 자포자기 속이나 실로 현대적인 무정함 속에서 살아가는 것만을 허용하는 원천 봉쇄 속에서 그러는 것이다. 미조구찌는 이렇게 행동-이미지의 극한에 도달한다 : 불행의 세계가 모든 우주의 선들을 파멸시키고 이제는 오직 탈정향되고 절연된 것일 뿐인 하나의 실재가 급등해 나오도록 허용한다. 구로자와는 행동-이미지의 다른 측면의 극한과 대면한다 : 불행의 세계는 그것이 이제는 오직 분산적이기만 할 뿐인 혼돈된 실재를 드러내면서 거대한 원환이 금가도록 할 정도로까지 상승하였다(자신이 전차라고 믿으면서 마을을 가로지르는 정신박약자의 측면 운동을 유일한 통일성으로서 가지는, 판자촌이 등장하는 <도데스카덴 Dodes' Ka-Den >).

제12장

●●●●●●●●●●

행동-이미지의 위기

12. 행동-이미지의 위기

1 퍼스의 '삼차성'과 정신적인 관계들

퍼스는 그가 일차성과 이차성이라고 부르는 감정과 행동을 구별하고 난 다음, 세 번째 종류의 이미지를 추가한다. '정신적인 것 the mental' 또는 삼차성 Thirdness 이 그것이다. 삼차성의 요점은 또 다른 항 또는 항들의 중개를 통해서 두 번째 항을 지시하는 항이라는 것이었다. 이 세 번째 심급은 의미 작용, 법칙 또는 관계 속에서 출현한다. 이것은 행동 속에 이미 포함되어 있는 것으로 보일 수도 있겠지만, 사실은 그렇지 않다. 행동, 즉 하나의 결투나 힘들의 한 쌍은 그것을 가능하게 만드는 법칙들에 복종하지만, 그것을 행동하게 만드는 것은 결코 그것의 법칙이 아니다. 행동은 의미 작용을 갖지만, 그러나 이것은 행동의 목적을 구성하는 것이 아니다. 목적과 수단은 의미 작용을 포함하지 않는다. 행동은 두개의 항을 관계시키지만, 이 공간-시간적 관계(예를 들면, 대립)는 논리적인 관계와 혼동되어서는 안

된다. 한편으로, 퍼스에 따르면 삼차성 너머에는 아무것도 없다. 그 너머에서 모든 것은 1, 2, 3 사이의 조합들로 환원될 수 있다. 다른 한편, 그 자체로만으로 셋인 삼차성은 자신을 결투로 환원되도록 하지 않을 것이다. 예를 들어 만약 A가 B를 C에게 '준다면', 그것은 마치 A가 B를 팽개치고(첫 번째 쌍) C가 B를 주워 드는 것(두 번째 쌍)과 같은 그런 것이 아니다. 만약 A와 B가 '교환'을 한다면, 그것은 마치 A와 B가 각각 a와 b를 내주고 각각 b와 a를 입수하는 것 같은 그런 것이 아니다.[1] 그러므로 삼차성은 행동을 생겨나게 하는 것이 아니라 법칙의 상징적인 요소를 필연적으로 담고 있는 '행위들'(주기, 교환하기)을 생겨나게 한다. 그것은 지각 작용을 생겨나게 하는 것이 아니라 감각의 요소를 지시하는 해석들을 생겨나게 한다. 그것은 감정이 아니라 관계들의 지적인 느낌들을, 즉 '때문에', '비록 …… 할지라도', '…… 하도록', '그러므로', '그런데' 등의 논리적 접속사들의 사용에 수반되는 느낌들을 생겨나게 한다.

삼차성은 아마 관계에서 자신의 가장 적절한 재현을 발견할 것이다. 관계는 자신의 항들에 대해 필연적으로 외적인 것이 됨으로써 항상 제3의 것이기 때문이다. 그리고 철학적 전통은 두 종류의 관계들, 즉 자연적인 관계들과 추상적인 관계들을 구별한다. — 의미 작용은 첫 번째 종류에 속하고, 법칙 또는 감각은 두 번째 종류에 속한다. 첫 번째 종류에 의해서는, 하나의 이미지에서 다른 이미지로 자연스럽고 쉽게 넘어 간다. 예를 들면, 초상화로부터 그것의 모델로, 그리고는 그 초상화가 그려진 상황으로, 그리고 나서는 모델이 지금 있는 장소로 등등. 이렇게 이미지들의 연속 또는 끊임없는 계열이 형성된다. 그렇지만 이것은 무제한적이지 않은데, 자연적인 관계들의 실현이란 충분할 정도로 재빨리 고갈되기 때문이다. 두 번째 종류의 관계들, 즉 추상적인 관계는 반대로 마음속에서 자연스럽지 않게 결합된 두 이미지들을 비교하는 상황을 나타낸다(예를 들면, 두개의 매우 다른 형상들,

---

1) Peirce, *Ecrits sur le signe* 참조. 퍼스는 '삼차성'이 자신의 주요한 발견들 중의 하나라고 믿었다.

그러나 원뿔 꼴의 단면들을 자신들의 공유지로서 가지는 두개의 형상들). 여기서는 계열의 형성이 아니라 전체의 구성이 존재한다.[2)]

퍼스는 다음과 같은 점을 주장한다. 만약 일차성이 그 자체로 '하나'이고 이차성은 둘이며 삼차성은 셋이라면, 둘 속에서는 두 번째 것이 이차성을 긍정하는 동안 첫 번째 항이 나름의 방식으로 일차성을 '반복'해야 한다는 것이 필요하다. 그리고 셋 속에서는, 일차성의 대표자와 이차성의 대표자 및 삼차성을 확언하는 세 번째의 것이 존재할 것이다. 그러므로 거기에는 단순히 1, 2, 3이 아니라, 2 속의 1, 2 그리고 3 속의 1, 2, 3이 있는 것이다. 여기에서 일종의 변증법을 볼 수도 있을 것이다. 그러나 변증법이 이 모든 운동들을 다 포함하는지는 의심스럽다. 그보다는 오히려 변증법은 그것에 대한 하나의 해석 — 매우 부적절한 해석 — 이라고 말하게 될 것이다.

감정-이미지는 의심할 바 없이 정신적인 어떤 것(순수 의식)을 이미 담고 있다. 그리고 행동-이미지 또한 행동의 목적 속에(구상), 수단의 선택 속에(판단), 일련의 연루들 속에(추론) 그것을 함축한다. 그리고 물론 '형상들'은 이미지 속으로 정신적인 것을 도입하였다. 그러나 이것은 정신적인 것을 하나의 이미지의 고유한 대상, 그 자신의 형상들을 가진 특정하고 명시적인 이미지의 고유한 대상으로 만드는 것과는 완전히 다르다. 이것은 이 이미지가 우리에게 어떤 사람의 사유를 또는 심지어 순수 사유와 순수 사유자를 재현해 주어야 한다고 말하는 것이 될 것인가? 그렇지 않다는 것이 명백하다. 비록 이 방향으로 여러 시도들이 이루어졌을지라도 말이다. 한편으로는 그러한 이미지란 정말 너무 추상적이거나 우스꽝스러운 것이 될 것이다. 다른 한편으로는 감정-이미지와 행동-이미지가 이미 참으로 충분할

2) 퍼스는 흄에게 거슬러 올라가는 구별인 이 두 종류의 관계들에 대해 명시적으로 언급하지는 않는다. 그러나 그의 '해석체 interpretant' 이론과 '동적인 해석체'와 '최종적인 해석체'에 대한 그 자신의 구별은 관계들의 두 유형간의 구별과 부분적으로 일치한다.

만큼 사유를 담고 있었다(예를 들면, 루비치에서의 이미지 속의 추론들). 우리가 정신적 이미지 mental image에 대해 말할 때, 이것은 다른 어떤 것을 뜻한다. 그것은 마치 지각의 대상들이 지각 바깥에 자신들의 존재치를 가지는 것과 꼭 마찬가지로, 사유 바깥에 자신들의 존재치를 가지는 대상들을 사유의 대상들로 삼는 이미지이다. 그것은 관계들을 자신의 대상으로 삼는 이미지이다. 즉, 그것은 관계들, 상징적 행위들, 지적인 느낌들을 자신의 대상으로 삼는 이미지인 것이다. 그것은 반드시 그런 것은 아니지만 다른 이미지들보다 더 어려울 수도 있다. 그것은 사유와 새롭고 직접적인 관계를, 다른 이미지들의 그것과는 완전히 구별되는 관계를 가진다.

이 모든 것들은 영화와 어떤 관계를 가지는 것일까? 고다르가 1, 2, 3 …… 이라고 말할 때, 그것은 서로 서로에게 이미지들을 덧붙이는 문제일 뿐만 아니라 이미지들의 유형들을 분류하고 이 유형들 내에서 순환시키는 문제이다. 익살 광대극의 예를 들어보자. 익살 광대극적인 지각의 두 가지 기본 형태를 완성시킨 채플린과 키튼을 제쳐 둔다면, 우리는 이렇게 말할 수 있다. 1은 랭든이고, 2는 로렐과 하디이며, 3은 맑스 형제들이다. 랭든 Harry Langdon은 참으로, 어떤 다른 물질이나 환경 속에 현실화되는 것보다 더 순수한 상태의 감정-이미지이며, 그래서 그것은 랭든 속에서 저항할 수 없는 잠을 불러일으킨다. 그러나 로렐과 하디 Laurel and Hardy에는 행동-이미지, 즉 물질, 환경, 여자들 및 다른 사람들과의, 그리고 서로와의 끊임없는 결투가 있다. 그들은 공간 속에서 모든 동시성을 무너뜨리고 그것을 시간 속의 연속으로 대체함으로써 결투를 분해시킬 수 있었다. 한 사람에게 일격이 가해지고, 그 다음에는 다른 한 사람에게 일격이 가해지며, 그럼으로써 결투는 무한하게 번식하고 그것의 효과들은 피곤함으로 인해 약해지는 대신 쌓아 올려짐으로써 증대한다. 로렐은 그 커플의 1, 감정적인 대표자와 같다. 그는 미쳐 버리고 실질적인 파국을 풀어놓지만, 물질과 환경의 인간-함정들을 빠져나갈 수 있게 해주는 영감을 선사 받은 자이다. 반면에 2이고, 행동의 인간이며, 그래서 직관적인 자원들을 결핍하고 있는 하디는 잔인한 물질에 지배되어서, 자신이 책임이 있는 행동들의 모든 함정들 속에 빠지며, 로렐이 자기 자신은 빠지지 않으면서 풀어놓은 모든 파국 속에 빠져 버린다. 맑스 형제 the Marx brothers 는 마침내 3이다. 이 삼형제는 하포 Harpo 와 치코 Chico 가 매우 자주 묶여지고 그루초 Groucho 는 다른 두 사람과의 일종의 동맹 관계 속에 들어가기 위해 독자적으로 불쑥 나타나는 그런 방식으로 배분된다. 해체될 수 없는 3의 집단에 사로잡힌 가운데, 하포는 1, 즉 천상적인 정감들의 대표자이지만 또한 이미 지옥의 충동들, 게걸스러움, 섹슈얼함, 파괴의 대표자이기도 하다. 치코는 2이다. 행동을 취하고, 주도권을 쥐며, 환경과의 결투, 노력과 저항의 전략을 취하는 것은 바로 그이다. 하포는 그의 커다란 레인코트 속에, 어떤 종류의 행동을 위해서도 이용될 수 있는 온갖 종류의 대상들, 조각들, 부품들 속에 숨는다. 그러나 그 자신은 그것들을 오직 감정적이거나 물신적인 방식으로만 이용할 뿐이며, 그것들을 조직화된 행동을 위해 이용하는 사람은 치코이다. 마지막으로 그루초는 셋, 해석의 인간, 상징적 행위들과 추상적 관계들의 인간이다. 그럼에도 불구하고 세 사람 각자는 모두 동등하게, 그들이 다 함께 구성해 내는 삼차성에 속한다. 하포와 치코는 이미 하나의 관계를 가지기 때문에 부단히 변질되는 계열 속에서 치코는 하포에게 하나의 단어를 집어던지고 하포는 그에 상응하는 대상을 제공해야만 한다(예를 들면 <동물 크래커 Animal Crackers>에서의 *flash – fish – flesh – flask – flush*…… 계열들). 역으로, 하포는 치코가 그로부터 하나의 명제를 추출해 내기 위해서 부단히 추측해야만 하는 일련의 마임들 속에서 몸짓 언어의 수수께끼를 치코에게 제시한다. 그러나 그루초는 해석의 기예를 그 최종 단계에까지 밀어붙이는데, 그는 추론의 거장, 비의미 nonsense 에서 하나의 순수 표현을 발견하는 논증과 삼단 논법의 거장이기 때문이다 : "이 자가 죽었거나, 아니면 내 시계가 멈춘거야(<경주장에서의 하루 A Day at the Races>에서 하포의 맥박을 짚어 보면서 그가 말한다)." 이 모든 의미에서 맑스 형제의 위대성은 익살 광대극에 정신적 이미지를 도입했다는 것이다.

영화 속에 정신적 이미지를 도입하고 그것을 영화의 완성, 모든 다른 이미지들의 완성으로 만드는 것은 또한 히치콕 Alfred Hitchcock 의 과제이기도 했다. 로메르와 샤브롤 Claude Chabrol 이 <다이얼 M을 돌려라 Dial M for Murder>에 대해 말하듯이, "그 영화의 전체적인 목적은 오직 추론을 보여주는 것뿐이며, 그럼에도 불구하고 결코 주의가 산만해지지 않는다."[3] 그리고 이것은 단순히 영화의 끝 부분에서 나오는 것이 아니라 처음부터 영화와 함께 출발하는 것이다. 그 유명한 거짓 플래시 백과 함께 <무대 공포증 Stage Fright>은 해석으로 시작하는데, 이 해석은 최근 사건들의 기억으로서 또는 심지어 지각으로서 제시된다. 히치콕에서 행동들, 감정들, 지각들은 모두 처음부터 끝까지 해석이다.[4] <로프 The Rope>는 이미지들이 단일한 추론 과정의 꼬불꼬불한 경로인 한, 단 하나의 쇼트로 이루어져 있다. 이것의 이유는 간단하다. 히치콕의 영화들에서 행동은 (현재, 미래 또는 과거 속에) 일단 주어지면, 그것의 주체, 본성, 목적 등등을 변화시키는 일련의 관계들에 의해 문자 그대로 둘러싸이기 때문이다. 중요한 것은 누가 그 행동을 했느냐 하는 것 — 히치콕이 경멸을 표하며 추리극 the whodunit 이라 부르는 것 — 도 아니고 행동 그 자체도 아니다. 중요한 것은 행동 및 그것을 행한 사람이 붙잡혀 있는 관계들의 일습이다. 이것은 프레임의 매우 특별한 의미가 나오는 원천이다. 프레임화를 위한 스케치, 프레임의 엄격한 설정, 외견상의 프레임 바깥의 제거는 히치콕이 회화나 연극이 아니라 태피스트리 만들기, 즉 천 짜기에 항상 준거한다는 것에 의해 설명된다. 프레임은 날실을 지탱하는 지주와 같은 것인 반면, 행동은 단순히 아래위로 왔다 갔다하는 움직이는 북을 구성할 뿐이다. 우리는 따라서 히치콕이 보통 짧은 쇼트들을 가지고 작업하며, 프레임 수만큼이나 많은 쇼트들이 존재하고, 각각의 쇼트가 관계나 관계의 변이들을 보여준다는 것을 이해할 수 있다. 그

3) E. Rohmer and C. Chabrol, *Hitchcock*, p. 124.

4) Narboni, "Visages d'Hitchcock", in *Alfred Hitchcock, Cahiers du cinéma* 참조.

러나 <로프>에서 구사되는 이론적으로 단 하나인 쇼트도 이 규칙의 예외가 아니다. 그것은 웰즈나 드레이어의 시퀀스-쇼트와는 매우 다르다. 이들의 시퀀스-쇼트가 두 가지 방식으로 프레임을 전체에 종속시키는 반면, 히치콕의 단일 쇼트가 전체(관계들)를 프레임에 종속시키며, 무한히 긴 태피스트리를 생산하는 직조 과정에서와 꼭 마찬가지로 그것이 가로로 닫힌 채로 있다면 이 프레임을 세로로 열어 젖히는 데 만족한다. 어쨌든 본질적인 점은 행동이, 그리고 또한 지각과 감정 역시, 관계들의 짜임새 속에 프레임화된다는 것이다. 행동, 지각, 감정의 실에 대립하여 정신적 이미지를 구성하는 것은 이 관계들의 연쇄이다.

그러므로 히치콕은 탐정 영화나 스파이 영화로부터 '살해', '절도' 유형의 특히 충격적인 행동을 빌려 올 것이다. 그것이 인물들이 알지 못하는 (그러나 관객은 이미 알고 있거나 인물들에 앞서서 발견하게 될) 일단의 관계들 속에 속박되어 있기 때문에, 모든 행동을 지배하는 것은 오직 결투인 것으로서 나타날 뿐이다. 그러나 관계가 그것을 정신적 이미지의 상태로 고양시키는 삼차성을 구성하기 때문에, 그것은 이미 다른 어떤 것이다. 그러므로 결백한 한 남자가 자기가 저지르지 않은 범죄를 뒤집어쓴다는 말로써 히치콕의 도식을 정의하는 것은 충분하지 못하다. 이것은 단지 '짝짓기'의 오류, '제2항'의 잘못된 확인, 우리가 다의성의 지표라 부르는 것이 될 뿐이다. 이와는 반대로, 로메르와 샤브롤은 히치콕의 도식을 완벽하게 분석한 바 있다 : 범인은 항상 그의 범죄를 또 다른 사람을 위해서 저질렀다. 즉 진짜 범인은, 우리가 좋아하든 않든 더 이상 결백하지 않은 결백한 남자를 위해서 그의 범죄를 저질렀다. 간단히 말해서, 범죄는 <기차의 이방인 Strangers on a Train>에서처럼 범인이 그의 범죄를 '교환'했던 조작이나 심지어는 <나는 고백한다 I Confess>에서와 같이 결백한 자에게 그의 범죄를 '선사'했고 '인도'했던 조작으로부터 분리될 수 없다. 히치콕에 있어서 어떤 사람은 범죄를 저지르지 않는다. 그는 그것을 인도하고, 그것을 선사하거나 그것을 교환한다. 우리가 보기에는 이것이 로메르와 샤브롤이 쓴 책에서 가장 힘있는 논점이다. 관계(교환, 선물, 인도 ……)는 단순히 행동을 둘러싸지 않는다. 그것은 행동 속에 미리, 구석구석 스며들어 있으며, 행동을 필연적으로 상징적인 행위로 변형시킨다. 거기에는 행위하기와 행동, 암살자와 희생자가 있을 뿐 아니라, 항상 제3자가, 의심받는 결백한 자가 단순하게 그러할 것과 같은 우발적이거나 외견상의 제3자가 아니라 관계 그 자체, 외견상의 제3자와 맺는 암살자의 관계, 희생자의 관계, 또는 행동의 관계에 의해 구성되는 근본적인 제3자가 존재한다. 이 영구적인 삼중화 역시 대상들, 지각들, 감정들을 접수한다. 각각의 이미지들은 그 프레임 속에서, 그 프레임에 의해서 정신적인 관계를 전시해 보여주어야만 한다. 인물들은 행동하고 지각하고 경험할 수 있지만, 그들을 결정하는 관계를 입증할 수는 없다. 이 관계들이란 단지 카메라의 운동들이고, 카메라를 향한 그들의 운동일 뿐이다. 따라서 히치콕과 액터즈 스튜디오 간의 대립이 생긴다. 그는 배우들이 가장 단순하고 심지어는 중립적인 방식으로 연기하고, 카메라는 남는 것에 주목할 것을 요구한다. 이 남는 것이란 본질적이거나 정신적인 관계이다. <이창>의 주인공이 다리가 부러진 이유를 설명하는 것은 대사가 아니라 카메라이다(그의 방에 있는 경주용 자동차의 사진들, 부서진 사진기를 보여주는 카메라). <사보타주 Sabotage >에서 여자와 남자와 칼이 단순히 쌍들의 연속 속으로 들어가는 것이 아니라 여자가 남자에게 그녀의 범죄를 인도하게 만드는 진정한 관계(삼차성) 속으로 들어간다는 것을 의미하는 것은 카메라이다.[5] 히치콕에게서는 결투나 이중체가 결코 존재하지 않는다. <의혹의 그림자 Shadow of a Doubt >에서조차 두 명의 찰리들, 즉 아저씨와 질녀, 암살자와 소녀는 둘 다 똑같은 상태의 세계에 호소하는데, 그것은 한 사람에게는 자신의 범죄를 정당화하고 다른 사람에게는 그러한 범

5) 이 두 가지 예들에 관해서는 Truffaut, *Le Cinéma selom Hitchkock*, p. 165와 pp. 79-82, 그리고 p. 15를 참조할 것 : "히치콕은 대사의 도움 없이 한 캐릭터 또는 다수의 캐릭터들의 생각을 촬영하고 우리가 지각할 수 있는 것으로 만들 수 있는 유일한 영화 작가이다."

죄를 생산하므로 정당화될 수 없는 세계이다.[6] 그래서, 영화의 역사에서 히치콕은 영화의 구성을 더 이상 두 항들 — 감독과 만들어지는 영화 — 의 함수가 아니라 세 항들의 함수로 생각하는 감독으로서 나타난다. 그것은 감독, 영화, 그리고 공중 the public 의 함수이다. 공중은 영화 속에 들어와야만 하거나, 아니면 그들의 반응이 영화의 통합적인 한 부분을 형성해야만 한다 (이것이 서스펜스의 명확한 의미이다. 왜냐하면 관객이 관계들을 최초로 '알게' 되기 때문이다).[7]

히치콕에 대한 뛰어난 주석가들은 수없이 많으며(그만큼 많은 주석들의 대상이 된 영화 감독은 없다), 그를 심오한 사상가로 보는 사람들과 그를 단순히 위대한 엔터테이너로 보는 사람들 간의 구분을 결정할 필요는 없다. 그렇지만 로메르와 샤브롤이 하는 것처럼 히치콕을 플라톤적이고 카톨릭적인 형이상학자로 만들거나 두셰가 그러듯이 그를 심층의 심리학자로 만들 필요도 없다. 히치콕은 이론적 및 현실적 관계들에 대해서 매우 건전한 개념을 가지고 있다. 루이스 캐럴 Lewis Carroll 뿐만 아니라 영국적 사유 전체는 관계들의 이론이 논리학의 핵심 요소이며 가장 심오하고 가장 재미

6) Rohmer and Chabrol, *op. cit.,* pp. 76–8은 이런 면에서 트뤼포의 책을 보완하는데, 트뤼포는 <의혹의 그림자>에서 형상 2의 중요성만을 강조했을 뿐이다. 로메르와 샤브롤은 거기에서조차 교환의 관계가 있다는 것을 보여준다.

7) Truffaut, *op. cit.,* p. 14 : "서스펜스를 창조하는 기술이란 곧 공중으로 하여금 영화 속에 참여하게 만듦으로써 알게 하는 기술이다. 스펙터클의 영역에서 영화 만들기는 더 이상 둘(감독과 그의 영화)이 아니라 셋(감독과 그의 영화와 공중)에 의해 이루어지는 게임이다." 특히 장 두셰 Jean Douchet 는 그의 책 『알프레드 히치콕 *Alfred Hitchcock* 』에서 이렇게 관객을 영화 속에 포섭하는 것을 강조하였다. 그리고 두셰는 종종 히치콕 영화들의 내용 바로 그 속에서 삼원 구조를 발견한다(p. 49) : 예를 들어 <북북서로 진로를 돌려라 *North by Northwest* >에서 1, 2, 3은 다음과 같은 조건 속에 있다. 제1항은 그 자신 하나이고(FBI의 책임자), 제2항은 둘이며(커플), 제3항은 셋이다(스파이들의 트리오). 이것은 퍼스의 삼차성과 완전히 일치한다.

있는 요소일 수 있다는 것을 보여주었다. 원죄에서부터 시작하여 히치콕에 기독교적인 테마들이 존재한다면, 그것은 영국의 논리학자들이 잘 알고 있었듯이 이 테마들이 처음부터 관계의 문제를 제기하기 때문이다. 히치콕은 관계들, 정신적 이미지에서부터, 즉 그가 공준이라고 부르는 것에서부터 시작한다. 이 기초적인 공준으로부터, 영화는 플롯과 행동의 비개연성들에도 불구하고 수학적이거나 절대적인 필연성을 가지고서 전개된다. 관계들에서 시작한다면, 이제 그것들의 외부성 바로 그것에 의해서 무엇이 일어나는가? 인물들이 변함이 없이, 그러나 그들을 진공 속에 남겨 둔 채 관계가 소실되고 갑작스럽게 사라질 수 있다. 코미디 <스미스 부부 Mr and Mrs Smith>는 히치콕의 작품군에 속한다. 그 커플이 갑자기 자신들의 결혼 생활이 비합법적이며, 자신들이 결코 결혼한 적이 없다는 사실을 알게 된다는 바로 그 이유 때문이다. 이와 반대로, 시야 속에 존재하는 항들에 따라서, 그리고 관계를 분할하거나 새로운 방향으로 정향시키면서 그것과 결합하게 되는 외견상의 제3자에 따라서 관계가 증식하고 자신을 증가시킬 수도 있다(<해리의 곤경 The Trouble with Harry >). 마지막으로, 관계를 실행하는 변수들에 의존하여, 그리고 하나 또는 그 이상의 인물들에서의 변화를 수반하면서 관계 그 자체가 변주를 겪을 수도 있다. 이런 의미에서 히치콕의 인물들은 확실히 지식인은 아니지만, 그들이 …… 때문에, …… 하더라도, …… 하므로, …… 한다면, …… 할지라도 등의 체험된 접속사들의 다채로운 유희를 모델로 한다는 점에서 정감들을 가진다기보다는 지적인 느낌들이라고 불릴 수 있는 느낌들을 가진다(<비밀 정보원 Secret Agent >, <오명 Notorious >, <의혹>). 이 모든 경우들에서 관계는 인물들, 역할들, 행동들, 무대 장치 décor 사이에 본질적인 불안정성을 도입한다. 이 불안정성의 모델은 죄인과 결백한 자의 모델이 될 것이다. 그러나 비록 불안정성의 모델이 황폐해지고 절망적이거나 심지어 괴물 같은 것이 될 수 있다 하더라도, 또한 관계의 자율적인 생명은 그 모델이 일종의 균형을 향하는 경향을 띠도록 만들 것이다. 결백한 자와 죄인의 균형, 각자의 역할로의 복귀, 각자의 행동에 대한 징벌은 성취될 것이지만, 그것들은 전체를 침식하고 심지어 제거해 버리는 위험을 무릅쓰는 한계를 대가로 해서 성취된다.[8] —<누명 쓴 사나이 The Wrong Man>에서 미쳐 버린 아내의 무심한 얼굴처럼. 히치콕이 비극 감독인 것은 이런 측면에서이다. 그의 작품 속에서 쇼트가, 영화 일반에서 항상 그렇듯이 하나는 운동 속에 있는 인물들과 대상들 및 행동들을 향하고 있고, 다른 하나는 영화가 진행됨에 따라 점진적으로 변화하는 전체를 향하고 있는 두 개의 면을 가진다. 그러나 히치콕에서는 변화하는 전체란 곧, 자신들이 인물들 사이에 도입하는 불균형으로부터 그것들이 자신들 속에서 획득하는 가공스러운 균형으로 움직이는 관계들의 진화이다.

히치콕은 영화 cinema에 정신적 이미지를 도입한다. 즉, 그는 관계 그 자체를 이미지의 대상으로 만드는데, 이 이미지는 단순히 지각, 행동, 감정 이미지들에 부가되는 것이 아니라 그것들을 틀 지우고 변형한다. 히치콕과 더불어 새로운 종류의 '형상들', 사유의 형상들이 나타난다. 사실 정신적 이미지 자체는 행동-이미지의 그것과는 같지 않은 특수한 기호들을 요구한다. 탐정은 평범하고 부차적인 역할만을 할 뿐이라는 점(<협박 Blackmail>에서처럼 그가 관계 속으로 완전히 들이갈 때를 제외하고)이 종종 주목되어 왔다. 그리고 지표들은 거의 중요성을 가지지 못한다. 다른 한편, 히치콕은 자연적인 관계와 추상적인 관계라는 관계의 두 유형에 맞추어서 독창적인 기호들을 만들어 낸다. 자연적인 관계와 일치하는 것으로서, 각각의 항은 하나의 항이 통례적인 계열 속의 다른 항들에 다시 준거함으로써 다른 것들에 의해 '해석'될 수 있다. 이것들은 **표지** mark 들이다. 그러나 이 항들 중의 하나가 그물망 바깥으로 뛰어 나와 그것을 계열 밖으로 가져 나오거나 계열과 상충되도록 설정하는 조건들 속에서 갑작스럽게 출현하는 것이

---

8) 이것이 히치콕에서의 '이미지의 본질적인 불안정성'(바쟁) 및 한계로서 인간 본성의 '구성적인 결함을 정의하는 기묘한 균형'(Rohmer and Chabrol, *op. cit.*, p. 117) 양자 모두에 대한 주석들을 발견하게 되는 이유이다.

항상 가능한데, 우리는 이것을 가리켜 **탈표지** demark 라 부를 것이다. 그러므로 항들 중의 하나가 계열로부터 스스로를 떼어 낼 수 있으려면 그 항들이 완전히 평범한 것이어야 한다는 점이 매우 중요하다. 히치콕이 말하듯이 <새 The Birds >는 평범한 새들이어야만 하는 것이다. 히치콕의 어떤 탈표지들은 유명하다. 날개가 바람과 반대 방향으로 돌아가는 <해외 특파원 Foreign Correspondent >의 풍차나, <북북서로 진로를 돌려라 North by Northwest >에서 농약을 뿌릴 곡물이 없는 곳에서 출현하는 농약 살포 비행기 같은 것 말이다. <의혹>에서 그 속이 빛남으로써 의심스러워지는 우유 잔이나, <다이얼 M을 돌려라>에서 자물쇠에 맞지 않는 열쇠도 이와 비슷하다. 때로는 <협박>에서처럼 탈표지가 매우 천천히 구성되기도 하는데, 이 영화에서는 담배를 사는 사람이 정상적인 방식으로 손님-선택-준비-불붙이기 계열의 한 부분인가, 아니면 그 젊은 커플을 도발하기 위해서 담배 및 그 의례를 이용하고 있는 협박자들의 두목인가 궁리하게 된다. 다른 한편 두 번째로 추상적 관계와 일치하는 것으로서, 우리가 **상징** symbol 이라 부를 것은 추상이 아니라, 인물이 다른 인물들 및 자기 자신과 맺는 다양한 관계들의 담지자이거나 단일 관계의 변주들의 담지자인 구체적인 대상이다.[9] <39계단 The Thirty-Nine Steps >에서의 수갑이나 <이창>에서의 결혼반지처럼, <링 The Ring >에서 팔찌는 그러한 상징이다. 탈표지와 상징은 수렴할 수 있다. 특히 <오명>에서 그것들은 수렴한다. 술병은 스파이들 중의 한 명에게서 그 병이 그것의 자연스러운 포도주-지하실-만찬 계열에서 솟아 나왔다는 감정을 일으킨다. 그리고 여주인공이 그녀의 손에 꼭 움켜쥐고 있는 열쇠는 그녀가 그 열쇠를 훔친 그녀의 남편, 그녀가 열쇠를 넘겨

9) 표지와 탈표지는 퍼스의 기호 분류에서는 보이지 않는다. 다른 한편 상징은 보이지만, 우리가 제안하고 있는 것과는 완전히 다른 의미에서 나타난다. 퍼스에게 그것은 때로는 연상적이고 습관적이며 때로는 인습적인 법칙에 의해 그것의 대상을 지시하는 기호이다(그러므로 표지는 단순히 상징의 특수한 한 경우일 것이다).

줄 그녀의 연인, 지하실에 무엇이 있는가 발견해야 하는 그녀의 임무, 이 세 가지와 그녀가 유지하고 있는 관계들을 담지한다. 우리는 하나의 단일한 대상이 — 예를 들면 열쇠 — 그것을 붙들고 있는 이미지들에 따라서 상징으로 기능하거나(<오명>) 아니면 탈표지로 기능한다(<다이얼 M을 돌려라>)는 것을 보게 된다. <새>에서 여주인공을 습격하는 최초의 갈매기는 그것을 그 종과 인간과 자연에 결합시키는 통례적인 계열을 폭력적으로 떠나기 때문에 탈표지이다. 그러나 그들의 준비 태세, 그들의 공격, 그들의 휴식의 순간에 포착되는, 온갖 종들이 한데 모인 수천 마리의 새들은 상징이다. 이것들은 추상이나 은유가 아니라 문자 그대로 실제의 새들이지만, 인간과 자연 관계의 전도된 이미지와 인간 자신들 관계의 자연화된 이미지를 제시하는 것이다. 비록 탈표지와 상징이 표면적으로 지표를 닮을 수도 있지만, 그것들은 지표와는 완전히 다르며 정신적 이미지의 두 가지 거대한 기호를 구성한다. 탈표지들은 자연적인 관계들(계열)의 충돌들이며, 상징들은 추상적인 관계들(세트)의 마디들이다.

정신적 이미지 또는 관계-이미지를 발명함으로써 히치콕은 행동-이미지들의 세트를, 또한 지각과 감정 이미지들의 세트를 닫기 위해서 그것을 이용한다. 여기에서 그의 프레임 개념이 나온다. 그리고 정신적 이미지는 다른 이미지들을 프레임화할 뿐만 아니라 그것들에 스며듦으로써 그것들을 변형한다. 이러한 이유로, 히치콕은 운동-이미지를 그 한계에까지 밀고 감으로써 영화 cinéma 라는 것 전체를 달성하고 완성시킨다고 말할 수가 있을 것이다. 관객을 영화 film 속에 포함시키고, 영화 film 를 정신적 이미지 속에 포함시킴으로써, 히치콕은 영화 cinéma 를 완성시킨다. 그렇지만 히치콕의 가장 뛰어난 영화들 중의 몇몇은 우리로 하여금 하나의 근본적인 질문을 흘끗 보게 한다. <현기증 Vertigo>은 우리에게 진짜 이미지를 소통시킨다. 그리고 확실히, 현기증 나는 것은 여주인공의 마음 속에서 타자들(죽은 여인, 남편, 탐정)과 자신이 맺는 관계들의 온갖 변주들을 통과하는 동일자(the Same)와 가지는 동일자의 관계이다. 그러나 우리는 다른, 보다 평범한 현기증을 잊을 수가 없다. — 이 영화 전체와 소통되며 히치콕에서는 보기 드문 기묘한 관조 상태 속에서 살면서 종탑 계단을 올라갈 수 없는 탐정의 현기증. 그리고 <패밀리 플롯 Family Plot >에서 관계들의 발견은 비록 농담 같을지라도 투시 기능을 참조한다. <이창>의 주인공은 훨씬 더 직접적인 방식으로 정신적 이미지에 접근했었는데, 단순히 그가 사진 기자이기 때문이 아니라 그가 움직이지 못하는 상태에 있기 때문이었다 : 그는 그야말로 순수 시각적 상황으로 축소된다. 히치콕의 혁신 중의 하나가 관객을 영화 속에 말려들게 하는 것이었다면, 인물 자신들이 — 다소간 모호한 방식으로 — 관객에게 동화될 수 있었어야만 하지 않는가? 그러나 만약 그랬다면 하나의 결과가 불가피하게 나타날지도 모르는 일이다. 즉, 그때에는 정신적 이미지는 행동-이미지 및 여타의 이미지들의 완성이기보다는 그것들의 본성과 지위의 재검토가 될 것이고, 더욱이 운동-이미지 전체가 특정 인물 속에서의 감각-운동 고리의 단절을 통해 재검토될 것이다. 히치콕이 피하고 싶어했던 것, 즉 영화의 전통적 이미지의 위기는 그럼에도 불구하고 그의 자국을 쫓아서, 그리고 부분적으로는 그가 이룬 혁신들의 결과로서 나타날 것이었다.

2. 위기의 기원 : 이탈리아 네오 리얼리즘과 프랑스 누벨 바그

그러나 행동-이미지의 위기란 것이 새로운 어떤 것으로서 제시될 수 있는가? 이것은 영화의 항상적인 상태가 아니었는가? 가장 순수한 액션 영화들도 항상 행동 바깥의 에피소드들 속에서나 행동들 사이의 휴지부에서 가치를 가져 왔다. 영화의 모양을 손상시키지 않고서는 몽타주 속에서 잘라낼 수 없는 여분의 행동들과 하부 행동들의 전체 세트를 통해서 말이다(제작자들의 굉장한 권력은 여기에서 나온다). 또한 언제나, 영화의 잠재력들, 장소의 변화에 대한 영화의 사명감은 감독들로 하여금 행동의 통일성을 제한하거나 심지어 억제하기를, 행동과 드라마와 플롯 또는 스토리를 해체하고 문학에 이미 스며들어 있던 야망을 한층 더 실행하기를 원하도록 만들었다. 한편으로 SAS 구조는 자신이 의문시되고 있음을 발견하였다. 결정적인 행동 속에 자신을 집중시킬 수 있는 총체화하는 상황이란 존재하지 않았으며, 행동 또는 플롯은 오직 분산적인 세트 속의, 열린 총체성 속의 구성 요소일 수 있을 뿐이었다. 이런 의미에서 제르멘느 뒬락의 <에스파니아 축제 La Fête espagnole >의 대본을 쓴 델뤽은 이미, 어떤 것도 주요한 사실이나 부차적인 사실이 되지 않으며 따라서 축제 전체의 모든 점들과 선들 사이에서 들어 올려지는 꺾어진 선을 따라서만 재구성될 수 있을 뿐인 '사실들의 다중성' 속으로 드라마를 던져 넣고 싶어했다는 것을 보여 주었던 장 미트리는 옳았다.[10] 다른 한편, ASA 구조 역시 유사한 비판에 종속되었다. 어떤 전사 前史 도 존재하지 않았던 것과 마찬가지로, 상황에 미치는 그 결과들이 예견될 수 있는 수행된 행동이란 존재하지 않았다. 그리고 영화는 이미 일어난 사건들을 옮겨 쓸 수가 없었고, 때로는 '현실성 actualité '을 가로지름으로써, 또 때로는 그것을 유발하거나 생산함으로써, 일어나는 중의 사건에 도달하는 데 필연적으로 몰입하였다. 코몰리는 이를 매우 잘 보여주었다. 많은 감독들에 있어서 준비 작업이 아무리 많이 이루어지더라도, 영화는 '직접적인 것을 통한 우회'를 피할 수 없다. 영화가 예견할 수 없는 것이나 즉흥 작업, 내레이션의 현재 아래 살아 있는 하나의 현재가 가진 환원 불가능성 등과 만나는 순간이 항상 존재하며, 카메라는 장애물이나 필수불가결한 수단 양자 모두로서의 그 자신의 즉흥 작업을 배태하지 않고서는 심지어 자신의 작업을 시작조차 할 수 없다.[11] 이 두 가지 테마들, 즉 열린

10) Mitry, *Esthétique et psychologie du cinéma,* II, p. 397.

11) Jean-Louis Comolli, "Le détour par le direct", *Cahiers du cinéma,* nos. 209 and 211, February and April 1969. 마르셀 레르비에르 Marcel L'Herbier 는 모든 영화들에 현존하는 불가피하고 '감탄할 만한' 다큐멘터리 주기 상에서 즉흥 작업이 수행하는 역할에 대하여 가장 훌륭한 언급을 한 사람들 중의 하나이다. "<엘도라도>에서 나는 드라

총체성과 일어나는 중의 사건은 영화 일반의 심오한 베르그송주의의 일부이다.

그럼에도 불구하고, 행동-이미지를 뒤흔들어 놓은 위기는 전쟁 이후에야 그 완전한 효과를 발휘했던 많은 요인들에 의존하였는데, 이 요인들 중의 어떤 것들은 사회적, 경제적, 정치적, 도덕적인 것들이었고 다른 것들은 예술과 문학에, 그리고 특히 영화에 보다 내재적인 것들이었다. 우리는 특별한 순서 없이 전쟁과 그 결과들, '아메리칸 드림'의 모든 측면에서의 불안정성, 소수 집단들의 새로운 의식, 외적 세계 및 사람들의 마음 속에서의 이미지들의 발흥과 인플레이션, 문학이 실험했었던 새로운 내러티브 양식들이 영화에 끼친 영향, 할리우드와 그 오래된 장르들의 위기 …… 등을 언급할 수 있을 것이다. 확실히 사람들은 SAS와 ASA의 영화들을 계속 만들었다. 가장 거대한 상업적인 성공들은 항상 그 길을 택하지만, 그러나 영화의 영혼은 더 이상 그러지 않는다. 비록 영화가 그때까지 살찌워 온 행동, 지각, 감정의 체계를 해체함으로써 사유가 시작된다고 할지라도, 영화의 영혼은 증대하는 사유를 요구한다. 우리는 더 이상 총체적 상황이 자신을 변경시킬 수 있는 행동을 일으킬 수 있다고는 좀체 믿지 않는다. — 단지 우리는 행동이 상황으로 하여금, 부분적으로일지라도 스스로를 드러내도록 강제할 수 있다는 것을 믿을 뿐이다. 가장 '건강한' 환상이 무너져 내린다. 도처에서 타협되어야 하는 첫 번째 것은 상황-행동, 작용-반작용, 자극-반응의 연계들, 간단히 말해서 행동-이미지를 만들어 냈던 감각-운동 고리이다. 리얼리즘은 그것의 모든 폭력에도 불구하고 — 아니면 차라리 감각-운동적으로 남아 있는 자신의 모든 폭력을 지니고서 — 종합 기호들이 흩어지고 지표들이 혼동되는 이 사물들의 새로운 상태에 대해서 부주의하다. 우리는 새로운 기호들이 필요하다. 할리우드 바깥에서, 전후의 아메리칸 시네마에

마를 풍부하게 하기 위해서, 내가 조직하지 않았던 작업 과정을 효과적으로 이용하였다. 나는 거기서 배우들이 긴장을 풀도록 하였다." Noel Burch, *Marcel L'Herbier*, p. 76.

서 확인을 시도할 수 있는 새로운 종류의 이미지가 탄생된다.

우선 첫 번째로, 이미지는 더 이상 총체화하거나 종합적인 상황을 지시하지 않으며, 오히려 분산적인 상황을 지시한다. 인물들은 다중적이고 약한 간섭들을 지니며, 주요 인물이 되거나 부차적인 존재로 되돌아간다. 그럼에도 불구하고 그것은 스케치들의 계열이나 단편 이야기들의 연속이 아닌데, 이것들은 모두 자신들을 흩뜨리는 동일한 실재에 붙잡혀 있기 때문이다. 로버트 알트만 Robert Altman 은 <결혼 A Wedding >과 특히 <내쉬빌 Nashville >에서, 다중 사운드 트랙과 여러 개의 동시적인 무대들을 허용하는 왜상 스크린을 이용하여 이 방향을 탐험한다. 도시와 군중은 킹 비더에게서 가졌던 집합적이고 만장일치적인 성격을 상실한다. 그와 동시에 도시는 굼뜬 도시, 수평적인 도시 또는 사람 키만한 도시가 되기 위해서 마천루와 앙각 촬영 쇼트를 갖춘 위로 뻗은 도시, 수직으로 곧추 선 도시이기를 그만둔다. 이 도시에서 각자는 자기 자신의 일을 가지고 독자적으로 살아간다.

두 번째로, 사건들을 서로에게로 연장시키거나 공간의 부분들의 연결을 산출해 냈던 우주의 선 또는 섬유질이 부러졌다. 그러므로 큰 형식 SAS 못지 않게 작은 형식 ASA도 타협된다. 생략은 이야기하는 양식, 하나의 행동으로부터 부분적으로 드러난 상황으로 나아가는 방식이기를 그친다. 그것은 상황 그 자체에 속하게 되며, 실재는 분산적인 만큼이나 곳곳에 빈틈이나 있다. 연계들, 연결들, 또는 연락들은 사려 깊게 약화된다. 알트만의 <퀸테트 Quintet >에서처럼, 우연이 유일한 길잡이 실이 된다. 때로는 사건이 연기되고 휴지부에서 상실되며 때로는 지나치게 빠르지만, 그러나 사건은 그것이 일어나는 인물에게 속하지 않는다(심지어 죽음마저도 ……). 그리고 분산성, 일어나는 중에 있는 직접성, 비소속성이라는 사건의 이 측면들 간에는 밀접한 관계가 있다. 카사베테스는 <중국인 마권업자의 살해>와 <너무 늦은 블루스>에서 이 세 측면들을 가지고 유희한다. 우리는 그것들을 백색 사건들이라 부를 수 있을 것이다. 그 사건들은 결코 그것들을 유발하거나 그것들에 종속되는 사람에게는 진정으로 관여하지 않는다. 그것들이 그의 살을 때릴 때조차 말이다. 루멧이 말하듯이 내면적으로 죽은 사람인 사건들의 담지자는 서둘러 자신을 구출하게 된다. 스콜세지 Martin Scorsese 의 <택시 드라이버 Taxi Driver>에서 그 택시 운전사는 자살의 기도와 정치적 살인의 기도 사이에서 동요하며, 이 프로젝트들을 최후의 살육으로 대체하고는 마치 선행하는 변덕만큼이나 일의 실행이 그의 관심을 끌지 못한다는 듯이 그 살육에 스스로 놀란다. 동일한 무관심 속에 떨어졌기 때문에 행동-이미지의 현실성, 감정-이미지의 잠재성은 훨씬 더 쉽게 서로 교환될 수 있다.

세 번째로, 감각-운동적인 행동이나 상황은 산책, 항해와 지속적인 귀환 여행에 의해 대체되었다. 항해는 미국에서 갱신의 형식적이고 물질적인 조건들을 발견하였다. 그것은 내적 또는 외적인 필연성을 통해서, 탈주의 필요를 통해서 일어난다. 그러나 이제 그것은 독일적인 여행에서 가졌었고(벤더스의 영화들에서조차도) 모든 것에도 불구하고 부랑자의 여행에서 유지했던(데니스 호퍼 Dennis Hopper 와 피터 폰다 Peter Fonda 의 <이지 라이더 Easy Rider>) 그 입문적인 측면을 잃어버린다. 그것은 도시적인 항해가 되었고, 그것을 지지해 주었고 지도했으며 그것에게 공허한 방향이라도 주었던 그 행동적이고 감정적인 구조로부터 분리되었다. <택시 드라이버>의 운전사와 그가 자기 자동차 거울 속의 거리에서 보는 것 사이에 어떻게 신경 섬유나 감각-운동 구조가 있을 수 있겠는가? 그리고 루멧에게서는 모든 것이 지속적인 여행과 귀환 여행 속에서, 지상에서, 목적 없는 운동 속에서 일어나며, 거기서 인물들은 자동차 앞 유리의 와이퍼처럼 행동한다(<무더운 날의 오후 Dog Day Afternoon>, <세르피코 Serpico>). 이것은 사실 현대적인 항해의 가장 명백한 측면이다. 대부분 구 리얼리즘의 한정된 시공간에서 펼쳐졌던 행동과 반대로 그것은 무규정적 공간 — 컨테이너 보관 장소, 버려진 창고, 도시의 특징 없는 건물 — 에서 일어난다. 카사베테스가 말하듯이, 그것은 스토리, 플롯 또는 행동뿐만 아니라 공간을 해체하는 문제이다.[12]

네 번째로, 우리는 총체성이나 연계가 없는 이 세계에서 무엇이 전체적 효과ensemble를 유지시키는가 스스로에게 물어 본다. 답은 간단하다. 그것을 형성하는 것은 **상투구들** clichés이며, 다른 아무것도 아니다. 오로지 상투구들, 도처에 상투구들 …… . 문제는 이미 도스 파소스에 의해 제기된 바 있으며, 영화가 그것을 꿈꾸기 전에 그는 소설에서 새로운 기법들을 쓰기 시작하였다 : 분산적이고 틈 많은 실재, 약한 간섭들을 지닌 인물들의 떼지어 모여듦, 주요 인물이 되었다가 부차적인 존재로 복귀할 수 있는 인물들의 능력, 인물들 위로 하강하며 그것들을 겪거나 유발하는 인물들에게 속하지 않는 사건들. 이제 이 모든 것을 합병하는 것은 한 시대나 순간의 널리 유포된 상투구들, 청각적 시각적 슬로건들이며, 도스 파소스는 영화에서 이름을 빌려 와서 이것들을 '현실성들'과 '카메라의 눈eye of the camera'이라 부른다(현실성들은 정치적이거나 사회적인 사건들, 흥미 있는 기사들, 인터뷰들 및 마음 편한 노래들과 섞여 짜인 뉴스들이며, 카메라의 눈은 확인된 인물이 아닌 무규정적인 제3자any third whatever의 내면 독백이다). 그것들은 이 부유하는 이미지들, 이 익명적인 상투구들이다. 이 이미지와 상투구들은 외적인 세계를 떠돌아다니지만, 또한 우리들 각자에게 스며들어 각자의 내면적인 세계를 구성하며, 그리하여 모든 사람들은 자기가 거기에 의지하여 생각하고 느끼는 그 심적인 상투구들만을 소유하며, 자기 자신이 곧, 자기를 둘러싸고 있는 세계 속의 여러 상투구들 중의 한 상투구인 것으로 생각되고 느껴진다.[13] 물리적, 시각적, 청각적 상투구들과 심적 상투구들

---

12) 이 모든 논점들에 대해서는 특히 잡지 『시네마토그라프』를 참조하라. 알트만에 대해서는 no. **45**, March **1979**(Maraval의 글)와 no. **54**, January **1980**(Fieschi, Carassonne) ; 루멧에 대해서는 no. **74**, January **1982**(Rinieri, Cebe, Rieschi) ; 카사베테스에 대해서는 no. **38**, May **1978**(Lala)과 no. **77**, April **1982**(Sylvie Trosa, Prades) ; 스콜세지에 대해서는 no. **45**, March **1979**(Cuel)을 볼 것.

13) 클로드-에드몽 마기 Claude-Edmonde Maguy는 도스 파소스에서의 이 모든 논점들을 분석한 바 있다 : *L'Age du roman américain*, pp.

은 상호적으로 서로를 살찌운다. 사람들이 자기 자신과 세계를 담지할 수 있기 위해서는, 불행이 의식의 내부에 도달해야만 하고 안이 바깥과 같아야만 한다. 우리가 알트만이나 루멧에게서 발견하는 것은 이 낭만적이고 비관주의적인 비전이다. <내쉬빌>에서 도시의 장소들은 그것들이 발생시키는 이미지들—사진, 레코딩, 텔레비전들—에 의해 배가되며, 인물들이 마침내 한데 모여지는 것은 옛 노래 속에서이다. 소리 상투구, 작은 노래의 이 힘은 알트만의 <완벽한 커플 A Perfect Couple>에서 단언된다 : 항해/발라드[14]는 여기서 그것의 두 번째 의미, 즉 노래되고 춤추어진 시라는 의미를 획득한다. 한 친구의 매장식에 가고 있는 네 사람의 유태인 지식인들이 도시를 걸어가는 스토리를 이야기해 주고 있는 루멧의 <바이 바이 브레이브맨 Bye Bye Braveman>에서, 그 네 사람 중의 하나는 신문에 난 최근 뉴스들을 죽은 자들에게 읽어 주며 무덤들 사이를 돌아다닌다. <택시 드라이버>에서 스콜세지는 운전사의 머리 속에서 부산떠는 모든 심적 상투구들의 카탈로그를 만들지만, 그와 동시에 그 운전사가 길을 따라 철해진 과거를 발견하는 네온 도시의 시각적 상투구들과 소리의 상투구들의 카탈로그를 만들고 있다. 운전사 자신은 그의 살육 이후에 상투구의 상태를 획득하면서 국가적인 1일 영웅이 될 것이지만, 이 모든 것에도 불구하고 사건은 그의 것이 되지 않는다. 마지막으로, 교환될 수 있는 인물들을 단일한 진공 속으로 빨아들이는 <코미디의 왕 King of Comedy>의 보편적인 상투구 속에서는, 물리적인 것과 심적인 것을 구별하는 것조차 이제는 더 이상 가능하지 않다.

세계와 의식 속에 있는, 내적이고 외적인, 하나의 단일한 불행이라는

125-37. 도스 파소스의 소설들은 이탈리아 네오 리얼리즘에 영향을 미쳤다. 역으로 그 자신은 베르토프의 '영화의 눈 cine-eye'의 어떤 영향권 안에 들어가 있다.

14) 들뢰즈가 표기한 'Bal(l)ade'는 'ballade(발라드)'와 'balade(항해)'를 한꺼번에 뜻하는, 번역 불가능한 단어의 유희이다.

관념은 이미 영국 낭만주의에 의해 그 가장 검은 형태 속에, 특히 블레이크 Blake나 코울리지 Coleridge에게서 갖추어져 있었다. 만약 참을 수 없는 것이 바깥으로부터 사람들에게 강요하는 바로 그 동일한 '이유들'이 사람들로 하여금 자신을 신봉하도록 만들기 위해 안으로부터 그들 속에 자신을 심어 주지 않는다면, 사람들은 그 참을 수 없는 것을 받아들이지 않을 것이다. 블레이크에 따르면, **불행의 조직화** 전체가 존재하며, 미국 혁명이 아마도 그것으로부터 우리를 구원할 수 있을 것이었다.[15] 그러나 우리는 반대로 미국이 훨씬 더 급진적이고 훨씬 더 긴급하며 훨씬 더 기술적인 형태를 그것에게 부여함으로써, 어떻게 그 낭만적인 질문을 다시 제기했는가 하는 것을 볼 수 있다. 이제 상투구들의 통치는 외적일 뿐만 아니라 내적이기도 하다. 바깥으로부터 안으로, 안으로부터 바깥으로 상투구들을 순환시키는 길을 발견해 온 하나의 강력한 합주된 조직화를, 하나의 거대하고 강력한 플롯을 어떻게 믿지 않을 수가 있는가? 권력의 조직화와 같은 범죄 음모는 현대 세계에서 새로운 양상을 띠게 될 것이었으며, 영화는 이것을 뒤따라가 보여주려 노력할 것이었다. 그것은 더 이상, 미국적 리얼리즘의 **필름 느와르**에서처럼 범죄자들을 구별하게 해줄 수 있는 판명한 환경, 할당 가능한 행동들에 관련된 조직화의 문제가 아니다(비록 <대부 The Godfather>와 같이 이런 종류의 매우 성공적인 영화들이 여전히 만들어지지만). 거기에는 랑의 처음 두 편의 마부제 영화들에서처럼 그로부터 최면적인 행동들이 출발하여 도처로 뻗어 나갈 수 있는 마법적인 중심조차도 더 이상 존재하지 않는다. 프리츠 랑이 이런 면에서 진화하고 있다는 것을 보게 되는 것은 사실이다. <마부스 박사의 유언>은 더 이상 비밀스러운 행동들의 생산을 통과하는 것이 아니라, 차라리 재생산의 독점을 통과한다. 초자연적인 권력은 그것의 효과들, 그것의 지지물들, 그것의 매체들, 그것의 라디오, 그것의 텔레비전, 그것의 마이크로폰과 혼동된다. 그것은 이제 '이미지와 사운드의 기

15) 영국 낭만주의에서 이 테마의 중요성에 관해서는 Paul Rozenberg, *Le Romantisme anglais* 참조.

계적인 재생산'을 통해서만 작동할 뿐이다.[16] 그리고 이것은 새로운 이미지의 다섯 번째 특징이며, 바로 이것이 전후 아메리칸 시네마를 고무했던 그것이다. 루멧에게 있어서 음모는 <앤더슨 테이프The Anderson Tape>의 수신, 감시, 전송의 시스템이다. <네트워크Network> 또한 그것이 끊임없이 생산하는 모든 전송과 수신들로써 도시를 이중화하는 한편, <도시의 왕자 The Prince of the City>는 전 도시를 마그네틱 테이프에 기록한다. 그리고 알트만의 <내쉬빌>은 도시가 생산하는 모든 상투구들을 가지고 도시를 이중화하며, 시각적이거나 청각적인 상투구들이든 심적인 상투구들이든 내적인 것과 외적인 것 두 종류의 상투구들 속에서 스스로를 분할하는 이 작동을 완전히 포착하고 있다.

이러한 것들이 새로운 이미지의 다섯 가지 현상적인 특징들이다 : 분산적인 상황, 사려 깊게 계산된 약한 고리들, 항해 형식, 상투구들의 의식, 플롯에 대한 비난. 그것은 행동-이미지와 아메리칸 드림 양자 모두의 위기이다. 도처에서 감각-운동 도식은 재검토된다. 그리고 액터즈 스튜디오는 진화와 내적 분열을 겪는 동시에 가혹한 비평의 대상이 된다. 그러나 영화 자신이 잡지들이나 텔레비전만큼이나 많이 상투구들의 조립과 보급에 참여하고 있는 이 때, 어떻게 영화가 상투구들의 어두운 조직화를 공격할 수 있는가? 아마도 영화가 상투구들을 생산하고 재생산하는 특별한 조건들이 어떤 감독들로 하여금 다른 곳에서는 할 수 없었던 비판적 반성을 획득할 수 있도록 허용할 것이다. 영화의 조직 바로 그것이, 아무리 많은 통제가 가해지더라도 창작자는 최소한 뒤집을 수 없는 일을 '저지를' 수 있는 어떤 시간을 자기 재량 아래 두고 있다는 사실을 알려 준다. 그는 모든 상투구들로부터 이미지를 추출해 내서 그것을 상투구들에게 대립시킬 기회를 가진다. 그렇지만 그것은 적극적인 사업을 구성할 수 있는 미학적이고 정치적인 기획이 존재한다는 조건에서이다. 이제 아메리칸 시네마가 자신의 한계를 발견하는

16) Pascal Kane, "Mabuse et le pouvoir", *Cahiers du cinéma*, no. 309, March 1980 참조.

것은 여기에서이다. 그것이 가질 수 있는 모든 미학적이거나 심지어 정치적이기까지 한 특질들은 협소하게 비판적인 것으로 남게 되며, 이런 방식으로 그것들이 적극적인 창조의 기획 속에서 이용되고 있었더라면 가능했을 것보다 훨씬 덜 '위험한' 것으로 남는다. 그래서, 루멧에서처럼 비판은 돌연히 빗나가고 아메리칸 드림의 잔해를 구해 내려 분투하는 가운데 장치와 제도들의 오용만을 공격하거나, 아니면 알트만에서처럼 비판이 확장되지만 공허해지고 삐걱거리기 시작하며, 새로운 이미지를 탄생시키는 대신에 상투구를 패러디하는 데 만족하게 된다. 마치 로렌스가 회화에 관하여 말했던 것과 같다 : 상투구들에 대한 분노는 그것들을 패러디하는 데에만 만족한다면 많은 것에 이르지 못한다 ; 학대받고 절단되고 파괴된 상투구는 얼마 있지 않아 자신의 재로부터 다시 태어난다.[17] 사실, 아메리칸 시네마에게 그 이점을 부여해 주는 것, 즉 자신을 질식시키는 예전의 전통이 없이 태어났다는 사실은 이제 도로 자신을 공격한다. 왜냐하면 행동-이미지의 영화 그 자체가 대부분의 경우에 있어서 이제는 부정적으로만 벗어날 수 있을 뿐인 하나의 전통을 발생시켰기 때문이다. 이 영화의 위대한 장르들인 심리-사회 영화, 필름 느와르, 서부극, 아메리칸 코미디들은 붕괴되고 있지만 자신들의 공허한 틀을 계속 유지하고 있다. 위대한 창작자들에게 이민 경로는 따라서 역전된바, 그 이유는 단지 매카시즘에만 관련된 것이 아니었다. 사실 유럽은 이런 면에서 더 많은 자유를 가지고 있었던 것이다. 그리고 행동-이미지의 거대한 위기가 일어난 것은 무엇보다도 먼저 이탈리아에서이다. 그 타이밍은 대략 다음과 같은 것이다 : 1948년을 전후한 이탈리아, 1958년 무렵의 프랑스, 그리고 1968년경의 독일.

17) D. H. Lawrence, *Eros et les chiens*, Bourgois, pp. 253-7.

3. 운동-이미지 너머를 향하여

왜 프랑스와 독일보다 먼저 이탈리아였는가? 아마도 그것은 본질적이긴 하지만 영화에는 외적인 이유 때문일 것이다. 드골의 추진력 아래 프랑스는 전쟁이 끝날 무렵 승리자들의 서클에 완전하게 소속되려는 야심을 가졌다. 따라서 레지스탕스는 지하에서 활동할 때조차도 완벽하게 조직된 정규군의 분견대로서 나타날 필요가 있었고, 프랑스 인들의 삶은 갈등과 애매함으로 가득할 때조차 승리에의 기여로서 나타날 필요가 있었다. 이러한 조건들은 영화적 이미지의 갱신에는 우호적인 것이 아니었는데, 영화적 이미지는 자신이 고유하게 프랑스적인 '꿈'에 봉사하면서 전통적인 행동-이미지의 틀 속에 제한되고 있음을 발견하였다. 이것의 결과는 프랑스에서 영화는 다소 뒤늦게 누벨 바그 Nouvelle Vague ; the New Wave 의 반성적인 또는 지적인 우회에 의해서야 자신의 전통과 단절할 수 있었다는 사실이었다. 이탈리아에서의 상황은 완전히 달랐다. 그 나라는 확실히 승리자의 반열을 주장할 수 없었다. 그러나 독일과는 대조적으로, 이탈리아는 한편으로 파시즘을 비교적 성공적으로 회피하였던 영화 제도를 마음대로 이용할 수 있었고, 다른 한편으로는 비록 환상 없는 것일지라도 압제의 저변에 깔려 있던 저항과 인민적인 삶을 지적할 수 있었다. 이것들을 포착하기 위해 필요했던 모든 것은 생략적인 것과 비조직화된 것을 포함할 수 있는 새로운 종류의 이야기 récit 였고, 이는 미국적인 전통의 모든 수용된 사실들에 대해서 새롭게 질문을 던짐으로써 마치 영화가 0에서부터 다시 출발해야 하는 것과 같았다. 그러므로 이탈리아 인들은 태어나고 있던 새로운 이미지에 대한 직관적인 의식을 가질 수가 있었다. 이것이 로셀리니 Roberto Rossellini 의 첫 번째 영화들의 천재성에 대해서 설명해 주는 것은 아무것도 없다. 그러나 적어도 그것은 그 영화들에서 패전 국가의 과도한 티내기, 얄미운 형태의 협박, 정복자들을 부끄럽게 만드는 방법을 보았던 어떤 미국 비평가들의 반응을 설명해 준다.[18] 그리고 무엇보다도, 네오 리얼리즘이라는 기획을 가능하게 했던 것은 바로 이탈리아의 이러한 특별한 상황 그것이었다.

앞에서 논의되었던 그 다섯 가지 특징들을 벼려 내었던 것이 바로 이탈리아 네오 리얼리즘이었다. 전쟁이 끝나는 무렵의 상황에서 로셀리니는 분산적이고 틈이 많은 현실 — 이미 <무방비 도시 Rome, Open City>에서, 그러나 무엇보다도 <전화의 저편 Paisa>에서 —, 일련의 파편적이고 끊어진 만남들을 발견하였는데, 이것들은 행동-이미지의 SAS 형식에 의문을 제기하였다. 다른 한편, 데 시카 Vittorio De Sica를 고무하고 그로 하여금 ASA 형식을 흩뜨려 버리도록 인도한 것은 전후의 경제 위기였다. <자전거 도둑 The Bicycle Thief>의 사건들을 확장하고 연결하는 우주의 벡터나 선이란 더 이상 존재하지 않는다. 비는 항상 수색을, 사내와 아이의 항해를 예기치 않게 중단시키거나 빗나가게 할 수 있다. 이탈리아의 비는 휴지부와 가능한 중단의 기호가 된다. 그리고 다시 자전거 절도나, 심지어 <움베르토 D Umberto D>의 하찮은 사건들조차 주인공들에게는 치명적인 중요성을 가진다. 그렇지만 펠리니의 <비텔로니 I Vitelloni>는 사건들의 하찮음뿐만 아니라, 사건들 간의 연결의 불확실성과, 이 새로운 형태의 항해 속에서 그것들을 경험하는 사람들에게 그 사건들이 속하지 않는다는 불확실성 또한

---

18) *Le Néo-réalisme italien, Etudes cinématographiques*, pp. 140-2에 다시 실린 R. S. Warshow의 격렬한 텍스트를 참조하라. '감히' 영화의 또 다른 개념화를 부추겼던 이탈리아 네오 리얼리즘에 대한, 미국의 일부에서 나오는 적의는 항상 존재할 것이다. 잉그리드 버그만 Ingrid Bergman의 스캔들 역시 이러한 측면을 가지고 있었다. 미국의 양녀가 되었던 그녀는 단순히 로셀리니를 위해 자기 가족을 버렸던 것이 아니라 정복자들의 영화를 버렸던 것이다. (잉그리드 버그만은 <무방비 도시>와 <전화의 저편>을 보고 깊은 감명을 받아 1949년 로셀리니에게 달려 갔다. 두 사람은 모두 가정이 있었으나 새로 결혼하였고, 단 한 사람 헤밍웨이를 제외한 전 미국은 그녀에게 비난을 퍼부었다. 그녀는 1956년 <추상 Anastasia>으로 아카데미 여우 주연상을 획득하기 전까지는 할리우드로 돌아올 수 없었다.-역자)

입증한다. 파괴되거나 재건되는 도시에서, 네오 리얼리즘은 구 리얼리즘의 결정된 공간에 대립되는 무규정적 공간들 — 도시의 암, 획일적인 건물들, 버려진 땅 조각들 — 이 증식하도록 만든다.[19] 그리고 지평선에 떠오르는 것, 이 세계에서 윤곽 그려지는 것, 제3의 계기 속에 부과되어질 것, 그것은 있는 그대로의 현실이 아니라 그것의 대역, 공간 전체에서만큼이나 사람들의 머리와 가슴 속에 있는 내적이고 외적인 상투구들의 권세이다. <전화의 저편>은 이미 미국인과 이탈리아 인의 만남에 대한 가능한 온갖 상투구들을 제안하고 있지 않았는가? 그리고 <이방인들 Strangers >에서 로셀리니는 거리를 거니는 한 부르주아 여인의 눈에 비친 순수한 이탈리아성을 나타내는 상투구들의 카탈로그를 열거한다 : 화산, 박물관의 조상들, 기독교의 성소 …… . <로베레 장군 General della Rovere >에서 그는 영웅 제조의 상투구를 이끌어 낸다. 매우 특별한 방식으로, 자신의 첫 번째 영화들을 외적 내적 상투구들의 제조, 발견, 증식의 기호 아래 놓았던 사람은 펠리니이다 : <백인 족장>의 사진 소설, <결혼 대리인 Un' Agenzia matrimoniale >의 사진 심리, 나이트 클럽, 뮤직 홀과 서커스들, 그리고 위로하거나 절망하는 온갖 압운들. 우리는 여기에다 이 불행을 조직하며, 이탈리아가 마피아라는 걸맞은 기성의 이름을 가지고 있었던 거대한 음모를 덧붙여야만 할까? 프란체스코 로지 Francesco Rosi 는 명확히 정의될 수 없고 오로지 그 효과에 의해서만 알게 되는 권력에 의해 역사에 부과되었던 미리 만들어진 역할들에 따라 역사를 난도질함으로써 도적 <살바토레 줄리아노 Salvatore Giuliano >의 얼굴 없는 초상화를 세웠다.

네오 리얼리즘은 이미 자신이 만나게 될 어려움들과 자신이 창안했던 수단들에 대한 고도의 기술적인 개념을 가지고 있었다. 그것은 태어나는 중이었던 새로운 이미지에 대하여 누구 못지 않게 확실한 직관적인 의식을

---

19) 네오리얼리즘에 관한 *Cinématographe*의 두 호(42 and 43, December 1978 and January 1979)를, 특히 Sylvie Trosa와 Michel Devillers가 쓴 글들을 참조하라.

가지고 있었다. 프랑스 누벨 바그가 독자적으로 이 변이를 간취할 수 있었던 것은 그런 것보다는 지적이고 반성적인 의식에 의해서였다. 항해-형식이 낡은 사회적 리얼리즘으로부터 남겨진 것이었던 시공간적 좌표들에서 자유로워지고 그 자체만으로서 또는 새로운 사회, 새로운 순수 현재의 표현으로서 가치를 가지기 시작한 것은 여기에서이다 : 샤브롤에게서 나타나는 파리로부터 지방으로의, 그리고 지방에서 파리로의 귀환 여행(<미남 세르쥬 Le beau Serge >, <사촌들 Les Cousins >) ; 로메르와 트뤼포 François Truffaut 에게서 영혼을 분석하는 분석적인 도구가 되었던 방랑들(로메르의 <도덕 이야기 Moral Tales > 시리즈와 트뤼포의 <스무 살의 사랑 L'Amour à vingt ans >, <도둑맞은 키스 Baisers volés >, <부부의 거처(침대와 탁자) Domicile conjugal(Bed and Board) > 삼부작) ; 리베트의 산책-조사 promenade-enquête (<파리는 우리의 것 Paris nous appartient >) ; 트뤼포의 산책-탈주 promenade-fuite (<피아니스트를 쏴라 Tirez sur le pianiste >)와 특히 고다르의 산책-탈주(<네 멋대로 해라 A bout de souffle >, <미치광이 피에로 Pierrot le fou >). 이러한 것들에서 우리는 그들에게 일어나는 사건들에는 — 배신이나 죽음에조차 — 거의 관심을 보이지 않으며, 그들이 횡단하는 무규정적 공간의 일부분만큼이나 미약하게 연결된 모호한 사건들을 경험하고 행동으로 옮기는, 매혹적이고 감동적인 인물 종족의 탄생을 본다. 리베트의 영화 제목은 "파리는 그 누구의 것도 아니다"라는 페기 Péguy 의 노래-공식에 의해 반향된다. 그리고 리베트의 <미치광이 같은 사랑 L'Amour fou >에서는 행태의 형식들이 수용소의 자태들에 의해, 폭발적인 행위들에 의해 대체되는데, 이것들은 인물들의 행동들 및 그들이 예행 연습하고 있는 연극의 연결들을 흩뜨려 버린다. 이 새로운 종류의 이미지에서는 감각-운동 고리가 사라지는 경향을 보이며, 행동-이미지의 본질적인 속성을 형성하는 전체적인 감각-운동적 연속성이 소실된다. 항해/발라드가 부지불식간에 노래되고 춤추어진 시가 되는 것은 <미치광이 피에로>의 "뭘해야 할지 모르겠어"라는 그 유명한 장면만이 아니다. 그것은 또한 필요할 때는 좀처럼 표식되지 않는 감각-운동적 교란들, 거짓을 만드는 운동들, '시각들의 약간의 비틂, 시간의 속도를 늦추기, 몸짓들의 변경'의 전체적인 용솟음이기도 하다(고다르의 <카라비니에 Les Carabiniers>, <피아니스트를 쏴라>, 또는 <파리는 우리의 것>).[20] 구 리얼리즘의 진실-만들기와는 반대로, 거짓-만들기 faire-faux가 새로운 리얼리즘의 기호가 된다. 꼴사나운 격투들, 나쁘게 겨냥된 주먹이나 조준들, 페이스를 벗어난 행동과 말의 전체가 미국적인 리얼리즘의 너무 완벽한 결투들을 대체한다. 외스타쉬 Eustache는 <엄마와 창녀 La Maman et la putain>에서 한 인물로 하여금 이렇게 말하도록 만든다. "당신이 그와 같이 더욱더 가짜인 것으로 나타나면 날수록 당신은 한층 더 멀리 나아가는 것이다. 거짓은 저 너머이다."

이 거짓의 권력 아래서 모든 이미지들은 상투구가 된다. 때로는 그것들의 꼴사나움이 보여지기 때문이고, 때로는 그것들의 외면적인 완벽함이 공격당하기 때문이다. <카라비니에>의 세련되지 못한 몸짓들은 그들이 전쟁에서 가지고 돌아온 일련의 그림 엽서들을 그 상관물로서 가진다. 외적인, 시각적이고 청각적인 상투구들은 내적이거나 심적인 상투구들을 자신의 상관물로 가진다. 이 요소가 자신의 완전한 발전을 발견하는 것은 아마 뉴 저먼 시네마 the new German cinema의 시각 속에서일 것이다. 다니엘 슈미트 Daniel Schmid는 인물들을 두 부류로 나누는 것을 가능하게 하는 느림 slowness을 창안하는데, 이것은 마치 그들이 자신들이 말하고 행동하는 것의 한 측면으로 치우치고, 안과 바깥의 영속적인 교환 가능성 속에서 외적인 상투구들 가운데에서 자신들이 안으로부터 체현할 상투구를 선택하는 듯한 것이다(이미 <라 팔로마 La Paloma>에서, 그러나 무엇보다도 <천사의 그림자 Schatten der Engel>에서 그러한데, 이 영화에서는 카드 놀이하

---

20) Ollier, *Souvenirs écran*, p. 58. 거짓을 '만드는' 세부의 중요성을 주장하고 여기에서 현실 취재주의 verism에 반대되는 실재의 기호를 보는 사람은 알랭 로브-그리예 Alain Robbe-Grillet이다. 그의 *Pour un nouveau Roman*, p. 140를 보라.

는 사람 각자를 그 자신 한 장의 카드, 그러나 다른 사람에 의해 놀이되는 카드로 만드는 카드들의 게임 속에서 "유태인이 파시스트일 수 있었고 창녀가 포주일 수 있었다 …… ").[21] 사태가 이와 같다면, 도처에 죽음을 퍼뜨리면서 무규정적 공간의 모든 장소들로 확장되는 일반화된 노예화의 기획, 전세계적인 확산된 음모를 믿지 않는다는 것이 어떻게 가능하겠는가? 고다르에서 <작은 병정 Le petit Soldat>, <미치광이 피에로>, <메이드 인 USA Made in USA>, <주말 Weekend>은 종말에 대항한 그들의 저항 조직 maquis과 더불어, 탈출하기가 불가능한 플롯(음모)을 상이한 방식들로 예시해 보여준다. 그리고 리베트는 <파리는 우리의 것>에서부터 <수녀 La Religieuse>를 경유하여 <북쪽의 다리 Pont du Nord>에 이르기까지 끊임없이, 일종의 뱀과 사다리의 악의적인 게임 속에서 역할과 상황들을 배분하는 전세계적인 음모를 환기시킨다.

그러나 만약에 모든 것이 그들을 교환하고 보급하는 상투구들과 플롯이라면, 그 유일한 결과는 그 때문에 샤브롤과 알트만이 때때로 비판받았던 패러디 또는 경멸의 영화뿐일 것 같다. 그와 반대로 네오 리얼리즘이 새로운 이미지의 탄생에 대한 존경과 사랑을 언급할 때 그들은 무엇을 의미하고 있는 것인가? 부정적이거나 패러디적인 비판 의식에 만족하기는커녕, 영화는 자신의 최고도의 반성에 몰입하고 부단히 그것을 심화하고 발전시켜 왔다. 우리는 고다르에게서 그 문제를 표현하는 공식들을 발견하게 될 것이다 : 만약 이미지들이 내적으로 및 외적으로 상투구들이 되어 왔다면, 이 모

21) *Dossier Daniel Schmid*, pp. 78-86(특히 슈미트가 '풀먹인 딱딱한 종이 상투구들 *papier mâché clichés*'이라고 부르는 것)을 참조. 그러나 슈미트는 영화에게 패러디적인 기능만을 남겨 두는 것의 위험에 대해서 완벽하게 알고 있다(p. 78). 그러므로 상투구들은 자신들로부터 어떤 것이 나오도록 하기 위해서 증식할 뿐이다. <천사의 그림자>에서는 유태인과 창녀 두 캐릭터가 바깥과 안으로부터 자신들을 습격하는 상투구들로부터 출현하는데, 그것은 그들이 '두려움'이라는 느낌이 어떻게 유지되는가를 알고 있었기 때문이다.

든 상투구들로부터 어떻게 하나의 이미지가, '단지 하나의 이미지', 자율적인 정신적 이미지가 추출될 수 있는가? 이미지는 일단의 상투구들로부터 출현해야만 한다…… 어떤 정치학 및 어떤 결과와 더불어? 상투구가 되지 않을 이미지란 어떤 것인가? 어디에서 상투구가 끝나고 이미지가 시작되는가? 그러나, 만약 질문이 즉각 답해지지 않는다면 그것은 정확히, 앞서 언급된 특징들 일습이 찾고 있는 새로운 정신적 이미지를 구성하지 않기 때문이다. 그 다섯 가지 특징들은 (물리적 심적 상투구들을 포함하여) 외피 enveloppe를 형성하고 필요한 외적인 조건이 되지만, 비록 그것들이 가능하게 만든다 할지라도 그 이미지를 구성하지는 않는다. 그리고 여기서 히치콕과의 유사성 및 그와의 차이를 평가할 수 있다. 누벨 바그는 '히치콕-혹스주의적'이라기보다는 히치콕-맑스주의적이라고 불릴 훌륭한 이유가 있다. 히치콕처럼 그것은 정신적 이미지와 사유의 형상들(삼차성)에 도달하기를 원했다. 그러나 히치콕이 거기서 전통적인 '지각-행동-감정' 체계를 확장하고 실현해야만 하는 일종의 보완을 보았던 데 반해, 누벨 바그는 거기서 반대로 전 체계를 박살내기에 충분한 조건을, 지각을 그것의 운동적 연장, 즉 운동으로부터 절연해 내고 그것을 상황에 결합시키는 실로부터 절연해 내기에 충분하고 감정을 인물들에의 집착이나 귀속으로부터 절연해 내기에 충분한 요건을 발견하였다. 그러므로 새로운 이미지는 영화의 완성이 아니라 영화의 변이가 될 것이었다. 전자와는 반대로 히치콕이 항상 거부했었던 것을 원하는 것이 필요했던 것이다. 정신적 이미지는 관계들의 세트를 짜는 데 만족해서는 안 되며, 새로운 실체를 형성해야만 했다. 그것은 진정으로 사유가 되어야만 하고 사유하기가 되어야만 했다. 비록 이를 위해서 그것이 '난해한' 것이 되어야만 했을지라도 말이다. 두 가지의 조건들이 있었다. 한편으로, 그것은 행동-이미지, 지각-이미지, 감정-이미지를 위기 속에 몰아넣는 것을 요구하고 전제할 것이었다. 비록 이것이 도처에서 '상투구들'을 발견하는 것을 수반하더라도 말이다. 그러나 다른 한편, 이 위기는 그 자체만으로서는 별 가치가 없을 것이었다. 비록 새로운 이미지를 운동 너머에서 찾는 것이 필요했다 하더라도, 그것은 단지 새로운 사유하는 이미지가 솟아나올 소극적인 조건이 될 뿐이었을 것이다.

용어 풀이

행동-이미지 : 세트(총화)에 대한 중심의 반작용.

감정-이미지 : 작용과 반작용 사이의 간극을 점령하는 것, 외부의 작용을 흡수하고 안에서 반작용하는 것.

이미지 중심 : 수용된 운동과 실행된 운동, 작용과 반작용 사이의 간극(간격).

운동-이미지 : 서로에게 작용하고 반작용하는 가변적인 요소들의 중심 없는 세트(총화).

지각-이미지 : 중심에 대해 작용하고 그것에 대한 관계 속에 변이하는 요소들의 세트(총화).

지각-이미지(사물) :

형식기호 : 주로 명제 일반의 기호를 지칭하기 위해 퍼스에 의해 창조된 용어. 여기서는 '자유 간접 명제'(파졸리니)의 특별한 경우와 관련하여 사용되고 있다. 그것은 또 다른 지각의 틀(프레임) 속에 있는 지각이다. 이것은 고체적, 기하학적이고 물리적인 지각의 지위이다.

유동체 : 퍼스의 'rheme'(단어)와 혼동되어서는 안 된다. 그것은 프레임을 가로지르거나 넘쳐흐르는 것의 지각이다. 지각 그 자체의 액체적인 지위.

문자소(기억 흔적소 또는 사진소) : 사진과 혼동되어서는 안 된다. 그것은 어떤 특정한 역동성들(부동화, 진동, 깜박거림, 일소, 반복, 가속, 감속 등)로부터 분리될 수 없는 지각-이미지의 발생적 요소이다. 분자적 지각의 기체적 상태.

감정-이미지(질 또는 권력) :

도상 : 퍼스가 내적인 특징들(유사성)에 의해 그 대상을 지시하는 기호를 지칭하기 위해 사용한 용어이다. 여기서는 얼굴 또는 얼굴적인 등가물에 의해 표현된 것으로서의 정감을 지칭하기 위해 사용되었다.

질기호(또는 능력기호) : 하나의 기호인 질을 지칭하기 위해서 퍼스에 의해 사용된 용어. 여기서는 무규정적 공간 속에 표현된(또는 노출된) 것으로서의 정감을 지칭하기 위해 사용되고 있다. 무규정적 공간은 때로는 텅 빈 공간이고, 때로는 그 부분들의 연계가 불변적이거나 고정적이지 않은 공간이다.

분할체 : 나누어질 수 없는 것도 나누어질 수 있는 것도 아니고, 질적으로 변화함으로써 나누어진 것(또는 한데 모아진 것). 이것은 실체, 말하자면 표현 속에 표현된 것의 상태이다.

충동-이미지(에너지) :

징후 : (충동들에 의해 정의되는) 원래적인 세계에 관계된 질들이나 권력들을 지칭한다.

물신 : 충동에 의해 실제 환경으로부터 떼 내어지고 원래적인 세계에 상응하는 파편.

행동-이미지(힘 또는 행위) :

종합기호(또는 포괄체) : 퍼스의 'sinsign'에 상응한다. 사물들의 상태 속에 현실화된, 그리하여 하나의 중심 둘레에 실제 환경을 구성하고 하나의 주체와의 관계 속에 상황을 구성하는 질들과 권력들의 세트 : 나선.

인상 : 상황과 행동 간의 내적 연결 고리.

지표 : 퍼스가 물질적 연결 고리에 의해 자신의 대상을 지시하는 기호를 지칭하기 위해 사용했다. 여기서는 주어진 것이 아니라 단지 추론되는, 또는 다의적이고 가역적인 것으로 남아 있는 상황에 대한 행동(또는 행동의 효과)의 연결 고리를 지칭하기 위해 사용된다. 우리는 이런 의미에서 결핍의 지표들과 다의성의 지표들을 구별한다. 이것은 프랑스 어 단어 ellipse의 두 가지 의미(타원과 생략)이다.

벡터(또는 우주의 선) : 특이점들 또는 남다른 계기들을 그들 강도의 정점에서 한데 모으는 꺾어진 선. 벡터적 공간은 에워싸는 우주로부터 구별된다.

변형되고 있는 이미지(반영) :

형상 : 자신의 대상을 지시하는 대신 다른 대상을 지시하는 기호(원근법적 또는 조형적 이미지). 또는 자기 자신의 대상을 반영하지만, 그것을 전도시킴으로써 반영하는 기호(전도된 이미지). 또는 자신의 대상을 직접적으로 반영하는 기호(담론적 이미지).

정신적 이미지(관계) :

표지 : 자연적 관계들, 즉 이미지들이 우리를 한 이미지에서 다른 이미지로 데려가는 습관에 의해 연계되는 국면을 지칭한다. 탈표지는 자신의 자연적 관계들로부터 떼 내어진 이미지를 지칭한다.

상징 : 퍼스가 법칙에 의해 그 대상을 지시하는 기호를 지칭하기 위해 사용했다. 여기서는 추상적 관계들의 지지물, 말하자면 그들의 자연적인 관계들과는 독립적인 항들의 비교의 지지물을 지칭하기 위해 사용된다.

시각 기호와 청각 기호 : 감각-운동 연결 고리를 파괴하고, 관계들을 압도하며, 더 이상 스스로를 운동에 의해 표현되도록 하지 않고, 시간에 대해 직접 열리는 순수 시각적 이미지와 소리 이미지.

알려드립니다.

※ 본사에서는 학문을 목적으로 하는 분들을 위하여, 그리고 남북 역사와 언어 교류를 위하여 1962년 이전 발행한 북한도서 일부를 수입 영인하여 판매하고 있음을 알려드립니다.

대표적인 도서는 다음과 같습니다.

도 서 명	도서 가격	비고
상식 건강 의료백과사전	80,000원	
북한출판물 도서목록	15,000원	
식물분류명사전	500,000원	
조선 속담사전①② 세트	500,000원	
조선말 연관사전	900,000원	
조선 단대사 전23권 세트	589,000원	
조선 어학전서 시리즈 전35권 세트	849,000원	
조선 부문사 시리즈 전37권 세트	1,020,000원	
조선 민속사전	200,000원	
조선 속담성구사전	400,000원	
조선의 약초와 성분 이용백과	120,000원	
조선의 민속전통 전7권 세트	490,000원	

※ 상기도서들은 「남북교류협력주식회사」를 통하여 수입된 도서를 영인한 도서들입니다.

중원문화 아카데미 新書

1 **한국근대 사회와 사상**
• 일본 교토대학교 연구소 엮음

2 **걸어다니는 철학**
• 황세연 저

3 **반듀링론**
• F.엥겔스/김민석 역

4 **헤겔 법철학 입문**
• 꼬우즈미 따다시 지음

5 **이성과 혁명**
• H.마르쿠제/김현일 외 역

6 **정치경제학 교과서 I-1**
• 짜골로프 외/윤소영 엮음

7 **정치경제학 교과서 I-2**
• 짜골로프 외/윤소영 엮음

8 **정치경제학 교과서 I-3**
• 짜골로프 외/윤소영 엮음

9 **이탈리아 맑스주의**
• K.프리스터/윤수종 옮김

10 **걸어다니는 경제사**
• 황세연 편저

11 **자본론에 관한 서한집**
• K.마르크스와 F.엥겔스 저

12 **지배와 사보타지**
• 안토니오 네그리/윤수종 옮김

13 **과학기술사**
• 석동호 편저

14 **저개발과 의약품**
• M. 뷜러/우연재 옮김

15 **맑스주의의 세 갈래길**
• W. 레온하르트/하기락 옮김

16 **역사적 맑스주의**
• R.알뛰세르/서관모 옮김

17 **경제학의 선구자들**
• 일본경제신문사/김종호 옮김

18 **근현대 사회사상가 101**
• 이마무라 히도시/안효상 옮김

19 **맑스를 넘어선 맑스**
• 안토니오 네그리/윤수종 옮김

20 **교육과 의식화**
• P.프레이리/채광석 역

21 **정치경제학 교과서 II-1**
• 짜골로프 외/윤소영 엮음

22 **정치경제학 교과서 II-2**
• 짜골로프 외/윤소영 엮음

23 **소외된 인간**
• H.포피츠/황태연 역

24 **사회를 어떻게 볼 것인가?**
• 황세연 편저

25 **헤겔연구②**
• 임석진 외저 (절판)

26 **칸트 철학입문**
• W.O.되에링/김용정 역

27 **노동조합 입문**
• 양원직 편저

28 **마르크스에서 쏘비에트 이데올로기로**
• I.페처/황태연 역

29 **소유의 위기**
• E.K.헌트/최완규 역

30 **변증법의 현대적 전개①**
• W.뢰트/임재진 역

31 **변증법의 현대적 전개②**
• W.뢰르/임재진 역

32 **모순의 변증법**
• G.슈틸러/김재용 역

33 **헤겔연구③**
• 임석진 외저 (절판)

34 **국제무역론**
• 久保新一/김선기 역

35 **칸 트**
• 코플스톤/임재진 역

36 **자연과학의 철학적 기초**
• H.라이헨바하/김회빈 옮김

37 **철학 입문**
• 황세연 편역

38 **맑스주의의 역사 ①**
• P. 브르니츠기/이성백 옮김

39 **맑스주의의 역사 ②**
• P. 브르니츠기/이성백 옮김

40 **21세기와 자본론**
• 황태연 저

41 **정치경제학 비판을 위하여**
• K.마르크스/김호균 역

42 **4차 산업혁명과 미래사회변혁**
• 황태연 저/허상수 엮음

43 **혁명운동의 문제들**
• S. P.노보셀로프/이창휘 옮김

44 **마키아벨리의 고독**
• 루이 알뛰세르/김민석 역

45 **들뢰즈와 가타리**
• 로널드 보그/이정우 옮김

46 **과학적 사회주의**
• G.그로서/송주명 옮김

47 **맑스-레닌주의 철학의 본질**
• F. V. 콘스탄티노프/김창선 역

48 **정치경제학**
• 짜골로프 외

중원문화 아카데미 新書

49 **철학의 ABC**
• A. 라키토프/김신현 옮김

50 **소수자 운동의 새로운 전개**
• 윤수종 외 지음

51 **한눈에 들어오는 서양철학사**
• 타케다 세이지/홍성태 옮김

52 **마르크스즘과 유로코뮤니즘**
• 산티아고 까리요/김유향 옮김

53 **맑스주의와 프랑스인식론**
• P. 토미니크 르쿠르/박기순 옮김

54 **논리의 오류**
• 에드워드 데이머/김회빈 역

55 **우리말 바르게 말하기 큰 사전**
• 최훌 지음

56 **개발과 파괴의 사회학**
• 홍성태 지음

57 **인민의 벗이란 무엇인가**
• V. 레닌/김우현 역

58 **예술 · 정보 · 기호**
• 가와노 히로시/진중권 역

59 **담론의 질서**
• 미셸 푸코 지음/이정우 해설

60 **사회학의 명저 20**
• 김진균 외 지음

61 **세계 철학사(1)**
• Akademiya Nauk SSSR 편

62 **세계철학사(2)**
• Akademiya Nauk SSSR 편

63 **세계철학사(3)**
• Akademiya Nauk SSSR 편

64 **세계철학사(4)**
• Akademiya Nauk SSSR 편

65 **세계철학사(5)**
• Akademiya Nauk SSSR 편

66 **인격의 철학, 철학의 인격**
• 김종엽 저

67 **1987년 구로구청사건 백서**
• 구로항쟁동지회

68 **교육자의 길**
• 이오덕 외 저

69 **담론의 질서**
• 미셸 푸코

70 **박정희 시대-5.16은 쿠데타다**
• 이상우 저

71 **박정희 시대-민주화운동과 정치주역들**
• 이상우 저

72 **박정희 시대-5.16과 한미관계**
• 이상우 저

73 **박정희와 유신체제 반대운동**
• 이상우 저

74 **세계사 (제국주의 시대)**
• 김택현 편

75 **세계사 (제1차세계대전)**
• 김택현 편

76 **세계사 (제2차세계대전과 파시즘)**
• 김강민 역

77 **세계사 (현대)**
• 조진원 편/이춘란 감수

78 **근현대 형성과정의 재인식①**
• 안종철 외 저

79 **근현대 형성과정의 재인식②**
• 정근식 외 저

80 **시몬느 베이유 철학교실**
• 앙느레느/황세연 역

81 **소크라테스에서 미셸 푸코까지**
• 기다 캔/김석민 역

82 **상식 밖의 세계사**
• 가바야마 고아치/박윤명 역

83 **들뢰즈와 카타리**
• 로널드 보그 저/이정우 옮김

84 **새로운 예술을 찾아서**
• 브레이트 저/김창주 역

85 **역사 유물론의 궤적**
• 페리 앤더슨/김필호 외 옮김

86 **철학과 맑스주의**
• 루이 알튀세르/서관모 역

87 **생산의 발전과 노동의 변화**
• 마이클 피오르 외/강석재 외 역

88 **항일과 혁명의 한길에서**
• 김운선 지음

89 **지배와 사보타지**
• 안토니오 네그리/윤수종 역

90 **헤겔철학 서설**
• 오토 푀겔러/황태연 역

91 **과학적 공산주의란 무엇인가**
• 빅토르 아파나시예프/최경환 역

92 **페레스트로이카 논쟁(서독)**
• 에케르트 외/송주명 역

93 **페레스트로이카 논쟁(동독)**
• 모르겐슈테른 외/신현준 역

94 **페레스트로이카 논쟁(프랑스)**
• 프랑시스 코엥/신현준 역

95 **페레스트로이카 논쟁(소련)**
• 야코블레프 외/신현준 역

96 **마르크스주의와 개인**
• 아담 사프/김영숙 역

중원문화 아카데미 新書

97 변증법이란 무엇인가
• 황세연 지음

98 지역 민주주의와 축제의 관계
• 정근식 외 저

99 왜 인간인가?
• 강대석 지음

100 왜 철학인가?
• 강대석 지음

101 왜 유물론인가?
• 강대석 저

102 경제학의 선구자들 20
• 일본경제신문사 엮음/김종호 역

103 남 영 동
• 김근태 저

104 다시하는 강의
• 이영희, 한완상 외 저

105 철학의 명저 20
• 한국철학사상연구회 엮음

106 민족문학의 길
• 구중서 저

107 맑스·프로이트·니체를 넘어서
• 서울사회과학연구소 저

108 일본적 생산방식과 작업장체제
• 서울노동정책연구소 저

109 근대성의 경계를 찾아서
• 서울사회과학연구소 지음

110 헤겔과 마르크스
• K. 베커/황태연 역

111 헤 겔
• 나까야 쪼우/황세연 역

112 현대 사회사상의 궤적
• 비판사회학회 지음

113 역사가 말 못하는 것
• 민상기 지음

114 동성애 욕망
• 기 오껭겜 지음/윤수종 옮김

115 성(性) 혁명
• 빌헬름 라이히 지음/윤수종 옮김

116 성(性) 정치
• 빌헬름 라이히 지음/윤수종 옮김

117 성(性) 자유
• 다니엘 게링 지음/윤수종 옮김

118 분열과 혁명의 영토
• 신승철 지음

119 사랑과 욕망의 영토
• 신승철 지음

120 인동의 세월:1980~1985
• F. 가타리 지음/윤수종 옮김

121 이탈리아 맑스주의
• 프리스터 카린/윤수종 옮김

122 항일과 혁명의 한길에서
• 김운선 지음

123 인격의 철학, 철학의 인격
• 김종엽 지음

124 정보화시대의 철학
• 강대석 지음

125 니체의 고독
• 강대석 지음

126 사회학의 명저20
• 김진균외 지음

127 김종엽박사의 철학특강
• 김종엽 지음

128 동성애 욕망
• 기 오껭겜 지음

129 미군정기 억압기구
• 안진 지음

130 알튀세르 : 이론의 우회
• 엘리어드 골리엣 지음

131 우주를 뒤흔든 7가지 과학혁명
• 나단 스필버그 지음/이충호 옮김

132 인민의 벗이란 무엇인가?
• 블라디미르 일리치 레닌 지음

133 상식 밖의 세계사
• 가바야마 고이치 지음

134 상식 밖의 발명사
• 히라다 유타카 지음

135 시네마1
• 질 들뢰즈 지음/주은우·정원 옮김

136 무신론자를 위한 철학
• 강대석 지음

137 21세기 인문학
• 조해경 지음

138 윤리학과 인간의 직업적 삶
• 박필배 지음

139 동학혁명의 지역적 전개와 사회변동
• 동학농민혁명기념사업회 엮음

140 당 내에 더 이상 지속되어선 안 될 것
• 루이 알튀세르 지음

141 과학적 공산주의란 무엇인가
• 빅토르 아파나시예프 지음

142 푸 코
• 질 들뢰즈 지음/권영숙외 옮김

143 근대성의 경계를 찾아서
• 서울사회과학연구소 지음

144 헤겔철학 서설
• 오토 푀겔러 지음

철학대사전

출판사에서 직접 구입하시면 더 싼 값에 사실 수 있습니다.

국내 최초 『철학대(大)사전』 초판 완판으로 제2쇄는 도서관용과 일반인을 위한 보급판을 구별하여 가격 인하 조치를 취하였다.

제작기간 무려 40 여 년, 본서는 연세대학교 철학과 윤병태 교수님의 지도아래 여섯 분의 편찬위원과 실무담당을 하는 대학원생들이 참여하였다. 그 외에 30여 분의 자발적 참여가 있었다.

그리고 『철학대(大)사전』 작업은 일단 우리나라 실정에 맞는 항목 설정이 중요하다고 판단되어 기존 『철학사전』에다가 추가분을 약 2배수가량 더 첨가하며, 진보와 보수가 고르게 양립하는 큰 사전으로 만들어 졌다.

그러나 우리나라의 실정에 맞는 항목 집필을 위해서는 우리나라 교수님들께서 주체적으로 설정하신 항목들이 필요하여 대학의 교수 분들께서 평소 강의 중이신 내용을 항목으로 만들어 보내주시면 그대로 삽입 편집하였다. 또한 학에 헌신하신 국내 철학자들의 인명도 올렸다. 척박한 환경 속에서 그래도 철학을 으뜸으로 지키려는 여러 선생님들의 참여로 우리는 늦지만 한 걸음 한 걸음 전진할 수 있었음 새삼 밝힌다.

이제 비로소 외래학문에 의존하던 우리학문에 이 정도 수준에 와 있다는 점을 독자 여러분들도 깊이 인지하였으면 한다. 초판은 제법 비싼 가격이었으나 철학의 대중화와 철학의 본 목적인 좀 더 아름다운 세계를 바라보려는 학적 욕구가 더욱 간절한 마음이기에 가슴 조리며 혼자서 학을 위해 전진하는 모든 분들에게 보탬이 되었으면 하는 의미에서 가격을 대폭 활인하게 되었다. 이 책을 만든 모든 이들의 생각이 한결같이 철학의 쇠퇴를 염려하는 마음이 더욱 컸기에 모든 어려움과 난관을 극복하며 여기까지 올 수 있었다. 그리고 본서에는 인터넷에서 검색되지 않은 많은 항목이 있음도 일려둔다.

윤병태외 50인 지음 | 용지 고급 코트지 인쇄 2컬러 양단 조판 | 2,966쪽
고급케이스 양장본 | 정가 750,000원

"국민천세!" 천승세 평역

중국역사대하소설

십팔사략

천승세 선생님께서 심혈을 기울여 엮어내신 주옥같은 이야기는 지금까지 느낄 수 없었던 새로운 역사철학을 여러분 가슴에 선사할 것이다.

노자, 공자, 손자, 한비자, 진시황제, 항우와 유방, 한무제, 조조, 유비, 손권, 측천무후, 당현종과 양귀비, 칭기즈칸 등의 냉혹함과 예리한 통찰력, 그리고 목숨을 건 판단으로 한 시대를 움켜잡았던 드라마 같은 실록은 오늘 날 정치가나 CEO 및 조직의 리더들에게 성공이란 지혜를 제공할 것이다.

십팔사략(전8권 세트)/천승세 평역/정가 120,000원

중원문화 문학 시리즈

각권 정가 12,000원~15,000원

도서출판 중원문화와 새길아카데미에서 기획한 문학 도서는 총 15권으로 구성되어 있으며 어른과 어린이가 함께 읽을 수 있도록 되어 있다. 아울러 《홈즈와 루팡시리즈》는 총 23권으로 구성된 시리즈로 어른 아이할 것이 없이 두루 즐겁게 읽을 수 있는 추리 소설이다.

도서출판 중원문화는 서울특별시 마포구에 소재한 인문·사회과학전문출판사입니다. 본사는 1978년 유신 군사 독재가 막바지로 치닫고 있던 때 '도서출판 새밭'이란 이름으로 유인호 선생께서 처음 창립하셨습니다. 당시 '도서출판 새밭'은 『사회를 어떻게 볼 것인가?』, 『교육과 의식화』(저자 파울로 프레이리), 오토 푀겔러의 『헤겔철학 서설』 등의 도서를 출판하였으나 신군부의 등장과 함께 1980년 일시 폐업하게 되었습니다.

이후 1982년 황세연 사장이 위 출판사를 인수하여 '중원문화'로 회사명을 바꾸고 재출발을 하였고, 1987년에는 『철학사전』 및 『세계철학사』 전5권 세트 등을 출판하며 출판사의 기틀을 탄탄하게 마련하였습니다. 하지만 노태우 정부시절인 1991년 1월 경 김근태 전(前) 장관의 고문 기록인 『남영동』을 출판함과 동시에 회사는 격렬한 노동운동을 겪게 되었고 결국 다시 폐업을 하는 단계에 이르렀습니다. 하지만 1990년대 말 금융위기를 맞으면서 도서출판 시대정신, 도서출판 새길 등과 합병을 통하여 도서출판 중원문화가 재탄생하게 되었습니다.

과거 80년대나 현재나 진보적 세계관을 지니고 있는 사람이라면 가장 갖고 싶은 책으로 선정된 바도 있는 『세계철학사』 전5권 세트는 「러시아연방사회과학연구소」에서 30여 년의 연구를 걸쳐 완성한 방대한 세계철학을 일목요연하게 실천적 입장에서 기술하고 있다는 점에서 익히 알려진 세계 유일의 '철학사' 책입니다. 책값이 만만치 않음에도 불구하고 지금도 계속 꾸준하게 판매되고 있는 것은 이 책의 가치를 많은 사람들이 익히 알고 있기 때문으로 보입니다. 『철학대사전』 역시 아직까지도 국내 '철학사전' 하나 제대로 갖추지 못하고 있는 우리의 실정에서 이러한 사전을 기획하여 만들어 낸다는 것은 쉬운 일이 아니었습니다. 하지만 우리의 현실 사회는 사회를 바꾸려고 하는 역동적 상황에 있고 그 역동적 실천에 이론적 정신적 지주가 아직도 필요한 시기이기에 2023년 『철학대사전』은 많은 제약조건에도 불구하고 세상에 나오게 되었습니다. 현재도 진보적 도서 출판을 고집하고 있으며 베스트셀러에는 연연하지 않는 정통 출판을 그 특징으로 하고 있고, 1990년대부터 『자랑스러운 폴란드의 딸 퀴리부인』과 『일기로 쓴 카렌의 고민』 등 청소년을 위한 도서도 출간하며 독자들에게 더 가까이 다가가기위해 노력하고 있습니다.